böhlau

Alexander Pinwinkler

Die „Gründergeneration" der Universität Salzburg. Biographien, Netzwerke, Berufungspolitik, 1960–1975

BÖHLAU VERLAG WIEN KÖLN WEIMAR

Gedruckt mit Unterstützung durch das Rektorat der Universität Salzburg, die Stiftungs- und Förderungsgesellschaft der Paris-Lodron-Universität Salzburg, die Stadt Salzburg, Magistratsabteilung 2/00 Kultur, Bildung und Wissen und das Land Salzburg, Referat 2/04 – Wissenschaft, Erwachsenenbildung, öffentliche Bibliotheken

wissen:stadt salzburg

LAND SALZBURG

Bibliografische Information der Deutschen Nationalbibliothek:
Die Deutsche Nationalbibliothek verzeichnet diese Publikation in der Deutschen Nationalbibliografie; detaillierte bibliografische Daten sind im Internet über https://portal.dnb.de abrufbar.

Umschlagabbildung: (Erster) Akademischer Senat 1964/65: René Marcic, P. Erenbert Schächer OSB, Stefan Rehrl, Ferdinand Holböck, Egon Lendl, Carl Holböck, Herbert Seidler, Karl Wolf (v. l. n. r.).
© Universitätsarchiv Salzburg, Fotosammlung 13/9

Korrektorat: Vera M. Schirl, Wien
Einbandgestaltung: Michael Haderer, Wien
Satz: Bettina Waringer, Wien
Druck und Bindung: Hubert & Co., Göttingen
Gedruckt auf chlor- und säurefreiem Papier
Printed in the EU

ISBN 978-3-205-20937-9

Inhaltsverzeichnis

Danksagung

Diese Studie ist von 2016 bis 2019 am Fachbereich Geschichte der Universität Salzburg im Rahmen eines Projekts zur Geschichte der „‚Gründergeneration‘ der Universität Salzburg“ entstanden. Das Forschungsvorhaben war eine Folge der Debatten um die Aberkennung des Ehrendoktorats von Konrad Lorenz durch die Universität Salzburg im Dezember 2015. Die mediale Kontroverse um diesen Beschluss veranlasste das Rektorat der Alma Mater Paridiana dazu, nicht nur für die von der Universität Geehrten, sondern auch zu jenen Repräsentanten der „Gründergeneration“ eingehende biographische Forschungen zu beauftragen, die seit den 1960er-Jahren für problematische Ehrungen verantwortlich gewesen waren.

Heinrich Schmidinger hat als Rektor der Universität Salzburg für jene institutionellen Rahmenbedingungen gesorgt, die dem Verfasser die Arbeit an der vorliegenden Studie ermöglicht haben. Herrn Rektor Schmidinger sei hierfür an dieser Stelle herzlich gedankt. Den Kolleginnen und Kollegen am Fachbereich Geschichte, die meine Forschungen stets mit Interesse begleitet haben, verdanke ich jenes inspirierende Umfeld, das mich immer wieder zum Weiterarbeiten motiviert hat.

Zu danken habe ich ferner jenen Zeitzeuginnen und Zeitzeugen, die mir ihre Erinnerungen an die Gründungsphase der Universität Salzburg mündlich oder schriftlich mitgeteilt haben. Ohne die nachhaltig konstruktive Unterstützung, die mir ferner die Mitarbeiterinnen und Mitarbeiter von Archiven und Bibliotheken zuteilwerden ließen, wäre meine Arbeit als Historiker von vornherein aussichtslos gewesen. Ihnen allen sei für ihre Bemühungen herzlich gedankt. Schließlich möchte ich mich namentlich bei Hanns Haas, Ernst Hanisch, Alexandra Preitschopf und Maria Wirth bedanken. Ihren kritischen Lektüren meines noch nicht abgeschlossenen Manuskripts verdankt dieses Buch sehr viel.

Die Drucklegung des Bandes kam durch finanzielle Förderungen zustande, die das Rektorat und die Stiftungs- und Förderungsgesellschaft der Paris-Lodron-Universität Salzburg sowie die Kultur- und Wissenschaftsabteilungen von Stadt und Land Salzburg bewilligt haben. Diesen Institutionen gilt ebenso mein ausdrücklicher Dank wie dem Böhlau Verlag, der das vorliegende Werk in sein Programm aufgenommen hat.

Salzburg, im August 2019 *Alexander Pinwinkler*

Einleitung

Die Paris-Lodron-Universität Salzburg wurde 1962 vom österreichischen Staat gesetzlich „wiedererrichtet“, wobei der Anspruch erhoben wurde, an die 1810 unter bayerischer Herrschaft geschlossene Salzburger Benediktineruniversität anzuknüpfen.[1] Der Aufbau der Universität Salzburg folgte einem in vielen europäischen Ländern zu beobachtenden Trend zur Erweiterung der bestehenden Hochschullandschaft. Diese Bewegung erfasste damals auch Österreich, wo neben die bestehenden „klassischen“ Universitäten Wien, Graz und Innsbruck seit den 1960er-Jahren erstmals nach dem Ende des Zweiten Weltkriegs neue akademische Forschungs- und Lehrstätten hinzutraten. So wurde 1966 die Hochschule für Sozial- und Wirtschaftswissenschaften in Linz eröffnet, die sich seit 1975 Johannes-Kepler-Universität Linz nennt. Einige Jahre später wurde auch in Klagenfurt 1970 eine Hochschule für Bildungswissenschaften gegründet, die 1975 in eine Universität umgewandelt wurde.[2]

Die vorliegende Monographie versteht sich als eine Sozial- und (Hochschul-)Politikgeschichte der „Gründergeneration“ der Universität Salzburg der 1960er- und frühen 1970er-Jahre. Sie bezieht sich damit auf die Spätphase der Ordinarienuniversität, die erst infolge der Umsetzung des Universitätsorganisationsgesetzes 1975 (UOG ’75) zugunsten einer stärkeren inneruniversitären Mitbestimmung abgeschlossen wurde. Die Arbeit rezipiert jene Untersuchungen, die zur „Wiedererrichtung“ und weiteren institutionellen und personellen Entwicklung der Alma Mater Paridiana bislang erschienen sind.[3] Diese lokalen Problemstellungen bilden zwar einen relevanten Kontext für die vorliegende Studie. Ihr eigentlicher Gegenstand sind aber jene „Gründerprofessoren“ und „Gründerprofessorinnen“, die in den 1960er- und frühen 1970er-Jahren an die Universität Salzburg berufen wurden.[4]

---

1 Vgl. Ernst Hanisch, Die Wiedererrichtung der Universität 1962 im historischen Kontext, in: Reinhold Reith (Hg.), Die Paris Lodron Universität Salzburg. Geschichte, Gegenwart, Zukunft, Salzburg-Wien 2012, 81–89.

2 Vgl. u.a. Wilfried Rudloff, Die Gründerjahre des bundesdeutschen Hochschulwesens: Leitbilder neuer Hochschulen zwischen Wissenschaftspolitik, Studienreform und Gesellschaftspolitik, in: Andreas Franzmann/Barbara Wolbring (Hg.), Zwischen Idee und Zweckorientierung. Vorbilder und Motive von Hochschulreformen seit 1945, Berlin 2007, 77–101; Maria Wirth/Andreas Reichl/Marcus Gräser, 50 Jahre Johannes Kepler Universität Linz. Eine „Hochschule neuen Stils“, Wien-Köln-Weimar 2016.

3 Vgl. hierzu u.a. Franz Ortner, Die Universität in Salzburg. Die dramatischen Bemühungen um ihre Wiedererrichtung (1810–1962), Salzburg 1987; Franz Horner, Die Entwicklung der Wissenschaft, in: Eberhard Zwink (Hg.), Die Ära Lechner. Das Land Salzburg in den sechziger und siebziger Jahren, Salzburg 1988, 481–508; Reinhold Reith (Hg.), Die Paris Lodron Universität Salzburg. Geschichte, Gegenwart, Zukunft, Salzburg-Wien 2012; vgl. auch Alexander Pinwinkler, Remigration als eine Rückkehr zum Status quo ante? P. Thomas Michels OSB (1892–1979) zwischen den Vereinigten Staaten, Österreich und Deutschland, in: Katharina Prager/Wolfgang Straub (Hg.), Bilderbuch-Heimkehr? Remigration im Kontext, Wuppertal 2017, 291–301.

4 Vgl. hierzu u.a. Alexander Pinwinkler, Maria Falkner, Hubert Stock, Tobias Neubacher u.a., Kontinuitäten und Brüche: Biografien, Netzwerke und Hochschulpolitik an der Universität Salzburg, in: Österreichi-

Die folgenden Untersuchungen beschränken sich nicht auf prominente – bis heute teils umstrittene – akademische Akteure wie etwa den Geographen Egon Lendl, den Rechtsphilosophen René Marcic[5] oder den Kunsthistoriker Hans Sedlmayr,[6] die das überwiegend konservative Erscheinungsbild der Paris-Lodron-Universität in ihrer Wirkungszeit maßgeblich prägten. Vielmehr gerät die „Gründergeneration" in ihrer Gesamtheit als eine akademische Konfiguration in den Blick, die hinsichtlich ihrer politisch-ideologischen Orientierungen und ihrer mental vorgeprägten Einstellungen und Wahrnehmungsweisen analysiert wird. Dabei werden jeweils die institutionellen, aber auch politischen Rahmenbedingungen und Einflussnahmen berücksichtigt, auf deren Grundlage die Handlungen der „Gründergeneration" dargestellt werden.

Der Begriff der „Gründergeneration" wird vor allem zu heuristischen Zwecken herangezogen. Bei dem Personenkreis, der Gegenstand der hier vorgelegten Forschungen ist, handelt es sich im Wesentlichen um männliche ordentliche Universitätsprofessoren, die im Untersuchungszeitraum das österreichische Hochschulsystem insgesamt dominierten. Für deren Auswahl liegen jeweils zwei Kriterien zugrunde: a) dass sie federführend als erstberufene Inhaber einer Lehrkanzel den Aufbau ihrer jeweiligen Institute leiteten und b), dass sie darüber hinaus im Zuge des konzeptionellen und organisatorischen Aufbaus der Universität Salzburg als Akteure in Erscheinung traten. Die Untersuchungen konzentrieren sich auf die Repräsentanten der Geisteswissenschaften, sie beziehen aber auch Rechts- und Naturwissenschaftler sowie Theologen in die Analyse mit ein. Hierbei ist zu berücksichtigen, dass neben den erstberufenen ordentlichen Professoren auch eine Reihe von Bundes- und Landespolitikern zu den maßgeblichen Akteuren der „Gründergeneration" zählten: Im Folgenden werden daher die Salzburger Landeshauptleute Hans Lechner und Josef Klaus (Letzterer auch in seiner Funktion als Bundeskanzler von 1964 bis 1970) sowie die jeweils ressortzuständigen Bundesminister Heinrich Drimmel, Theodor Piffl-Perčević, Alois Mock und Hertha Firnberg ebenfalls in den Blick genommen.[7]

Von jenen 38 Professoren und einer Professorin (der Historikerin Erika Weinzierl), die in den fünf Kapiteln dieser Arbeit anhand problemorientierter Untersuchungen vorgestellt werden, sind einige Gelehrte hervorzuheben, die den Aufbau der Universität sowie die Debatten

---

sche HochschülerInnenschaft (Hg.), Österreichische Hochschulen im 20. Jahrhundert. Austrofaschismus, Nationalsozialismus und die Folgen, Wien 2013, 415–462; Robert Obermair, Kurt Willvonseder. Vom SS-Ahnenerbe zum Salzburger Museum Carolino Augusteum, Salzburg/Wien 2016.

5 Vgl. zu Marcic u.a. Michael Schmolke, René Marcic: „Gaskammerphilosoph" oder „anima candida"? In: Salzburger Jahrbuch für Politik (2007), 145–169, sowie zuletzt Siegfried Göllner, Zwischen „berührender Versöhnlichkeit" und „Nazi-Propaganda". Journalismus im Nachkriegs-Salzburg, in: Alexander Pinwinkler/Thomas Weidenholzer (Hg.), Schweigen und erinnern. Das Problem Nationalsozialismus nach 1945, Salzburg 2016, 266–311, hier 284–287.

6 Vgl. zu Sedlmayr zuletzt u.a. Hans H. Aurenhammer, Das Wiener Kunsthistorische Institut nach 1945, in: Margarete Grandner/Gernot Heiss/Oliver Rathkolb (Hg.), Zukunft mit Altlasten. Die Universität Wien 1945 bis 1955, Innsbruck-Wien u.a. 2005, 174–188, hier 184–188; Maria Männig, Hans Sedlmayrs Kunstgeschichte. Eine kritische Studie, Köln-Weimar-Wien 2017.

7 Vgl. hierzu auch die folgende Erinnerungsschrift: Hans Lechner, Der Weg zur Universität Salzburg, in: Salzburg. Geschichte & Politik 2 (1992), 237–257.

um deren Profilbildung überproportional stark prägten. Hochschullehrer wie Fritz Fellner, Hans Floretta, Carl Holböck, Egon Lendl, René Marcic, Theo Mayer-Maly, Stefan Rehrl, Wilhelm Revers, Hans Sedlmayr, Wolfgang Waldstein, Erika Weinzierl und Walter Weiss wurden bereits zeitgenössisch als herausragende akademische Amtsträger wahrgenommen. Deren Wirken beeinflusste nicht nur ihr eigenes Fachgebiet, sondern die Entwicklung der Universität als Ganze.

Über die individuellen Biographien und Karrierewege der „Gründerprofessoren" hinaus untersucht die Studie auch einige jener sozialen Praktiken, die diese Gelehrten als sozial distinkte Gruppe erscheinen ließen. Die „Gründerprofessoren" bildeten zwar keine einheitliche Generation im Sinne von klar umrissenen Zugehörigkeiten zu bestimmten Alterskohorten. Die Angehörigen der nach Ulrich Herbert sogenannten Kriegsjugendgeneration[8] stehen aber zusammen mit den in den 1920er-Jahren Geborenen zahlenmäßig im Vordergrund der hier vorgelegten Analysen. Die zuerst Genannten, also die ca. von 1900 bis 1912 Geborenen, begannen ihre beruflichen Karrieren in den 1920er- und 1930er-Jahren, während die in den 1920er-Jahren Geborenen meist erst nach 1945 das akademische Feld betraten. Wie im Folgenden näher ausgeführt wird, war dies vor allem für den Erfahrungshintergrund der betreffenden Gelehrten relevant.

Welche Konstellationen trugen dazu bei, dass bestimmte Gruppen von Wissenschaftlern, die weltanschaulich-ideologisch miteinander verflochten waren, an die junge Universität Salzburg berufen wurden? Die „Berufungspolitik" umfasste verschiedene individuelle und institutionelle Akteure. Sowohl Salzburger akademische Stellen, als auch Professoren und Professorinnen der anderen österreichischen Universitäten sowie der Salzburger Landeshauptmann und die Bundesregierung waren – wie in der Studie gezeigt wird – in je spezifischer Weise in die Berufungsverfahren involviert. Das Unterrichtsministerium (ab 1970 Bundesministerium für Wissenschaft und Forschung) trat dabei als zuständiges Ressort besonders hervor. Im Zuge dieser Untersuchungen wird zudem danach gefragt, ob die Verhaltensmuster, die die „Gründerprofessoren" der 1960er-Jahre im Zuge der politischen Umbrüche 1933/34, 1938 und 1945 an den Tag gelegt hatten, in den Berufungsverhandlungen thematisiert oder eher ausgeblendet wurden. Hierbei geraten die jeweiligen Praktiken der Besetzungen von akademischen Lehrkanzeln in den Blick. Diese werden vor dem Hintergrund der Strukturen der Hochschullandschaft sowie der österreichischen Politik dargestellt. Sie werden aber auch mit den Versuchen der „Gründerprofessoren" verknüpft, für die Universität Salzburg ein besonderes Profil zu kreieren. Diese Analysen werden schließlich um eine Darstellung der akademischen Ehrungen ergänzt,[9] die an der Alma Mater Paridiana verliehen wurden. Die Vergabe von Ehrendoktoraten und anderen akademischen Ehrungen verdeutlicht die enge Vernetzung von „Ehrenden" und „Geehrten" ebenso wie die Be-

---

8 Vgl. Ulrich Herbert, Best. Biographische Studien über Radikalismus, Weltanschauung und Vernunft 1903–1989, Bonn 1996, 42–45.

9 Vgl. zur Bedeutung akademischer Ehrungen zuletzt Alexander Pinwinkler/Johannes Koll (Hg.), Zuviel der Ehre? Interdisziplinäre Perspektiven auf akademische Ehrungen in Deutschland und Österreich, Wien-Köln-Weimar 2019.

deutung, die die symbolische Produktion akademischer Ehre für die Selbstdarstellung der „Gründergeneration" hatte.

Die vorliegende Studie ist somit keine bloße Lokalgeschichte der Universität Salzburg; sie beansprucht vielmehr, einen fundierten Beitrag zu den aktuellen deutschsprachigen Forschungen zur Gesellschafts-, Politik- und Hochschulgeschichte der 1960er- und frühen 1970er-Jahre zu leisten.[10] Die Arbeit berücksichtigt dabei übergreifende hochschulpolitische Strukturbedingungen und deren Wandel ebenso wie etwa die geistige Situation und den professoralen „Berufungsmarkt". Letzterer umfasste über Österreich hinaus im Wesentlichen auch die Bundesrepublik Deutschland. Die Frage nach den Rekrutierungsmustern von Professorinnen und Professoren an der „jungen" Universität Salzburg trägt somit dazu bei, umfassendere Probleme der Entwicklung der Hochschulen zu erhellen. Sie stellt damit eine wesentliche Grundlage für weiterführende (Vergleichs-)Studien dar.

Die Arbeit konzentriert sich – wie oben ausgeführt – auf die Ordinarien der „Gründerzeit". Dabei ist aber zu konstatieren, dass Assistenten und Assistentinnen, Dozentinnen und Dozenten sowie Studierende im hier zu untersuchenden Zeitraum zunehmend Mitspracherechte einforderten. Der Umbruch in der Universitätslandschaft war bereits seit den 1960er-Jahren auf verschiedenen Ebenen im Gang. Er kulminierte im UOG '75, dessen Umsetzung den ungefähren zeitlichen Endpunkt der hier vorgelegten Untersuchungen bildet. Die Studie kann die mit der Hochschulreform verknüpften Debatten allerdings nur berücksichtigen, soweit dies zur Erläuterung des jeweiligen Kontextes als erforderlich erscheint. Ebenso vorsichtig abwägend sucht sie mit dem Netzwerkbegriff umzugehen. Die Arbeit geht heuristisch davon aus, dass „Netzwerke" im Sinne von begrenzten personellen Verflechtungen, die u.a. für Karrierezwecke nutzbar gemacht werden konnten, hinsichtlich des Aufbaus der Salzburger Universität eine – näher zu spezifizierende – Rolle spielten. Soziale Netzwerke vermögen demnach Akteure und Gruppen, deren Interessenlagen wenigstens partiell übereinstimmen, wirksam miteinander zu verflechten. Netzwerke unterscheiden sich wesentlich hinsichtlich der Dichte der in ihnen zu beobachtenden sozialen Interaktionen. Je dichter das Netzwerk ist, desto stärker kontrolliert es die einzelne Person, desto mehr Ressourcen stellt es dieser aber auch zur Verfügung; je loser es ist, desto weniger ‚soziales Kapital' zirkuliert in dem Netzwerk.[11]

Zur Quellengrundlage der Studie sind die Personalakten des Bundesministeriums für Unterricht (BMU) hervorzuheben, die im Archiv der Republik (AdR) des Österreichischen Staatsarchivs (ÖStA) überliefert sind. Diese Akten beinhalten Datenmaterial zu den Lebens- und Karrierestationen der Professoren und Professorinnen, die anhand von Dokumenten

10 Vgl. zuletzt u.a. Moritz Mälzer, Auf der Suche nach der neuen Universität: die Entstehung der „Reformuniversitäten" Konstanz und Bielefeld in den 1960er Jahren, Göttingen 2016; Wirth/ Reichl/Marcus, 50 Jahre Johannes Kepler Universität; Maria Wirth (Hg.), Neue Universitäten. Österreich und Deutschland in den 1960er- und 1970er-Jahren, Göttingen 2020 (=zeitgeschichte, Sonderbd; 1) (im Druck).

11 Vgl. u.a. Stanley Wassermann/Katherine Faust, Social Network Analysis. Methods and Applications, Cambridge 1994; vgl. zur soziologischen Kapitaltheorie Pierre Bourdieu, Ökonomisches Kapital – Kulturelles Kapital – Soziales Kapital, in: Franzjörg Baumgart (Hg), Theorien der Sozialisation, Bad Heilbronn 1997, 217–231.

unterschiedlich hoher Informationsdichte überliefert sind. Vor allem die Verhandlungen, die das Ministerium mit den zu berufenden Gelehrten führte, sind zuweilen in umfangreichen Korrespondenzen und Protokollen überliefert, die die Ministerialbeamten in die jeweiligen Personalakten einlegten. Die speziellere Frage nach im weitesten Sinne politischen Vernetzungen und Einflussnahmen, die hinter einigen dieser Berufungen standen, ist anhand dieser Akten allerdings oft nicht oder nur indirekt zu erschließen.[12] Es wurden daher der Briefwechsel von Bundeskanzler Josef Klaus mit René Marcic und die Korrespondenzen der Bundesminister Christian Broda und Heinrich Drimmel sowie des Landeshauptmanns Hans Lechner, die jeweils archivalisch überliefert sind, zusätzlich als relevante Quellenbestände herangezogen und ausgewertet. Neben diese Kernbereiche der Überlieferung tritt eine Fülle von gedruckten Quellentexten, die jeweils in die Analysen einbezogen werden.

Für die Lektüre des vorliegenden Bandes sind folgende Hinweise hilfreich: Erstens werden zeitgenössische Bezeichnungen von Vereinen, Verbänden und Organisationen ohne Anführungszeichen verwendet. Zweitens wird darauf hingewiesen, dass in jenen Abschnitten der Arbeit, die sich mit einzelnen Repräsentanten oder Repräsentantinnen der „Gründergeneration" auseinandersetzen, auch deren Biographien genauer dargestellt werden. Für eine konzise Übersicht der jeweiligen Lebens- und Karrieredaten sei auf die 38 Kurzbiographien hingewiesen, die im Anhang abgedruckt sind. Drittens werden in der Regel nur dann beide Geschlechter erwähnt, wenn Frauen in den entsprechenden Stellen, Berufen oder Funktionen aller Wahrscheinlichkeit nach tatsächlich vertreten waren.

---

12 Vgl. zu dieser spezifischen Problematik der Quellenlage auch Elmar Schübl/Johannes Uray, Auf der Suche nach geeigneten Kräften: Aktivitäten, Strategien und Kriterien in Berufungsverfahren, in: Christian Hesse/Rainer Christoph Schwinges (Hg.), Professorinnen und Professoren gewinnen. Zur Geschichte des Berufungswesens an den Universitäten Mitteleuropas, Basel 2012, 415–440.

1. Akademisches Leben in Salzburg in den 1950er- und frühen 1960er-Jahren

1.1 Die Katholisch-Theologische Fakultät als Brücke zur staatlichen Universität Salzburg

Wissenschaftsministerin Hertha Firnberg schrieb im Jahr 1972, dass die Universität Salzburg „vom Dreißigjährigen Krieg bis über den Zweiten Weltkrieg hinaus [...] allen widrigen Zeitläufen zum Trotz immer ihren Kern bewahrt und in wechselnder Gestalt die Tradition der Gründerjahre der Gegenwart überliefert" habe.[1] Das frühere Salzburger Benediktinergymnasium war 1622 durch kaiserlichen Beschluss in den Rang einer hohen Schule erhoben worden. Die nunmehrige neue Universität verfügte daher nicht nur über die kirchliche, sondern auch die „staatliche" Privilegierung. Die Aussage von Firnberg, dass die Salzburger Universität „immer ihren Kern bewahrt" habe, entsprach jedoch nicht gänzlich den historischen Realitäten. Die Benediktineruniversität wurde nämlich 1810 zugunsten der damals gegründeten Münchner Universität von der neuen bayerischen Verwaltung aufgehoben. Anstelle der Universität wurde in Salzburg zwar ein Lyceum gegründet, das sich in eine philosophische und eine theologische Abteilung gliederte. Das Lyceum war allerdings in rechtlicher Beziehung einer Universität nicht gleichgestellt. Erst als es 1850 aufgelöst wurde, erhielt Salzburg eine staatliche Katholisch-Theologische Fakultät, die im September 1938 von den nationalsozialistischen Machthabern geschlossen wurde. Eine gewisse Kontinuität in der Lehre konnte sie vorerst nur deshalb bewahren, weil sie bis Jänner 1942 als Diözesan-Lehranstalt weitergeführt werden konnte. Die Theologische Fakultät wurde nach dem Ende des Zweiten Weltkriegs im Wintersemester 1945 wieder eröffnet.[2]

Um die nachstehenden Ausführungen besser verstehen zu können, ist es notwendig, sich die politischen und ideologischen Dimensionen der Vorgeschichte der 1962 erfolgten „Wiedererrichtung" der Salzburger Universität[3] vor Augen zu führen. Da der institutionelle Auf-

---

1 Hertha Firnberg, [Vorwort], in: Universität Salzburg 1622–1962–1972. Hg. vom Akademischen Senat, Salzburg 1972, VII–VIII, hier VII.

2 Vgl. Ewald Hiebl, Zwischen Kirche und Staat – Salzburger Lyceum, Theologische Fakultät und Universitätsbestrebungen 1810–1962, in: Salzburg Archiv 12 (1991), 263-292.

3 Der spezifische Quellenbegriff der „Wiedererrichtung" wird hier stets unter Anführungszeichen wiedergegeben. Der Diskurs der „Wiedererrichtung" der Universität Salzburg wird im Kap. 2 dieser Studie näher erläutert.

bau in der Forschungsliteratur bereits eingehend dargestellt wurde, wird dieser im Folgenden nur in deutlich geraffter Form wiedergegeben.[4] Die Rolle der Theologischen Fakultät als einer institutionellen Brücke zwischen der früheren Benediktineruniversität, die zugleich eine Salzburger Landesuniversität gewesen war, und der staatlichen Paris-Lodron-Universität Salzburg wird dabei allerdings deutlich sichtbar werden.

Der Salzburger Theologischen Fakultät war bereits im 19. Jahrhundert die Rolle zugedacht gewesen, als Nukleus für eine künftig auszubauende staatliche Volluniversität zu fungieren. So reichte der Salzburger Landtag ab 1870 jährlich eine Petition beim Kultus- und Unterrichtsministerium in Wien ein, um die „Wiedererrichtung" der Salzburger Universität auf Basis der bestehenden Theologischen Fakultät zu verlangen. Diese Bemühungen versandeten allerdings, weil das Ministerium sich ab 1877 jede weitere Forderung verbat, in Salzburg eine Universität zu errichten.[5]

Georg Lienbacher, der Führer der konservativen Partei im Herzogtum Salzburg, brachte 1884 im Landtag gleichwohl den Antrag ein, die damals wiederum so bezeichnete „Wiedererrichtung" der 1810 aufgehobenen Universität „als einer freien katholischen Hochschule" anzustreben.[6] Der Verein zur Gründung und Erhaltung einer freien katholischen Universität zu Salzburg konstituierte sich noch im selben Jahr 1884. Als katholischer Universitätsverein entfaltete er seither eine lebhafte Aktivität zugunsten der katholischen Universitätsidee, die 1901/02 auch die österreichischen Bischöfe offiziell unterstützten.[7] Den katholischen Universitätsplänen trat jedoch der deutschnational und antiklerikal gesinnte Salzburger Hochschulverein entgegen, der im Mai 1901 ins Leben gerufen wurde. Dieser Verein sprach sich vehement gegen eine katholische Universität aus und trat stattdessen dafür ein, in Salzburg eine staatliche Universität zu begründen. Bereits im Sommer 1903 hielt der Hochschulverein sogenannte Hochschul-Ferialkurse ab, die als eine Vorstufe für eine spätere Universität gelten sollten.[8]

Ungeachtet der ideologisch bedingten Gegnerschaft des Salzburger Hochschulvereins erlebten die katholischen Universitätspläne in der Zwischenkriegszeit einen neuen Auftrieb. Hierfür sorgte vor allem Ignaz Seipel, der von 1909 bis 1917 als Professor für Moraltheologie in Salzburg gewirkt hatte. Als österreichischer Bundeskanzler hielt Seipel anlässlich der Dreihundertjahrfeier der Theologischen Fakultät im Jahr 1923 eine Rede, in welcher er diese als eine „Keimzelle für eine neue ‚Alma mater'" in Salzburg bezeichnete.[9] Neben Prälat Seipel sind vor allem Erzabt Petrus Klotz (Stift St. Peter) und Franz Xaver Münch, der Sekretär des Katholischen Akademikerverbands Deutschlands, als Wegbereiter und Initiatoren zu nennen.[10]

4 Vgl. hierzu nach wie vor Ortner, Die Universität, sowie Alfred Rinnerthaler, Von der barocken Benediktiner- zur Staatsuniversität. Vom Werden der Salzburger „Alma Mater", in: Heinrich de Wall/Michael Germann (Hg.), Bürgerliche Freiheit und christliche Verantwortung. Festschrift für Christoph Link zum siebzigsten Geburtstag, Tübingen 2003, 787–826.

5 Ebd. (Rinnerthaler), 792.

6 Zit. n. ebd., 793.

7 Vgl. ebd., 797 f.

8 Ebd., 800 f.

9 Zit. n. ebd., 807.

10 Vgl. Ortner, Die Universität, 68–71; 107–114.

Auch der Benediktinerorden wurde in den Nachkriegsjahren neuerlich im Sinne der katholischen Universitätsidee aktiv. So fassten die Äbte österreichischer und deutscher Benediktinerklöster den Beschluss, in Salzburg ein Ordensstudienhaus zu errichten. Dieses sollte den Ausbau der bestehenden Theologischen Fakultät zu einer Philosophisch-theologischen Hochschule unterstützen. Mit der kanonischen Errichtung eines Philosophischen Instituts päpstlichen Rechts, die 1928 erfolgte, setzte die Theologische Fakultät einen weiteren Schritt, der zur Begründung einer „freien, katholischen Universität" in Salzburg führen sollte. Nachhaltig für die katholische Universitätsidee wirkten auch die Salzburger Hochschulwochen, die erstmals im Sommer 1931 stattfanden und die von den katholischen Laienverbänden Deutschlands zusammen mit dem erzbischöflichen Stuhl und der Theologischen Fakultät in Salzburg getragen wurden.[11] Die Salzburger Hochschulwochen wurden wesentlich von den beiden Benediktinergelehrten P. Alois Mager und P. Thomas Michels organisiert und betonten programmatisch sowohl das Deutschtum als auch den Katholizismus. Die Hochschulwochen wollten ausdrücklich dazu beitragen, eine „katholische Universität für das deutsche Volkstum" zu begründen. Ihre ideologische Frontstellung galt in erster Linie dem sogenannten Kulturbolschewismus, dessen „zersetzende Kraft" sie bekämpfen sollten.[12]

Als Bundeskanzler Engelbert Dollfuß, der dem Salzburger Projekt einer katholischen Universität sehr gewogen gewesen war, am 25. Juli 1934 von nationalsozialistischen Putschisten ermordet wurde, geriet das bereits weit gediehene Vorhaben in eine ernste Krise. Erst rund zwei Jahre später trat unter der Leitung des Priesters, Sprachwissenschaftlers und Ethnologen P. Wilhelm Schmidt neuerlich ein Komitee zusammen, das die Vorbereitungen für die künftige katholische Universität wieder aufnehmen sollte. Es war dabei an die Errichtung einer katholischen „Albertus-Magnus-Universität" in Salzburg gedacht, die staatlicherseits durch ein eigenes Bundesgesetz genehmigt werden sollte. Es war vorgesehen, die staatliche Theologische Fakultät zu „verkirchlichen", während eine Philosophische Fakultät, die neben geisteswissenschaftlichen auch juridische und biologische Studien ermöglichen sollte, neu errichtet werden sollte. Gleichzeitig wurden kirchlicherseits bereits Personalentscheidungen getroffen und sogar Berufungsverhandlungen geführt.[13] Das hierin sichtbar werdende Vorhaben, an die bestehende Theologische Fakultät eine Philosophische Fakultät anzugliedern und damit die institutionellen Grundlagen für eine fachlich breiter aufgestellte Hochschule zu schaffen, konnte in den 1930er-Jahren zwar nicht mehr umgesetzt werden, es verwies aber bereits auf vergleichbare konzeptionelle Überlegungen, wie sie nach 1945 in der Salzburger Universitätssache neuerlich angestellt werden sollten.

Der am 13. März 1938 vollzogene „Anschluss" Österreichs an das Deutsche Reich vereitelte vorerst sämtliche Bemühungen, eine katholische Universität in Salzburg zu begründen.

---

11 Rinnerthaler, Von der barocken Benediktiner- zur Staatsuniversität, 807 f.; 811.

12 Hiebl, Zwischen Kirche und Staat, 280.

13 Rinnerthaler, Von der barocken Benediktiner- zur Staatsuniversität, 813 f. Vgl. zu den letzten Vorbereitungen der geplanten Universitätsgründung sowie zur Liste der zu berufenden Professoren Alfred Rinnerthaler, Der Universitätsverein und der Traum von einer katholischen Universität in Salzburg, in: Jahrbuch der Universität Salzburg 1983–85, Salzburg 1987, 46–75, hier 53–56.

Der Katholische Universitätsverein wurde bereits am 30. April 1938 für aufgelöst erklärt, sein Vereinsvermögen wurde eingezogen und der Forschungsgemeinschaft Deutsches Ahnenerbe e. V. übergeben. Der Verein der Salzburger Hochschulwochen, der vom Universitätsverein gegründet worden war und die Salzburger Hochschulwochen organisierte, wurde im November 1938 aufgelöst. Die Theologische Fakultät wurde am 12. September 1938 ebenfalls aufgehoben, was zum zweiten Mal nach 1810 das vorläufige Ende der universitären Wissenschaftspflege in Salzburg mit sich brachte.[14] Das „Ahnenerbe" selbst plante für das Jahr 1939, sogenannte Salzburger Wissenschaftswochen abzuhalten, die „unter umgekehrten ideologischen Vorzeichen"[15] an die früheren Salzburger Hochschulwochen anknüpfen sollten. Als Organisator der „Wissenschaftswochen" fungierte der aus Salzburg gebürtige und 1940 an der Universität Innsbruck habilitierte Philosoph, Geologe und Geograph Walter Del-Negro, der ab 1964 einer der ersten Lehrbeauftragten und 1968 außerordentlicher Professor für Philosophie an der wieder errichteten Salzburger Universität werden sollte.[16]

Nach dem Zusammenbruch des „Dritten Reiches" lebte das katholisch geprägte geistige Leben in Salzburg neuerlich auf. Die Besinnung auf die christlichen Wurzeln des „Abendlands" und die antikommunistische Ideologie entsprachen dem Zeitgeist der späten 1940er- und der 1950er-Jahre und schuf damit günstige Bedingungen für die Entfaltung katholischer Intellektualität. Die staatliche Theologische Fakultät in Salzburg zählte daher nicht zufällig zu den ersten kirchlich geprägten Institutionen, die sich nach dem Krieg neuerlich konstituieren konnten. Bereits am 26. September 1945 traten die Professoren der Theologischen Fakultät erstmals wieder zusammen und wählten P. Alois Mager zu ihrem Dekan. Der Lehrbetrieb wurde mit Beginn des Wintersemesters 1945/46 aufgenommen, die Wiedereröffnung der neuerlich vom Staat finanziell erhaltenen Theologischen Fakultät fand am 4. Dezember 1945 in feierlicher Form statt. Am selben Tag wurde in Anwesenheit von Erzbischof Andreas Rohracher ein neuer Vertrag geschlossen, der die Berufungsmodalitäten an der Theologischen Fakultät regeln sollte. Künftig sollten von den acht vom Staat erhaltenen Lehrkanzeln, die es an der Fakultät gab, fünf von Weltpriestern und drei von Benediktinern besetzt werden.[17]

Dekan Alois Mager kündigte anlässlich der Wiederaufnahme der Lehrtätigkeit im Herbst 1945 an, dass die Fakultät weiterhin ihre Aufgabe darin sehe, das Erbe der alten Salzburger Universität zu bewahren und den Gedanken einer Volluniversität aufrechtzuerhalten und zu pflegen.[18] Hans Lechner erklärte dieses unverbrüchliche Festhalten an der Idee einer Universität, die aus den vier „klassischen" Fakultäten bestehen sollte, aus dem Wunsch der Dekane

---

14 Vgl. hierzu auch Karl-Heinz Ritschel, Der Salzburger Universitätsverein unter dem Druck des Nationalsozialismus, in: 110 Jahre CV. 90 Jahre Austria-Wien. Eine Festschrift, herausgegeben zum 90. Stiftungsfest der KÖStV Austria-Wien, Wien 1966, 34–57, hier bes. 44 f.

15 So Peter Danner, „Weltanschauungsfreie Forschung … nicht einmal wünschenswert". Wissenschaft in Salzburg während der NS-Zeit, in: Sabine Veits-Falk/Ernst Hanisch (Hg.), Herrschaft und Kultur. Instrumentalisierung, Anpassung, Resistenz, Salzburg 2013, 198–267, hier 208 f.

16 Ebd., 241.

17 Ortner, Die Universität, 186.

18 Rinnerthaler, Von der barocken Benediktiner- zur Staatsuniversität, 815; 817.

der Vorbereitungs- und Gründerzeit – er führte namentlich Carl Holböck, Erenbert Schächer und Benedikt Probst an – „wieder zu den Schwesterfakultäten zu kommen".[19]

Es kann daher mit einigem Recht davon gesprochen werden, dass es sich bei der Theologischen Fakultät zusammen mit dem Katholischen Universitätsverein und den Salzburger Hochschulwochen um jene Vereinigungen handelte, die einen katholisch geprägten Universitätsgedanken in Salzburg auch in der materiell und geistig schwierigen Nachkriegszeit hochhielten. Die wesentlichen Akteure der Universitätsbewegung waren in allen drei genannten Institutionen bzw. Vereinen aktiv. Die Theologische Fakultät fungierte ihrem Selbstverständnis gemäß in dieser Konstellation als „Platzhalter für die Gesamtuniversität"[20], die es in Salzburg künftig zu errichten gelte.

In der unmittelbaren Nachkriegszeit erfolgte indes nicht nur der Wiederbeginn der akademischen Lehre im Bereich der katholischen Theologie; darüber hinaus setzte sich auch der in den späten 1920er-Jahren begonnene Institutionalisierungsprozess wissenschaftlicher Disziplinen im Bereich der Theologischen Fakultät weiterhin fort. So wurde bereits 1946 das Institut für Philosophie päpstlichen Rechts neuerlich errichtet, und auch das Internationale Institut für vergleichende Erziehungswissenschaft wurde wieder ins Leben gerufen. Dazu kamen 1947 die Wiedererrichtung des 1932 von Hanns Koren gegründeten und 1938 ins „Ahnenerbe" inkorporierten Instituts für religiöse Volkskunde,[21] die Begründungen eines Instituts für Psychologie im Jahr 1950 sowie eines Instituts zur Erforschung des christlichen Altertums.[22] Der Theologischen Fakultät ging es bei diesen Institutsgründungen einerseits darum, für verschiedene Fächer Doktoratsbedingungen zu schaffen, wie sie für das der Fakultät angegliederte Päpstliche Institut für Philosophie bereits seit 1928 gegolten hatten. Andererseits sollten damit weitere Schritte zur Errichtung der künftigen Universität gesetzt werden.[23]

Abgesehen von den oben skizzierten institutionsgeschichtlichen Aspekten sind auch die in den Nachkriegsjahren an der Theologischen Fakultät lehrenden Professoren und Dozenten zu nennen. Diese bildeten gleichsam eine personelle Brücke zur künftigen staatlichen Universität Salzburg. Im Folgenden werden mit Carl Holböck, Stefan Rehrl, Erenbert Schächer, Thomas Michels, Erwin Domanig, Adalbert Schmidt und Franz Fuhrmann nur diejenigen Professoren bzw. Lehrenden sowie mit René Marcic ein ehemaliger Student an der Theologischen Fakultät angeführt, die als Vertreter der „Gründergeneration" für den Aufbau der künftigen Paris-Lodron-Universität Salzburg besondere Verdienste beanspruchen konnten.

An erster Stelle ist hierbei der Kirchenrechtler Carl Holböck zu nennen, der 1963/64 als geschäftsführender Rektor der Universität Salzburg einen wesentlichen Anteil am Gründungsprozess der Alma Mater Paridiana haben sollte.

19 Lechner, Der Weg zur Universität, 244.
20 So jedenfalls Theodor W. Köhler, Die Theologische Fakultät, in: uni-aktuell. Die Zeitschrift der Universität Salzburg (1987), 3–6, hier 3.
21 Vgl. Helmut Eberhart, Die Volkskunde an der Universität Salzburg. Ein Beitrag zur Institutionengeschichte, in: Heimat als Erbe und Auftrag. Festschrift für Kurt Conrad, Salzburg 1984, 99–119, hier 101–106.
22 Rinnerthaler, Von der barocken Benediktiner- zur Staatsuniversität, 816.
23 Vgl. hierzu Ortner, die Universität, 190 f.

Abb. 1: Carl Holböck am Schreibtisch (undat., frühe 1960er-Jahre).

Holböck war 1930 von Erzbischof Ignaz Rieder zum Priester geweiht worden. Nachdem er einige Jahre seelsorgliche Aufgaben in verschiedenen Salzburger Landgemeinden erfüllt hatte, entsandte ihn der Erzbischof nach Rom, wo er an der Päpstlichen Universität Gregoriana drei Jahre kanonisches Recht und ein weiteres Jahr Theologie studierte. Darüber hinaus bereitete er sich in Rom auf das Advokaturexamen am päpstlichen Appellationsgericht Sacra Romana Rota vor, das er 1941 erfolgreich bestand. Im selben Jahr kehrte Holböck zunächst nach Salzburg zurück; er wurde aber zwischenzeitlich als Ordinariatsrat ans Bischöfliche Ordinariat Linz berufen, ehe er ab 1942 erneut in Salzburg tätig war. Für den Salzburger Erzbischof übernahm Holböck verschiedene Funktionen wie etwa als Sekretär oder als Richter am erzbischöflichen Diözesan- und Metropolitangericht.[24]

Nach dem Zweiten Weltkrieg erhielt Holböck am 1. Oktober 1945 einen Lehrauftrag an der wieder errichteten Theologischen Fakultät in Salzburg. Dies war nur der Auftakt für seine steile akademische Karriere: Nachdem er sich am 21. Mai 1946 habilitiert hatte, wurde er am 20. Oktober 1947 zum außerordentlichen Professor für Kirchenrecht ernannt. Seit 1. Jänner 1950 vertrat er als Ordinarius die Lehrkanzel für Kirchenrecht an der Theologischen Fakultät. Holböcks weiterer Aufstieg und seine Bedeutung für die Salzburger Universität sollen hier vorerst nur knapp skizziert werden: Ab dem Studienjahr 1950/51 bekleidete Holböck mehr-

24 Vgl. Im Dienst von Kirche und Staat, in: Franz Pototschnig/Alfred Rinnerthaler (Hg.), Im Dienst von Kirche und Staat. In memoriam Carl Holböck, Wien 1985, XI–XVI, hier XI f.

Abb. 2: Rektor Stefan Rehrl sitzt für sein Porträtgemälde Modell (undat., vermutl. 1967/68).

fach das Amt eines Dekans, so auch 1962/63 und 1963/64 in der entscheidenden Phase der Angliederung der neu errichteten Philosophischen Fakultät an die bestehende Theologische Fakultät. Im Studienjahr 1965/66 wurde Holböck zum Rektor der Paris-Lodron-Universität Salzburg gewählt. Zudem wurde er als ordentlicher Professor für Kirchenrecht an die 1965 ins Leben gerufene Rechts- und Staatswissenschaftliche Fakultät berufen, wodurch er einen entscheidenden Beitrag dafür leistete, dass die neue Juristenfakultät sich erfolgreich etablieren konnte.[25]

Dem Moraltheologen Stefan Rehrl war es in den späten 1950er-Jahren maßgeblich zu verdanken, dass sich innerhalb der Katholischen Kirche in Salzburg das Konzept einer staatlichen Universität mit vier Fakultäten durchsetzte. Rehrl hatte im Jahr 1935 in Salzburg die Priesterweihe empfangen und wirkte danach in verschiedenen Gemeinden der Erzdiözese Salzburg als Kooperator, ehe er 1942 in die Deutsche Wehrmacht eingezogen wurde. Im Sommersemester 1946 setzte er seine Studien an der Universität Innsbruck fort und wurde 1948 zum Doktor der scholastischen Philosophie promoviert. Bereits im folgenden Jahr promovierte er darüber hinaus zum Doktor der Philosophie sowie 1952 zum Doktor der Theologie an der Universität Innsbruck. Im Wintersemester 1952/53 wurde der Dreifach-Doktor Rehrl kurzfristig als Supplent an die Lehrkanzel für Moraltheologie an der Salzburger Theologischen

25 Vgl. Im Dienst von Kirche und Staat, XIII.

Fakultät berufen, nachdem der bisherige Professor für Moraltheologie, Franz König, zum Bischof-Koadjutor von St. Pölten ernannt worden war. Nach seiner im Sommer 1955 erfolgten Habilitation erklomm Rehrl rasch die weiteren Karrierestufen: Mit 1. Jänner 1956 wurde er zunächst zum außerordentlichen Professor und am 30. Oktober 1963 zum ordentlichen Professor für Moraltheologie ernannt. In den Studienjahren 1967/68 und 1970/71 wurde Rehrl zum Rektor der Universität Salzburg gewählt.[26]

Erenbert Schächer war ein 1923 zum Priester geweihter Benediktiner der Abtei Kremsmünster. Schächer studierte 1923 bis 1927 an der Universität Wien Philosophie, Griechisch und Latein und promovierte 1926 in Philosophie. Bereits damals von seinen Ordensoberen dazu ausersehen, eine akademische Laufbahn einzuschlagen, vervollkommnete Schächer seine wissenschaftliche Ausbildung im Herbst 1927 in Berlin, ging 1928 an die Universität Oxford und kehrte im Herbst 1928 nach Berlin zurück. In den folgenden Jahren widmete sich Schächer weiteren Studien auch auf dem Gebiet der Rechts- und Staatswissenschaften und promovierte Ende 1933 an der Berliner Universität zum Dr. rer. pol. Von 1933 bis 1937 blieb er in Berlin, um dort die Lehrschriften des Aristoteles zu studieren. Eine Habilitation in Berlin war für einen katholischen Ordenspriester im „Dritten Reich" nicht möglich.[27] Schächer legte daher seine Habilitationsschrift *Quellen- und problemgeschichtliche Untersuchungen zur philia-Abhandlung der Ethiken des corpus Aristotelicum* 1937 der Universität Freiburg/Schweiz vor, die diese im Frühsommer desselben Jahres annahm. Da die geplante katholische Universität in Salzburg, an die er berufen hätte werden sollen, aufgrund der Machtübernahme der Nationalsozialisten in Österreich nicht realisiert werden konnte, verblieb Schächer bis 1946 in Freiburg, wo er zuletzt als Titularprofessor wirkte. Im Juli 1946 wurde Schächer als außerordentlicher Professor für Philosophie an die Theologische Fakultät Salzburg berufen, wo er seine Vorlesungen mit Beginn des Wintersemesters 1946/47 aufnahm. Von 1946 bis 1956 stand Schächer dem Philosophischen Institut päpstlichen Rechts als Praeses vor; 1961/62 war er Dekan der Theologischen Fakultät und setzte sich in dieser Funktion nachdrücklich für die Errichtung der Universität Salzburg ein.[28]

Der Benediktiner Thomas Michels kam wie Schächer nach dem Zweiten Weltkrieg aus dem Exil nach Salzburg zurück. Michels' Erfahrung von Flucht und Exil gestaltete sich jedoch ungleich dramatischer als im Falle Schächers, der seine wissenschaftliche Laufbahn in der Schweiz über 1938 hinweg ungebrochen fortsetzen und von dort direkt nach Salzburg auf eine Professorenstelle gelangen konnte. Michels war ein aus dem Rheinland gebürtiges Konventsmitglied des Klosters Maria Laach in der Eifel, der 1917 zum Priester geweiht worden war. Im Jahr 1928 entsandte ihn sein Laacher Abt Ildefons Herwegen nach Salzburg, wo er im Rahmen der deutschsprachigen Benediktinerkonföderation am Aufbau der geplanten

26 Österreichisches Staatsarchiv (ÖStA), Archiv der Republik (AdR), Bundesministerium für Unterricht (BMU), Personalakt (PA) Rehrl, Stefan; Prorektor René Marcic an das BMU, Vorschlag der Universität Salzburg für eine Auszeichnung, 23.9.1968.

27 Vgl. Georg Pfligersdorffer, Univ.-Prof. Dr. P. Erenbert Josef Schächer (1900-1974), in: Jahrbuch der Universität Salzburg (1973/74-1974/75), 145-148, hier 146.

28 ÖStA, AdR, BMU, PA Schächer, Erenbert; Curriculum vitae, 6.2.1947.

katholischen Universität mitwirken sollte. Zugleich wurde Michels an der bestehenden Salzburger Katholisch-Theologischen Fakultät habilitiert, woraufhin er als Dozent in den Fächern Liturgiewissenschaft und Patristik eine Lehrtätigkeit aufnahm. Im März 1938 wegen seiner Rolle als prononcierter Unterstützer des Dollfuß/Schuschnigg-Regimes zur Flucht aus Salzburg genötigt, fand Michels ab September 1938 in den Vereinigten Staaten ein neues Wirkungsfeld als Ordensmann und Lehrer an verschiedenen Colleges. Im Oktober 1947 wurde Michels nach Salzburg zurückberufen, wo er in den 1950er-Jahren als Obmann des Katholischen Universitätsvereins eine Schlüsselrolle in der damals wieder auflebenden katholischen Universitätsbewegung einnahm.[29]

Der Chirurg Erwin Domanig verfügte als Statthalter des Ritterordens vom Heiligen Grab zu Jerusalem über enge Verbindungen zur katholischen Kirche. Domanig hatte das Privatgymnasium der Jesuiten Stella Matutina in Feldkirch absolviert und in Wien Medizin studiert, wo er auch seine ärztliche Laufbahn begann. Im März 1934 zum Primararzt an die Chirurgische Abteilung des St.-Johanns-Spitals in Salzburg berufen, wurde ihm im Mai 1946 der Titel eines außerordentlichen Professors verliehen. Das Professorenkollegium der Medizinischen Fakultät der Universität Wien hatte hierzu einen entsprechenden Antrag gestellt. Domanig sei nämlich während der NS-Zeit zweimal aus politischen Gründen – er galt als ein Anhänger des Dollfuß/Schuschnigg-Regimes – als Primararzt entlassen worden.[30] Die Verleihung der Lehrbefugnis für Chirurgie für Domanig erfolgte damit ausdrücklich „im Sinne der Wiedergutmachung aus politischen Gründen“[31]. 1950 wurde Domanig zum Direktor des St.-Johanns-Spitals, also der Landeskrankenanstalten Salzburg, berufen und ließ diese großzügig ausbauen. Im Zuge der Bemühungen der Paris-Lodron-Universität Salzburg, eine angegliederte Medizinische Fakultät zu erhalten, fungierte er als Senatsbeauftragter, der dieses Vorhaben an federführender Stelle vorantreiben sollte. Domanig lehrte bereits vor der Wiederbegründung der Salzburger Universität an der Theologischen Fakultät regelmäßig das Fach „Pastoralmedizin“ und gehörte damit deren Lehrkörper an.[32]

Von 1949 bis 1964 zählte auch der Germanist Adalbert Schmidt, der in den Vorlesungsverzeichnissen als „Lektor für Sprecherziehung“ aufscheint, zum außerordentlichen Lehrpersonal der Theologischen Fakultät.[33] Schmidt selbst gab später an, dass er auch Vorlesungen

29 Vgl. Pinwinkler, Remigration als eine Rückkehr zum Status quo ante?

30 Domanig war nach seinen eigenen Angaben am 19. Mai 1938 vom „Gauarzt“ Dr. Adolf Samitz unter Androhung von Gewalt dazu genötigt worden, seine Stellung als Primararzt niederzulegen, jedoch bereits am 22. Juni 1938 wieder in diese Position eingesetzt worden. Vgl. Universitätsklinikum Salzburg, St.-Johanns-Spital, Archiv, PA Domanig, Erwin; Dr. Erwin Domanig an die Landesregierung, 19.5.1938; Landeshauptmannschaft Salzburg an Dr. Erwin Domanig, 22.6.1938. Frau Dr. Hedwig Kainberger danke ich herzlich dafür, dass sie mir diese Dokumente zur Einsichtnahme überlassen hat.

31 ÖStA, AdR, BMU, PA Domanig, Erwin; Dekanat der Medizinischen Fakultät der Universität Wien an das BMU, 15.3.1946.

32 Vgl. Kath.-Theologische Fakultät Salzburg (Hg.), Vorlesungen und Personalstand. Sommer-Halbjahr 1953–Winter-Halbjahr 1961/62; Salzburg 1953–1961; vgl. auch Universitätsklinikum Salzburg, St.-Johanns-Spital, Archiv, PA Domanig, Erwin; Würdigung Univ. Prof. Dr. E. Domanig, 4.4.1973.

33 Vgl. Kath.-Theologische Fakultät Salzburg (Hg.), Vorlesungen und Personalstand. Winter-Halbjahr 1953–Winter-Halbjahr 1961/62; Salzburg 1953–1961.

und Übungen über moderne Literatur für Theologen gehalten habe, ohne dass er dafür besoldet worden sei.[34] 1966 wurde Schmidt, der trotz seiner Affinität zu völkischem und deutschnationalem Gedankengut eine „christlich-katholische“ Einstellung vertreten haben soll,[35] als 60-Jähriger an die im Ausbau begriffene Universität Salzburg berufen.[36] Der Kunsthistoriker Franz Fuhrmann zählte zwar nicht zur engeren „Gründergeneration“ der Universität Salzburg, er gestaltete aber den weiteren Ausbau der Alma Mater Paridiana seit 1969 als Inhaber der Lehrkanzel für Österreichische Kunstgeschichte maßgeblich mit. Fuhrmann war ebenfalls bereits vor der Errichtung der Universität Salzburg im Jahr 1962 als Lehrender an der Theologischen Fakultät in Erscheinung getreten.[37]

Für den Aufbau der künftigen Universität spielte in den 1960er-Jahren indes vor allem der Publizist und Rechtsphilosoph René Marcic eine Schlüsselrolle.[38] Marcic gehörte zusammen mit den Salzburger Theologen Carl und Ferdinand Holböck, Stefan Rehrl und Erenbert Schächer sowie den Professoren Egon Lendl, Herbert Seidler und Karl Wolf dem ersten Akademischen Senat an, der sich am 10. Jänner 1964 an der neuen Universität konstituierte. Nach dem Ende des Zweiten Weltkriegs hatte der promovierte Jurist Marcic, der zuvor noch Presseattaché des faschistischen Ustascha-Staates Kroatien in Wien gewesen war,[39] an der Salzburger Theologischen Fakultät ein weiteres Studium begonnen. Marcic war als ordentlicher Hörer am päpstlichen Institut für Philosophie inskribiert. Im Wintersemester 1945/46 belegte er sieben Vorlesungen bei den Professoren Alois Mager und Albert Auer, die er durchwegs mit der Note „eminenter“ („hervorragend“) abschloss.[40]

In den folgenden Jahren durchlief Marcic eine steile Karriere, die ihn vom Mitglied des Redaktionsstabs der „Salzburger Nachrichten“ (1946) bis zum Posten eines Chefredakteurs

34 ÖStA, AdR, BMU, PA Schmidt, Adalbert; Schmidt an Sektionschef Hoyer, 22.1.1966.

35 Vgl. Gerlinde Weiss/Klaus Zelewitz/Karl Müller, Univ. Prof. Dr. Adalbert Schmidt (1906-1999), in: https://web.archive.org/web/20070929082945/http://www.sbg.ac.at/ger/people/a_schmidt.htm (23.2.2018).

36 Siehe hierzu detailliert das Kap. 4.2.3.

37 Vgl. Erhard Koppensteiner, Franz Fuhrmann †, in: Mitteilungen des Instituts für Österreichische Geschichtsforschung 125 (2017), 284–286; vgl. Kath.-Theologische Fakultät Salzburg (Hg.), Vorlesungen und Personalstand. Winter-Halbjahr 1960/61; 1961/62; 62/63; Salzburg 1960–1962.

38 Siehe hierzu speziell das Kap. 4.2.2.

39 Vgl. zu Marcic zuletzt u.a. Siegfried Göllner, Zwischen „berührender Versöhnlichkeit“ und „Nazi-Propaganda“, in: Alexander Pinwinkler/Thomas Weidenholzer (Hg.), Schweigen und erinnern. Das Problem Nationalsozialismus nach 1945, Salzburg 2016, 266–311, hier 284–287; Tobias Neubacher, Die Anfänge der Politikwissenschaft in Salzburg: René Marcic (1919-1971), Franz-Martin Schmölz (1927-2003) und das Senatsinstitut für Politikwissenschaft, in: Österreichische HochschülerInnenschaft (Hg.), Österreichische Hochschulen im 20. Jahrhundert. Austrofaschismus, Nationalsozialismus und die Folgen, Wien 2013, 456–462.

40 Universität Salzburg, Personalabteilung, PA Marcic, René; Meldungsbuch des Studierenden der Theologie (Philosophie) Dr. René Marcic, 29.1.1946. Als Auer 1961 eine von den Professoren des Philosophischen Instituts herausgegebene Festschrift gewidmet wurde, beteiligte sich auch Marcic mit einem Beitrag: Vgl. René Marcic, Gottesbild – Rechtsbild – Staatsbild. Kritische Betrachtungen über den Geist der ersten Fassung des Entwurfes zu einem österreichischen Strafgesetz, in: Festschrift für Albert Auer OSB, in: Salzburger Jahrbuch für Philosophie V/VI (1961/62), 425–462.

dieser Tageszeitung (1959) führte. Marcic fand daneben die Zeit, sich wissenschaftlich zu betätigen und für die Belange des Katholischen Universitätsvereins in Salzburg einzutreten. Sein Artikel „Zurück zu den Quellen des Rechtes!", den er 1953 veröffentlichte, legt hierfür ein beredtes Zeugnis ab. Marcic kritisiert darin aus naturrechtlicher Sicht den Rechtspositivismus, der seiner Auffassung nach im österreichischen Rechtssystem vorherrschend war, als formalistisch und mechanistisch. Demgegenüber behauptete er, dass „die Verbindlichkeit des Rechts von der von Gott geschaffenen Seinsordnung, vom Naturrecht", herrühre. Von einer künftigen Albertus-Magnus-Universität Salzburg erwartete sich Marcic, dass sie eine Juridische Fakultät schaffe, die „hartnäckig der Frage nach dem Wesen des Rechtes an den Leib rücken und den Grund in einem modernen universalen christlichen Rechtsdenken legen könnte."[41] Als der Journalist Marcic diese Überlegungen anstellte, war noch keineswegs absehbar, dass er nach dem Abschied von der katholischen Universitätsidee in Salzburg auch einer der Proponenten der 1965 errichteten Rechts- und Staatswissenschaftlichen Fakultät sein würde.

1.2 Zwischen Traditionalismus und Erneuerung: Der Katholische Universitätsverein und das Internationale Forschungszentrum für Grundfragen der Wissenschaften

Die Theologische Fakultät und das an sie angegliederte Philosophische Institut päpstlichen Rechts bildeten – wie oben gezeigt – jenen institutionellen Kern, der als „Platzhalter" der künftigen Universität Salzburg dienen sollte. Der wesentliche Impuls für die beabsichtigte Universitätsgründung in katholischer Trägerschaft ging indes – institutionell gesehen – in den späten 1940er- und 1950er-Jahren vom Katholischen Universitätsverein aus. Dieser formierte sich nach Kriegsende neuerlich mit Erzbischof Rohracher als Präsidenten. Der Universitätsverein konstituierte sich am 28. Dezember 1947 und hielt an diesem Tag seine erste Generalversammlung nach dem Krieg ab, nachdem das Innenministerium die Aufhebung des Vereins durch die NS-Behörden für ungültig erklärt hatte. P. Thomas Michels, der im Oktober 1947 aus dem US-Exil nach Salzburg zurückgekehrt war, übernahm die Obmannschaft des Vereins. Dessen ausdrückliche Zielsetzung bestand zunächst darin, eine katholische Universität zu begründen. Doch auch die Befürworter einer staatlichen Universität traten in der Nachkriegszeit wieder auf den Plan. Unter den zahlreichen Ideen und Vorschlägen waren etwa eine „Internationale Hochschule für Politik", für die Landeshauptmann Josef Klaus im Oktober 1954 Überlegungen anstellte, oder auch eine „Weltuniversität", die von dem Verband der Unabhängigen (VdU) nahestehenden Kreisen lanciert wurde.[42]

Damit kam Mitte der 1950er-Jahre Bewegung in die Universitätsdebatte. Die Konkurrenzsituation mit jenen Überlegungen und Vorhaben, die auf eine staatliche Universität abzielten, sowie Hoffnungen auf neu zu erschließende Geldquellen in der BRD und in den Vereinigten Staaten ermutigten nämlich auch die Proponenten der katholischen Universitätspläne,

---

41 René Marcic, Zurück zu den Quellen des Rechtes! Eine Aufgabe der Katholischen Universität, in: Mitteilungen des Katholischen Universitätsvereins Salzburg N.F. 1 (1953), 4–7, hier 6; 7.

42 Rinnerthaler, Von der barocken Benediktiner- zur Staatsuniversität, 818–820.

weitere Schritte zur Realisierung ihres Vorhabens zu setzen. Sie suchten hierzu Konzepte für eine „Albertus-Magnus-Universität" zu entwickeln, die einen Schwerpunkt auf einer „Philosophisch-Geisteswissenschaftlichen Fakultät neuer Art"[43] legen sollte. Anfang des Jahres 1959 wurde als handlungsleitendes Dokument ein „Grundplan für den Aufbau der Internationalen Katholischen Universität (Albertus-Magnus-Universität)" vorgestellt. Die Erzdiözese Salzburg unterstützte dieses Vorhaben aktiv, indem sie im Jahr 1959 Gebäude und Liegenschaften der Edmundsburg auf dem Mönchsberg zur Verfügung stellte, die für die künftige Universität zweckgewidmet werden sollten.[44]

Während diese Planungen vorangetrieben wurden, mehrten sich allerdings die Stimmen innerhalb des Universitätsvereins, die die Idee einer katholischen Universität grundsätzlich kritisch hinterfragten. Stefan Rehrl beauftragte daher im Namen des Universitätsvereins den Innsbrucker Verfassungsrechtler Felix Ermacora, ein Gutachten zur Gesetzeslage und zu den Möglichkeiten einer katholischen Universität zu erstellen.[45] Zudem wurde eine Umfrage unter nahezu 200 katholischen Wissenschaftlern unterschiedlicher Fachrichtungen in Europa und den USA zur Sinnhaftigkeit einer katholischen Universität gestartet. Die Ergebnisse fielen für deren Befürworter wenig erfreulich aus, denn die große Mehrheit sprach sich gegen das langgehegte Projekt aus. Ermacora riet von einer katholischen Universität ebenso ab wie der bekannte Theologe Karl Rahner, der sich stattdessen für eine Forschungsuniversität mit interdisziplinärer Ausrichtung aussprach.[46]

Damit war der Traum von einer katholischen Universität in Salzburg, zu deren Verwirklichung seit dem späten 19. Jahrhundert zahlreiche Initiativen gesetzt worden waren, de facto gescheitert. Erzbischof Rohracher beauftragte daher im Mai 1960 Rehrl und Michels als Repräsentanten des Katholischen Universitätsvereins, Landeshauptmann Klaus mitzuteilen, dass die österreichischen Bischöfe sich für eine katholische Universität nicht mehr weiter einsetzen würden. Klaus zog hieraus seinerseits die Konsequenz, indem er in einer Rede am 28. Mai 1960 neben der Wiederherstellung des Salzburger Doms sowie des Neubaus des Festspielhauses die Errichtung einer staatlichen Universität als wesentliche Zielsetzungen der Landespolitik formulierte. Noch im selben Jahr wurde ein Proponentenkomitee ins Leben gerufen, das sich die „Wiedererrichtung der Universität Salzburg" zum Ziel setzte. Dem Komitee gehörten neben Klaus selbst Erzbischof Rohracher, der Bürgermeister von Salzburg Alfred Bäck, der Präsident des Mozarteums Eberhard Preußner und der Dekan der Theologischen Fakultät Benedikt Probst an. Eine entscheidende Rolle im Proponentenkomitee kam zweifellos dem

---

43 Zit. n. ebd., 819; Gerhard Zecha, Vom Traum einer „katholischen" Universität in Salzburg bis zur Errichtung des Internationalen Forschungszentrums für Grundfragen der Wissenschaften Salzburg, in: Ernst Hintermaier et al. (Hg.), Erzbischof Andreas Rohracher. Krieg, Wiederaufbau, Konzil, Salzburg 2010, 319–330, hier 324.

44 Rinnerthaler, Von der barocken Benediktiner- zur Staatsuniversität, 818–820.

45 Vgl. zu Rehrls eigener Rolle auf dem Weg zur staatlichen Universität in Salzburg, die wohl auch dessen subjektiven Einschätzungen widerspiegeln: Benedikt Probst/Stefan Rehrl, Die Wiederherstellung der Gesamtuniversität, in: Universität Salzburg 1622–1962–1972. Hg. vom Akademischen Senat, Salzburg 1972, 223–232, hier 224–227.

46 Vgl. Zecha, Vom Traum einer „katholischen" Universität, 323, sowie Ortner, Die Universität, 203.

Landeshauptmann zu. Als Hans Lechner im April 1961 Klaus, der als Finanzminister in die Bundespolitik wechselte, als Landeshauptmann nachfolgte, nahm er auch dessen Sitz im Proponentenkomitee ein. Lechner erwies sich ähnlich wie Klaus als hartnäckiger Befürworter des Universitätsgedankens in Salzburg. So forderte der neue Landeshauptmann am 15. Mai 1961 anlässlich einer Feier zur hundertjährigen Zugehörigkeit des Landes Salzburg in Anwesenheit des Bundespräsidenten und der Bundesregierung ausdrücklich, dass in Salzburg eine staatliche Universität errichtet werden solle.[47]

In der politisch heiklen Konkurrenzsituation mit dem Land Oberösterreich, das in Linz eine Hochschule für Sozial- und Wirtschaftswissenschaften zu begründen beabsichtigte, erwies sich die Berufung des früheren Landeshauptmanns Klaus nach Wien als ein Glücksfall für die Salzburger Bestrebungen. Klaus setzte sich nämlich als Finanzminister weiterhin nachdrücklich für die Salzburger Pläne ein. Indem er im Ministerrat das Linzer Hochschulvorhaben mit der Salzburger Universitätsgründung politisch junktimierte, trug er entscheidend dazu bei, auch finanziell begründete Bedenken von Unterrichtsminister Heinrich Drimmel zu zerstreuen.[48] Lechner unterstützte dieses taktisch begründete Vorgehen von Klaus zusätzlich dadurch, dass er im November 1961 persönlich bei Drimmel vorsprach und mit seinem Rücktritt drohte, falls die Salzburger Universitätsforderungen nicht erfüllt werden sollten. Wenige Tage später versandte das Unterrichtsministerium bereits einen Gesetzesentwurf, der die Errichtung einer Philosophischen Fakultät und deren Angliederung an die Theologische Fakultät vorsah. Von einer Volluniversität, die aus vier Fakultäten bestehen würde, war in dem ministeriellen Papier allerdings keine Rede. Damit waren die Widerstände gegen das Universitätsprojekt, die in Salzburg selbst teils lebhaft artikuliert wurden, noch keineswegs beseitigt. Vor allem Politiker der SPÖ und der FPÖ befürchteten nämlich, dass die geplante staatliche Neugründung dem alten Projekt einer katholischen Universität gleichsam durch die Hintertür den Weg bereiten würde. Dies lag auch daran, dass die Theologische Fakultät und der Universitätsverein an den Vorbereitungen der Universitätsgründung wesentlich partizipiert hatten und angenommen werden konnte, dass sich in der Philosophischen Fakultät „weltanschauliche Fächer" verbergen würden,[49] die sich politisch entsprechend instrumentalisieren ließen. Eine von den im Salzburger Landtag vertretenen Parteien mitgetragene Lösung brachte schließlich eine Universitätsenquete, die das Land Salzburg im Februar 1962 veranstaltete. Demnach sollte die Universität Salzburg vorläufig nur in eine Katholisch-Theologische und eine Philosophische Fakultät gegliedert werden. Der Zeitpunkt, zu dem eine Juridische und eine Medizinische Fakultät errichtet werden würden, sollte durch besondere Bundesgesetze bestimmt werden. Nachdem dieser Salzburger Vorschlag im Ministerrat einstimmig gutgeheißen worden war, erfolgte am 5. Juli 1962 schließlich der einstimmige Beschluss im Nationalrat über das Gesetz zur „Wiedererrichtung der Universität Salzburg und die Errichtung einer

---

47 Vgl. Rinnerthaler, Von der barocken Benediktiner- zur Staatsuniversität, 823.

48 Vgl. hierzu u.a. auch Josef Thonhauser, Die Entwicklungen im Bildungsbereich, in: Ernst Hanisch/Robert Kriechbaumer (Hg.), Salzburg. Zwischen Globalisierung und Goldhaube, Wien-Köln-Weimar 1997, 554–610, hier 574 f.

49 So auch Lechner, Der Weg zur Universität, 249.

Hochschule für Sozial- und Wirtschaftswissenschaften in Linz". Dieses Bundesgesetz trat mit 1. Oktober 1962 in Kraft; die Inauguration eines gewählten Rektors sowie die Aufnahme des Lehrbetriebs an der neuen Alma Mater Paridiana sollten allerdings noch bis ins Jahr 1964 auf sich warten lassen.[50]

Da die katholische Universitätsidee sich letztlich nicht realisieren ließ, wurde der Universitätsverein 1964 in Katholisches Hochschulwerk (KHW) umbenannt.[51] Diesem oblag weiterhin die Aufgabe, die Salzburger Hochschulwochen durchzuführen. Der Universitätsverein war damit befasst gewesen, eine geeignete Forschungsstätte für jene Grundfragen zu etablieren, die der katholischen Kirche ein Anliegen waren. Die „Hochschulwochen" selbst hatten bereits wenige Monate nach Kriegsende im Oktober 1945 neuerlich an die Tradition einer jährlich abzuhaltenden Sommerhochschule mit Vortrags- und Lehreinheiten anknüpfen können. Das im Herbst 1945 proklamierte Leitthema „Das christliche Abendland, seine Vergangenheit, Gegenwart und Zukunft" verwies deutlich auf die Rückbesinnung auf propagierte christliche Determinanten des „Abendlandes", das sich wie bereits in den 1930er-Jahren als Bollwerk in der Frontstellung gegen den atheistischen Kommunismus bewähren sollte. Im Laufe der 1950er-Jahre trat ein positiv in Richtung der Integration der westeuropäischen Staaten gewendeter „Europagedanke" in den Fokus der Salzburger Hochschulwochen, was u.a. durch den Auftritt von Robert Schuman, einem der Gründerväter der Europäischen Wirtschaftsgemeinschaft (EWG), im Rahmen dieser Veranstaltung 1956 deutlich wurde. Prägend für die Veranstaltungsreihe der Hochschulwochen war weiterhin deren programmatische Zielsetzung, „aus christlichem Geist sich mit der zeitgenössischen Kultur und Wissenschaft sowie mit aktuellen Fragen der Politik auseinanderzusetzen".[52]

Die ausdrückliche Orientierung an Gegenwartsfragen bezog sich nicht zuletzt auf die Rolle der Kunst in einer von weitgreifenden Umbrüchen geprägten Gesellschaft. So traf einer der später bekanntesten „Gründerprofessoren" der Universität Salzburg, der Kunsthistoriker Hans Sedlmayr, bei den Hochschulwochen des Jahres 1950 auf den Wiener Priester und Kunstsammler Otto Mauer, der innerhalb der katholischen Kirche einer der wichtigsten Vorkämpfer für die zeitgenössische Kunst war. Während Sedlmayr im „Verlust der Mitte" eine Bedrohung für die künstlerischen Aussagemöglichkeiten schlechthin erblickte, schrieb Mauer der modernen Kunst zu, „ein Bewußtmachen der Relativität unseres Weltbildes" zu ermöglichen.[53] Die dezidierte Bezugnahme auf Probleme der Gegenwart sorgte aber nicht nur bei den Debatten im Rahmen der Hochschulwochen, sondern auch innerhalb des Universi-

50 Vgl. aus der bereits seit den 1960er-Jahren umfangreichen Literatur zu der – hier nur kursorisch zusammengefassten – Gründungsgeschichte der Universität Salzburg u.a. Max Kaindl-Hönig/Karl Heinz Ritschel, Die Salzburger Universität 1622–1964, Salzburg 1964; Horner, Die Entwicklung der Wissenschaft, 481–487; Rinnerthaler, Von der barocken Benediktiner- zur Staatsuniversität, 823–824; Ortner, Die Universität, 203–218.

51 Katholisches Hochschulwerk. http://www.khw.at/ (2.3.2018).

52 Vgl. Franz Padinger, Geschichte der Salzburger Hochschulwochen, in: Paulus Gordan (Hg.), Christliche Weltdeutung. Salzburger Hochschulwochen 1931–1981, Graz-Wien-Köln 1981, 23–58, hier 39 (wörtl. Zitat).

53 Ebd., 40.

tätsvereins selbst zu Kontroversen über deren politische und intellektuelle Ausrichtung. Dies belegt insbesondere der Fall der politisch umstrittenen Einladung von Kurt Schuschnigg zu den Salzburger Hochschulwochen des Jahres 1957. Der ehemalige „ständestaatliche" Machthaber lebte seit 1948 in den USA im Exil und lehrte als Professor für Staatsrecht an der Saint Louis University im US-Bundesstaat Missouri. Anlässlich der Eröffnung der Salzburger Veranstaltung hielt Schuschnigg einen Festvortrag zum Thema „Die christlich-europäische Universität", in dem er für den katholischen Universitätsgedanken warb.[54] Schuschnigg kehrte 1967 nach Österreich zurück und zog in die südwestlich von Innsbruck gelegene Gemeinde Mutters, wo er seine letzten Lebensjahre verbrachte.[55]

Die sozialdemokratische Presse witterte im Auftritt des Ex-Kanzlers bei den Hochschulwochen indes eine „Provokation", „derer man sich zum gegebenen Zeitpunkt wird erinnern müssen". Angesichts von Schuschniggs Rolle als einem der Protagonisten des austrofaschistischen „Ständestaates" dürfte diese Reaktion wohl kaum überrascht haben.[56] Bemerkenswert war eher, dass die Salzburger Theologen mehrheitlich gegen den Auftritt Schuschniggs in Salzburg votierten: So sprach sich Carl Holböck gemeinsam mit den meisten anderen Professoren der Theologischen Fakultät strikt dagegen aus, Schuschnigg als Festredner einzuladen. Dem stand allerdings ein Triumvirat aus Erzbischof Rohracher, Josef Klaus und Thomas Michels gegenüber, gegen deren Initiative, Schuschnigg als Vortragenden nach Salzburg zu holen, Holböck auf verlorenem Posten stand.[57]

Die Hochschulwochen lösten ihre bis dahin bestehenden engen Verbindungen zu den Universitätsbestrebungen, als 1962 die staatliche Paris-Lodron-Universität Salzburg errichtet wurde.[58] Das Internationale Forschungszentrum für Grundfragen der Wissenschaften (IFZ) blieb hingegen mit der jungen Salzburger Universität personell eng verflochten. Aus dieser Forschungseinrichtung, die am 5. August 1961 von Erzbischof Rohracher eingeweiht wurde, sollten später eine Reihe von Wissenschaftlern als Professoren und Professorinnen an die Alma Mater Paridiana berufen werden. Darunter befanden sich u.a. der Politologe und Dominikaner Franz-Martin Schmölz[59], der Politologe Franz Horner, die Historiker Ernst Hanisch und Robert Hoffmann, der im Jahr 1970 an die Universität Salzburg berufene, zunehmend auch international anerkannte Philosoph Paul Weingartner sowie der spätere Rektor

54 Vgl. Kurt von Schuschnigg, Die christlich-europäische Universität. In: Mitteilungen des Katholischen Universitätsvereins (1957), 3–12.

55 Österreichischer Cartellverband, Kurt von Schuschnigg, Lebenslauf. https://www.oecv.at/Biolex/Detail/10401146 (19.3.2019).

56 Frechheit siegt nicht immer, in: Demokratisches Volksblatt, 12.8.1957, 3; vgl. ferner: Schuschnigg hat hier nichts zu plaudern, in: Demokratisches Volksblatt, 6.8.1957, 3.

57 Michels kommentierte dies in seiner Autobiographie mit den folgenden Worten: „Einige sozialistische und kommunistische Zeitungen rumorten zwar gegen Schuschnigg, aber das störte uns nicht. Mit diesem Vortrag war Schuschnigg der Weg nach Österreich freigemacht, allerdings nur zu kurzen Besuchen. Schon im nächsten Jahr sprach er wieder auf den Hochschulwochen." Archiv der Abtei Maria Laach (AAML), Nachlass Th. Michels, „Humanum dico" [autobiogr. Mskr., undat., um 1972], unpag. [1957/6].

58 Padinger, Geschichte der Salzburger Hochschulwochen, 47 f.

59 Vgl. hierzu Franz-Martin Schmölz, Eine Lanze für die Hochschulwochen, in: Salzburg. Geschichte & Politik 8, H. 3/4 (1998), 322–324.

Edgar Morscher. Die Historikerin Erika Weinzierl übernahm 1964 die Leitung des Instituts für kirchliche Zeitgeschichte am IFZ, die sie nebenamtlich beibehielt, als sie 1967 zunächst als außerordentliche und ab 1969 als ordentliche Professorin an die Universität Salzburg berufen wurde. Weinzierl war damals die einzige Geschichts-Ordinaria in Österreich und die einzige Frau, die zur „Gründergeneration" gerechnet werden kann.[60]

Das IFZ war als Ersatz für die katholische Universität ins Leben gerufen worden. Das Forschungszentrum war zunächst auf privatrechtlicher Basis eröffnet worden, wurde aber 1964 nach kanonischem Recht errichtet wie auch als Rechtspersönlichkeit staatlich anerkannt. Thomas Michels, der Obmann des Katholischen Universitätsvereins, wurde 1962 erster Präsident des IFZ und blieb in dieser Funktion bis 1977.[61] In seiner Autobiographie machte Michels innere Spannungen und Meinungsverschiedenheiten zwischen den einzelnen Proponenten, aber auch gegen ihn selbst gerichtete Intrigen im Universitätsverein dafür mitverantwortlich, dass die katholische Universitätsidee in Salzburg gescheitert war. Zudem sei gegen diese argumentiert worden, dass durch sie „die relativ wenigen Katholiken von den staatlichen Universitäten abgezogen würden". Dem habe er selbst stets entgegnet, dass eine katholische Universität im Gegenteil „neue Dozenten für die anderen Universitäten heranbilden" würde. Der fehlende Nachdruck, mit dem die katholischen Universitätsbestrebungen seitens der katholischen Intellektuellen und Gelehrten unterstützt worden sei, hing nach Michels zudem auch mit einem „Inferioritätskomplex katholischer Professoren" zusammen, „die seit dem Kulturkampf es schwer gehabt hatten, an die staatlichen Universitäten zu kommen".[62]

Das Forschungszentrum sollte „Grundfragen" untersuchen und eine Synthese der Wissenschaften anstreben. Damit sollte das ursprüngliche Konzept des Katholischen Universitätsvereins in modifizierter Form verwirklicht werden.[63] Zudem sollte es um die „Heranbildung wissenschaftlichen Nachwuchses auf der Grundlage katholischer Weltanschauung" bemüht sein.[64] Zur Zeit seiner Eröffnung bestand es aus sieben Instituten, von denen das Institut für kirchliche Zeitgeschichte hier bereits erwähnt wurde. Weitere Institute sollten sich der Wissenschaftstheorie, der Universalgeschichte, den Politischen Wissenschaften, der Erforschung Osteuropas („Ostinstitut"), der vergleichenden Erziehungswissenschaft und der Religionsgeschichte und dem christlichen Altertum widmen. Das zuletzt genannte Institut leitete der IFZ-Präsident Thomas Michels selbst.[65] Diese Gliederung wurde 1970 zugunsten einer Neustrukturierung des IFZ abgeändert, die drei größere institutionelle Einheiten schuf – den philosophisch-wissenschaftstheoretischen, den religionswissenschaftlich-theoretischen und den sozialpolitisch-zeitgeschichtlichen Fachbereich.[66]

60 Siehe zu Weinzierl speziell das Kap. 3.5. Vgl. Oliver Rathkolb, Erika Weinzierl. Eine Historikerin als kritische Stimme in der späten II. Republik, in: Mitchell G. Ash/Josef Ehmer (Hg.), Universität-Politik-Gesellschaft, Göttingen 2015, 341–347, hier 342.

61 Zecha, Vom Traum einer „katholischen" Universität, 325 f.

62 AAML, Nachlass Th. Michels, „Humanum dico", [unpag., 1932].

63 Vgl. Horner, Die Entwicklung der Wissenschaft, 497.

64 Zecha, Vom Traum einer „katholischen" Universität, 327.

65 Rinnerthaler, Von der barocken Benediktiner- zur Staatsuniversität, 822.

66 Horner, Die Entwicklung der Wissenschaft, 497.

Die vom IFZ veranstalteten internationalen Forschungsgespräche, an denen renommierte in- und ausländische Gelehrte teilnahmen, sind besonders hervorzuheben. Nachdem bereits 1961 ein Forschungskolloquium zum Thema „Die universalgeschichtliche Bedeutung des europäischen Geistes" auf der auf dem Mönchsberg gelegenen Edmundsburg stattgefunden hatte, sorgte vor allem das im folgenden Jahr 1962 abgehaltene Forschungsgespräch zum Thema „Das Naturrecht in der politischen Theorie" für Aufsehen. Zu den Teilnehmern an diesem Symposion, dem in den folgenden Jahren weitere derartige Veranstaltungen folgten, zählten neben dem Juristen Hans Kelsen u.a. der Politologe und Philosoph Eric Voegelin, der Benediktinergelehrte P. Albert Auer und der Völkerrechtler Alfred Verdross. Bemerkenswert war hierbei vor allem, dass mit Kelsen einer der bedeutendsten Rechtstheoretiker und ein maßgeblicher Mitgestalter der österreichischen Bundesverfassung, der 1940 in die USA emigriert war, nach Salzburg gekommen war. Die junge Universität Salzburg sollte sich wenige Jahre später selbst mit der Verleihung eines Ehrendoktorats für den in der NS-Zeit verfemten Kelsen schmücken. Wie im Kap. 5.3 gezeigt wird, war die Vergabe des Dr. h. c. an Kelsen innerhalb der Juridischen Fakultät nicht unumstritten.

1.3 Das Auditorium Academicum und das Haus der Natur – Orte zur „Überwinterung" für stellenlose Hochschullehrer?

Die österreichischen Universitäten hatten bereits seit den 1920er- und 1930er-Jahren wesentlich als Folge antisemitisch motivierter Maßnahmen, die auch gegen Andersdenkende gerichtet waren und die zur zwangsweisen Entfernung einer Vielzahl von Hochschullehrern von den Universitäten führten, einen personellen und fachlichen Niedergang erlebt. Bereits die restriktive Politik der Dollfuß/Schuschnigg-Diktatur hatte sich negativ ausgewirkt; mit der Machtübernahme der Nationalsozialisten im März 1938 setzten allerdings Säuberungswellen ein, deren Ausmaß alle bisherigen staatlichen Eingriffe in das Hochschulwesen massiv übertrafen.[67] Während des Krieges suchten die Nationalsozialisten die Universitäten weiterhin ideologisch und personalpolitisch zu beeinflussen und umzugestalten. Selbst wenn man die insgesamt verheerenden Folgen der Hochschulpolitik zweier Diktaturen nur auf die personelle Entwicklung an den Universitäten bezieht, ist eine bittere Bilanz zu ziehen: Demnach waren „1945 mehr als zwei Drittel aller Hochschullehrer Nationalsozialisten. Diese wurden nun im Zuge der Entnazifizierung entlassen, so daß an Österreichs Hochschulen nicht mehr viel übrigblieb."[68]

Jene Hochschullehrer, die nach 1945 zunächst an den Universitäten „übriggeblieben" waren, gehörten in einem hohen Maße der katholisch-konservativ eingestellten Gruppe an. In den Nachkriegsjahren wurde insbesondere die Rückkehr von Hochschullehrern gefördert, die 1938 wegen ihrer Affinität zum Dollfuß/Schuschnigg-Regime ihre Ämter verloren hatten.

67 Vgl. hierzu Johannes Koll (Hg.), „Säuberungen" an österreichischen Hochschulen 1934–1945: Voraussetzungen, Prozesse, Folgen, Wien-Köln-Weimar 2017.

68 Dieter Stiefel, Entnazifizierung in Österreich, Wien-München-Zürich 1981, 171.

Für diese Politik zeichnete maßgeblich Otto Skrbensky verantwortlich, der für Hochschulen zuständige Sektionschef des Unterrichtsministeriums. In den 1940er- und 1950er-Jahren trieb dieser maßgeblich die Eigenrekrutierung und damit letztlich die katholisch-konservative Restauration an den österreichischen Universitäten und Hochschulen voran.[69] Die nach dem Mai 1945 wegen ihrer NS-Vergangenheit entlassenen Hochschullehrer mussten sich hingegen Entnazifizierungsverfahren stellen und waren daher zumindest vorerst daran gehindert, ihre wissenschaftlichen Karrieren an den Universitäten fortzusetzen.

Die Salzburger Theologische Fakultät hatte im Herbst 1945 ihren Lehrbetrieb wieder eröffnet. Wie oben erwähnt, vergab sie mit Adalbert Schmidt zumindest an einen Repräsentanten der späteren Salzburger „Gründergeneration" seit 1949 über Jahre hinweg laufend Lehraufträge an einen Gelehrten und Publizisten, der seit den 1920er-Jahren dem deutsch-völkischen Milieu angehört hatte. 1939 hatte sich Schmidt für Neuere deutsche Literaturgeschichte an der Universität Wien habilitiert.[70] Einige der späteren Professoren an der Alma Mater Paridiana mussten sich nach 1945 einem Entnazifizierungsverfahren unterziehen, ehe sie wieder an ihre frühere Laufbahn anknüpfen konnten. Exemplarisch erwähnt seien hier vorerst nur der Geograph Walter Del-Negro sowie Erwin Niedermann, der spätere Leiter des Turninstituts der Universität und Ordinarius für Sportwissenschaften. So wurde Ersterer neuerlich Lehrer für Geographie und Geschichte an Salzburger Schulen, nachdem sein Entnazifizierungsverfahren abgeschlossen worden war. Del-Negros Laufbahn als Dozent für Philosophie an der Universität Innsbruck, wo er sich 1940 für Philosophie habilitiert hatte, endete am 25. Juli 1945, als er „mit sofortiger Wirksamkeit" seiner Dozentur enthoben wurde.[71] Der studierte Deutsch- und Turnlehrer Niedermann war bereits bis Mai 1940 in Salzburg im Mittelschuldienst tätig gewesen. Niedermann gehörte wie Del-Negro während des „Dritten Reiches" der NSDAP an. In den ersten Nachkriegsjahren musste er als Privatlehrer und Korrektor bei einer Salzburger Druckerei sein Geld verdienen, ehe er 1949 wieder in den Schuldienst eintreten konnte.[72]

Hiermit sollte darauf hingewiesen werden, dass selbst in Salzburg, wo es keine „Volluniversität" gab, Lehrer und Hochschullehrer, die wegen ihrer Involvierung in den Nationalsozialismus ihre Stellen verloren hatten, nach Arbeit und wissenschaftlichen Betätigungsfeldern suchten. Das Auditorium Academicum der Salzburger Volkshochschule erwies sich dabei als eine über den lokalen und regionalen Rahmen hinausweisende Möglichkeit, die eigenen Forschungsarbeiten einer breiteren Öffentlichkeit vorzustellen. Die Veranstaltungen des Auditorium Academicum waren bewusst als akademische Vorlesungen konzipiert und begannen im Herbst 1953. Die Theologische Fakultät stellte hierfür ihr Studiengebäude zur Verfügung.

---

69 Vgl. Otto Skrbensky, in: 650 plus – Geschichte der Universität Wien. http://geschichte.univie.ac.at/de/personen/otto-skrbensky (6.3.2018).

70 Vgl. die von Adalbert Schmidt zur Erlangung des Grades eines Dr. phil. habil. an der Philosophischen Fakultät der Universität Wien eingereichte Studie zu: Helferich Peter Sturz. Ein Kapitel aus der Schrifttumsgeschichte zwischen Aufklärung und Sturm und Drang, Reichenberg 1939.

71 Universitätsarchiv Innsbruck (UAI), PA Del-Negro, Walter 1940–1954; Rektorat der Universität Innsbruck an Del-Negro, 25.7.1945 (Abschrift).

72 PLUS, Personalabteilung, PA Niedermann, Erwin; Curriculum vitae, 8.12.1964.

Dem Konzept dieser Vorlesungen zufolge sollten Hochschullehrer in zwei- bis achtstündigen Kurzvorlesungen „Einzelfragen ihrer Wissenschaft, meist ihres augenblicklichen Arbeitsgebietes“, behandeln. Die Referenten wurden dabei ausschließlich aus dem Kreis der Hochschulprofessoren und Dozenten rekrutiert, wobei die relativ größte Zahl an Vortragenden die österreichischen Universitäten und die Hochschulen des süddeutschen Raums stellten.[73] Im Rückblick auf jene Zeit, die der Errichtung der Universität Salzburg vorangegangen war, wurde die Rolle des Auditorium Academicum als „Schrittmacher“ der späteren Alma Mater Paridiana besonders gewürdigt. So schrieben maßgebliche Repräsentanten der späteren Geisteswissenschaftlichen Fakultät dem Auditorium Academicum der Salzburger Volkshochschule ausdrücklich das Verdienst zu, „wertvolle Vorbereitungsarbeit und Hilfe im Auf- und Ausbau“ geleistet zu haben.[74]

Der Begründer und Leiter des Auditorium Academicum war Sepp Domandl, ein Mittelschullehrer für Deutsch und Geschichte. Domandl war 1927 an der Universität Wien mit einer Dissertation zum Thema *Zur Lebensanschauung Adalbert Stifters* zum Dr. phil. promoviert worden und hatte seither an verschiedenen Schulen in Niederösterreich als Lehrer gewirkt.[75] Seine persönliche Identifizierung mit dem Nationalsozialismus, die über ein bloßes Mitläufertum deutlich hinausging, lässt sich mit folgenden biographischen Daten zusammenfassend belegen: Nachdem der „Anschluss“ Österreichs an das Deutsche Reich vollzogen worden war, wurde Domandl zum „kommissarischen Landesschulinspektor für Mittelschulen in Wien“ ernannt.[76] Mit diesem Karrieresprung kann Domandl eindeutig als ein Profiteur der NS-Machtübernahme charakterisiert werden. Sein rascher Aufstieg im „Dritten Reich“ lässt sich darauf zurückführen, dass er als ein Vertrauensmann der Nationalsozialisten galt, der bereits am 12. Mai 1931 der NSDAP in Wien beigetreten war. Domandl verfügte über die Mitgliedsnummer 510.731 und gehörte der „Politischen Leitung“ sowie dem „NS Lehrerbund; (gelegentlich HJ)“ an. In der „illegalen Zeit“ war er mit der „Werbeleitung der Gauleitung

73 Sepp Domandl, Das Auditorium Academicum der Salzburger Volkshochschule, in: Österreichische Hochschulzeitung, 15.11.1962, 9 f.

74 PLUS, Aktendepot der Universitätsverwaltung, Senatsakten, akademische Ehrungen, Domandl, Sepp; Prof. Dr. Walter Weiss an die Geisteswissenschaftliche Fakultät, 29.11.1977.

75 Vgl. Josef Domandl, Zur Lebensanschauung Adalbert Stifters, Wien 1926 (phil. Diss. masch.). Vgl. Wilhelm E. Mallmann, Das Auditorium Academicum, in: Salzburger Volkshochschule (Hg.), Wirkende Wissenschaft. Festschrift zum 25jährigen Bestehen des Auditorium Academicum und zum 75. Geburtstag seines Gründers und Leiters Sepp Domandl, Salzburg 1978, 17–19.

76 Nach Auskunft von Dr. Stefan Spevak vom Wiener Stadt- und Landesarchiv (WStLA) vom 5.4.2016 ist ebendort ein Bestand „Stadtschulrat Wien“ verfügbar, der nähere Aufschlüsse über Domandls Tätigkeit als Landesschulinspektor während der NS-Zeit vermitteln könnte: „Da dieser Bestand erst jüngst übernommen worden und bislang noch nicht ausreichend erschlossen ist, ist die Suche nach solchen Akten leider vorläufig noch sehr aufwändig. Was ich bereits für Sie einsehen konnte, sind die Personalakten für Mittelschullehrer (WStLA, Stadtschulrat, A23 – Personalakten Bundeslehrer). Es fand sich darin zwar kein Akt zu Josef Domandl selbst, aber zu Dr. Hermine Domandl, geborene Kollap, die mit einem Dr. Josef Domandl verehelicht war. Die Ehe wurde 1949 laut Angaben von Hermine Domandl aufgrund tiefgreifender weltanschaulicher Differenzen geschieden. Frau Domandl war Theologin und Religionslehrerin, ihr Gatte dagegen in zunehmend radikaler werdender Weise antiklerikal und, wie es im Akt in NS-Terminologie heißt, lediglich ‚gottgläubig‘.“

NÖ“ betraut gewesen und hatte sich „ständig“ als „Zellenleiter des NS Lehrerbundes“ und als „Schulungsleiter der Kreisleitung“ hervorgetan. 1938 wurde er zudem „Volkspolitischer Referent“ für den Bezirk Horn und damit Verbindungsmann des Schuschnigg-Regimes zur „nationalen Opposition“. Angesichts der zentralen Bedeutung, die die Propaganda für den Aufstieg des Nationalsozialismus hatte, ist Domandls Rolle in diesem Zusammenhang entsprechend hervorzuheben. In der Zeit des Dollfuß/Schuschnigg-Regimes wurde er wegen seiner Betätigung als illegaler Nationalsozialist dann auch mehrfach bestraft. So war er von Jänner bis Ostern 1934 im Anhaltelager Wöllersdorf inhaftiert. Domandls Angaben wurden durch den für ihn zuständigen Ortsgruppenleiter mit den Worten bestätigt, dass er ein „Alter Kämpfer“ sei, der „in jeder Hinsicht verlässlich“ sei. Seine Aufnahme in die Partei sei daher „unbedingt zu befürworten“.[77]

1943 in die Deutsche Wehrmacht eingezogen, kehrte Domandl erst am 29. Dezember 1949 aus sowjetischer Kriegsgefangenschaft nach Österreich zurück und nahm in Salzburg seinen Wohnsitz. Nachdem er zunächst noch als „belastet“ verzeichnet gewesen war, beantragte Domandl am 6. September 1950 beim Magistrat Salzburg als Registrierungsbehörde I. Instanz „einen Antrag auf Wiederaufnahme des Verfahrens“, wodurch „eine Verzeichnung gemäß § 17 (2) (belastet) in eine solche gemäß § 17 (3) (minderbelastet) abgeändert werden sollte.“ Die Registrierungsbehörde stufte ihn dann auch per 29. Oktober 1953 als „minderbelasteten“ Nationalsozialisten ein. Die Entscheidung wurde damit begründet, dass Domandl die „Dienstauszeichnung der NSDAP in Bronze für zehnjährige Mitgliedschaft zur NSDAP“ wohl nur deshalb erhalten habe, weil er mit Josef Leopold, dem Gauleiter von Niederdonau, persönlich bekannt gewesen sei. Domandl selbst habe sich aber als Lehrperson während der „Verbotszeit“ von der NSDAP ferngehalten. Bereits wenige Monate später kam Domandl noch 1963 in den Genuss der „Spätheimkehreramnestie“, wodurch er von allen „Sühnefolgen“ befreit wurde.[78]

1978 erschien eine Festschrift zu Domandls 75. Geburtstag, die einen exemplarischen Eindruck von den „Sprachregelungen“ im Umgang mit ehemaligen Nationalsozialisten vermittelt. Direktor der Salzburger Volkshochschule war damals Wilhelm E. Mallmann. Dieser deutete kryptisch an, dass das Auditorium Academicum in den 1950er-Jahren offenbar zu einer Anlaufstelle für Universitätsprofessoren avanciert sei, die wegen ihrer NSDAP-Mitgliedschaft des Amtes enthoben worden waren: „Als das Auditorium Academicum 1953 mit seiner Arbeit begann, wohnten in Salzburg […] zahlreiche Universitätsprofessoren, denen die Tätigkeit an ihrer Hochschule noch nicht gestattet war; es war daher damals möglich, diese Forscher um vier Vorträge innerhalb von 14 Tagen zu bitten.“ Ferner: Domandl selbst sei nach dem Krieg

77 Archiv der Stadt Salzburg (AStS), Entnazifizierungsakt Domandl, Sepp; NSDAP-Personal-Fragebogen, 12.5.1938; vgl. auch seine apologetische Selbstdarstellung: Sepp Domandl, Aus den Dreißigerjahren Horns. Bericht eines Zeitzeugen, in: Erich Rabl/Anton Pontesegger (Hg.), Erinnerungen an Horn. Beiträge zur Geschichte der Stadt Horn im 20. Jahrhundert, Horn 2001, 43–57.

78 Vgl. hierzu auch die zahlreichen „Persilscheine“, die Domandl im Zuge seines Entnazifizierungsverfahrens bei der Registrierungsbehörde einreichte. Vgl. AStS, Entnazifizierungsakt Domandl, Sepp; Meldeblatt Dr. Josef Domandl, 14.7.1950; Magistrat Salzburg, Wiederaufnahme des Verfahrens, 24.7.1953; Bescheid Magistrat Salzburg, 22.12.1953.

„auf Grund von Bestimmungen, die wir heute nicht mehr verstehen [sic!]", als Lehrer entlassen worden.[79] Dieser veröffentlichte in der Festschrift ebenfalls einen Beitrag, den er seinen Erlebnissen in der Kriegsgefangenschaft widmete. Seinen Artikel nannte er „Goethe hinter Stacheldraht – Erwachsenenbildung in härtester Zeit". Domandl stilisierte eine „Goethefeier", die im Kriegsgefangenenlager veranstaltet worden war, zu einem inspirierenden Urerlebnis für seine spätere Tätigkeit als Salzburger Erwachsenenbildner.[80]

Von den 971 Vorlesungen, die laut Domandl von 1953 bis Oktober 1972 am Auditorium Academicum gehalten wurden, werden im Folgenden jene herausgegriffen, die später an die Universität Salzburg berufene Professoren in den 1950er- und frühen 1960er-Jahren hielten. Es werden hierbei zwei Gruppen von Vortragenden voneinander unterschieden: Zum einen jene Referenten, die bereits vor der Errichtung bzw. vor dem Beginn des Lehrbetriebs an der Universität Salzburg in den Jahren 1962/64 im Rahmen des Auditorium Academicum gelehrt hatten und die später an die Paris-Lodron-Universität berufen wurden – auf die sich die folgenden Ausführungen beziehen werden –; zum anderen jene Vortragenden, die als berufene Universitätsprofessoren nach 1962/64 daneben auch an der Volkshochschule lehrten. Dazu kommen noch die Professoren der Theologischen Fakultät, von denen beispielsweise Albert Auer 1963 über „Freiheit" referierte und Erenbert Schächer im Rahmen des Auditorium Academicum 1967 über Aristoteles vortrug.

Zunächst ist Walter Del-Negro zu nennen, der mit 18 thematisch verschiedenen philosophischen Vorlesungen in den Jahren 1953 bis 1971 einer der am häufigsten im Rahmen des Auditorium Academicum präsenten Vortragenden war. Im Jahr 1953 begann Del-Negro seine Vorlesungen mit dem – politisch unverfänglich erscheinenden – Thema „Das Problem der Materie im Licht der heutigen Naturphilosophie", das er an insgesamt vier Abenden abhandelte. Ab Oktober 1954 bot Del-Negro eine Vorlesung mit dem Titel „Der Mensch im XX. Jahrhundert" an. Der Ankündigungstext verweist auf dessen kulturpessimistisch und zivilisationskritisch geprägte Haltung: Gegenstände von Del-Negros Ausführungen sollten so etwa „die Gefährdung des Menschentums durch Vermassung, Technisierung, Funktionärwesen" sowie der „Kampf um den Lebenssinn" sein. Sechzehn Jahre später zeigte sich Del-Negro als ein wandlungsfähiger Gelehrter: 1970 wandte er sich nämlich dem Thema „Rebellische Philosophie von Marx bis Marcuse" zu, womit er offenkundig dem mit der 1968er-Bewegung verknüpften intellektuellen Zeitgeist entgegenkommen wollte.[81]

Der Rechtswissenschaftler Hans Floretta, der 1965 an die neu errichtete Juridische Fakultät der Universität Salzburg berufen wurde, nahm ebenfalls bereits seit den 1950er-Jahren seine Vorlesungen zu arbeits- und sozialrechtlichen Fragen am Auditorium Academicum auf, er setzte diese Vorlesungen in den 1960er-Jahren jedoch nicht mehr fort. Der künftige erste

79 Mallmann, Das Auditorium Academicum, 17; 18.

80 Diese subjektive Erinnerungsschrift wurde in der Festschrift kurioserweise in die Liste von Domandls wissenschaftlichen Publikationen eingereiht. Vgl. Sepp Domandl, Goethe hinter Stacheldraht – Erwachsenenbildung in härtester Zeit, in: Salzburger Volkshochschule (Hg.), Wirkende Wissenschaft, 121–126.

81 Vgl. Auditorium Academicum 1953–1972: Salzburger Volkshochschule, Salzburg 1972, 17 f.; Salzburger Volkshochschule, Arbeitsplan Herbstsemester 1954/55, Salzburg 1954, 15.

gewählte Rektor der Universität, der Geograph Egon Lendl, begann seine Lehrtätigkeit an dieser Institution 1956 mit einer Vorlesung über „Das geographische Weltbild der Gegenwart". In insgesamt zwölf verschiedenen Lehrveranstaltungen, die er bis 1968 nahezu jährlich fortführte, behandelte Lendl Aspekte der politischen sowie der Siedlungs- und Wirtschaftsgeographie. Am 4. Mai 1966 trug er überdies über „Die Salzburger Universität – Gedanken zur geistigen und räumlichen Einordnung in die Stadt" vor,[82] womit er die Anliegen der vier Jahre zuvor neu errichteten Hochschule einer breiteren Öffentlichkeit zu vermitteln suchte.[83]

Auch der 1950 in Basel promovierte Völker- und Volkskundler Mohammed Rassem, der ehemalige Assistent von Hans Sedlmayr an dessen Lehrstuhl an der Münchner Universität, war mit einem Vortrag am Auditorium Academicum vertreten. Rassem referierte 1962 über „Staat und Gesellschaft im Barockzeitalter". 1968 wurde er als Soziologe an die Universität Salzburg berufen. Der hier bereits erwähnte Germanist Adalbert Schmidt hielt zwischen 1956 und 1970 zehn Vorlesungen an dieser Bildungsinstitution. Im Blickpunkt Schmidts standen dabei vornehmlich Themen der deutschsprachigen Literaturgeschichte. Der Botaniker Heinrich Wagner war einer der wenigen Naturwissenschaftler, der in dem ansonsten von geisteswissenschaftlichen und theologischen Themen stark dominierten Auditorium Academicum als Lehrender auftrat. Wagners Vorlesungen begannen im Jahr 1960 zum Thema „Grundfragen der Pflanzensoziologie", die er im Jahr seiner Berufung an die Universität Salzburg – 1967 – sowie 1970 um zwei weitere Vorlesungen ergänzte. Die am Institut für kirchliche Zeitgeschichte des IFZ wirkende Historikerin Erika Weinzierl trug im Jahr der Aufnahme ihrer Tätigkeit in Salzburg – 1964 – über „Das österreichische Konkordat von 1855" vor. In den 1960er-Jahren trat Weinzierl mit einer eigenen Vorlesung am Auditorium Academicum allerdings nicht mehr in Erscheinung. Der Germanist Walter Weiss, der 1965 an die Universität Salzburg berufen wurde, hatte bereits zwei Jahre zuvor drei verschiedene Vorlesungen gehalten, die sich mit Thomas Mann und Georg Büchner sowie mit der „Anwendung der inhaltsbezogenen Grammatik im Schulunterricht" befassten. In den Jahren 1965 bis 1970 folgten drei weitere literaturwissenschaftliche Vorlesungen Weiss'. Auch der Prähistoriker Kurt Willvonseder, der ab 1967 als außerordentlicher Professor für Ur- und Frühgeschichte an der Universität lehrte, war 1960 im Auditorium Academicum mit einer Vorlesung vertreten, die er dem Thema „Keltische Kunst in Salzburg" widmete.[84]

René Marcic verfügte ebenfalls über Verbindungen zur Salzburger Volkshochschule. Er scheint zwar in der Liste der Vortragenden am Auditorium Academicum nur mit einer Vorlesung auf, die er 1964 – also nach seiner im Jahr 1963 erfolgten Berufung zum ordentlichen Professor an der Universität Salzburg – zum Thema „Das Rechtswesen der Politik" hielt.[85] Marcic wird jedoch im Veranstaltungsverzeichnis der Salzburger Volkshochschule mehrfach erwähnt. Bereits im Arbeitsplan des Jahres 1954/55 findet sich sein Name ferner als einer

82 Salzburger Landesarchiv (SLA), Nachlass Lendl, Egon, Sig. 105, Kt. 7, 81–122; Typoskript „Die Salzburger Universität – Gedanken zur geistigen und räumlichen Einordnung in die Stadt".

83 Vgl. Auditorium Academicum 1953–1972, 21; 37.

84 Vgl. Auditorium Academicum 1953–1972, 44; 49 f.; 56; 57 f.; 59.

85 Vgl. Auditorium Academicum 1953–1972, 39.

der Referenten einer Vortragsreihe der Volkshochschule zum Thema „Große Männer – große Frauen", in welcher er über den französischen Aufklärer Rousseau einen biographischen Vortrag hielt.[86] Im Herbstsemester 1957/58 leitete er einen sogenannten weltpolitischen Informationskurs, der das aktuelle weltpolitische Geschehen in Form eines „Wochenkommentars" für Interessierte zugänglich machen sollte.[87] Marcic selbst betonte, dass seine Kurse an der Salzburger Volkshochschule „zu den am besten besuchten" gehört hätten.[88]

Von den oben genannten Wissenschaftlern, die in den 1950er-Jahren am Auditorium Academicum vortrugen, wiesen Del-Negro, Lendl, Schmidt, Wagner und Willvonseder eine individuell jeweils unterschiedlich akzentuierte NS-Vergangenheit auf; René Marcic hatte eine – im Kap. 4.2.2 genauer untersuchte – Verbindung zum kroatischen Ustascha-Regime. Alle sechs Genannten hatten in Wien bzw. Innsbruck (Del-Negro) gelebt und waren 1945 nach Salzburg gekommen, um hier nach Arbeits- und Verdienstmöglichkeiten zu suchen. Der zum „Goldenen Westen" stilisierte Teil Österreichs, der von den Westalliierten besetzt war, schien diesen Akademikern, die im sowjetischen Besatzungsgebiet für sich keine Existenzmöglichkeiten sahen, die Chance einer „Überwinterung" in für sie „schweren Zeiten" zu bieten. Dem ehemaligen SS-Obersturmführer und NSDAP-Mitglied Willvonseder war es jedoch bereits 1954 gelungen, in Salzburg als Direktor des Museum Carolino Augusteum eine führende Position zu erreichen. Er löste dabei Rigobert Funke ab, der im Juli 1945 diesen Posten übernommen hatte und zurücktreten musste, weil er als Leiter des Salzburger Zweiges der Österreich-Sowjetischen Gesellschaft in der politisch aufgeheizten Atmosphäre des „Kalten Krieges" als nicht mehr tragbar galt.[89] Als die neu errichtete Universität Salzburg 1964 ihren Lehrbetrieb aufnahm, erhielt Willvonseder einen Lehrauftrag.[90] Der Jurist und Publizist Marcic war ebenfalls erfolgreich als Journalist und Publizist tätig. In Salzburg hatte er sich als Chefredakteur der „Salzburger Nachrichten", deren Redaktion er seit 1959 leitete, einen geachteten Namen gemacht.

Sepp Domandls Verbindungen zu Wissenschaftlern, die einen „völkisch-nationalen" Hintergrund bzw. eine nationalsozialistische Vergangenheit hatten, schlugen sich in den Vorlesungsverzeichnissen des Auditorium Academicum der Nachkriegsjahrzehnte deutlich nieder. Domandl war ehemals selbst als „belasteter" Nationalsozialist eingestuft worden. Er hatte offenbar keinerlei Bedenken, selbst den ehemaligen Gaudozentenbundführer an der Universität Wien und SA-Oberscharführer Arthur Marchet, einen Petrographen, im Jahr 1954 zu einer Vorlesung über „Das Werden und Vergehen der Gesteine" nach Salzburg einzuladen. Marchet war nach dem Ende des „Dritten Reiches" vom Volksgericht Graz zu dreizehn Monaten schwerem Kerker und Vermögensverfall verurteilt worden. Auch er dürfte das Land Salzburg einem Leben in der Sowjetischen Besatzungszone vorgezogen haben: Seit 1951 Laborleiter

86 Salzburger Volkshochschule, Arbeitsplan erstes Halbjahr 1954/55, 16.

87 Salzburger Volkshochschule, Arbeitsplan Herbstsemester 1957/58, Salzburg 1957, 16.

88 ÖStA, AdR, BMU, PA Marcic, René, Lebenslauf Dr. René Marcic, undat. [1959].

89 Vgl. Susanne Rolinek, Braune Flecken in der „schönen Stadt". Der Umgang mit „Nazikunst" und Kunstschaffenden der NS-Zeit nach 1945, in: Alexander Pinwinkler/Thomas Weidenholzer (Hg.), Schweigen und erinnern. Das Problem Nationalsozialismus nach 1945, Salzburg 2016, 312–348, hier 333.

90 Vgl. Obermair, Kurt Willvonseder, 191 f.

der Glashütte Mitterberghütten, starb er 1980 in der im Bezirk Hallein gelegenen Gemeinde Oberalm.[91] Als weitere Beispiele für die fehlende Distanz des Auditoriums Academicum gegenüber teils einschlägig belasteten Ex-Nationalsozialisten sei nur auf die oben erwähnten Namen späterer Professoren an der Salzburger Universität hingewiesen. Darüber hinaus ist etwa der ehemalige führende Rassenhygieniker der Deutschen Universität Prag Karl Thums zu nennen, der fünf Vorlesungen (etwa: „Eugenik – gestern, heute und morgen", 1966)[92] im Auditorium Academicum hielt. Der Volkskundler Richard Wolfram trat 1954 und 1961 ebenfalls mit zwei Vorlesungen im Auditorium Academicum auf, wobei er sich 1961 – im Jahr der Eskalation der Krise um Südtirol – mit dem Thema „Die volkskundliche Stellung Südtirols" zu Wort meldete. Im „Dritten Reich" hatte Wolfram die „Lehr- und Forschungsstätte für germanisch-deutsche Volkskunde" innerhalb der Außenstelle Süd-Ost des SS-Ahnenerbes in Salzburg geleitet.[93]

Während das Auditorium Academicum in erster Linie Geisteswissenschaftlern die Möglichkeit bot, ihre Forschungen einer breiteren Öffentlichkeit vorzustellen, bildete das über die Salzburger Landesgrenzen hinaus bekannte und angesehene Haus der Natur die erste Anlaufstelle speziell für landeskundlich interessierte Biologen, Zoologen und Geologen. Der Zoologe Eduard Paul Tratz hatte das Haus der Natur 1924 ins Leben gerufen, das er von da an bis kurz vor seinem Tod im Jahr 1977 leitete. Die einzige Unterbrechung bildeten die Jahre 1945 bis 1949, als Tratz die Leitung des Naturkundemuseums infolge eines gegen ihn laufenden Entnazifizierungsverfahrens abgeben musste. Tratz war nämlich im „Dritten Reich" bis zum SS-Hauptsturmführer aufgestiegen, er hatte das Museum in das System des SS-Ahnenerbes integriert, das NS-Euthanasieprogramm gerechtfertigt und sich u.a. an Kunstraubaktionen in Polen beteiligt.[94]

Tratz zeigte sich auch nach seiner Reaktivierung als Museumsleiter im Jahr 1949 dazu bereit, das Salzburger Naturkundemuseum im Sinne der von ihm entwickelten museumsdidaktischen Konzepte fortzuführen. An die Seite der weitgehenden konzeptionellen Kontinuität der Ausstellungen im Haus der Natur trat der Rückgriff auf seine langjährigen Mitarbeiter, die Tratz auch während seiner erzwungenen Abwesenheit in den unmittelbaren Nachkriegsjahren die Treue gehalten hatten. Mit Egon Lendl, dem späteren ersten gewählten Rektor der Universität Salzburg, stieß in den 1950er-Jahren zudem ein ehemaliger Hochschullehrer zur

91 Vgl. Auditorium Academicum 1953–1972, 29; vgl. zu Marchet Roman Pfefferle/Hans Pfefferle, Glimpflich entnazifiziert. Die Professorenschaft der Universität Wien von 1944 in den Nachkriegsjahren, Göttingen 2014, 297; Arthur Marchet, Prof. Dr., in: 650 plus – Geschichte der Universität Wien. http://geschichte.univie.ac.at/de/personen/arthur-marchet-prof-dr-- (5.3.2018).

92 Vgl. Auditorium Academicum 1953–1972, 54; Michal Šimůnek: Ein österreichischer Rassenhygieniker zwischen Wien, München und Prag. Karl Thums (1904–1976), in: Gerhard Baader/Veronika Hofer/Thomas Mayer (Hg.), Eugenik in Österreich. Biopolitische Strukturen von 1900–1945, Wien 2007, 393–417.

93 Vgl. Auditorium Academicum 1953–1972, 59; Olaf Bockhorn/Helmut Eberhart, Volkskunde im Reichsgau Salzburg. Institutionen – Personen – Tendenzen. In: Walburga Haas (Hg.), Volkskunde und Brauchtumspflege im Nationalsozialismus in Salzburg, Salzburg 1996, 57–80.

94 Vgl. Robert Hoffmann, Ein Museum für Himmler. Eduard Paul Tratz und die Integration des Salzburger „Hauses der Natur" in das „Ahnenerbe" der SS, in: zeitgeschichte 35, H. 3 (2008), 154–175.

Arbeitsgruppe von Tratz hinzu,[95] der ebenfalls ein ehemaliger Parteigänger der Nationalsozialisten gewesen war.

Auf einen von Tratz' Mitarbeitern, den Konservator Leopold Schüller, ging die Anregung zurück, am Haus der Natur die Salzburger wissenschaftlichen Privatsammler zu erfassen und diese zu veranlassen, ihre Sammlungen dem Naturkundemuseum zur Verfügung zu stellen. Aus diesem Vorschlag entwickelte sich die Naturwissenschaftliche Arbeitsgemeinschaft am Haus der Natur, die alle an der Erforschung des Salzburger Landes interessierten Personen zusammenführen und diese zu einem regelmäßigen fachlichen Austausch anregen sollte.[96] Die verschiedenen Arbeitsgruppen am Haus der Natur, die sich jeweils zoologischen, botanischen, geologisch-mineralogischen und entomologischen Fragen sowie Problemen der angewandten Biologie widmeten, veranstalteten regelmäßige Diskussionsabende und fachliche Exkursionen. Die einzelnen Arbeitsgruppen veröffentlichten die bei ihren Treffen abgehaltenen Vorträge und Diskussionen in Mitteilungsblättern, die jeweils von ihren Vorsitzenden redigiert wurden.[97]

In diesen Naturwissenschaftlichen Arbeitsgemeinschaften fanden sich auch einige Forscher und Forscherinnen zusammen, die später an der Salzburger Universität lehren sollten. Walter Del-Negro war einer derjenigen, die sich bereits frühzeitig an den Arbeitsgemeinschaften beteiligten. So hielt Del-Negro im Rahmen der „Geologisch-Mineralogischen Arbeitsgruppe", deren Vorsitz er selbst übernommen hatte, im Februar 1950 einen Vortrag „Historische Übersicht über die geologische Erforschung Salzburgs". Die Geologisch-Mineralogische Arbeitsgruppe veröffentlichte ein jährlich erscheinendes Mitteilungsblatt, in dem Vorträge und Diskussionen wiedergegeben wurden. Außer Del-Negro selbst beteiligten sich weitere spätere Mitarbeiter des Geographischen Instituts der Universität an den Aktivitäten der Arbeitsgemeinschaft, wobei Therese Pippan als wohl einzige Frau hervorzuheben ist.[98] Pippan hielt seit dem Wintersemester 1966 Lehrveranstaltungen über Themen der Physischen Geographie am Institut für Geographie ab. 1968 beantragte Lendl für seine Kollegin die Verleihung einer Honorarprofessur sowie die Erteilung einer Lehrbefugnis für Physische Geographie. Das Professorenkollegium der Philosophischen Fakultät unterstützte diesen Antrag mit einer deutlichen Mehrheit von 20 Ja-Stimmen, wobei es zu einer Nein-Stimme und drei Stimmenthaltungen kam.[99]

---

95 Vgl. hierzu auch Hubert Stock, Die prägenden Akteure des Geografischen Instituts im Lichte ihrer Lebensläufe, in: Österreichische HochschülerInnenschaft (Hg.), Österreichische Hochschulen, 415–429, hier 420.

96 Vgl. Eduard Paul Tratz, Erfolgs- und Tätigkeitsbericht des Hauses der Natur in Salzburg für das Jahr 1950, Salzburg 1951, 70 f.

97 Vgl. Mitteilungen der Naturwissenschaftlichen Arbeitsgemeinschaft am Haus der Natur in Salzburg. Geologisch-Mineralogische Arbeitsgruppe; Botanische Arbeitsgruppe; Zoologische Arbeitsgruppe, Salzburg 1950 ff.

98 Vgl. u.a. Therese Pippan, Bericht über vergleichende geologisch-morphologische Untersuchungen zur Klamm- und Stufenbildung in der Liechtenstein-, Gasteiner- und Kitzlochklamm, in: Mitteilungen der Naturwissenschaftlichen Arbeitsgemeinschaft am Haus der Natur in Salzburg. Geologisch-Mineralogische Arbeitsgruppe 5 (1954), 54–66.

99 ÖStA, AdR, BMU, Hauptreihe II (1966-1975), Sig. 9, Univ. Salzburg, Kt. 624, Pippan, Therese; Ver-

Wie die obigen Ausführungen nachdrücklich zum Ausdruck bringen, boten mit dem Auditorium Academicum und dem Haus der Natur zwei angesehene Institutionen ehemals NS-affinen Wissenschaftlern die Möglichkeit, die von ihnen bearbeiteten Themen auch einer breiteren Öffentlichkeit zu vermitteln. Dass die Leiter dieser beiden regionalen Bildungs- und Wissenschaftseinrichtungen – Sepp Domandl und Eduard Paul Tratz – selbst belastete Nationalsozialisten waren, begünstigte die Integration von späteren Professoren der Universität Salzburg wie etwa Adalbert Schmidt oder Walter Del-Negro in die Salzburger Nachkriegsgesellschaft. Dass deren – individuell unterschiedlich nuancierte – NS-Vergangenheit dabei offensichtlich nicht hinterfragt wurde, überrascht angesichts der ausgeprägten Elitenkontinuität über 1945 hinweg kaum.

leihung der Honorarprofessur, 24.10.1968.

2. Der Gründungsdiskurs zur „Wiedererrichtung“ der Universität Salzburg

2.1 Salzburg versus Linz? Der Ausbau der Hochschulen und der „Berufungsmarkt“ in den 1960er-Jahren

Der Ausbau der Hochschullandschaft lag in den 1960er-Jahren nicht nur in Österreich, sondern auch in anderen europäischen Ländern als konkrete Problemstellung gleichsam in der Luft. Zwischen 1964 und 1973 wurden allein in Westeuropa „insgesamt 156 Universitäten neu gegründet bzw. aus bestehenden Einrichtungen der höheren Bildung heraus entwickelt“.[1] Für die BRD wird für diese Zeit „ein veritabler Gründungsboom“ konstatiert, wobei Neugründungen von Universitäten zum generell „wichtigsten Experimentierfeld der Hochschulreform“ avancierten.[2] Auch in Österreich wurde das Hochschulwesen damals stark ausgebaut. Die bestehenden Universitäten Wien, Graz und Innsbruck wurden um die neuen Hochschulen Salzburg (seit 1962 Universität), Linz (1962 Hochschule, seit 1975 Universität) und Klagenfurt (1970 Hochschule, seit 1993 Universität) ergänzt. Damit wurde auch auf die starke Vermehrung der Zahl der Studierenden reagiert. Während es in Österreich 1960 noch rund 39.000 Studierende gab, hatte sich diese Zahl bis 1980 mit 116.000 Studierenden bereits nahezu verdreifacht.[3]

Das Bewusstsein für die Notwendigkeit des Ausbaus und der Reform der Hochschulen setzte sich in Österreich auf breiter Basis seit den späten 1950er-Jahren durch. Wesentliche Anstöße für diesen Bewusstseinswandel kamen von der Organisation für wirtschaftliche Zusammenarbeit und Entwicklung (OECD), die für eine dynamische Sicht auf das Bildungssystem eintrat.[4] In Wirtschaft, Politik und Gesellschaft griff zunehmend die fortschrittsoptimistisch geprägte Ansicht um sich, dass die Ausbildung der Bevölkerung als eine Investition zu begreifen sei, die dem Gesamtwohl diene. So formulierte etwa der Bildungspolitiker Hans

1 Marcus Gräser, Reformuniversität? Entlastungsuniversität? Eine „Hochschule neuen Stils“! In: Wirth/Reichl/Gräser, 50 Jahre Johannes Kepler Universität, 9–24, hier 9.

2 Rudloff, Die Gründerjahre, 78.

3 Vgl. Wirth/Reichl/Gräser, 50 Jahre Johannes Kepler Universität Linz.

4 Lorenz Lassnigg, Bildungsreform gescheitert … Gegenreform? 50 Jahre Schul- und Hochschulpolitik in Österreich, in: Reinhard Sieder/Heinz Steinert/Emmerich Tálos (Hg.), Österreich 1945–1995. Gesellschaft, Politik, Kultur, Wien 1995, 458–484, hier 461.

Tuppy 1967 die Auffassung, dass „die Verfügbarkeit und Wirksamkeit gebildeter Menschen" eine wesentliche Voraussetzung dafür seien, „daß Staat und Gesellschaft gedeihen, die Wirtschaft wächst und der Standard des Lebens und der Kultur steigt."[5] Tuppy sah vor allem einen hohen Bedarf an Technikern und Naturwissenschaftlern, doch auch Lehrer an höheren Schulen wurden seiner Ansicht nach dringend gebraucht.[6] Dies lag auch daran, dass die Schüler-Jahrgänge stark expandierten und gleichzeitig die Bereitschaft innerhalb der Bevölkerung, auf Bildung und Weiterbildung zu setzen, sich deutlich vergrößert hatte.[7] Auch die Politik verschloss sich dem neuen bildungspolitischen Diskurs nicht. So sprach Bundeskanzler Alfons Gorbach (ÖVP) 1961 in seiner Regierungserklärung deutlich aus, dass er Bildung als eine wichtige Investition betrachte: „Der wirtschaftliche und soziale Aufstieg Österreichs wird im Zeitalter der Forschung und Entwicklung nicht zuletzt davon abhängen, dass möglichst vielen jungen Österreichern und Österreicherinnen der Zugang zu einer höheren Bildung erschlossen wird."[8]

Die Bildungsexpansion der 1960er-Jahre erforderte nicht nur den Ausbau und die Neuerrichtung von Schulen und Universitäten, sondern machte es auch notwendig, die legistischen und administrativen Grundlagen neu zu erarbeiten. Hier seien nur einige wesentliche Maßnahmen angeführt, die den Bereich der Universitäten betrafen. Hatte sich das Hochschul-Organisationsgesetz (HOG) von 1955 noch darauf beschränkt, die weitgehend noch aus dem 19. Jahrhundert stammenden Bestimmungen zusammenzufassen,[9] erfolgte 1966 ein erster wesentlicher Schritt zur Modernisierung des Hochschulrechts. Damals wurde das Allgemeine Hochschulstudiengesetz beschlossen, das „die verpflichtende Verbindung von Forschung und Lehre" hervorhob und in den 1970er-Jahren von weiteren gesetzgeberischen Maßnahmen ergänzt wurde.[10] Die wichtigste Neuregelung war 1975 das Universitätsorganisationsgesetz (UOG), das allerdings stark umstritten war und nur mit den Stimmen der Regierungspartei SPÖ beschlossen wurde.[11]

Der Aufbau der Universität Salzburg war somit Teil einer breiteren politischen und gesellschaftlichen Bewegung, die neben Österreich auch die meisten anderen Länder Europas umfasste.[12] Die Proponenten der Universität Salzburg schlossen sich damit einem allgemeinen Trend an. Sie waren sich darin einig, dass sie eine klassische „Volluniversität" errichten wollten. An die bestehende Katholisch-Theologische Fakultät sollten zunächst eine Philosophische Fakultät und dann sukzessive mittels eigener Bundesgesetze die anderen Fakultäten inklusive der Medizinischen Fakultät angegliedert werden. Letztere propagierte vor allem die Salzburger

5 Hans Tuppy, Bildung als Antrieb des Fortschritts, in: Symbiose von Politik und Gesellschaft. Hg. von der Österreichischen Gesellschaft für Politik, Wien-München 1967, 84–115, hier 85.

6 Ebd., 86 f.

7 Lassnigg, Bildungsreform gescheitert, 463.

8 Zit. n. Gräser, Reformuniversität?, 9.

9 Lassnigg, Bildungsreform gescheitert, 460.

10 Gräser, Reformuniversität?, 11.

11 Lassnigg, Bildungsreform gescheitert, 469.

12 Vgl. Walter Rüegg (Hg.), Die Geschichte der Universität in Europa. Bd. 1–4,4: Vom Zweiten Weltkrieg bis zum Ende des 20. Jahrhunderts, München 2010, hier bes. 59–65.

SPÖ, da sie sich davon versprach, der von ihr befürchteten katholischen „Weltanschauungsuniversität" entgegenwirken zu können.[13] Damit folgten die Betreiber der Errichtung einer staatlichen Universität in Salzburg zwar keinem von langer Hand ausgearbeiteten „Masterplan"; es lässt sich im Gegenteil sogar davon sprechen, dass Improvisation auf verschiedenen Ebenen das Bild des Universitätsaufbaus maßgeblich prägte.[14] Die Entwicklung eines ausgeklügelten „Profils" war aber auch deshalb lange Zeit nicht im Vordergrund der Erwägungen gestanden, weil in Salzburg noch bis um 1960 die Planungen für eine „katholische Universität" dominiert hatten.

Abgesehen von der dezidierten Absicht der Proponenten, in Salzburg eine „Volluniversität" zu errichten, wurde eine weitere wesentliche Funktion der neuen Universität von vornherein kaum bestritten: Sie sollte mithelfen, das drängende strukturelle Problem der „Überfüllung" der österreichischen Hochschulen zu lösen. Damit rückt sie in die Nähe des Modells der „Entlastungsuniversität", wie es in Deutschland etwa die 1961 gegründete Universität Bochum – im Unterschied zu den „Reformuniversitäten" Konstanz und Bielefeld – repräsentierte.[15] Das Anliegen der „Entlastung" entsprach nicht nur dem Handlungsdruck, der mit der steigenden Zahl von Studierenden eng verknüpft war, sondern erwies sich auch als politisch zugkräftiges Argument für das Konzept der „Wiedererrichtung": Mit diesem Schlagwort ließ sich nämlich die Unterstützung der Wiener Zentralstellen gewinnen, die dem Salzburger Projekt zunächst nur widerstrebend gegenübergestanden waren. Indem das Salzburger Proponentenkomitee auf dem diskursiven Konstrukt der „Wiedergründung" (oder der „Wiedererrichtung") beharrte, wurde der Staat zum vorwiegenden Financier des Aufbaus der Salzburger Universität auserkoren.[16] Die Betreiber der Salzburger Pläne konnten sich mit diesem Argument letztlich durchsetzen. Wie im Kap. 1.2 bereits ausgeführt wird, gelang die „Wiedererrichtung" der Universität Salzburg 1962 vor allem deshalb, weil sie mit der Linzer Hochschule für Sozial- und Wirtschaftswissenschaften „junktimiert" wurde. Während die Universität Salzburg als eher „konservativ" galt, wurde die Linzer Hochschule dem „roten" Lager zugerechnet.[17]

In den 1960er-Jahren stieg die Nachfrage an Studienplätzen stark. Hingegen vermehrte sich die Zahl der Hochschullehrer und Hochschullehrerinnen nicht in einem Maße, das diese Nachfrage befriedigen hätte können. Ungeachtet dessen herrschte vor Beginn der Vorlesungen an der „wiedererrichteten" Universität Salzburg ein verbreiteter Optimismus, was die Möglichkeiten betraf, fachlich hoch qualifizierte Hochschullehrer zu gewinnen. Landeshauptmann Lechner räumte im September 1963 in einer Radioansprache zwar ein, dass „die

13 Vgl. Wirth/Reichl/Gräser, 50 Jahre Johannes Kepler Universität, 79.

14 Vgl. Vertrauen in die Improvisation. Fortschritte beim Aufbau der neuen Salzburger Universität, in: Die Presse, 8./9.8.1964.

15 Rudloff, Die Gründerjahre, 85; vgl. auch Burkhard Dietz, Eine Hochschule für das Revier – Die Gründung der Ruhr-Universität Bochum, in: Christian Reinicke/Horst Romeyk (Hg.), NRW – ein Land in seiner Geschichte. Aspekte und Konturen, Münster 1996, 400–405.

16 Wirth/Reichl/Gräser, 50 Jahre Johannes Kepler Universität, 77 f.

17 Vgl. hierzu u.a. Hanisch, Die Wiedererrichtung, 81–89, sowie die konzise Zusammenfassung in Wirth/Reichl/Gräser, 50 Jahre Johannes Kepler Universität, 77–81.

Verhandlungen mit bedeutenden europäischen Kapazitäten, die sich für eine Berufung an die Universität Salzburg interessieren, zwangsläufig langwierig seien." Er fügte jedoch hinzu: „Gerade bei den ersten Lehrkanzeln, die errichtet werden, darf aber, selbst um eine kurze Frist Zeit zu gewinnen, nicht von der Forderung nach höchster Qualität der zu berufenden Hochschullehrer abgegangen werden."[18] Lechner äußerte sich auch in späteren Jahren mehrfach zu den (personal-)politischen Umständen, die die Salzburger Universitätsgründung begleitet hatten. So führte er in einer Rede vor Repräsentanten der heimischen Alma Mater aus, dass „der ursprünglich vorgesehene Termin für den Beginn der Vorlesungen an der Philosophischen Fakultät – Oktober 1963 – [...] nicht eingehalten werden [konnte], weil es noch schwerer war als gedacht, Wissenschaftler von hohem Rang für eine noch nicht existierende Fakultät bzw. Universität zu gewinnen. Und dies selbst in einer so attraktiven Stadt wie Salzburg!"[19]

Lechner spielte damit auf die Schwierigkeiten an, die für die Gewinnung von fachlich hoch qualifizierten Hochschullehrern für die Salzburger, aber auch die Linzer Neugründung überwunden werden mussten. Ein weiterer wesentlicher Grund lag in der Verknappung des „Berufungsmarktes" durch den forcierten Hochschulausbau in der BRD,[20] der dort einen hohen Nachfrageschub auslöste. Deutsche Professoren vermochten weitaus höhere Ansprüche zu stellen, da sie ein höheres Gehalt und bessere Bedingungen als in Österreich erwarten konnten. Es erwies sich daher als umso schwieriger, an westdeutschen Universitäten tätige Wissenschaftler und Wissenschaftlerinnen nach Österreich zu berufen. Unterrichtsminister Drimmel war sich dieser Problematik bewusst. In einem Schreiben an Landeshauptmann Lechner konstatierte er, dass die Bundesrepublik bei der Besetzung der 1200 neuen Lehrkanzeln „alle Methoden des Seelenfanges des deutschen Wirtschaftswunders" einsetze. „Dem kleinen österreichischen Nachbarn gegenüber" betrieben die Deutschen demnach „eine rücksichtslose kulturpolitische Auslaugung".[21] Rudolf Strasser, einer der Linzer Gründungsprofessoren und SPÖ-Vertrauensmann an der Hochschule Linz, sah in dieser Konstellation einen Vorteil für die ÖVP, während sie für seine eigene Partei ungünstig sei: „Die Tatsache, daß wir aus Deutschland, aus der Schweiz und aus dem sonstigen Ausland wegen zu geringer Bezüge niemand zu uns hereinbekommen, gereicht hauptsächlich uns zum Nachteil. Für die ÖVP ist das eher ein Vorteil, weil sie auf diese Weise immer wieder ihre an den österreichischen Fakultäten herangezüchteten Protektionskinder leicht unterbringt. Diese Protektionskinder haben dazu noch den Vorteil, keine überlegene Konkurrenz spüren zu müssen."[22]

Einige Jahrzehnte später beschrieb Strasser die Frage der Berufungen weniger aus parteipolitischer, sondern aus ökonomischer Sicht: „In den 60er Jahren war der Professorenmarkt zumindest in Deutschland längst ein Käufermarkt geworden, auf dem es munter zuging. Die deutschen Professoren pflegten Zulagen zum Gehalt, selbstverständlich Ersatz der Übersied-

---

18 Lechner: Nur Kapazitäten! In: Salzburger Nachrichten, 23.9.1963, 5.

19 SLA, Nachlass Lechner, Hans; HS 576, Rede Hans Lechner, undat. [vermutl. 1970er- oder 1980er-Jahre].

20 Vgl. hierzu Mälzer, Auf der Suche nach der neuen Universität.

21 ÖStA, AVA, Familienarchive/Nachlässe; Nachlass Drimmel, Heinrich 1963, La-Ln; Drimmel an Lechner, 28.11.1963.

22 ÖNB, Handschriftensammlung, Nachlass Broda, Christian; III.86, 2. Mappe, Rudolf Strasser an Heinz Fischer, 31.8.1965.

lungskosten, angemessenen Wohnraum, [...] bis hin zu Kosten für Vorhänge, Zusagen bezüglich Assistentenstellen [...] und vieles mehr zu fordern."[23] Den Erinnerungen von Wolfgang Waldstein zufolge kam dazu noch die Praxis des österreichischen Finanzministeriums, den Kurs der Deutschen Mark (DM) im Verhältnis zum österreichischen Schilling so umzurechnen, dass jeder Mitte der 1960er-Jahre aus der BRD berufene Professor „eine erhebliche effektive Verringerung seines Einkommens in Kauf nehmen musste". Das Finanzministerium setzte den Kurs nämlich nicht nach dem offiziellen Nationalbankkurs fest, sondern berechnete einen eigenen „Marktkurs". Dieser führte nach Waldstein dazu, dass die DM in Österreich um etwa einen Schilling weniger wert war.[24]

Ihre strukturell vergleichsweise günstige Ausgangsposition suchten deutsche Wissenschaftler und Wissenschaftlerinnen vielfach zu ihrem eigenen Vorteil auszunützen. Wenn sie ins Ausland berufen wurden, führten sie häufig „Abwehrverhandlungen" in der primären Absicht, ihre Situation an der eigenen Universität zu verbessern. Dies erschwerte andererseits die personalpolitische Verhandlungsposition der österreichischen Universitäten sowie des zuständigen Unterrichtsministeriums. Dabei stellte sich die Lage an den einzelnen österreichischen Universitäten durchaus unterschiedlich dar. So verfügte die Universität Linz im Gegensatz zu ihrem Salzburger Pendant mit dem Hochschulfonds über einen wichtigen Standortvorteil, mit dem die – seit 1975 so benannte – Johannes-Kepler-Universität Linz geeignete Wissenschaftlerinnen und Wissenschaftler zu gewinnen hoffte. Für den Linzer Hochschulfonds stellten die Stadt Linz und das Land Oberösterreich finanzielle Mittel bereit. Dieser Fonds sollte die Universität auch nach ihrer Errichtung finanziell direkt unterstützen. Für Ausgaben, die das Ministerium nicht bewilligte, sollte der Hochschulfonds als Geldgeber herangezogen werden.[25]

Hinsichtlich des professoralen „Berufungsmarkts" ist zudem zu bedenken, dass die österreichischen Hochschulen selbst in einem Konkurrenzverhältnis zueinander standen. Sie waren nicht daran interessiert, ihre Kräfte an die neu sich etablierenden Universitäten abwandern zu lassen. So zeigte sich beispielsweise die Rechts- und Staatswissenschaftliche Fakultät der Universität Wien keineswegs überzeugt von dem Argument, dass die Errichtung einer weiteren juridischen Fakultät in Salzburg zur Entlastung Wiens beitragen würde. Angesichts der aktuellen „Nachwuchslage" sei es „kaum möglich", geeignete Persönlichkeiten für die Besetzung der neu zu gründenden Lehrstühle zu finden.[26]

Salzburg selbst konnte zwar mit seinem „Asset" der Kultur- und Festspielstadt sowie dem Verweis auf die euphorische Aufbruchstimmung an einer jungen Universität punkten.[27] Das Salzburger „symbolische Kapital" reichte jedoch nicht dazu aus, um die von Lechner mit

---

23 Rudolf Strasser, Jurist in bewegten Jahren. Erinnerungen, Wien 2007, 151 f.

24 Wolfgang Waldstein, Mein Leben. Erinnerungen, Illertissen 2013, 165.

25 Vgl. Strasser, Jurist, 152.

26 UAW, J Cur 235a, Errichtung einer rechts- und staatswissenschaftlichen Fakultät an der Universität Salzburg, 1965.06.14-1965.07.13, Juridisches Dekanat der Universität Wien an den Rektor der Universität Wien, 13.11.1964.

27 Umgekehrt sollte auch die sanierungsbedürftige Salzburger Altstadt von der Universität profitieren. Vgl. Die Universität bedeutet lebendiges Kapital für Salzburg, in: Salzburger Volksblatt, 4.10.1966.

Verve eingeforderten europäischen „Kapazitäten" zu gewinnen. Vielmehr standen für die zu Berufenden häufig praktische Probleme wie die Wohnungssuche im Vordergrund, bei der das Land Salzburg nur begrenzt helfen konnte.[28] Besonders in der Anfangsphase wurden somit oft österreichische Fachvertreter nach Salzburg berufen, obwohl die Professorenkollegien, die die Dreiervorschläge an das Ministerium zu erstellen hatten, auch an westdeutschen Universitäten tätige Kollegen auf die Berufungslisten gesetzt hatten. In der damaligen österreichischen Hochschullandschaft waren allerdings konservativ-bürgerlich und ehemals deutschnational-völkisch geprägte akademische Milieus nach wie vor überproportional stark vertreten, sodass der „Pool" der potenziell zur Verfügung stehenden Gelehrten zumindest anfänglich entsprechend eingeschränkt war. Dieser Umstand war seinerseits eine langfristige Folge politisch und rassistisch motivierter Säuberungsmaßnahmen, die die österreichischen Universitäten seit den 1920er-Jahren zusehends provinzialisiert hatten.[29]

Auch was die Rückholung von emigrierten Hochschullehrern und Wissenschaftlern betraf, zeigten sich die Folgen der langfristig festzustellenden Eigenrekrutierung der österreichischen Universitäten.[30] Die Salzburger Theologen hatten zwar bereits 1947 den Patristiker und Liturgiewissenschaftler Thomas Michels zurückberufen, der im März 1938 Salzburg fluchtartig verlassen hatte und später in die USA emigriert war. Auch der 1964 an die Universität Salzburg berufene katholische Philosoph Balduin Schwarz hatte einen „Remigrationshintergrund".[31] „Zurückberufene" Gelehrte wie Michels oder Schwarz verfügten zwar unleugbar über individuelle Verdienste. Sie entwickelten sich jedoch nie zu „Aushängeschildern", die der Universität Salzburg zu überregionaler Bedeutung verholfen hätten. Allerdings konnte die Universität Salzburg zumindest zwei fachlich einflussreiche Remigranten zeitweilig als Gastprofessoren in ihre Reihen aufnehmen: den Wirtschaftstheoretiker und -historiker Eduard März[32] und den Ökonomen und Sozialphilosophen Friedrich August Hayek, der einer der bekanntesten Vertreter der Österreichischen Schule der Nationalökonomie war und 1969 nach seiner Emeritierung nach Salzburg kam.[33]

Noch in den 1960er-Jahren wurden – wie in Kapitel 3.4 gezeigt – mit Fritz Fellner, Hans Floretta und Kurt Ringhofer Hochschullehrer an die Universität Salzburg bestellt, die in unterschiedlich nuancierter Weise jeweils der SPÖ nahestanden. Nicht erst seit der SPÖ-Alleinregierung Kreisky, sondern bereits davor wurden somit einige Professoren an die Universität Salzburg berufen, die nicht dem damals dominanten ÖVP-nahen akademischen Milieu zuzurechnen waren. Die Zeithistorikerin Erika Weinzierl gehörte zwar der ÖVP an, sie verfolgte

28 Vgl. Vertrauen in die Improvisation. Fortschritte beim Aufbau der neuen Salzburger Universität, in: Die Presse, 8./9.8.1964.

29 Vgl. hierzu Koll (Hg.), „Säuberungen".

30 Vgl. hierzu auch: „Ein Testfall", in: Die Presse", 27./28.6.1964.

31 Vgl. hierzu die Ausführungen im Kap. 3.3.

32 Der politisch links orientierte März, der 1938 aus politischen und rassistischen Gründen als Student die Universität Wien verlassen musste und 1953 aus den USA remigriert war, lehrte von 1971 bis 1973 Wirtschaftsgeschichte in Salzburg. Vgl. Günther Chaloupek (Hg.), Eduard März als Wirtschaftshistoriker und Wirtschaftspolitiker, Wien 2015.

33 Vgl. zu Hayek das Kap. 4.3.2.

jedoch einen individuell akzentuierten Weg, der sie politisch tendenziell nach links rücken ließ. Dass die genannten Wissenschaftler hinsichtlich ihrer weltanschaulichen Ausrichtung in Salzburg in den 1960er-Jahren eine deutliche Minderheit darstellten, sollte hier ebenso bereits deutlich geworden sein wie der Umstand, dass sich die Genannten in das konservativ geprägte Salzburger Professorenmilieu durchaus einzufügen verstanden. Immerhin ist hier festzuhalten, dass die tradierten Strukturen an den Hochschulen in den 1960er-Jahren zwar noch bestanden, der innerösterreichische „Berufungsmarkt" aber bereits in Bewegung gekommen war. Dies hatte auch Auswirkungen auf die Berufungen an der Universität Salzburg. Auch in diesem Bereich schlug sich damit das Bild einer widersprüchlich verlaufenden gesellschaftlichen Transformation nieder, die speziell die frühen 1960er-Jahre allgemein kennzeichnete.[34]

Der sich dynamisch wandelnde Berufungsmarkt kam vergleichsweise noch deutlicher an der Linzer Hochschule zum Ausdruck, wo vor allem die sozialistischen Remigranten Karl R. Stadler und Kurt W. Rothschild von Beginn an eine breit rezipierte Wirksamkeit entfalteten.[35] Es würde die Professorenschaft an diesen beiden Neugründungen der 1960er-Jahre dennoch zu stark vereinfachend charakterisieren, wenn man für Salzburg und Linz ein einfaches politisches Gegensatzpaar „Schwarz" versus „Rot" postulieren würde. Dies ändert allerdings nichts an der Tatsache, dass Salzburg in fachlicher Hinsicht damals stark geisteswissenschaftlich ausgerichtet war – sich gleichzeitig aber darum bemühte, interdisziplinäre und interfakultative Praktiken in Forschung und Lehre zu verankern. Linz dürfte hingegen als Hochschule für Sozial- und Wirtschaftswissenschaften dem damals in den Wissenschaften als zukunftsweisend betrachteten Zeitgeist stärker entsprochen haben. Beide Universitätsgründungen wiesen aber auch Gemeinsamkeiten auf. So konnten weder in Salzburg (Katholische Universität) noch in Linz (Technische Universität) die jeweiligen Ursprungsideen umgesetzt werden. Auf regionaler Ebene artikulierte sich in beiden Fällen jeweils der politische Wille, eine Hochschule zu begründen. Und auch hinsichtlich ihres Typus fällt die so bezeichnete „Hochschule neuen Stils" Linz – nach dem Historiker Marcus Gräser – keineswegs aus dem Rahmen der Universitätsgründungen der 1960er-Jahre: „Sie stellte einen Mischtyp dar, der die traditionellen Bestände der Universitäten – die Fakultätengliederung, die prinzipielle Orientierung auf das ‚Fach' – mit einigen für die 1960er Jahre typischen Reformelementen – Aufwertung der Sozial- und Wirtschaftswissenschaften, Interdisziplinarität, ‚unkonventionell gemischte Studienrichtungen' – kombinierte."[36]

---

34 Kriechbaumer spricht in diesem Zusammenhang von einem „sich mit akzelerierender Geschwindigkeit abzeichnenden Epochenwandel". Robert Kriechbaumer, Die Ära Klaus, in: ders. (Hg.), Die Ära Josef Klaus. Österreich in den „kurzen" sechziger Jahren. Bd. 1: Dokumente, Wien-Köln-Weimar 1998, 11–97, hier 12.

35 Vgl. Helmut Konrad: Von Linz aus, in: Johannes Kepler Universität. https://www.jku.at/fileadmin/gruppen/125/Allgemeines/Helmut_Konrad.pdf (26.11.2018).

36 Gräser, Reformuniversität?, 21.

2.2 Egon Lendls konzeptionelle Überlegungen zum Aufbau der Universität

Landeshauptmann Hans Lechner berief am 13. Juni 1961 ein Proponentenkomitee ein, um die „Wiedererrichtung“ einer staatlichen Universität voranzutreiben. Die Theologische Fakultät wurde damit beauftragt, hierzu Vorbereitungsarbeiten zu übernehmen. Egon Lendl war bereits zu diesem Zeitpunkt in die Arbeiten eingebunden. Er hatte die Aufgabe übernommen, einen Aufbauplan für die neu zu gründende Philosophische Fakultät zu entwickeln, den das Proponentenkomitee dann auch beim Bundesministerium für Unterricht einreichte. Dessen Pendant bildete ein Bericht, den Erwin Domanig zum Aufbau der geplanten Medizinischen Fakultät erstellte. Domanig wurde später vom Akademischen Senat zum Beauftragten für alle Belange ernannt, die sich auf die Errichtung der Medizinischen Fakultät bezogen.[37] Im Falle der Philosophischen Fakultät ging es zunächst darum, „möglichst viele der dringend benötigten Fächerkombinationen für das Lehramt an den damaligen Mittelschulen rasch zu ermöglichen.“ Zu diesem Zweck sollten in einem ersten Schritt achtzehn Lehrkanzeln geschaffen und das hierfür erforderliche wissenschaftliche und nichtwissenschaftliche Personal angestellt werden.[38]

Der Arbeitsausschuss des Proponentenkomitees nahm seine Tätigkeit am 8. Februar 1963 auf. Als Vertreter der Universität gehörten diesem außer Egon Lendl die Professoren Carl Holböck, Erwin Domanig, Hans Floretta sowie der Staatsbibliothekar Karl Forstner an. Die Mitglieder des Ausschusses traten in zahlreichen Sitzungen zusammen, bis sich am 10. Jänner 1964 der Akademische Senat konstituierte. Dem Arbeitsausschuss lag von Beginn an der von Lendl erstellte Aufbauplan vor.[39] Lendl sah eine etappenweise Errichtung der neuen Universität vor, die am Ende vier Fakultäten umfassen sollte. Er schlug vor, den Aufbau so zu gestalten, dass einer möglichst großen Anzahl von Studierenden ein Studium in Salzburg als „sinnvoll und erstrebenswert“ erschien. Hierzu musste die Philosophische Fakultät so eingerichtet werden, dass von Beginn an Hörer aller Semester Studiermöglichkeiten in Salzburg vorfanden. Die vorgesehene Einrichtung von achtzehn Lehrkanzeln sollte in drei Etappen für die Studienjahre 1963/64, 1964/65 und 1965/66 erfolgen. In jedem Studienjahr dieser ersten Aufbauphase sollten jeweils sechs Lehrkanzeln errichtet werden. Sobald diese Lehrkanzeln besetzt seien, sollten die Philosophische Fakultät gebildet und ein Dekan gewählt werden. Zugleich sollten entsprechend den Bestimmungen des Hochschulorganisationsgesetzes die Philosophische mit der Theologischen Fakultät vereinigt und die Wahl eines Rektors vorgenommen werden.[40]

Lendls Leistungen wurden von der Universität Salzburg und dem Unterrichtsministerium ausdrücklich anerkannt. Lendl war der Erstberufene der neu konstituierten Philosophischen Fakultät. Dies und der Umstand, dass er zum Dekan und am 2. Juni 1964 für das Studienjahr 1964/65 zum ersten offiziellen „Rector magnificus“ gewählt wurde, galt als Würdigung seiner

37 UAS, Protokolle der Sitzungen des Akademischen Senates, Protokoll der Sitzung vom 21.4.1964.

38 Lechner, Der Weg zur Universität, 242 f.

39 Probst/Rehrl, Die Wiederherstellung der Gesamtuniversität, 230 f.

40 ÖStA, AdR, BMU, Hauptreihe II (1966-1975), Sig. 9, Univ. Salzburg, Kt. 625, Universität Salzburg, Aufbauplan, 15.5.1963, 1–9, hier 2 f.

Verdienste, die er sich im Vorfeld der „Wiedererrichtung“ der Universität erworben hatte.[41] Lendls Arbeiten beschränkten sich jedoch nicht darauf, einen organisatorischen Aufbauplan für die etappenweise Besetzung der Lehrkanzeln der Philosophischen Fakultät zu erstellen, als Dekan für die organisatorische Einrichtung des Vorlesungs- und Fakultätsbetriebs zu sorgen und als erster Leiter des Geographischen Institutes tätig zu werden. Darüber hinaus führte er als Prorektor und Vorsitzender des Planungsausschusses Arbeiten durch, die sich auf den gesamten Bereich der Universität erstreckten.[42]

Zudem veröffentlichte Lendl Anfang der 1960er-Jahre in der Zeitschrift „Berichte und Informationen“ mehrere Artikel, in denen er für die Salzburger Universität warb. Dieses Periodikum hatte in den Nachkriegsjahren publizistisch gegen die Entnazifizierungsgesetzgebung in Österreich agitiert. Die Zeitschrift wurde ab Mai 1946 von dem Journalisten und Politiker Herbert A. Kraus herausgegeben. 1949 gründete Kraus zusammen mit dem „national“ eingestellten Publizisten Viktor Reimann, den er bei den „Salzburger Nachrichten“ kennengelernt hatte, den VdU als Vorläufer der heutigen FPÖ, als dessen Bundesobmann er bis 1952 fungierte.[43]

In einem Artikel, den Lendl am 8. September 1961 in den „Berichten und Informationen“ publizierte, stellte er die Universitätsfrage als ein europäisches Problem dar. Seit dem Ende des Zweiten Weltkriegs seien in zahlreichen europäischen Ländern Universitäten gegründet worden. Der Ausbau der Hochschullandschaft sei ein „Ausdruck der gewandelten sozialen und politischen Gegebenheiten“. Das stetige Anwachsen der Zahl der Studierenden sah Lendl nicht durch demographischen Wandel in dem Sinne hervorgerufen, dass die Bevölkerungszahl gestiegen sei und sich die Zahl der potenziellen Studierenden dadurch vermehrt habe. Vielmehr konstatierte er einen echten Anstieg der „Studierfreudigkeit der Jugend“. Dies hänge auch mit einer Verschiebung der Sozialstruktur zusammen. So nehme in Österreich die Zahl der Angestellten unter den unselbständig Erwerbstätigen zu, für die eine akademische Ausbildung eine wesentliche Voraussetzung darstelle, um eingestellt zu werden. Während in Wien aufgrund der dort abnehmenden Bevölkerungszahl im Vergleich zur Vorkriegszeit elf allgemeinbildende Mittelschulen geschlossen worden seien, hätten in derselben Zeit in den Bundesländern 41 Mittelschulen ihren Unterrichtsbetrieb neu aufgenommen. Diese stellten potenzielle Bildungsstätten für spätere Studierende an den Hochschulen dar. Vom bedeutenden Anstieg der Hörerzahlen seien besonders die philosophischen Fakultäten der bestehenden Universitäten berührt. Dadurch sei ein bildungspolitischer „Notstand“ eingetreten, der nur behoben werden könne, wenn neue Bildungseinrichtungen geschaffen würden.[44]

Diese argumentative Linie verfolgte Lendl auch in seinen späteren öffentlichen Auftritten, so etwa im Zuge einer Rundfunkansprache, die er am 13. Oktober 1965 zum Thema „Neue

41 Kaindl-Hönig/ Ritschel, Die Salzburger Universität 1622–1964, 185.

42 ÖStA, AdR, BMU, PA Lendl, Egon; Lendl an BMU, 4.11.1968.

43 Vgl. Robert Kriechbaumer, Politische Kultur, in: Ernst Hanisch/ders. (Hg.), Salzburg. Zwischen Globalisierung und Goldhaube, Wien-Köln-Weimar 1997, 29–78, hier 42; 44.

44 Vgl. [Egon Lendl], Salzburg wieder Universitätsstadt. Eine staatliche Teilfakultät in Vorbereitung, in: Berichte und Informationen 16, H. 790 (1961), 13–15.

Universitätsgründungen in Europa und Österreich" hielt. Auch in Österreich konnte seiner Ansicht nach „die moderne Bildungsgesellschaft [...] nur durch eine breite Akademikerschicht der verschiedensten Studienrichtungen getragen werden". Die steigenden Hörerzahlen an der Universität Salzburg würden zeigen, dass „hier einem echten Notstand abgeholfen" worden sei.[45] Wenige Tage später hielt Lendl am 18. Oktober 1965 im „Salzburger Presseklub" einen Vortrag über „Die moderne Hochschulentwicklung in Europa und der Salzburger Universitätsausbau". Wiederum verknüpfte er die sozialstrukturellen Wandlungen, die sich seit dem Zweiten Weltkrieg vollzogen hatten, mit der Notwendigkeit zum Ausbau der Bildungslandschaft.[46]

Mit diesen Argumenten, mit denen er einen über den engeren österreichischen Rahmen hinausgehenden europäischen Horizont eröffnete, suchte Lendl zu begründen, warum gerade in Salzburg eine Philosophische Fakultät errichtet werden sollte. Er fundierte seine Überlegungen zusätzlich, indem er auf die hier bereits bestehenden Einrichtungen und Veranstaltungsreihen verwies, die über eine akademische Qualität verfügten. Mit diesen sei in den letzten Jahren das Salzburger „Universitätsmilieu" entscheidend verbreitert worden. Die „Wiedererrichtung" der Salzburger Universität würde demnach als eine „Krönung der in den letzten Jahrzehnten durchgeführten kulturellen Aufbauarbeit" angesehen werden.[47] In einem weiteren Artikel für die „Berichte und Informationen", den er 1963 bereits nach erfolgter Beschlussfassung zur „Wiedererrichtung" der Universität veröffentlichte, verteidigte er die Art und Weise, wie die Universität Salzburg aufgebaut wurde. Zwar bestritt er das Anliegen der von ihm als solche bezeichneten „Maximalisten" nicht, dass eine neue Universität „einen besonderen wissenschaftlichen Anspruch" haben müsse; er selbst zählte sich aber zu jenen „Minimalisten", die die Ansicht verträten, „daß eine Universität allmählich aus einer Zelle zu entwickeln sei". Er sah diese Verfahrensweise auch von anderen neu gegründeten Universitäten als richtig bestätigt. So habe man „aus Hochschulkreisen in Westdeutschland, wo einige Vorhaben – Bochum, Bremen, Konstanz, Regensburg – bearbeitet werden [...]", nach Salzburg geschrieben, daß das [...] schrittweise Verfahren oft das bessere sein könne.[48]

Die Situierung der Salzburger Universität in ihrem regionalen Umfeld blieb ein wichtiger Gegenstand der publizistischen Erörterungen Lendls. Diesem Thema widmete er auch seine Inaugurationsrede, die er am 14. November 1964 als erster gewählter Rektor der Universität hielt. Seinen Vortrag übertitelte er mit „Salzburgs Stellung im österreichischen Raum". Lendl schilderte das Land Salzburg als einen Profiteur der innerösterreichischen „Bevölkerungsverschiebungen", die seit dem Ende des Zweiten Weltkriegs dazu geführt hätten, dass die Bevölkerung in den östlichen Bundesländern Österreichs abgenommen habe, während die westlichen Bundesländer, darunter auch Salzburg, einen deutlichen Bevölkerungszuwachs

45 SLA, Nachlass Lendl, Egon; Kt. 7, 81-122, Neue Universitätsgründungen in Europa und Österreich, Rundfunkansprache, 13.10.1965, masch., unpag. [5 S.].

46 SLA, Nachlass Lendl, Egon; Kt. 7, 81-122, Die moderne Hochschulentwicklung in Europa und der Salzburger Universitätsausbau, Vortrag Salzburger Presseklub, 18.10.1965, masch., unpag. [20 S.].

47 Vgl. [Egon Lendl], Salzburg wieder Universitätsstadt, 14.

48 [Egon Lendl], Die neue Universität: Es wird ernst, in: Berichte und Informationen 18, H. 868 (1963), 14.

zu verzeichnen hatten. Der historisch-demographische Zugang, den Lendl in seiner Inaugurationsrede entwickelte, ermöglichte es ihm nicht zuletzt, aus einer vorgeblich objektivierten Perspektive auf die Zeit der NS-Herrschaft in Österreich zu blicken. Die „siebenjährige Zugehörigkeit Salzburgs zum sogenannten ‚Großdeutschen Reich'" erschien in dieser Perspektive als eine historisch abgeschlossene Ära, in der es sowohl zu Veränderungen in verwaltungsrechtlicher Beziehung als auch zu demographischen Strukturwandlungen gekommen sei, die sich von den vor 1938 und nach 1945 vollzogenen Umwälzungen nicht wesentlich unterschieden. So fiel Lendl die Rede vom „zentralen Ort" Salzburg in der NS-Zeit leicht, „dessen Wirkungsbereich sich über die Landesgrenzen hinaus erstreckte, so z.B. durch die Situierung eines Generalkommandos nach Salzburg, die Errichtung der bäuerlichen Verwaltung für mehrere Reichsgaue usf."[49]

Lendl verlor in seiner Rede kein Wort darüber, dass die deutsche Wehrmacht, die ein Generalkommando nach Salzburg verlegt hatte, einen verbrecherischen Angriffskrieg führte, und der „Reichsnährstand" unter Leitung des „Reichsbauernführers" die NS-Agrarpolitik ständisch organisierte, wobei alle an der Erzeugung und dem Absatz landwirtschaftlicher Produkte beteiligten Personen per Zwangsmitgliedschaft gleichgeschaltet wurden.[50] Ebenso wenig erwähnte er die für die NS-Herrschaft konstitutiven Elemente des Terrors und des millionenfachen Mords. Damit stimmte er mit der österreichischen Nachkriegselite überein, die die Zeit des „Dritten Reiches" in weitgehender Verkennung ihrer eigenen Involvierung nicht als Teil ihrer Geschichte ansah. Das von Lendl tradierte Fortschrittsnarrativ der wirtschaftlichen und politischen Aufstiegsgeschichte Salzburgs sollte vielmehr den Hintergrund für die zentrale Aussage seiner Inaugurationsrede bilden. Diese gipfelte nämlich in der Feststellung, dass dieses Bundesland aufgrund der „Wiedererrichtung" der Universität die „durch seine geographische Lagegunst und seine geschichtliche Entwicklung vorgezeichnete Stellung" neuerlich gewonnen habe.[51]

Dieser hoffnungsvolle Ausblick entsprach dem durch das Schema einer Inaugurationsrede vorgegebenen Muster. In seinem oben erwähnten Vortrag im Salzburger Presseklub wurden aber die Bruchlinien deutlich, die sich zwischen dem Salzburger Umfeld und der neu errichteten Universität bereits in einem relativ frühen Stadium ihrer Entwicklung auftaten. Einerseits schilderte Lendl die „politische Funktion" der „modernen Universität", die „mitten drinnen steht im Schaffen und Denken, im geistigen Leben der Bevölkerung der Stadt, in der sie errichtet wurde". Andererseits zeigte sich Lendl darüber „erschreckt, wie fern manche Kreise Salzburgs diesem ganzen Problemkreis Universität – befangen noch von einer recht einseitigen Aufgabenschau unserer Stadt – gegenüberstehen." Lendl betrübte dieser Umstand umso mehr, wenn er an die österreichischen Beispiele Linz, Innsbruck und Graz dachte, die sich

49 Egon Lendl, Salzburgs Stellung im österreichischen Raum, Salzburg-München 1966, 12.

50 Vgl. zum Salzburger „Reichsnährstand" Christian Dirninger, Die „Nazifizierung" des regionalen Wirtschaftssystems. Machtstrukturen der Wirtschaft, in: Helga Embacher/Thomas Weidenholzer (Hg.), Machtstrukturen der NS-Herrschaft. NSDAP – Polizei/Gestapo – Militär – Wirtschaft, Salzburg 2014, 418–456, hier 431 f.

51 Lendl, Salzburgs Stellung, 15.

ebenso sehr um ihre Universitäten bemühten wie bestimmte Städte in der BRD, in England und Frankreich, die ein deutlich lebhafteres Interesse als Salzburg zeigten, sich zu Universitätsstädten zu entwickeln.[52]

Die Sorge um die vielfach als unzureichend erlebte Unterstützung der neuen Universität durch Stadt und Land Salzburg verstärkte sich, sobald die maßgebenden „Gründerprofessoren" ins benachbarte Oberösterreich blickten. Auch Lendl musste zur Kenntnis nehmen, dass die Linzer Hochschule vom Land Oberösterreich, der Stadt Linz und der oberösterreichischen Industrie mit erheblichen Geldmitteln gefördert wurde. Der stetige Ausbau der Kepler-Universität brachte Salzburg seiner Ansicht nach in „eine zeitliche Zwangslage". Um den Vorsprung aufrechtzuerhalten, den die Universität Salzburg bei der Errichtung ihrer Institute und Fakultäten im Vergleich zu Linz nach wie vor habe, sei es erforderlich, die Ausbauarbeit weiterhin intensiv voranzutreiben. In einem „Entwicklungsplan der Universität Salzburg", den Lendl als Prorektor erstellte und der an die zuständigen Stellen in Stadt, Land und Bund übermittelt wurde, pochte die Universität Salzburg daher darauf, dass die ursprünglich gemachten Zusagen, soweit sie den Aufbauplan betrafen, eingehalten würden.[53]

2.3 Das Anknüpfen an die frühere Benediktineruniversität und der katholische Geist an der Alma Mater Paridiana

Der barock und gegenreformatorisch geprägte Universitätsstandort Salzburg schien für die katholischen „Abendländer" der 1950er- und 1960er-Jahre, die nach sinnfälligen Manifestationen eines „europäischen Geistes" suchten, ideal gewählt zu sein. Auch für Hans Sedlmayr gehörte „das Umhülltsein von einer Stadt, die für mich in jeder Beziehung zum Schönsten gehört, was es überhaupt auf der Welt gibt", zu einem subjektiv empfundenen Glück, das der Kunsthistoriker offenbar sehr zu schätzen wusste.[54] Rektor René Marcic ging in einer Rede beim II. Salzburger Slawistenkongress sogar so weit, Salzburg „ein einziges Gebet" zu nennen; diese Stadt höre nicht auf, „wie aus einem Munde Tag um Tag zum Herrn zu rufen: J'en appelle à ta gloire!" Salzburg sei als die Musik- und Universitätsstadt schlechthin „die Stadt des Spiels und des Festes". Von hier aus schlug Marcic eine Brücke zur Wissenschaft, denn diese benötige „zu ihrer Kunde" des Festes.[55] Der gebürtige Rheinländer Wilhelm Revers würdigte ebenfalls das lokale Umfeld der Stadt Salzburg, „die aus

52 SLA, Nachlass Lendl, Egon; Kt. 7, 81-122, Die moderne Hochschulentwicklung in Europa und der Salzburger Universitätsausbau, 16 f.

53 ÖStA, AdR, BMU, Hauptreihe I (1945-1965), Sig. 9, Univ. Salzburg, Kt. 671, Entwicklungsplan der Universität und die nächsten Aufgaben, 25.11.1965.

54 Hans Sedlmayr, Salzburgs Aufgabe in der Kunstgeschichte, Salzburg-München 1966, 19.

55 ÖStA, AdR, BMU, Hauptreihe II (1966-1975), Sig. 9, Univ. Salzburg, Kt. 626, René Marcic an Theodor Piffl-Perčević, Begrüßung des Rektors in der Aula academica zum II Congressus internationalis historiae slavicae Salisburgo-Ratisbonensis, 2.9.1967, 1–4, hier 1 f.

Abb. 3: Rektor René Marcic, Außenminister Lujo Tončić-Sorinj und Bundeskanzler Josef Klaus beim Festakt in der Großen Aula anlässlich des II. Salzburger Slawistenkongresses, 2. September 1967.

jedem Winkel kulturelle Tradition, Musikalität und barocke Lebensweise ausstrahlte"[56]. Revers selbst wurde „eindeutig dem christlich-konservativen Lager" zugeordnet.[57]

Bereits im Laufe der 1960er-Jahre begannen allerdings die Grenzen, die zwischen den weltanschaulichen Lagern scheinbar festgefügt zu sein schienen, zusehends zu erodieren. Auch innerhalb der katholischen Kreise kam es zu einem intellektuellen Aufbruch, der tradierte Sinnhorizonte zu hinterfragen schien und kontroverse Debatten um gesellschaftspolitische Visionen und Utopien ermöglichte. So entwickelte sich Igor Caruso, der 1972 auf maßgebliches Betreiben von Revers als katholischer Psychoanalytiker und Inhaber des dritten Lehrstuhls für Psychologie nach Salzburg berufen wurde, als Vertreter einer Richtung innerhalb der Psychologie, die „im Stile der Frankfurter Schule neomarxistische mit psychoanalytischen Ideen" zu verknüpfen suchte.[58] Selbst in der katholischen Amtskirche war bereits in den frü-

56 Dietrich Rüdiger, Wilhelm Josef Revers und das Bild des Menschen in der Psychologie, in: Jahrbuch der Universität Salzburg 1985–1987 (1989), 275–285, hier 277.

57 Christian G. Allesch, Zur Entwicklung der universitären Psychologie in Österreich zwischen 1945 und 1965 und danach, in: Armin Stock/Horst-Peter Brauns/Uwe Wolfradt (Hg.), Historische Analysen theoretischer und empirischer Psychologie, Frankfurt/M.-Berlin u.a. 2012, 197–206, hier 204.

58 Erwin Roth, in: Ernst G. Wehner (Hg.), Psychologie in Selbstdarstellungen. Bd. 3, Bern-Göttingen-Toronto 1992, 245–274, hier 265.

hen 1960er-Jahren der Geist der Reform zu spüren. Hierbei spielte das Zweite Vatikanische Konzil eine entscheidende Rolle, das in den Jahren 1962 bis 1965 in Rom tagte und einen fundamental neuen Weg etwa in der Definition des Verhältnisses der Kirche zu Staat und Gesellschaft sowie zu den anderen Religionen beschritt.

In Salzburg konnte die katholische Erneuerungsbewegung der 1960er-Jahre weniger an der „wiedererrichteten" Universität selbst, sondern eher an der Katholischen Hochschulgemeinde (KHG), im Katholischen Bildungswerk (KBW) der Erzdiözese Salzburg oder gänzlich außerhalb, etwa im Rahmen der Humanismusgespräche des ORF, Fuß fassen. Wenn man etwa den Programmen der KHG aus den späten 1960er- und frühen 1970er-Jahren folgt, ergibt sich der Eindruck, dass die KHG ernsthaft die Auseinandersetzung mit aktuellen gesellschaftlichen Problemstellungen suchte. Das Augenmerk des Hochschulseelsorgers Wolfgang Huber galt neben ökumenischen Fragen auch dem Verhältnis zwischen Christen und Juden, den Problemen der sogenannten Dritten Welt oder allgemein den Perspektiven für eine „neue Gesellschaft". Vor allem die an einem intellektuellen Austausch Interessierten unter den Salzburger „Gründerprofessoren" traten mit der KHG in Verbindung. So stellten sich etwa Fritz Fellner und Erika Weinzierl für Informationsabende zur Verfügung, die die KHG für Neuinskribierte veranstaltete.[59] Weinzierl war selbst in der reformorientierten Wiener Katholischen Hochschulgemeinde sozialisiert worden. Für ein Podiumsgespräch zum Thema „Menschenrechte und Kirchenrecht" kündigte sich im Herbst 1969 René Marcic an, und für ein weiteres, vom katholischen Publizisten Hubert Feichtlbauer geleitetes Podiumsgespräch über „Kirche im Heer – Utopie und Wirklichkeit" hatte auch die Historikerin Weinzierl ihre Teilnahme zugesagt.[60]

Das KBW war bereits 1946 als Einrichtung der Katholischen Aktion ins Leben gerufen worden. Dieses erlebte ebenfalls in den 1960er-Jahren einen Aufschwung, der durch das Zweite Vatikanische Konzil, aber auch durch die neu begründete Universität wesentlich begünstigt wurde.[61] Der Hochschulseelsorger Huber ging mit Hans Spatzenegger, dem damaligen Leiter des KBW, eine Kooperation ein, die 1966 zum Einzug des Literaturforums Leselampe in die Kollegienkirche führte. Ein Abend mit Peter Handke zeigte, dass seit der „Wiedererrichtung" der Universität in Salzburg ein literarisch interessiertes Publikum vorhanden war. Diese Erkenntnis war ein wesentlicher Grund dafür, dass die „Leselampe" im März 1967 als ständiges Literaturforum eingerichtet wurde.[62] Die „Leselampe" verschrieb sich speziell der „Auseinandersetzung mit Tendenzen der neuesten Literatur"[63] und bot aufstrebenden österreichischen Schriftstellern – wie etwa Gerhard Amanshauser, Barbara Frischmuth

---

59 Vgl. Katholische Hochschulgemeinde Salzburg, Semesterprogramm Wintersemester 1967/68; Wintersemester 1968/69, Salzburg 1967/68, unpag.

60 Vgl. Katholische Hochschulgemeinde Salzburg, Semesterprogramm Wintersemester 1969/70, Salzburg 1969, unpag.

61 Vgl. Eduard Baumann (Hg.), Was uns bewegt – was wir bewegen. Festschrift zum 50 Jahr-Jubiläum des Katholischen Bildungswerkes 1946–1996, Salzburg 1996, 21.

62 Freundliche Mitteilung von Dr. Hans Spatzenegger an den Vf. vom 30.7.2019.

63 Katholische Hochschulgemeinde Salzburg, Semesterprogramm Wintersemester 1967/68, Salzburg 1967, unpag.

oder Ernst Jandl – die Gelegenheit zu Lesungen. Sie wurde vom Literaturwissenschaftler Josef Donnenberg über viele Jahre hinweg maßgeblich geprägt.[64]

Bei den Salzburger Humanismusgesprächen meldeten sich nur einzelne Vertreter der „Gründergeneration" zu Wort, unter ihnen René Marcic und Franz-Martin Schmölz. Auch der Psychologe Wilhelm Revers trat 1978 beim „9. Salzburger Humanismusgespräch" als Redner auf. Revers kritisierte die von ihm konstatierte „szientistische Einäugigkeit", womit er sich gegen als positivistisch verstandene Tendenzen in der Forschung wandte. Er plädierte vielmehr für die „Unmittelbarkeit des Staunens", die aus seiner Sicht perspektivisch neuerlich entdeckt werden sollte.[65] Ein seit langem etabliertes Forum in Salzburg, das die intellektuelle Auseinandersetzung fördern und katholische Geistigkeit und Kultur weiterentwickeln sollte, bildeten die Salzburger Hochschulwochen. Seit 1962, als die Universität gesetzlich „wiedererrichtet" wurde, hatten die „Hochschulwochen" allerdings ihre bis dahin bestehenden engen institutionellen Verbindungen zu den Salzburger Universitätsbestrebungen gelöst. Dennoch traten Repräsentanten der „Gründergeneration" gelegentlich als Vortragende bei den „Hochschulwochen" in Erscheinung. So referierte etwa Franz-Martin Schmölz 1965 zum Rahmenthema „Der Christ in der Welt – Grundfragen christlicher Existenz", zu dem auch der deutsche Theologe Josef Ratzinger, der spätere Papst Benedikt XVI., einen Vortrag beisteuerte. In den 1970er-Jahren wandelten sich die Salzburger Hochschulwochen zu einem Ort für intellektuell avanciertere Debatten, wobei auch der österreichische Verhaltensforscher Konrad Lorenz, der der katholischen Kirche eher fernstand, zu einem viel beachteten Vortrag eingeladen wurde. Ein Beispiel für ein Vortragsthema, das im Einklang mit damals aktuellen wissenschaftlichen Debatten stand, bot auch der Salzburger Germanist Walter Weiss, der bei den 1971 veranstalteten „Hochschulwochen" über die Zusammenhänge zwischen Sprache und Gesellschaft sowie die Sprache der zeitgenössischen Literatur referierte.[66]

Die Spannbreite zwischen unterschiedlichen katholisch geprägten weltanschaulichen Positionierungen war erheblich. Hierzu ist einerseits auf Erika Weinzierl als gewichtige Stimme eines liberalen und weltoffenen Katholizismus zu verweisen. Weinzierl profilierte sich durch ihre couragierten Forschungen zur kirchlichen Zeitgeschichte und verblieb lange die einzige Frau in einer Männerdomäne. Als konservativen „Gegenpol" zu Weinzierl lässt sich aus dem Kreis der Salzburger „Gründerprofessoren" vor allem der Rechtswissenschaftler Wolfgang Waldstein charakterisieren. Waldstein wurde 1965 als Professor für Römisches Recht an die Rechts- und Staatswissenschaftliche Fakultät berufen. In den 1980er-Jahren wurde er als einer derjenigen Katholiken bekannt, die sich an der römischen Kurie für die Ernennung stark rechtskonservativ orientierter Bischöfe einsetzten, womit er zur konservativen Kirchenwende in Österreich beitrug. Waldstein kritisierte immer wieder die Liturgiereform, die aus seiner Sicht mit den Beschlüssen des Zweiten Vatikanischen Konzils nicht in Einklang zu bringen

64 Vgl. Christa Gürtler, Im Schein der Leselampe. Über vierzig Jahre lebendige Begegnung und kritische Auseinandersetzung mit Gegenwartsliteratur in Salzburg, in: kulturelemente 99, Dezember 2011, 1 f.

65 Vgl. Herbert Dachs, Aufklärung und menschliches Maß. 25 Jahre Humanismusgespräche 1965 bis 1990, Salzburg o. J. [1991], 52, 29, 96.

66 Vgl. Padinger, Geschichte der Salzburger Hochschulwochen, hier 47 f., 52 f.

war. Er war ein Mitgründer der konservativen Gruppe „Treue zur Kirche" sowie ein Mitglied der Päpstlichen Akademie für das Leben. Er selbst betrachtete sich allerdings nicht etwa als „ultrakonservativ", sondern schlicht als einen romtreuen Katholiken.[67]

Das „Katholische" wird hier allgemein als eine „Chiffre" verstanden, die für den intellektuellen Diskurs der 1950er- und frühen 1960er-Jahre von Bedeutung ist: Vor allem die christlich-konservativ und ehemals katholisch-national geprägten „Gründerprofessoren" der Universität Salzburg suchten an geistes- und kulturgeschichtliche Traditionen anzuknüpfen,[68] die über die Gräuel der totalitären Diktaturen des 20. Jahrhunderts hinweg Sinn verleihen sollten. Begriffe wie „Abendland" und „Europa" wurden katholisch codiert und erhielten wie schon in der Zwischenkriegszeit eine antikommunistische Stoßrichtung. Die ihnen immanenten diskursiven Grenzziehungen waren umso mehr politisch brisant, da sie im Zeichen des virulenten „Kalten Krieges" standen, der die Gräben zwischen West und Ost weiter vertiefen sollte.[69]

Das bewusste Anknüpfen an katholische Traditionen und Denkrichtungen lässt sich vor allem anhand des Topos der „Wiedererrichtung" der Universität Salzburg nachvollziehen. Die Salzburger Landespolitik formulierte damit gegenüber der österreichischen Bundesregierung ihren Anspruch, dass nicht nur die Landeshauptstädte Innsbruck und Graz, deren Universitäten bereits 1826 bzw. 1827 nach ihrer Schließung in josephinischer Zeit wiedererrichtet worden waren, sondern auch Salzburg neuerlich eine Universität bekommen sollte.[70] Das Bundesgesetz vom 5. Juli 1962, wodurch nach 152 Jahren Unterbrechung Salzburg wiederum eine staatliche Universität erhielt, spricht zwar nur davon, dass die Universität Salzburg „sich vorläufig in eine Katholisch-Theologische und eine Philosophische Fakultät" gliedere. Der Zeitpunkt, zu dem eine Rechts- und Staatswissenschaftliche sowie eine Medizinische Fakultät angegliedert werden sollten, sollte durch besondere Bundesgesetze bestimmt werden.[71] In den „Erläuternden Bemerkungen" zu diesem Gesetz war hingegen explizit von der geplanten „Wiedererrichtung der Universität" die Rede.[72]

Auf den zuletzt erwähnten Sachverhalt bezog sich auch Rektor Ingo Reiffenstein anlässlich des Akademischen Festakts, der im November 1972 in der Großen Aula der Universität über die Bühne ging. Angesichts der noch immer nicht realisierten Medizinischen Fakultät vertrat Reiffenstein die Ansicht, dass es im Zuge der Verhandlungen um die Errichtung der

67 Vgl. hierzu etwa Thomas M. Hofer, Gottes rechte Kirche. Katholische Fundamentalisten auf dem Vormarsch, Wien 1998, 20 f.; 24.

68 Vgl. hierzu u.a. Die Stadt Salzburg und ihre Beziehungen zur Universität, in: Österreichische Hochschulzeitung, 15.11.1962.

69 Vgl. u.a. Vanessa Conze, Das Europa der Deutschen: Ideen von Europa in Deutschland zwischen Reichstradition und Westorientierung (1920–1970), München 2005.

70 Vgl. hierzu auch Theodor Piffl-Perčević, Wagnis und Aufgabe, in: Kaindl-Hönig/Ritschel, Die Salzburger Universität 1622–1964, 7–10, hier 9.

71 188. Bundesgesetz, mit dem das Hochschul-Organisationsgesetz abgeändert wird, in: Bundesgesetzblatt für die Republik Österreich, 17.7.1962, 45. Stück, 920. https://www.ris.bka.gv.at/Dokumente/BgblPdf/1962_188_0/1962_188_0.pdf (19.6.2019).

72 Regierungsvorlage; Erläuternde Bemerkungen, in: 693 der Beilagen zu den stenographischen Protokollen des Nationalrates, IX. Gesetzgebungsperiode, 13.6.1962.

Universität strategisch möglicherweise geschickter gewesen wäre, „‚volle Wiederherstellung‘ zu sagen“. Er befand sich mit den Theologieprofessoren Benedikt Probst und Stefan Rehrl damit auf einer argumentativen Linie, die in ähnlicher Diktion von der geplanten „Wiederherstellung der Gesamtuniversität“ sprachen. Einen Artikel mit gleich lautendem Titel veröffentlichten die beiden Theologen in der Festschrift, die das zehnjährige Bestandsjubiläum der staatlichen Universität Salzburg zugleich mit der 350jährigen Wiederkehr der Begründung der einstigen Benediktineruniversität feierte.[73] In der „Verbindung zwischen der alten Benediktiner-Universität und der jungen staatlichen Universität“ wollte Reiffenstein keinen bloß sentimentalen „Schnörkel“ sehen. Er hob die Verdienste des Katholischen Universitätsvereins hervor. Erst dessen Verzicht auf eine katholische Universität habe den „Weg freigegeben für die volle Wiederherstellung der Salzburger Landesuniversität als einer staatlichen österreichischen Universität Salzburg“. Die Alma Mater Paridiana berief sich aus seiner Sicht „mit nicht geringerem Recht auf die alte Universität“, denn auch diese sei „eine staatliche Universität des Landesfürsten“ gewesen.[74]

Mit diesem historischen Narrativ skizzierte Reiffenstein die Auffassung zur „Wiedererrichtung“ der Salzburger Universität, die unter den Repräsentanten der „Gründergeneration“ vorherrschte. Reiffensteins Ausführungen können als Ausdruck des Versuchs gedeutet werden, traditionsstiftend zu wirken und die Universität in das sozio-kulturelle Salzburger Umfeld einzubetten. Das politische Konzept der „Wiedererrichtung“, das sich in der landes- und bundespolitischen Konstellation der frühen 1960er-Jahre als konsensfähig erwiesen hatte, kann aus historischer Sicht aber auch in Zweifel gezogen werden. Die von katholischen Orden getragenen Universitäten des 17. und 18. Jahrhunderts verfügten nämlich über keine organisatorische und inhaltliche Autonomie, sondern sie waren politischen Machtfaktoren ausgesetzt, denen gegenüber sie sich behaupten mussten.[75] Der Historiker Ewald Hiebl macht daher nicht zu Unrecht darauf aufmerksam, dass die Benediktineruniversität Salzburg zwar eine „Landesuniversität“ gewesen sei, jedoch von Benediktinergelehrten organisiert und getragen gewesen sei. Die 1962 neu gegründete staatliche Universität Salzburg habe sich „derart stark von der 1810 aufgelösten Benediktineruniversität“ unterschieden, „daß von einer Wiedererrichtung kaum gesprochen werden“ könne.[76]

Doch welchen programmatischen Auftrag suchten die verantwortlichen Politiker, die sich unter den Proponenten befanden, der Universität Salzburg in die Wiege zu legen? Minister Heinrich Drimmel sprach sich dafür aus, den Universitätsgedanken in Salzburg mit einer „zeitnahen Aufgabe“ zu verbinden: Drimmel ging es ausdrücklich darum, der „Vermassung des an wenigen Punkten konzentrierten Universitätsbetriebes“ entgegenzuwirken und „eine neue Form der Verbindung von Forschung, Lehre und akademischer Erziehung“ zu schaf-

73 Probst/Rehrl, Die Wiederherstellung der Gesamtuniversität.

74 Ingo Reiffenstein, Festrede aus Anlaß des Universitätsjubiläums. Akademischer Festakt am 8.11.1972 in der Großen Aula der Universität, in: Jahrbuch der Universität Salzburg (1971/72-1972/73), 7–15, hier 8; 10.

75 Vgl. Hanspeter Marti, Ausbildung, in: Richard van Dülmen/Sina Rauschenbach, Macht des Wissens. Die Entstehung der modernen Wissensgesellschaft, Köln-Weimar-Wien 2004, 391–416, hier 394.

76 Hiebl, Zwischen Kirche und Staat, 285.

fen.[77] Der Minister hatte zwar erkannt, dass die österreichische Universitätslandschaft dringend ausgebaut werden musste. Er vertrat aber einen elitären Standpunkt, der einen konservativ geprägten humanistischen Bildungsbegriff favorisierte und diesen mit dem Anliegen eines „erzieherischen" Einwirkens der Universität auf die Studierenden verknüpfen wollte. Hingegen hob der Salzburger Landeshauptmann Hans Lechner vor allem die kultur- und wissenschaftspolitischen Interessen des Landes Salzburg hervor. Lechner hoffte, dass mit der neuen Universität „dem geistigen Leben unseres Landes Persönlichkeiten zuwachsen" würden, die „das kulturelle Leben" Salzburgs mitgestalten würden. Darüber hinaus sollte die Universität einen „Kristallisationspunkt" für die wissenschaftlichen Aktivitäten bilden, die sich im regionalen Umfeld entfalteten.[78]

Auch wenn die oben zitierten, anlässlich der feierlichen Inauguration der neuen Universität am 14. November 1962 gemachten Aussagen der beiden Politiker eher vage blieben, deuten sie auf eine deutlich konservativ geprägte Erwartungshaltung hin, die maßgebliche Proponenten gegenüber der neuen Hochschule einnahmen. Der hier postulierte spezifische „katholische Geist" an der frühen Alma Mater Paridiana lässt sich indes – abgesehen von der Berufung der neuen Professoren – vor allem am „Gründungsdiskurs" festmachen. So beriet der am 10. Jänner 1964 konstituierte erste akademische Senat nicht nur über die Wahl der richtigen „Roben" für die – damals noch ausschließlich männlichen – Professoren, sondern auch über die Namensgebung der neuen Universität, die als genuiner Bestandteil des Konzepts der „Wiedererrichtung" gesehen werden kann. Egon Lendl war im Studienjahr 1964/65 der erste gewählte Rektor.

Lendl schlug bei der Sitzung den schweizerisch-österreichischen Arzt und Alchemisten Paracelsus als „Patron" der Universität vor. Zu Paracelsus, der 1541 in Salzburg verstorben war, gab es bereits eine reichhaltige, auch von den Nationalsozialisten instrumentalisierte Forschungstradition und Gedenkkultur.[79] Dieser Benennungsvorschlag für die Universität wurde damals nicht zum ersten Mal vorgebracht. Die Internationale Paracelsus-Gesellschaft mit Sitz in Salzburg, die 1951 gegründet worden war und der als Mitglieder u.a. Sepp Domandl und Gerhart Harrer angehörten, richtete einen entsprechenden Vorschlag bereits 1963 an Landeshauptmann Lechner. Dieser nahm gegenüber Unterrichtsminister Drimmel für sich in Anspruch, dass neben dem Namensvorschlag einer „Paracelsus-Universität" seit längerem ein zweiter, von ihm selbst initiierter Vorschlag bestehe, die neue Universität „Paris-Lodron-Universität" zu benennen.[80]

Der Akademische Senat entschloss sich vorerst nicht für einen der vorliegenden Benennungsvorschläge. Er gab vielmehr zunächst ein Gutachten in Auftrag, das der Landesarchivar Herbert Klein verfasste. Dieser schlug dem Senat vor, den Namen des einstigen Gründers

77 Heinrich Drimmel, Salzburg als Universitätsstadt, Österreichische Hochschulzeitung, 15.11.1962, [Titelseite].

78 Hans Lechner, Das Land Salzburg und seine Universität, in: Österreichische Hochschulzeitung, 15.11.1962, 1.

79 Vgl. Danner, Weltanschauungsfreie Forschung ... nicht einmal wünschenswert, 231–233.

80 ÖStA, AVA, Familienarchive/Nachlässe, Nachlass Drimmel, Heinrich; Hans Lechner an Drimmel, 7.5.1963.

Abb. 4: Rektor Egon Lendl im Talar (undat., Studienjahr 1964/65).

der Benediktineruniversität, Fürsterzbischof Paris Graf von Lodron, für die Bezeichnung der Universität heranzuziehen. Kleins Vorschlag fand bei den Mitgliedern des Akademischen Senats „begeisterte Zustimmung"; gleichzeitig wurde beschlossen, das alte Siegel der Benediktineruniversität mit der neuen Umschrift „Universitas salisburgensis alma mater Paridiana" zu verwenden.[81] Die Universität Salzburg unterstrich damit, dass sie sich selbst in der Tradition der früheren Benediktineruniversität sah. An diesem zentralen Element des „Gründungsdiskurses" wurde auch über die 1960er-Jahre hinaus weiterhin festgehalten. So bekräftigte etwa Rektor Reiffenstein anlässlich des doppelten Universitätsjubiläums 1972 (350 Jahre Benediktineruniversität und zehn Jahre Paris-Lodron-Universität) den symbolischen Anspruch der staatlichen Salzburger Universität, die „legitime Rechtsnachfolgerin" der früheren Benediktineruniversität zu sein.[82]

Nicht zuletzt die Namenswahl der Alma Mater Paridiana schien innerhalb bestimmter politischer Kreise Befürchtungen zu bestätigen, dass die neue Universität eine weltanschaulich stark katholisch fundierte Ausrichtung haben würde. Vor allem innerhalb der Salzburger SPÖ ging das Misstrauen anfänglich so weit, dass befürchtet wurde, die Universität könnte sogar

81 UAS, Protokolle der Sitzungen des Akademischen Senates, Konstituierung des Akademischen Senates, Protokoll der ersten Sitzung vom 21.1.1964, 2; Protokoll über die Sitzung vom 21.4.1964.

82 Reiffenstein, Festrede, 7.

„eine ausschließlich klerikale Angelegenheit" werden.[83] Der Salzburger BSA-Obmann Karl Schmidt, der auch die anfängliche Berufungspraxis als ideologisch stark verengt kritisierte, befürchtete, dass die neu errichtete Philosophische Fakultät eine Art Trojanisches Pferd bildete, über welches die von der katholischen Kirche offiziell nicht mehr betriebene katholische Universität doch realisiert werden könnte.[84]

Die maßgeblichen Repräsentanten der „Gründergeneration" der 1960er-Jahre vermieden es in ihren öffentlichen Stellungnahmen, auf derartige Bedenken unmittelbar einzugehen. René Marcic soll als einer der maßgeblichen „Gründerprofessoren" laut Norbert Leser ohnehin „von allem Anfang an bestrebt" gewesen sein, „den staatlichen und überparteilichen Charakter dieser Universität nicht bloß als Lippenbekenntnis und passendes Dekorum aufzufassen, sondern nach Möglichkeit in die Tat umzusetzen."[85] Marcic konzentrierte sich stark auf die Profilbildung der neuen Universität und betonte vor allem die „Humanrelevanz" der an dieser gelehrten Fächer und Disziplinen. So heißt es etwa in dem Artikel „Idee und Leitbild der Universität Salzburg" der Festschrift *Universität Salzburg – Gedanke und Gestalt*, den Rektor und Akademischer Senat unterzeichneten, dass die Universität Salzburg „ihre Forschungsakzente unter dem Gesichtspunkt der Humanrelevanz" bilden würde.[86] Dieser Text beinhaltet nach Ernst Hanisch „das Programm eines aufgeklärten Konservativismus, anders gesagt: einer konservativen Modernisierung". Der Artikel betont „kritisches Denken und die Vielfalt der Methoden", richtet sich aber auch „gegen die Alleinherrschaft der exakten Methoden der Naturwissenschaft."[87] Die Programmschrift der Universität trägt erkennbar die Handschrift von René Marcic,[88] der sich bei der Ausarbeitung der Publikation von einer eigens zu diesem Zweck konstituierten Senatskommission beraten ließ. Dieser Kommission gehörten außer Marcic selbst die Professoren Rehrl, Waldstein, Lendl, Fellner und Koller an.[89]

Erst nach dem tragischen Unfalltod von Marcic am 2. Oktober 1971 scheinen verstärkt Zweifel an diesem Konzept geäußert worden zu sein, das mit seiner Person eng verknüpft gewesen war. So nannte Reiffenstein den Begriff der Humanrelevanz in seiner – oben zitierten – Rede vom November 1972 eine „Leerformel", die „offenbar keine prägende Kraft besessen" habe. Einerseits sei es selbstverständlich, dass „der Mensch im Mittelpunkt wissenschaftlichen Strebens" stehe, so dass die Humanrelevanz „ohne unterscheidende Aussagekraft" sei. Andererseits sei der Begriff „nicht überall anwendbar wie etwa in der Mineralogie oder

83 Österreichische Nationalbibliothek (ÖNB), Handschriftensammlung, Nachlass Christian Broda, III.83, Josef Kaut an Christian Broda, 4.2.1964.

84 Karl Schmidt, Der bedrohte Geist der Fakultät. Alma mater Paridiana zwischen Einseitigkeit und Provinzialismus, in: Demokratisches Volksblatt, 24.2.1966.

85 Norbert Leser, Grenzgänger. Österreichische Geistesgeschichte in Totenbeschwörungen. Bd. 1., Wien-Köln-Graz 1981, 80.

86 Rektor und Akademischer Senat der Universität Salzburg, Idee und Leitbild der Universität Salzburg, in: Universität Salzburg. Gedanke und Gestalt, Salzburg 1967, 10-17, 12.

87 Hanisch, Die Wiedererrichtung, 85.

88 Vgl. auch René Marcic, Zum Selbstverständnis des Akademikers, in: 350 Jahre Akademisches Gymnasium in Salzburg, Salzburg 1967, 12-15.

89 Vgl. Universitätsarchiv Salzburg (UAS), Philosophische Fakultät, Protokoll der ordentlichen Sitzung des Professorenkollegiums der Philosophischen Fakultät vom 18.11.1966.

in einigen anderen Bereichen der Naturwissenschaften". Reiffenstein plädierte dafür, auf die Forschungsschwerpunkte, aber auch den „Stil" zu achten, der die Zusammenarbeit zwischen den an der Universität vertretenen Disziplinen und Fachrichtungen bestimme.[90]

Über die von Marcic formulierten Zielsetzungen bestand vor allem anfänglich hingegen noch ein breiter Konsens. Auch der Salzburger Erzbischof Andreas Rohracher bekannte sich ausdrücklich zu ihnen. Mit der Universität entstehe in Salzburg „ein neues Zentrum akademischer Arbeit", dessen „geistiger Aufbauplan" „die Beziehung auf den Menschen in besonderer Weise sichtbar werden" lasse. Rohracher wünschte sich von der Universität, dass diese „dem Ideal einer wahren universitas litterarum" (d.h. einer „Volluniversität") nachstrebe.[91] Der von Rohracher angesprochene „geistige Aufbauplan" bezog sich deutlich auf die angestrebte „Humanrelevanz" und war eng mit der Diskussion um die Entwicklung eines „Profils" verbunden, das für die neue staatliche Universität entwickelt werden sollte. Zunächst war diese Frage allerdings keineswegs im Vordergrund der Erwägungen gestanden. Dies lag vermutlich daran, dass in Salzburg die Planungen für eine „katholische Universität" noch bis um 1960 dominiert hatten.[92] Die Suche nach einem „Salzburger Profil" bildete jedenfalls spätestens in den Jahren, die auf die gesetzliche „Wiedererrichtung" folgten, einen konstitutiven Aspekt des Gründungsdiskurses. Im Kern ging es dabei um den Anspruch, die „Humaniora" als einen Fächer übergreifenden Schwerpunkt zu etablieren und einen engen Austausch von „Lehrenden und Lernenden"[93] zu ermöglichen.

Nach Auffassung von Theodor Piffl-Perčević (ÖVP), der am 2. April 1964 Drimmel im Amt des Bundesministers für Unterricht gefolgt war, knüpfte der österreichische Staat „eine mehrfache Hoffnung" an die Universität Salzburg. Sie sollte „eine klassische Stätte der Forschung und Lehre" sein und „folgende Aufgaben" besonders wahrnehmen: einerseits die „Ausbildung und hiedurch die Bildung der Jugend", wodurch die übrigen österreichischen Universitäten entlastet werden sollten, und andererseits das „Bemühen um die Sinnfindung und Sinngebung der europäischen Universitäten an der Schwelle des 3. Jahrtausends". Als dritten Aspekt nannte der Minister „die Suche und Bestimmung eines besonderen Akzents, der die Alma mater Paridiana charakterisieren und auszeichnen soll und die hiefür empfänglichen Studenten an sich ziehen möge."[94] Nach den Worten von Piffl-Perčević sollten die „Gründerprofessoren" das konzeptionell-inhaltliche Profil der Universität daher selbst entwickeln. Die vom Minister der Universität eingeräumte Chance, innerhalb der Markierungen des 1966 erlassenen Allgemeinen Hochschul-Studiengesetzes „ohne Einflüsse von außen zu einem neuen Selbstverständnis zu finden", wurde auch in Deutschland als ein Salzburger

90 Reiffenstein, Festrede, 14.

91 Andreas Rohracher, Die Wissenschaft in Salzburg und das Erzbistum, in: Österreichische Hochschulzeitung, 15.11.1962, 2.

92 Vgl. Kaindl-Hönig/Ritschel, Die Salzburger Universität 1622–1964, 176 f.

93 Vgl. René Marcic, Dekanatsbericht für das Studienjahr 1965/66, in: Österreichische Hochschulzeitung, 15.11.1966, 11.

94 Piffl-Perčević, Wagnis und Aufgabe; vgl. auch Theodor Piffl-Perčević, Universität mit besonderem Profil, in: Österreichische Hochschulzeitung 18, Nr. 18, 15.11.1966.

Spezifikum wahrgenommen.[95] Piffl-Perčević wirkte zwar habituell konservativ, mit ihm begannen aber im Unterschied zu seinem Vorgänger Heinrich Drimmel erste Schritte zu einer Hochschulreform.[96]

Was das angestrebte „Salzburger Profil" betraf, sprach Marcic vom Menschen als dem „zentrale[n] Thema der Gegenwartsgesellschaft", von der „Idee einer Universalgesellschaft als integrierenden Bestandteil einer modernen Universität". Disziplinen wie Politikwissenschaft, Rechtsphilosophie und Geschichtswissenschaften sollten sich diesem Thema als „Leuchttürme" der Salzburger Universität widmen und interdisziplinär miteinander kooperieren. Marcic' Kollegen folgten diesen Zielvorgaben zumindest rhetorisch. So betonte Wilhelm Revers den „anthropologischen Gehalt der einzelnen Fächer" als Möglichkeit für eine Schwerpunktbildung; Fritz Fellner regte den „Zusammenschluß von Lehrkanzeln" an, um Schwerpunkte setzen zu können.[97] In der Praxis beteiligten sich vor allem die Historikerin Erika Weinzierl und der Politologe und Dominikaner Franz-Martin Schmölz an den interfakultären und interdisziplinären Seminaren, die Marcic nach Bochumer Vorbild an der Universität Salzburg etablierte.[98] Der diskursive Hintergrund bestand in dem damals über die Grenzen der Salzburger Universität hinaus viel diskutierten Anliegen, die „erstarrten Fakultätsgrenzen" zu überwinden.[99]

Die Salzburger Gründerprofessoren beabsichtigten damit vor allem geisteswissenschaftliche Disziplinen und Forschungsfelder zu fördern.[100] Speziell Marcic setzte aber auch Akzente, die darüber hinausgingen und seine intellektuelle Auseinandersetzung mit den damaligen Tendenzen der europäischen Hochschulreformbewegung reflektierten: Auch Marcic wurzelte zwar in der geistigen Ideenwelt eines als christlich verstandenen „Abendlands". Ein wesentlicher Aspekt des vorrangig auf ihn zurückgehenden konzeptionellen Ansatzes bestand darin, die Salzburger Universität vor allem im Rahmen des 1969 vom Ministerium genehmigten Interfakultären Instituts für Politikwissenschaft in Richtung einer stärkeren „Einheit von Lehrenden und Lernenden" weiterzuentwickeln. Dieser Zielsetzung sollte auch eine stärkere „Teambildung" durch „die Schaffung wissenschaftlicher Teams von Habilitanten [sic!]" sowie eine stärkere Einbeziehung der Studierenden in die Lehre dienen.[101] Diese Forderungen sowie Marcic' Anliegen, interdisziplinäre und interfakultäre Seminare und Diskussionsrunden zu

---

95 So hieß es in der Würzburger „Mainpost", dass Salzburg diese Möglichkeit „wie kaum eine andere Universität im deutschen Sprachraum" erhalten habe. Salzburgs Universitäts-Chance, in: Mainpost, 29.12.1967.

96 Vgl. Hans Tuppy, „...zwischen Wissenschaft und Politik", in: Jahrbuch des Karl von Vogelsang-Instituts zur Erforschung der Geschichte der christlichen Demokratie in Österreich 4 (2000), 58–78, hier 67. Vgl. hierzu aber auch Heinz Fischer, der festhielt, dass aus Bruno Kreiskys damaliger Sicht die Politik von Josef Klaus dem „Bedürfnis für Reformen" „nicht in ausreichendem Maße Rechnung tragen konnte". Heinz Fischer, Die Kreisky-Jahre 1967–1983, Wien ³1994, 49.

97 UAS, Philosophische Fakultät, Sitzungsprotokolle, Protokoll der außerordentlichen Sitzung des Professorenkollegiums der Phil. Fakultät, 11.5.1967, 2, 4.

98 Vgl. zur Anlehnung an das Bochumer Departmentsystem auch: Universität in katastrophaler Finanznot, in: Demokratisches Volksblatt, 4. 10. 1966.

99 Vgl. hierzu Gräser, Reformuniversität?, 16.

100 Rohracher, Die Wissenschaft in Salzburg und das Erzbistum.

101 Rektor und Akademischer Senat, Idee und Leitbild, 15 f.

etablieren, in welchen relativ frei über grundlegende Fragen debattiert werden konnte, wiesen zumindest konzeptionell über das gängige Selbstverständnis der streng hierarchisch organisierten Ordinarienuniversität alten Zuschnitts bereits deutlich hinaus.[102]

Marcic kann als wichtigster programmatischer Kopf gelten, der die ersten Jahre der Universität Salzburg maßgeblich prägte. Häufig betonte er zudem die enge kollegiale Zusammenarbeit zwischen den Lehrenden an der Universität. In seinem Dekanatsbericht für das Studienjahr 1965/66 verwies er etwa darauf, dass nur einer seiner Kollegen, der Literaturwissenschaftler Herbert Seidler, die Universität Salzburg „auf ausdrücklichen Wunsch des Unterrichtsministeriums" verlassen habe, um einer Berufung an die Universität Wien nachzukommen. Seidler habe dies nur „schweren Herzens" getan. Marcic ging sogar so weit, das Dekanatsjahr 1965/66 als „die schönste Zeitspanne meines Lebens" zu bezeichnen, die „keine einzige menschliche Enttäuschung, nicht der leiseste Mißton" getrübt habe. An der Universität herrschte zweifellos eine Aufbruchstimmung. Die an der jungen Alma Mater Paridiana veranstalteten Gastvorträge ausländischer Gelehrter, aber auch die Antrittsvorlesungen der neu berufenen Ordinarien stießen, wie Marcic festhielt, auf ein durchwegs „lebhaftes Interesse".[103]

Augenfälliger als in den oben angesprochenen Versuchen, zur Profilbildung an der Universität Salzburg beizutragen, spiegelte sich ein „katholischer Geist" an der „wiedererrichteten" Universität Salzburg in der nach außen sichtbar werdenden symbolischen Repräsentation der „Gründerprofessoren". Hierzu gehörten auch kirchliche Festlichkeiten. Zur spezifischen Salzburger Atmosphäre gehörte die jährlich wiederkehrende Fronleichnamsprozession, zu welcher der Erzbischof die Salzburger Universitätsprofessoren und -professorinnen offiziell einlud[104] und die als Teil der akademischen Selbstdarstellung verstanden wurde. Aus diesem Anlass verschmolzen zumindest symbolisch katholische Feierkultur und akademische Riten miteinander. Einen Höhepunkt markierte in dieser Hinsicht das kirchliche und akademische Schaugepränge, das anlässlich der feierlichen Inauguration der Alma Mater Paridiana am 14. November 1964 inszeniert wurde. Bereits am Vorabend dieses Tages hatten alle Kirchenglocken in Stadt und Land Salzburg das Fest eingeläutet. Am Tag der Inauguration „funkelte die Pracht der Ornate der Magnifizenzen, Spektabilitäten und Senatoren, der Chargierten und der Insignienträger, in die die bunten Farben der Gewänder der Kirchenfürsten und Äbte der katholischen Kirche, das verhaltene Schwarz der Amtswalter der Evangelischen eingestreut waren." Im Anschluss an die Inaugurationsfeier bewegte sich der feierliche Festzug der Amtsträger in die 1707 eingeweihte Universitätskirche, die von Johann Bernhard Fischer von Erlach, einem der führenden Architekten des österreichischen Barock, entworfen worden war.[105] Die Feier erinnerte an eine hierarchisch geordnete barocke Prozession. Sie stand damit

102 Vgl. René Marcic, Dekanatsbericht; Das Interfakultäre Institut für Politikwissenschaft, in: Festschrift Universität Salzburg 1622–1962–1972, 233–237.

103 Vgl. ebd.

104 So z.B. im Jahr 1967, als Erzbischof Rohracher „die gesamte Fakultät zur Teilnahme an der Fronleichnamsprozession" einlud. UAS, Phil. Fakultät, Sitzungsprotokolle, Protokoll der ordentlichen Sitzung des Professorenkollegiums der Phil. Fakultät der Universität Salzburg, 12.5.1967, 3.

105 Erhard Mock, Alma Mater Paridiana. Universitas Salisburgensis ab inferis revocata, in: Österreichische

in eigentümlicher Weise quer zu den hochschulpolitischen Reformbemühungen, die ansonsten auch die ersten Jahre der Alma Mater Paridiana nicht unbeeinflusst ließen.

Das Beziehungsgeflecht zwischen Angehörigen der Universität und dem katholischen Verbands- und Vereinswesen schlug sich nicht zuletzt in den individuellen (Ehren-)Mitgliedschaften zahlreicher „Gründerprofessoren" in den Salzburger katholischen Hochschulverbindungen nieder. Bereits 1932 hatten sieben Studenten der Salzburger Theologischen Fakultät im Stieglkeller die Katholische Österreichische Hochschulverbindung Rheno-Juvavia ins Leben gerufen, die an die landsmannschaftliche Verbindung zwischen dem deutschen Rheinland und Salzburg erinnern sollte. Die „Rheno-Juvavia" wurde noch 1932 in den Österreichischen Cartellverband (ÖCV) aufgenommen.[106] Von den Theologen unter den „Gründerprofessoren" der Universität Salzburg gehörten Carl Holböck, Stefan Rehrl, Franz-Martin Schmölz, Benedikt Probst und Erenbert Schächer der „Rheno-Juvavia" an, die der Salzburger Theologischen Fakultät über das von ihr vertretene Prinzip „religio" eng verbunden war. Auch die Benediktinerpatres Albert Auer, Alois Mager und Maurus Schellhorn, die der katholischen Universitätsidee verpflichtet waren, standen dieser Verbindung nahe.[107]

Die meisten der „Gründerprofessoren" waren allerdings keine Urmitglieder, sondern sie wurden erst nach der Universitätsgründung Ehrenmitglieder der „Rheno-Juvavia"; so etwa Carl Holböck (1957), René Marcic (1967), Georg Pfligersdorffer (1973), Stefan Rehrl (1957), Franz-Martin Schmölz (1965) und Erwin Stürzl (1970). Eine unmittelbare Beeinflussung der Berufungen dieser Professoren an die Universität Salzburg durch den CV dürfte daher eher unwahrscheinlich sein. Urmitglieder katholischer Studentenverbindungen, die außerhalb Salzburgs lagen, waren hingegen Erwin Domanig (Katholische Hochschulverbindung Welfia Klosterneuburg), Erenbert Schächer (Katholische Akademikerverbindung Suevia Berlin)[108] und Hans Sedlmayr. Letzterer gehörte sowohl der Katholischen Österreichischen Hochschulverbindung Carolina Graz als auch der Katholischen Österreichischen Studentenverbindung Welfia-Linz jeweils als Urmitglied an. Neben der „Rheno-Juvavia" existierte in Salzburg auch die 1962 gegründete Katholische Österreichische Hochschulverbindung Rupertina, die aufgrund eines Einspruchs der „Rheno-Juvavia" allerdings erst 1964 in den ÖCV aufgenommen wurde.[109] Der Botaniker Heinrich Wagner gehörte der „Rheno-Juvavia" so-

---

Hochschulzeitung, 1.1.1965, 6.

106 Vgl. zur Situierung des CV im Rahmen des politischen Katholizismus Ernst Hanisch, Der politische Katholizismus im 20. Jahrhundert in Österreich. Elitenrekrutierung durch den Cartellverband, in: Heiner Timmermann (Hg.), Die Rolle des politischen Katholizismus in Europa im 20. Jahrhundert. Bd. 1, Berlin 2009, 196–205.

107 Vgl. Karl W. Edtstadler, Laudatio auf den Erzbischof anlässlich der Verleihung der Ehrenmitgliedschaft am 22. Jänner 2004, in: Gerhard L. Fasching (Hg.), Festschrift 75 Jahre Katholische Österreichische Hochschulverbindung Rheno-Juvavia zu Salzburg 1932–2007, Salzburg o. J. [2007], 42–45, hier 43.

108 Erenbert Schächer war mit Stand vom 20. Jänner 1953 Mitglied der K.Ö.H.V. Rheno-Juvavia, in der er als sogenannter „Bandphilister" geführt wurde. Da er zuvor bereits einer anderen CV-Verbindung angehört hatte, erhielt er – vermutlich aufgrund seines Wohnsitzwechsels – nur zusätzlich das Band dieser Verbindung. Vgl. Archiv der K.Ö.H.V. Rheno-Juvavia Salzburg, Mitgliederverzeichnis der K.Ö.H.V. Rheno-Juvavia, Salzburg 1953.

109 Gerhard Hartmann, Für Gott und Vaterland. Geschichte und Wirken des CV in Österreich, Kevelaer

wie seit 1978 als Ehrenmitglied auch der „Rupertina“ an.[110] Daneben war Wagner Ritter des Ordens vom Heiligen Grabe zu Jerusalem sowie Träger des Ehrenbandes beider Salzburger Hochschulverbindungen.[111]

Eine engere Beziehung zur ÖVP selbst ist vor allem bei den Professoren Marcic und Schmölz erkennbar, die beide zum Salzburger Beraterkreis von Bundeskanzler Josef Klaus zählten.[112] Über die von Klaus inaugurierte „Aktion 20“, die den Versuch einer Politikberatung durch Wissenschaftler und andere Fachleute darstellen sollte, wurden aber auch einige andere Salzburger Professoren politikberatend tätig. So engagierten sich über Vermittlung von Landeshauptmann Lechner Wilhelm Revers (Bildung), Egon Lendl (Architektur und Raumplanung), Theo Mayer-Maly (Wirtschaft) und Erwin Domanig (Gesundheit) jeweils für bestimmte Themenschwerpunkte, die sie im Rahmen der „Aktion 20“ bearbeiten sollten.[113] Der Dominikanerpater Schmölz beriet Klaus übrigens nicht nur politisch, sondern er war mit diesem auch persönlich befreundet. So unternahm Schmölz Bergtouren zusammen mit Klaus und dem ORF-Generalintendanten Gerd Bacher, nach denen er auf Wunsch des frommen Bundeskanzlers eine kurze heilige Messe zelebrierte. Während Klaus ministrierte, bildete Bacher – wie dieser selbst mitteilte – „das ungläubige Volk“.[114]

Die Salzburger „Gründerprofessoren“ erhielten – wie oben ausgeführt – die Ehrenmitgliedschaften oft erst, nachdem sie bereits seit Jahren an der Universität gelehrt hatten. Die Mitgliedschaften in den Hochschulverbindungen sind heuristisch als symbolische Marker zu

---

2006, 614. Im Gesamtverzeichnis des ÖCV wird der 29. Juni 1962 als Gründungsdatum der „Rupertina“ genannt. Vgl. Gesamtverzeichnis 1980 der Ehrenmitglieder, Alten Herren und Studierenden, 36. Hartmann gibt den 29. Juni 1961 als jenen Tag an, an welchem die „entscheidende Besprechung“ zur Gründung der „Rupertina“ stattgefunden habe. Hartmann führt ferner aus, dass der Wahlspruch der „Rupertina“ nach dem Titel des Festvortrags von Karl Rahner gewählt worden sei, den dieser beim Österreichischen Katholikentag 1962 – also in dem auf die „entscheidende Besprechung“ im Juni 1961 folgenden Jahr – in Salzburg gewählt habe. Vgl. Hartmann, Für Gott und Vaterland, 613 f.; vgl. auch Raphael Steiner, Der ÖCV in Salzburg, in: Salzburg. Geschichte & Politik 26 (2016), 17–33, hier 23, der ebenfalls 1962 als Gründungsjahr der „Rupertina“ nennt.

110 Vgl. zu den einzelnen Belegstellen: Gesamtverzeichnis 1980 der Ehrenmitglieder, Alten Herren und Studierenden, 29, 75, 144, 157, 175, 199, 212; vgl. ferner Österreichischer Cartellverband, René Marcic. https://www.oecv.at/biolex/Detail/13100315 (19.3.2019).

111 Dipl.-Ing. Dr. phil. Heinrich Franz Maria Karl Wagner (Parte). http://www.zobodat.at/biografien/Wagner_Heinrich_2.PDF (29.10.2018).

112 Vgl. hierzu auch Dr. Hans Klecatsky [Interview], in: Robert Kriechbaumer (Hg.), Die Ära Josef Klaus. Österreich in den „kurzen“ sechziger Jahren. Bd. 2: Aus der Sicht von Zeitgenossen und in Karikaturen von Ironimus, Wien-Köln-Weimar 1999, 189–201, hier 189 f.

113 Vgl. Hans Spatzenegger, „Innerhalb der ÖVP gehörte ich immer zu jenen, die Reformer genannt wurden. Immer inmitten der Durchschnittssorgen, der Durchschnittsfreuden, der Durchschnittsirrtümer meiner Mitbürger, meiner Zeit“ (Hans Lechner), in: Dr. Hans Lechner-Forschungsgesellschaft 3/4-B (1998), 22 f., hier 22.

114 Zit. n. Josef Klaus: Frommer Reformer – vor Kreisky, in: Die Presse, 13.8.2010, https://diepresse.com/home/zeitgeschichte/587435/Josef-Klaus_Frommer-Reformer-vor-Kreisky (30.10.2018). Vgl. auch Franz-Martin Schmölz, Josef Klaus. Landeshauptmann von Salzburg 1949–1961, in: Dr. Josef Klaus. Salzburger Landeshauptmann der Aufbaujahre nach dem Zweiten Weltkrieg, Salzburg 1978, 17–30, hier 24–29 über seine Bergtouren, die er gemeinsam mit Klaus unternahm.

werten und dokumentieren die grundsätzliche Fremd- und Selbstzuordnung der betreffenden Gelehrten zum katholischen akademischen Milieu. Die (Ehren-)Mitgliedschaften sagen aber nicht unbedingt etwas darüber aus, welche konkrete Bedeutung sie für akademische Praktiken der Interaktion und Vernetzung an der Universität Salzburg hatten. Nicht alle „Gründerprofessoren", die dem katholischen Milieu zugerechnet werden konnten, gehörten katholischen Studentenverbindungen als Mitglieder an. Dies gilt etwa für Wilhelm Revers, Balduin Schwarz oder Wolfgang Waldstein, für die sich eine derartige Mitgliedschaft nicht nachweisen ließ.[115] Der „katholische Geist" an der Universität Salzburg der 1960er-Jahre war vielgestaltig, er beinhaltete häufig symbolische Praktiken, die teils auch nach außen sichtbar gemacht wurden und – wie speziell im Diskurs der „Wiedererrichtung" – in politische Erfolge umgemünzt werden konnten oder sollten. Eine geschlossene „Weltanschauung" war mit der Katholizität an der Alma Mater Paridiana aber umso weniger verbunden, je mehr sich die katholischen Milieus innerhalb der Universität und darüber hinaus in unterschiedliche Gruppierungen auffächerten, deren vermeintlicher gemeinsamer katholischer Nenner im zeitlichen Verlauf zunehmend an realer Relevanz für den akademischen Betrieb verlor.

115 Hierfür wurde die nicht öffentlich einsehbare Mitgliederkartei des ÖCV konsultiert. Für die freundliche Auskunftserteilung aus der Kartei danke ich Raphael Steiner, dem Geschäftsführer der Hans-Lechner-Gesellschaft Salzburg.

3. Sozio-biographische Profile der „Gründergeneration"

3.1 Soziale Herkunft, Generationalität und Mentalität: Zum professoralen Habitus an der Ordinarienuniversität der 1960er-Jahre

Michael Schmolke war von 1973 bis 2002 Ordinarius für Kommunikationswissenschaft an der Universität Salzburg. Er zählt nicht zur „Gründergeneration" im Verständnis der vorliegenden Studie. Schmolke war nämlich nicht einer der „Erstberufenen", sondern er folgte am 1. Oktober 1973 auf den zwei Jahre zuvor überraschend verstorbenen Günter Kieslich, der die 1968 neugeschaffene Lehrkanzel für Publizistik und Kommunikationstheorie aufgebaut hatte.[1] Dennoch sind Schmolkes Erinnerungen hinsichtlich der im Folgenden zu erörternden Fragen von Interesse: In einem Interview gab Schmolke einen Einblick in seinen wissenschaftlichen Werdegang. Er wurde 1934 in Gleiwitz (poln. Gliwice, Oberschlesien) geboren und hatte einen katholischen Hintergrund; sein Vater war seiner eigenen Aussage zufolge ein „schlichter Finanzbeamter". Den Vorbildcharakter der Professoren und Professorinnen brachte Schmolke in dem Interview mit folgenden Worten in leicht (selbst-)ironischer Diktion auf den Punkt: „Als ich ganz jung war in der Fakultät, habe ich zu den Großfürsten aufgeschaut, zu den renommierten Germanisten, Romanisten. Am Schluss war ich dann so ein Großfürst. Einer, um den man nicht herumkam."[2]

Schmolkes Rückblick auf den Verlauf der eigenen Laufbahn reflektiert das habituell verinnerlichte Selbstbild vieler Universitätsprofessoren, die sich als akademische „Mandarine" oder gar „Großfürsten" der Wissenschaften sahen.[3] Die hierarchische Organisationsform der Universität kommt hierin ebenso zum Ausdruck wie die Bedeutung des karrierebewussten

1 Vgl. Michael Meyen, Michael Schmolke, in: ders./Thomas Wiedemann (Hg.), Biografisches Lexikon der Kommunikationswissenschaft, Köln 2014, http://blexkom.halemverlag.de/michael-schmolke/ (1.6.2018).

2 Michael Schmolke, Am Ende war ich selbst ein „Großfürst", in: Michael Meyen/Thomas Wiedemann (Hg.), Biografisches Lexikon der Kommunikationswissenschaft, Köln 2014, http://blexkom.halemverlag.de/grossfuerst/ (7.5.2018).

3 Vgl. zum tradierten Selbstbild der Professoren an der deutschen Ordinarienuniversität nach wie vor: Fritz K. Ringer, Die Gelehrten. Der Niedergang der deutschen Mandarine 1890-1933, München 1987. Den Begriff des „Mandarins" für die Inhaber von Lehrkanzeln an den österreichischen Universitäten, die um 1960 „noch an der Herrschaft" gewesen seien, verwendet in seinen Erinnerungen auch Manfried Welan, Ein Diener der Zweiten Republik, Wien 2012, 17.

Nacheiferns von tatsächlich oder vermeintlich „großen" Vorbildern. Im Vergleich zu Schmolke ist der Rechtswissenschaftler Manfried Welan, der im Jahr 1937 geborene frühere Rektor der Universität für Bodenkultur in Wien, nur um wenige Jahre jünger. Nach Welans Auffassung haftet dem „Beruf des Universitätsprofessors" nach wie vor das Fluidum des Außergewöhnlichen an: „Er verbindet Freiheit mit Sicherheit. Er ist Beruf und Berufung zum hohen Ziel der wissenschaftlichen Wahrheit."[4] Welan tradiert damit ein Selbstverständnis des Professorenberufs, das an das humboldtsche Idealbild von den Universitäten als den Stätten freier Forschung und Lehre erinnert.[5]

Probleme der Rekrutierung und habituellen Positionierungen der österreichischen Hochschullehrer an der „Ordinarienuniversität" der 1960er-Jahre beleuchtete bereits zeitgenössisch Adolf Kozlik, ein sozialistischer Ökonom und Soziologe, der nach dem „Anschluss" Österreichs zunächst in die Schweiz geflüchtet und 1939 ins US-amerikanische Exil gelangt war. In seinem Buch *Wer wird Akademiker?* stellte Kozlik die ordentlichen Professoren als eine Art Zunft dar, die sich scharf von den anderen Gruppen an den Universitäten abheben würden. Wer eine Professur erlangen wolle, habe tradierten „bürgerlichen" Auffassungen des akademischen Milieus zu entsprechen: „In einer vieljährigen Bewährungszeit" werde nämlich nur „jenen, von denen man sich vergewissert hat, daß sie die herrschenden bürgerlichen Ansichten vertreten, das Recht gewährt, als Hochschullehrer ihre bürgerlichen Ansichten frei zu vertreten."[6] Diese Aussage ist nicht bloß als ein sarkastischer Kommentar zu werten; sie verweist darauf, dass nicht nur die wissenschaftliche Qualifikation dafür maßgebend war, wer berufen wurde. Nur jene hatten die Chance auf eine akademische Lehrkanzel, die ähnlichen Werthaltungen und Verhaltenscodes folgten.[7]

Wenn es um die Rekrutierung der Professorenschaft geht, sollte auch danach gefragt werden, welche soziale Herkunft die in den 1960er-Jahren an die Universität Salzburg Berufenen hatten, und welche Auswirkung diese auf ihre habituelle Prägung wie auch auf ihre spätere Selbstwahrnehmung und -darstellung als Professoren gehabt haben könnte. Hierzu sei nochmals auf das oben besprochene Interview von Michael Schmolke hingewiesen, dessen Vater noch ein „schlichter Finanzbeamter" gewesen war. Die soziale Spannbreite zwischen dem Beruf von Schmolkes Vater und der späteren Position des Sohnes als Universitätsprofessor war zweifellos groß. Selbst nach dem Jahr 1975, als ein neues UOG in Kraft trat, mit dem die drittelparitätische Mitbestimmung von Professoren, Mittelbau und Studierenden eingeführt wurde, war das Sozialprestige eines Universitätsprofessors weiterhin als beträchtlich einzuschätzen. Aus der Sicht mancher Professoren bedeutete das UOG '75 „eine Art Weltuntergang", weil sie befürchteten, dass „das Amt des Professors an ‚Charme'" verlieren würde.[8]

4 Welan, Ein Diener der Zweiten Republik, 54.

5 Vgl. hierzu auch Max Weber, Wissenschaft als Beruf, in: Max Weber Schriften 1894–1922. Hg. von Dirk Kaesler, Stuttgart 2002, 474–511.

6 Adolf Kozlik, Wie wird wer Akademiker? Zum österreichischen Schul- und Hochschulwesen, Wien-Frankfurt-Zürich 1965, 161.

7 Vgl. hierzu auch Thomas König, Irrfahrer und Dulder, Titanen und Halbgötter. Eine empirische Analyse eines Samples von HochschullehrerInnen von 1949 bis 1964, in: zeitgeschichte 38 (2011), 108–124.

8 Welan, Ein Diener der Zweiten Republik, 65.

Mit dem UOG '75 war zumindest in institutioneller Hinsicht das Ende der traditionellen „Ordinarienuniversität" eingeläutet worden. Bevor dieses Gesetz beschlossen wurde, hatten die in fakultären Professorenkollegien vertretenen ordentlichen Universitätsprofessoren die akademische Selbstverwaltung noch alleine ausgeübt; es „herrschte eine strenge Gruppenhierarchie vor, in der dem Professorenkollegium [...] die nahezu alleinige Entscheidungsbefugnis in Angelegenheiten zustand, die den ‚autonomen Wirkungsbereich' der Hochschulen betrafen".[9] Dies änderte sich mit dem UOG '75 jedoch grundlegend: Durch die Stärkung der demokratischen Mitbestimmungsrechte in der „Gruppenuniversität" wurde die Last der Selbstverwaltung nunmehr auf alle an der Universität befindlichen Gruppen aufgeteilt.[10]

Der soziale Aufstieg, den Schmolke im Vergleich zum Beruf seines Vaters erlebte, ist als ein konstitutives Merkmal des Sozialprofils eines signifikanten Anteils der Vertreter der Salzburger „Gründergeneration" anzusehen. Dies dürfte speziell für die Philosophische Fakultät gegolten haben, die erst 1975 in eine Geisteswissenschaftliche und eine Naturwissenschaftliche Fakultät geteilt wurde. Nach den Worten des Politologen Herbert Dachs, der der Universität Salzburg seit seiner 1970 erfolgten Promotion verbunden blieb und an dieser im Jahr 1987 zum Universitätsprofessor ernannt wurde,[11] gab es dort „viele Aufsteiger", die sogar „dominant" gewesen seien.[12] Dies soll im Folgenden anhand der Erstberufenen der Philosophischen Fakultät, zu denen die erstberufenen Vertreter der Rechts- und Staatswissenschaftlichen Fakultät hinzutreten, näher untersucht werden. Hierbei soll der Zusammenhang zwischen sozialer Herkunft, Generationalität und Mentalität maßgeblicher Repräsentanten und Repräsentantinnen der Salzburger „Gründergeneration" diskutiert werden.[13]

Die Väter der späteren Repräsentanten der Salzburger „Gründergeneration" übten keineswegs mehrheitlich „bildungsbürgerliche" Berufe im engeren Sinne wie Gymnasiallehrer, Hochschulprofessoren, Rechtsanwälte, Richter, Ärzte oder Apotheker aus. Demgegenüber scheint das Kriterium der „Bürgerlichkeit" wichtiger zu sein, welches selbst nach dem „Dritten Reich" über eine nicht zu unterschätzende Ausstrahlungskraft verfügte.[14] „Bürgerlichkeit" wird hier als ein Ensemble von Wertvorstellungen und lebensweltlichen Praktiken verstanden, zu denen auch die besondere Betonung des Werts der überlieferten klassisch-humanistischen Bildung zählte.[15] Eine als „bürgerlich" zu verstehende Sozialisation lässt sich daher speziell an-

---

9 König, Irrfahrer, 112.

10 Vgl. 258. Bundesgesetz vom 11. April 1975 über die Organisation der Universitäten (Universitäts-Organisationsgesetz – UOG), in: Bundesgesetzblatt für die Republik Österreich, 13.5.1975, 79. Stück, 1091–1141, hier u.a. § 15 zur Geschäftsführung an den Universitäten. https://www.ris.bka.gv.at/Dokumente/BgblPdf/1975_258_0/1975_258_0.pdf (30.5.2018).

11 Vgl. Universität Salzburg, Fachbereich Politikwissenschaft und Soziologie. Univ.-Prof. i. R. Dr. Herbert Dachs. https://www.uni-salzburg.at/index.php?id=201175 (8.5.2018).

12 Interview des Vf. mit Univ.-Prof. Dr. Herbert Dachs, 8.6.2017, Protokoll.

13 Als Grundlage für die folgenden Ausführungen werden jene biographischen Daten herangezogen, die im Anhang dieser Studie in den Kurzbiographien wiedergegeben sind.

14 Vgl. zur „Prägekraft von Bürgerlichkeit", die etwa in der Bundesrepublik Deutschland auch nach 1945 zumindest in „Fragmenten" weiterhin bestand, Manfred Hettling, Bürgerlichkeit im Nachkriegsdeutschland, in: ders./Bernd Ulrich (Hg.), Bürgertum nach 1945, Hamburg 2005, 7–37, hier 19.

15 Vgl. hierzu u.a. Georg Pfligersdorffer, Humanistische Besinnung, in: Maximilian Fussl (Hg.), Georg

hand der Zuordnung zu Milieus nachweisen, die eine „bildungsbürgerliche" Karriere begünstigten, die von der Schule bis zur Universität führte. Als ein Indikator lässt sich hierfür der Beruf des Vaters heranziehen, ohne dass damit gesagt werden soll, dass diesem eine in jedem einzelnen Fall tatsächlich entscheidende Bedeutung für die künftige akademische Karriere des jeweiligen Sohns oder der Tochter zukam. Ebenso ist die Problematik einer allein „patriarchalischen" Bestimmung der individuellen sozialen Herkunft zu betonen, die die Rolle der Mütter und deren Familien ausblendet. Eine genauere Untersuchung, die hier nicht geleistet werden kann, müsste die jeweiligen Familienkonfigurationen als solche untersuchen. Die über den Beruf des Vaters daher nur heuristisch zu erschließende, im Idealfall um weitere Informationen zu ergänzende Zuordnung zu einem bestimmten Herkunftsmilieu bildet allerdings einen ersten Ansatzpunkt, um die individuellen Chancen auszuloten, die einen individuellen Bildungsaufstieg bis hin zur akademischen Karriere begünstigt haben mochten.

Von den hier untersuchten Vertretern der Salzburger „Gründergeneration" sind tatsächlich nur einige wenige zu nennen, die einen „bildungsbürgerlichen" familiären Hintergrund im engeren Sinne der oben angeführten Berufe ihrer Väter ausübten: So war der 1896 geborene Kunsthistoriker Hans Sedlmayr der Sohn eines Gutsverwalters der gräflich Mailathschen Domäne in Slawonien und späteren Hochschulprofessors an der Hochschule für Bodenkultur in Wien; auch der zwei Jahre später geborene Walter Del-Negro, der einer der ersten Lehrbeauftragten und später titulierter außerordentlicher Professor an der Universität Salzburg werden sollte, kam aus einer Gutsbesitzerfamilie in der damals selbständigen Gemeinde Morzg bei Salzburg; der Vater des aus Wien gebürtigen Rechtswissenschaftlers Theo Mayer-Maly war ein Richter, der es bis zum Leiter der Staatsanwaltschaft Wien bringen sollte; der 1921 in Graz geborene Historiker Hans Wagner schließlich war der Sohn eines Zahnarztes. Da Wagners Eltern beide früh verstorben waren, wuchsen er und seine Schwester Milla im Hause des Bruders seines Vaters auf, der ein angesehener Salzburger Baumeister war;[16] der Vater des Philosophen Balduin Schwarz arbeitete als Chemiker in Hannover und dürfte daher ebenfalls einem an bildungsbürgerlichen Wertvorstellungen orientierten Milieu zuzurechnen sein; der Prähistoriker Kurt Willvonseder war der Sohn des Inhabers der Salzburger Hofapotheke. Der Rechtswissenschaftler Wolfgang Waldstein wurde hingegen 1928 in Hangö (Finnland) in das böhmische Herrengeschlecht der Waldstein hineingeboren und hatte somit als einziger Vertreter der Salzburger „Gründergeneration" einen ehemals hochadelig geprägten familiären Hintergrund. Waldsteins Vater Ludwig übte allerdings einen als „bildungsbürgerlich" zu

Pfligersdorffer. Itinera Salisburgensia. Gesammelte Aufsätze zur Antike und ihrem Nachwirken, Salzburg 1999, 1–15, sowie dessen Salzburger Antrittsvorlesung vom 18. Mai 1965: Georg Pfligersdorffer, Bildung als Beheimatung des Menschen, Salzburg-München 1966. Die besondere Prägekraft der klassischen Bildung erfasste auch sozialdemokratische Intellektuelle. So bestätigte etwa der führende Theoretiker des „Austromarxismus" Otto Bauer, der einer bürgerlich-jüdischen Familie entstammte, „die überragende Wirkung der deutschen Literatur". Ernst Hanisch, Der große Illusionist. Otto Bauer (1881–1938), Wien-Köln-Weimar 2011, 64.

16 Vgl. Ernst Hanisch, Hans Wagner und Erika Weinzierl – Zur Frühgeschichte der Institute für Geschichte an der Universität Salzburg, in: Mitteilungen der Gesellschaft für Salzburger Landeskunde 157 (2017), 189–195, hier 189.

qualifizierenden Beruf als Pianist aus. Als Ludwig Waldstein 1940 Professor für Klavier am Mozarteum in Salzburg wurde,[17] übersiedelte er mit seiner Familie und damit auch seinem damals zwölfjährigen Sohn Wolfgang dorthin.

Für die anderen Akteure der „Gründergeneration" lässt sich für die jeweiligen Berufe ihrer Väter durchwegs ein breites Spektrum feststellen, ohne dass eine besonders ausgeprägte berufliche Schwerpunktsetzung oder Tendenz erkennbar ist. So wurde der Geograph Egon Lendl als Sohn eines k. u. k. Oberleutnants in Trient (Trento) geboren; der 1919 in Wien geborene Rechtswissenschaftler René Marcic hatte ebenfalls einen ehemaligen Offizier der österreichisch-ungarischen Armee als Vater,[18] der sich nach dem Zerfall der Habsburgermonarchie in seine kroatische Heimat zurückzog und dort als Marinemaler wirkte; und auch der Vater des gebürtigen Steirers Karl Wolf war Rittmeister (Kavallerieoffizier) gewesen, er übte aber zum Zeitpunkt von Wolfs Geburt bereits eine berufliche Tätigkeit als Postbeamter aus. Insbesondere bei Marcic tritt die Bedeutung der humanistischen Schulbildung als wesentliche Sozialisationsinstanz deutlich hervor: Marcic besuchte Konvikte der Franziskaner auf der dalmatinischen Insel Badija und in Široki Brijeg bei Mostar (Herzegowina), wo er 1937 die Reifeprüfung mit der Gesamtnote „Ausgezeichnet in allen Gegenständen" ablegte. Nicht seine Eltern oder gar sein Vater, „der keine Zeit für die Erziehung hatte", sondern eher das als Eliteschmiede der kroatischen Intelligenz geltende Franziskanergymnasium scheinen für Marcic eine wegweisende lebensweltliche Bedeutung gehabt zu haben.[19]

Marcic selbst stilisierte sich auch in späteren Jahren als Verteidiger des tradierten humanistischen Bildungskanons und scheute sich nicht, diesen etwa auch gegen seinen „Freund und Kollege[n] Fritz Fellner" öffentlich in Schutz zu nehmen. Marcic bezog sich dabei auf einen „beachtenswerten Beitrag zur Hochschulerneuerung", in welchem Fellner die seiner Ansicht nach restaurativen Tendenzen an den österreichischen Universitäten angeprangert und für eine stärkere Förderung der naturwissenschaftlichen und technischen Fächer und Disziplinen eingetreten war.[20] Marcic betonte demgegenüber die Bedeutung der humanistischen Bildung und der alten Sprachen wie Latein und Altgriechisch. Wende sich der humanistisch gebildete Akademiker „der Technik zu, hat er bald die Techniker eingeholt und überholt"; wo „der technokratische Sachverstand" hingegen vorherrsche, gebe er „den Dingen eine üble Wendung".[21]

Auf eine sozial gehobene Herkunft konnten auch die Salzburger Professoren Adalbert Schmidt und Heinrich Wagner verweisen, die beide in Wien als Söhne von Staatsbeamten

17 Vgl. auch Waldstein, Mein Leben, 82 f.

18 Vgl. zur ambivalenten „Bürgerlichkeit" der Offiziere und ihrer sozialen Funktionen Peter Melichar, Metamorphosen eines treuen Dieners. Zum bürgerlichen Offizier der k. (u.) k. Armee im 18. und 19. Jahrhundert, in: Robert Hoffmann (Hg.), Bürger zwischen Tradition und Modernität, Wien-Köln-Weimar 1997, 105–141.

19 Vgl. hierzu die beiden undatierten Lebensläufe (1959 bzw. ca. 1961) von Marcic in: ÖStA, AdR, BMU, PA Marcic, René.

20 Vgl. Fritz Fellner, Restauration oder Fortschritt. Hochschulprobleme aus der Sicht des Historikers, in: Heinz Fischer (Hg.), Versäumnisse und Chancen. Beiträge zur Hochschulfrage in Österreich, Wien-Hannover 1967, 11–28.

21 René Marcic, Zum Selbstverständnis des Akademikers, in: 350 Jahre Akademisches Gymnasium in Salzburg, Salzburg 1967, 12–15, hier 13.

geboren worden waren. Während der Vater des 1906 zur Welt gekommenen Schmidt bereits in der Monarchie Ministerialrat war, stieg der Vater des um eine Dekade später geborenen Heinrich Wagner erst in der Republik zum Ministerialrat des Österreichischen Rechnungshofes auf. Auch der Germanist Herbert Seidler kam 1905 im Vorarlberger Feldkirch als „Kind einer Tiroler Beamtenfamilie"[22] zur Welt; Seidlers Vater stammte wie seine Mutter aus Innsbruck; zur Zeit seiner Geburt war dieser allerdings als Beamter bei der Feldkircher Finanzlandesdirektion tätig.[23] Der staatlichen Hoheitsverwaltung ist auch das Berufsfeld von Erwin Stürzls Vater zuzuordnen, der das Amt eines Gendarmeriebezirksinspektors in Niederösterreich ausübte. Neben den Beamtensöhnen sind ferner auch diejenigen unter den Salzburger Professoren zu nennen, die aus Lehrerfamilien kamen und die damit dezidiert einen – wie auch immer nuancierten – familiär geprägten Bildungshintergrund hatten. So war der Vater der 1925 in Wien geborenen Historikerin Erika Weinzierl ein Lehrer, der humanistisch eingestellt und sozialdemokratisch gesinnt war, während ihre Mutter die Tochter eines früheren hochrangigen Offiziers der Habsburgermonarchie war;[24] in ihrem Elternhaus wuchs Weinzierl „in einer Kultur des Lesens" auf.[25]

Unter den Vertretern der „Gründergeneration" finden sich zumindest drei weitere, die ihre Lehrer-Väter als Universitätsprofessoren beruflich deutlich überflügelten. So war der Vater des 1916 geborenen Georg Pfligersdorffer, der später als Professor für Klassische Philologie an der Universität Salzburg wirken sollte, noch Hauptlehrer an der Lehrerbildungsanstalt in Wiener Neustadt gewesen. Die Väter von Günter Kieslich und Ingo Reiffenstein waren beide Volksschullehrer gewesen. Während Kieslich 1924 im schlesischen Breslau geboren wurde und dort aufwuchs, war der 1928 geborene Reiffenstein ein gebürtiger Salzburger, der seine spätere akademische Karriere in Innsbruck begann, diese in München sowie den USA fortsetzte und von dort in seine Heimatstadt Salzburg an die „wiedererrichtete" Universität berufen wurde.

Die Väter der folgenden Salzburger Professoren, deren Berufe jeweils in Klammern angeführt werden, sind dem breiten Feld der Handwerker und (Klein-)Gewerbetreibenden zuzuordnen: Rudolf Baehr (Prokurist); Carl Holböck (Kaufmann); Fritz Fellner (Bäckermeister mit Hausbesitz); Ernst C. Hellbling (Kaufmann); Erwin Niedermann (Bürstenbinder); Wilhelm J. Revers (Schuhmacher); Hans Walter (Schmiedemeister); Walter Weiss (Kaufmann). Von den Genannten waren Baehr, Revers, Walter und Weiss jeweils gebürtige Deutsche. Sie stammten aus Bamberg, Mühlheim bei Köln, Auerbach (Oberpfalz) sowie aus Landsberg am Lech. Von den übrigen waren Fellner und Hellbling gebürtige Wiener, während Holböck als Sohn eines Kaufmanns aus dem oberösterreichischen Schwanenstadt und Niedermann als Sohn eines Bürstenbinders aus der damals noch selbständigen Gemeinde Maxglan bei Salzburg kam.

22 Walter Weiss, Herbert Seidler †, in: Vierteljahresschrift des Adalbert-Stifter-Instituts 33 (1984), 183-187, hier 183.

23 Archiv der Österreichischen Akademie der Wissenschaften (AÖAW), PA Seidler, Herbert; Herbert Seidler, Lebensbeschreibung, 9.1.1967.

24 Vgl. Rathkolb, Erika Weinzierl, 343.

25 Ernst Hanisch, Erika Weinzierl †, in: Mitteilungen des Instituts für Österreichische Geschichtsforschung 123,2 (2015), 580-582, hier 580.

Im Einzelnen kann hier nicht näher erörtert werden, inwieweit „bürgerliche" Wertvorstellungen und Lebenshaltungen in diesen Familien jeweils eine größere Rolle gespielt haben mochten; es sei allerdings darauf verwiesen, dass bereits im 19. Jahrhundert grundsätzlich von einer „Vielgestaltigkeit der ‚bürgerlichen' Wege" auszugehen ist, die nicht „nur und ausschließlich ‚hinauf' führten".[26] Wie hier festgehalten werden kann, hatten die späteren Professoren der Universität Salzburg nicht ausschließlich oder auch nur überwiegend einen „bildungsbürgerlichen" familiären Hintergrund. Vielmehr ist von einem breiteren Spektrum „bürgerlicher" und „kleinbürgerlicher" sowie städtischer und ländlicher Herkunftsmilieus für die Repräsentanten der Salzburger „Gründergeneration" auszugehen.

Nur einige wenige Salzburger „Gründerprofessoren" kamen indes aus Familien, die zwar nicht unbedingt „bildungsfern" waren, deren mit hoher Wahrscheinlichkeit eher bescheidene materielle Lage aber eine „bürgerliche" Lebenshaltung als unwahrscheinlich erscheinen lässt. Es waren dies der spätere Professor für Arbeits- und Sozialrecht Hans Floretta, dessen Vater ein Eisenbahner war, der spätere Staats- und Verfassungsrechtler und Vizepräsident des Verfassungsgerichtshofs Kurt Ringhofer, dessen Vater Tischlergeselle war, sowie der 1927 geborene Franz-Martin Schmölz, der im bayerischen Allgäu in der Familie eines Postschaffners aufwuchs. Als einziger Landwirtssohn konnte übrigens Erenbert Schächer ausfindig gemacht werden. Der spätere Benediktinermönch des Stiftes Kremsmünster und Klassische Philologe Schächer war im Jahr 1900 im böhmischen Neustadtl (Stráž u Tachova) geboren worden. Söhne von Industriearbeitern fanden sich unter den „Gründerprofessoren" keine.

Nicht wenige Familien, deren sozialstrukturelle Lage eine soziale Aufwärtsmobilität ihrer Kinder als weniger wahrscheinlich erscheinen ließ, sorgten sich – möglicherweise gerade deshalb – in besonderer Weise um deren (Schul-)Bildung. Dies lässt sich anhand des Arbeits- und Sozialrechtlers Hans Floretta exemplarisch aufzeigen. In einem 1967 veröffentlichten Porträt von Floretta heißt es hierzu, dass er in seiner Person insofern eine Ausnahme darstelle, da er im Unterschied zum üblichen, mehrere Generationen umfassenden Aufstiegsweg „gleich mehrere soziale Schichten übersprungen" habe. Andererseits sei dies auch nicht gänzlich untypisch gewesen, denn sein Vater habe als Eisenbahner einer Berufsgruppe angehört, die „bereits in der Monarchie eine politisch klar bewußte und gewerkschaftlich stark organisierte Gruppe" gewesen sei. Die in ihrer Mehrzahl verbeamteten Eisenbahner hätten auch die Mentalität der Beamten entwickelt, womit „eine realistischere Vorstellung vom sozialen Aufstieg" als in der damaligen Industriearbeiterschaft verknüpft gewesen sei. Viele Eisenbahner hätten schon früh den „Wert einer höheren Bildung" erfasst und seien bereit gewesen, hierfür Opfer zu bringen.[27] Floretta selbst bestätigte in einer autobiographischen Darstellung, dass er in Saalfelden im Salzburger Land „in bescheidenen Verhältnissen in einem Eisenbahnerpersonalhaus" aufgewachsen sei. Seine Eltern hätten den Wunsch gehabt, dass er „eine gute Schulbildung" erhalte, wofür sie „große Entbehrungen" auf sich genommen hätten. Die finanzielle

26 Peter Urbanitsch/Ernst Bruckmüller/Hannes Stekl, Regionen, Gruppen, Identitäten, in: dies./Hans Heiss (Hg.), „Durch Arbeit, Besitz, Wissen und Gerechtigkeit", Wien-Köln-Weimar 1992, 11–39, hier 25.

27 DDr. Hans Floretta. Professor an der Universität Salzburg, in: 350 Jahre Akademisches Gymnasium Salzburg 1617–1967, Salzburg 1967, 167 f., hier 167.

Unterstützung seines Vaters ermöglichte es Floretta, ein katholisches Internat in Salzburg zu besuchen und das Gymnasium zu absolvieren, so dass er – bereits nach dem Tod seines Vaters – nach Ende des Zweiten Weltkriegs mit seinem Studium der Rechtswissenschaften in Innsbruck beginnen konnte.[28]

An dieser Stelle sollen „Generation" und „Generationalität" als wissenschaftliche Analyseinstrumente angesprochen werden. In der gegenwärtigen Forschung dominiert ein politisch-kultureller Generationenbegriff, der sich deutlich auf die Jugend konzentriert. Die Vielzahl der Zuordnungs- und Klassifizierungsversuche von Jahrgangsklassen (Kohorten) zu Generationseinheiten führt dabei zu variierenden und teils einander überlappenden Generationskonzepten.[29] Obgleich die Zuordnung des Generationsbegriffs zu abgegrenzten Kohorten oft kontrovers diskutiert wird, knüpfen Historiker und Soziologen vielfach an die Beobachtungen der Wechselwirkung zwischen Generationenabfolgen und sozialer Entwicklung an. Sie gehen häufig von der Annahme aus, dass bestimmte Kohorten und Altersgruppen über einen gemeinsamen „Erfahrungsraum" verfügten, der ihre Weltsichten und Wertvorstellungen präge und ihnen auch bestimmte Handlungsmuster vorzugeben scheint. Das Konzept der „Generation" soll demnach dazu beitragen, „bestimmte Menschen oder Menschengruppen in aktuelle oder zurückliegende Gesellschaftsformationen" sinnvoll einzuordnen. Eine im Denken und Handeln erkennbare „Gleichgerichtetheit" im Sinne von Jürgen Reulecke, die ein gewisses Maß an überindividueller Typisierung erlaubt, nimmt die historische Forschung nicht zuletzt für viele Frontsoldaten des Ersten Weltkriegs und die nachfolgende, nicht mehr in den Krieg eingezogene Generation der ca. zwischen 1902 und 1912 Geborenen an.[30] Im Unterschied zu „Generation" als einem historiographischen Analyseinstrument bezieht sich „Generationalität" nach Ute Daniel hingegen auf „ein Ensemble von altersspezifischen inhaltlichen Zuschreibungen, mittels derer sich Menschen in ihrer jeweiligen Epoche verorten und die teils mehr, teils weniger zugespitzt ausformuliert werden."[31]

Die Mehrzahl der Salzburger „Gründerprofessoren" wurde in den Jahren zwischen 1900 und 1930 geboren. Folgt man den in der Forschung diskutierten generationsspezifischen Systematisierungen, lassen sich die in diesem Zeitraum geborenen Männer überwiegend in die „Kriegsjugendgeneration" derjenigen, die den Ersten Weltkrieg als Kinder oder Jugendliche erlebten, aber nicht mehr als Soldaten eingezogen wurden, sowie in die Generation der Teilnehmer des Zweiten Weltkriegs einordnen. Mit Hans Sedlmayr (*1896) und Walter Del-Neg-

---

28 Hans Floretta, in: Clemens Jabloner/Heinz Mayer (Hg.), Österreichische Rechtswissenschaft in Selbstdarstellungen, Wien-New York 2003, 43–55, hier 43 f.

29 Vgl. Josef Ehmer, Generationen in der historischen Forschung: Konzepte und Praktiken, in: Harald Künemund/Marc Szydlik (Hg.), Generationen. Multidisziplinäre Perspektiven, Wiesbaden 2009, 59–80, hier 68 f.

30 Jürgen Reulecke, Generationalität und die West-/Ostforschung im „Dritten Reich" – ein Interpretationsversuch, in: Rüdiger vom Bruch/Brigitte Kaderas (Hg.), Wissenschaften und Wissenschaftspolitik: Bestandsaufnahmen zu Formationen, Brüchen und Kontinuitäten im Deutschland des 20. Jahrhunderts, Stuttgart 2002, 354-360, hier 355f.

31 Ute Daniel, Kompendium Kulturgeschichte. Theorien, Praxis, Schlüsselwörter. 4., verb. u. ergänzte Aufl., Frankfurt/M. 2004, 331.

ro (*1898) wurden nur zwei der im Anhang in den Kurzbiographien angeführten Professoren vor der Jahrhundertwende geboren. Sedlmayr hatte als Soldat der k. u. k. Armee im Ersten Weltkrieg die Gelegenheit, Städte wie Istanbul und Jerusalem zu besuchen. Die dortigen Zeugnisse der Architektur und Kunst aus spätantiker Zeit machten auf ihn einen nachhaltigen Eindruck.[32] Del-Negro wurde hingegen seiner „asthmatischen Konstitution wegen vom Vaterland verschmäht“[33] und musste daher nicht in den Krieg einrücken.

Von den 38 Repräsentanten der späteren „Gründergeneration“, die in den Kurzbiographien verzeichnet sind, nahmen 22 als Soldaten am Zweiten Weltkrieg teil. Der teils jahrelange Fronteinsatz und die sich anschließende Kriegsgefangenschaft prägten die späteren Professoren vielfach als junge Männer, die oft kurz nach erfolgter Reifeprüfung oder „Notmatura“ eingezogen worden waren, und hinterließen zweifellos tiefe körperliche und psychische Narben. Augenfällig war die physische Deformation z.B. bei dem Rechtswissenschaftler Kurt Ringhofer, der noch im April 1945 als Soldat der Deutschen Wehrmacht in Italien schwer verwundet wurde und dadurch seinen rechten Arm verlor. Ringhofers Juristen-Kollegen Rolf Ostheim erging es ähnlich. Ostheim wollte noch Anfang Jänner 1945 unbedingt in den Krieg ziehen. Der damals 19-Jährige wurde im März 1945 in einer Kesselschlacht an der Oder so schwer verwundet, dass ihm sein linkes Bein amputiert werden musste.[34]

Die Dauer des Kriegseinsatzes war im Einzelfall recht unterschiedlich. Während etwa Fritz Fellner und Hans Wagner beide 1941 als Soldaten in den Krieg eingezogen wurden und bis zum Zusammenbruch des „Dritten Reiches“ im Frontdienst standen, leisteten andere wie die NSDAP-Mitglieder Egon Lendl, Erwin Niedermann, Herbert Seidler und Kurt Willvonseder nicht oder nur zeitweilig Kriegsdienst. Lendl konnte seine akademische Karriere an der Universität Wien, die er bereits 1934 begonnen hatte, bis zu seiner Habilitation 1944 kontinuierlich vorantreiben, ehe er im Juni 1945 als früheres „illegales“ NSDAP-Mitglied von seinem Posten an der Universität Wien entlassen wurde; Seidler fungierte von 1941 bis 1943 als kommissarischer Gauschulungsleiter in Tirol und habilitierte sich ebenso 1944 an der Universität Innsbruck, ehe ihm nach dem Zusammenbruch des „Dritten Reiches“ 1945 die Venia docendi entzogen wurde. Im Juli 1940 war Seidler zwar zur Grundausbildung bei der Deutschen Wehrmacht eingerückt, er wurde jedoch erst im Jänner 1945 zum „Volkssturm“ eingezogen, bei dem er Anfang Mai 1945 das Kriegsende erlebte.[35] Niedermann stand 1941/42 und ab Ende Jänner 1945 im Kriegsdienst, jedoch verbrachte er dazwischen offenbar wegen einer Verwundung, die er 1942 als Gebirgsjäger an der finnischen Eismeerfront davongetragen hatte, als Fronturlauber im Reichsgau Salzburg, wo er wieder als NS-Sportfunktionär ak-

32 Werner Hofmann, Sedlmayr, Hans, in: Helmut Reinalter/Peter J. Brenner (Hg.), Lexikon der Geisteswissenschaften. Sachbegriffe – Disziplinen – Personen, Wien-Köln-Weimar 2011, 1321–1324, hier 1322.

33 Dr. Walter Del-Negro. Dozent an der Universität Salzburg, in: 350 Jahre Akademisches Gymnasium Salzburg 1617–1967, Salzburg 1967, 166 f., hier 166.

34 „Ein Bein fliegt um die Mitternacht, und ist schon ganz verbrennt“, in: Süddeutsche Zeitung, 2.5.2005, https://www.sueddeutsche.de/politik/kriegsende-v-ein-bein-fliegt-um-die-mitternacht-und-ist-schon-ganz-verbrennt-1.429958 (4.2.2019).

35 Vgl. hierzu Seidlers eigene Angaben: AÖAW, PA Seidler, Herbert; Lebensbeschreibung, 9.1.1967, 9.

tiv wurde.[36] Willvonseder verfolgte seine Karrieren innerhalb der SS sowie an der Universität Wien, wo er 1943 zum außerordentlichen Professor avancierte, und wurde erst 1943 in die Deutsche Wehrmacht eingezogen, als sich die Kriegslage bereits zu Ungunsten des Deutschen Reiches gewandelt hatte.

Sehr unterschiedlich dürften auch die Erfahrungen gewesen sein, die die Kriegsteilnehmer in der Kriegsgefangenschaft und in der Zeit danach machten, als ehemalige NSDAP-Mitglieder wie Lendl, Seidler, Willvonseder oder auch Heinrich Wagner ihre Dozenturen oder akademischen Stellen verloren oder andere ihre akademischen Laufbahnen als Studenten unter den stark erschwerten Bedingungen der Nachkriegsjahre erst begannen. Während manche wie etwa der schwer kriegsversehrte Kurt Ringhofer ihr Studium der Rechtswissenschaften an der Universität Wien sofort nach der Rückkehr aus der Kriegsgefangenschaft bereits 1945 aufnehmen konnten, gelang es anderen wie etwa Günter Kieslich erst nach langer Kriegsgefangenschaft, ein Studium zu beginnen. Kieslich war bereits 25 Jahre alt, als er 1949 nach fünfjähriger sowjetischer Kriegsgefangenschaft in Westdeutschland zu studieren begann. Der um zwei Jahre jüngere Ringhofer promovierte als 23-Jähriger – jedenfalls, was sein Lebensalter betraf – nahezu „regulär" an der Universität Wien zum Dr. jur., während Kieslich wesentlich aufgrund der durch Kriegsdienst und Gefangenschaft bedingten Verzögerung erst im Alter von 30 Jahren sein Studium der Publizistik und Geschichte mit der Promotion zum Dr. phil. abschließen konnte.

Von den Biographien der Kriegsteilnehmer sind die beruflichen Wege derjenigen Vertreter der späteren „Gründergeneration" abzugrenzen, die aus verschiedenen Gründen nicht als Soldaten in den Krieg eingezogen worden waren. So stand etwa Carl Holböck im kirchlichen Dienst in Rom, ehe er 1942 als Sekretär des Erzbischöflichen Ordinariats in die Erzdiözese Salzburg wechselte. Holböck konnte noch im Herbst 1945 seine Lehrtätigkeit als Supplent für Kirchenrecht an der Salzburger Katholisch-Theologischen Fakultät aufnehmen und wurde dort, nachdem er sich habilitiert hatte, 1947 zum außerordentlichen Universitätsprofessor ernannt. Erenbert Schächer und Balduin Schwarz hingegen waren während der Kriegsjahre in der Schweiz bzw. in den USA und nahmen erst nach 1945 ihre akademische Lehrtätigkeit in Salzburg auf. René Marcic schließlich weilte zwar 1944/45 in Wien, als Staatsbürger des faschistischen kroatischen Ustascha-Staates war er aber für das „Dritte Reich" nicht kriegsdienstverpflichtet. Erika Weinzierl war die einzige Frau unter den späteren Repräsentanten der „Gründergeneration". Als Frau wurde sie zwar nicht zum Kriegsdienst eingezogen, 1943/44 wurde sie allerdings beim Reichsarbeitsdienst zwangsverpflichtet und musste somit Dienst an der „Heimatfront" tun.

Die zahlenmäßig dezimierten Angehörigen der Frontgeneration des Zweiten Weltkriegs dürften in den 1960er-Jahren in Österreich überdurchschnittlich große Chancen gehabt haben, akademische Stellen zu erlangen. Dies lag aber auch daran, dass die Universitätslandschaft damals sukzessive ausgebaut wurde. Wenn sie nicht längere Zeit in Kriegsgefan-

36 Vgl. Andreas Praher, SportlerInnen für den Krieg – KriegerInnen für den Sport, in: Minas Dimitriou/Oskar Dohle u.a. (Hg.), Salzburgs Sport in der NS-Zeit. Zwischen Staat und Diktatur, Salzburg 2018, 255–290, hier 262.

genschaft verbringen hatten müssen, konnten sie häufig bereits in den Nachkriegsjahren studieren und danach eine akademische Karriere beginnen. In den 1960er-Jahren erfolgte der Aufbau der Universität Salzburg in einer Zeit, als viele der neu Berufenen zwar bereits über längere Erfahrungen im akademischen Feld verfügten, aber immer noch relativ jung waren. So wurde etwa Ingo Reiffenstein (*1928) bereits mit 36 Jahren auf die Professur für Ältere deutsche Sprache und Literatur berufen, und auch Walter Weiss (*1927) war mit 38 Jahren nur wenig älter, als er in Salzburg Ordinarius für Neuere deutsche Sprache und Literatur wurde. Auch der Historiker Fritz Fellner (*1922) war mit 42 Jahren ebenfalls noch relativ jung, als er zum Professor für Allgemeine Geschichte der Neuzeit ernannt wurde.

Kaum jemand der ehemaligen Weltkriegssoldaten unter den Salzburger „Gründerprofessoren“ wurde nach 1945 als politisch so belastet eingestuft, dass er sich einem förmlichen Entnazifizierungsverfahren unterziehen musste, wenn man etwa von Heinrich Wagner absieht, der 1948 als „minderbelasteter“ Nationalsozialist entnazifiziert worden war. Selbst jene Professoren wie der erste gewählte Rektor Egon Lendl, die nach 1945 wegen ihrer Involvierung in den Nationalsozialismus einen vorübergehenden Karrierebruch hinnehmen hatten müssen, profitierten von einer für sie Anfang der 1960er-Jahre durchwegs günstigen Situation: Die NS-Zeit und die darauf folgende judiziell-bürokratische Entnazifizierung schien historisch längst abgeschlossen zu sein,[37] und der Aufbau einer neuen Universität erforderte nicht zuletzt die Heranziehung von Fachkräften, denen die für die Erstberufungen zuständigen Stellen die erforderliche fachliche Kompetenz und berufliche Erfahrung zuschrieben. So war Lendl (*1906), der 1963/64 als Erstberufener auch erster Dekan der Philosophischen Fakultät der Universität Salzburg war, bereits 57 Jahre alt, als er erstmals in seiner akademischen Laufbahn die Position eines ordentlichen Professors erlangte. Ähnliches galt für Carl Holböck, der 1962/63 als Dekan der Katholisch-Theologischen Fakultät die Agenden eines Rektors der „wiedererrichteten“ Universität Salzburg übernahm. Der 1905 geborene Holböck, der allerdings bereits seit 1950 ordentlicher Professor für Kirchenrecht war, hatte damals ebenfalls bereits ein Alter von 57 Jahren erreicht.

Die spezifische Situation der Errichtungsphase der Universität Salzburg in den 1960er-Jahren trug wesentlich dazu bei, dass jüngere neben bereits etwas älteren Professoren tätig werden konnten. Auch der soziale Hintergrund der an die neu errichtete Universität Berufenen war – wie oben anhand ihrer Herkunftsfamilien ausgeführt – ein durchaus unterschiedlicher. Professoren mit „bildungsbürgerlichem“ und großstädtischem Hintergrund trafen auf Kollegen, deren Väter noch Handwerker oder Kaufleute in ländlichen oder kleinstädtischen Milieus gewesen waren. Es gab Professoren an der Salzburger Universität, die hinsichtlich ihres soziokulturellen Hintergrunds aus gut situierten Elternhäusern kamen. Zu diesen zählten etwa Theo Mayer-Maly und Hans Wagner, denen Weggefährten und Zeitgenossen eine persönliche Ausstrahlung attestierten, die zwischen einem hohen Maß an Intellektualität, Liebenswürdigkeit und authentischer Bescheidenheit changierte. So war Mayer-Maly nach Heinrich Hon-

37 Die offizielle bürokratisch-justizielle Entnazifizierung war mit dem 14. März 1957 abgeschlossen, als der Nationalrat eine NS-Amnestie beschloss, mit der sämtliche Sondergesetze aufgehoben wurden. Vgl. Stiefel, Entnazifizierung, 314.

Abb. 5: Hans Wagner (undat.).

sell „ein wahrhaft großer Gelehrter und ein liebenswürdiger, humorvoller und liberaler Geist"[38], und Erika Weinzierl charakterisierte ihren langjährigen Kollegen Hans Wagner, mit dem sie seit ihrer gemeinsamen Zeit als Archivare im Wiener Haus-, Hof- und Staatsarchiv auch freundschaftlich verbunden war, in emphatischer Weise als einen „bescheidenen und liebenswürdigen Menschen". Wagner zeichne sich selbst überdies durch „seine immense vielseitige Belesenheit und Bildung" aus, die „von ihm nie ausgespielt" werde.[39] Es war übrigens in beiden Fällen nicht untypisch, dass hinter den gelehrten Herren jeweils eine ihrerseits hochgebildete Frau stand, durch die sie unterstützt und für ihre wissenschaftliche Arbeit entlastet wurden. So steckte „Dorli" Mayer-Maly ihre eigenen wissenschaftlichen Ambitionen zurück, um „ihren Mann ein Leben lang auch im Beruf aufopfernd" zu unterstützen. Der Junggeselle Hans Wagner wiederum profitierte von seiner Schwester Milla Wagner, die „zwar immer der stillere Teil des Geschwisterpaares, aber durch ihre große Bildung und Belesenheit [...] die ideale Gefährtin"[40] ihres Bruders gewesen sei.

„Bildungsbürgerliche" Lebensformen, in denen sich Intellektualität und Bescheidenheit komplementär aufeinander bezogen, waren jedoch nicht für alle Professoren der Salzburger „Gründergeneration" als typisch anzusehen. Im Gegenteil fühlten sich einige Professoren geradezu „als bedeutend und groß"[41], was als Ausdruck des von ihnen selbst subjektiv empfundenen Status- und Distinktionsgewinns als Folge ihres sozialen Aufstiegs interpretiert werden kann. Das demonstrativ zur Schau gestellte Standesbewusstsein mancher Universitätsprofessoren passte jedoch nur bedingt zu den realen Lebensverhältnissen im Salzburg der

38 Heinrich Honsell, Theo Mayer-Maly †, 1–12, hier 12. http://www.honsell.at/pdf/MayerMaly.Nachruf.pdf (1.6.2018). Vgl. auch Theo Mayer-Maly, in: Jabloner/Mayer (Hg.), Österreichische Rechtswissenschaft, 121–139.

39 Erika Weinzierl, Hans Wagner zum 60. Geburtstag, in: Salzburg und Österreich. Aufsätze und Vorträge von Hans Wagner, Salzburg 1982, unpag., hier [10 f.]. Hanns Haas bescheinigt Hans Wagner, dass dieser seine „bürgerliche Herkunft" „nicht zelebrieren, vorspielen musste" und darüber auch so sozial eingestellt gewesen sei, dass er „einer bedürftigen mehrköpfigen Familie eine schöne Wohnung in seinem Haus" überließ. Freundliche Mitteilung von Univ.-Prof. Dr. Hanns Haas an den Vf. vom 8.5.2018.

40 Weinzierl, Hans Wagner, [4].

41 Interview des Vf. mit Univ.-Prof. Dr. Herbert Dachs, 8.6.2017, Protokoll.

1960er-Jahre. Anhand der Wohnverhältnisse in dieser von Wohnungsnot notorisch geplagten Stadt[42] lässt sich dies exemplarisch verdeutlichen. Hanns Haas konstatiert etwa für die „Salzburger Professoren der Frühzeit" insgesamt „eine breite Lücke zwischen dem Anspruch auf eine abgehobene Existenz und den realen Wohnverhältnissen im Mehrfamilienhaus in der Akademiestraße."[43]

Vor allem in den Berufungsverhandlungen vieler Erstberufener tritt das Wohnungsproblem deutlich zu Tage. Nicht alle nach Salzburg zu Berufenden waren mit einem Reihenhaus, wie es ihnen der Salzburger Landeshauptmann Hans Lechner anbot,[44] einverstanden. Einer von jenen, die ihre Ansprüche im Zuge der Berufungsverhandlungen mit dem Unterrichtsministerium besonders selbstbewusst formulierten, war der Historiker Fritz Fellner. So bezeichnete Fellner Ende 1963 in einem Brief an den für ihn zuständigen Ministerialrat seine persönliche Wohnungsfrage als „nach wie vor ungelöst". Zwar habe ihm der Landeshauptmann ein Reihenhaus angeboten, dieses entspreche aber „weder in seiner Lage noch in seiner Grösse jenen Anforderungen, welche ein Universitätsprofessor aus persönlichen und repräsentativen Gründen an eine Wohnung stellen muss." Fellner verlangte für sich und seine vierköpfige Familie vielmehr „eine Wohnung (Eigenhaus) von etwa 150 m²". Seine Zusage, die Berufung nach Salzburg anzunehmen, machte er davon abhängig, dass er eine solche Wohnung vom Land Salzburg zur Verfügung gestellt bekomme.[45] Als Fellner indes einsehen musste, dass seine Forderungen sich nicht realisieren ließen, suchte er sich offenbar selbst eine Bleibe. Schließlich stimmte er nach längeren Verhandlungen, in denen er seine ursprünglichen Wohnungsforderungen aufgeben musste, seiner Ernennung zum Salzburger Professor doch noch zu. Gegenüber dem Ministerium unterließ es Fellner aber nicht darauf hinzuweisen, dass der „in den verschiedenen Telephongesprächen angedeutete Vorwurf", er „wolle materiell" für sich „mehr ‚herausschinden'", als ihm „stellungsmäßig" zukomme, „unter diesen Umständen fast verletzend" sei.[46]

Nach dem Ende der Wiederaufbauphase dürften die Ansprüche an Wohnungen in den 1960er-Jahren allerdings insgesamt bereits deutlich gestiegen sein. So hatten die beiden Priesterprofessoren und Brüder Carl und Ferdinand Holböck in den frühen 1950er-Jahren noch gemeinsam in einer Mietwohnung gelebt, die aus drei Zimmern und einer Küche bestand. Die beiden Zimmer standen den geistlichen Herren zur Verfügung, während der dritte Raum ihrer gemeinsamen Haushälterin vorbehalten blieb. Erst das beständige Wachstum der Fachbibliotheken der beiden Holböcks veranlasste Carl Holböck, das Unterrichtsministerium um die Gewährung eines Gehaltsvorschusses zu bitten, der es einem der beiden Brüder ermöglichen sollte, sich um eine andere Wohnung umzusehen.[47]

---

42 Vgl. Wilfried Schaber, Bauen und Baugesinnung, in: Zwink (Hg.), Die Ära Lechner, 509–526, hier 512–515 zu den Problemen des Wohnungsbaus und zur erst 1964 gelösten „Barackenmisere" in der Stadt Salzburg.

43 Freundliche Mitteilung von Univ.-Prof. Dr. Hanns Haas an den Vf. vom 8.5.2018.

44 Vgl. hierzu auch Lechner, Der Weg zur Universität, 251.

45 ÖStA, AdR, BMU, PA Fellner, Fritz; Fellner an Ministerialrat Dr. Veits, 20.12.1963.

46 ÖStA, AdR, BMU, PA Fellner, Fritz; Fellner an Sektionschef Dr. Franz Hoyer, 9.6.1964.

47 ÖStA, AdR, BMU, PA Holböck, Carl; Holböck an das BMU, 28.4.1953.

Wenn mit dem Fallbeispiel Fellners angedeutet werden sollte, dass dessen ursprüngliche Absicht, in Salzburg eine seinem „Stand" als Universitätsprofessor entsprechende „repräsentative" Wohnung zu erhalten, an den Möglichkeiten der Salzburger Landesregierung ihre Grenze fand, so bedeutet das nicht, dass die Repräsentanten der jungen Alma Mater Paridiana es nicht verstanden hätten, ihr Selbstbewusstsein als Professoren auch öffentlich zur Geltung zu bringen.[48] Gleichzeitig ist zu betonen, dass das spezifische professorale Selbstgefühl vonseiten der Studierendenbewegung spätestens seit Ende der 1960er-Jahre deutlich herausgefordert und in Frage gestellt wurde. Dies galt selbst in Salzburg, wo sich die 68er-Bewegung in vergleichsweise stark abgeschwächter Weise manifestierte. Einige derjenigen Professoren, die deutlich autoritär eingestellt waren, „erstickten gewöhnlich aufkommende Kritik im Keim, oftmals mit dem Hinweis auf die Verweigerung der Ausstellung von Zeugnissen."[49]

Gerade die wenigen liberaleren Professoren wie etwa Walter Weiss oder Erika Weinzierl, die eher bereit waren, sich auf Debatten mit den rebellierenden Studenten und Studentinnen einzulassen, waren mit teils massiven politisch-ideologisch motivierten Angriffen gegen sie konfrontiert. Hingegen fürchteten die Studierenden etwa den Neuzeithistoriker Fritz Fellner zu sehr, um sich mit ihm anzulegen.[50] Der Diabetiker Weiss litt unter den Angriffen so sehr, dass er nach einer besonders heftigen Attacke, die eine „stalinistische" Studentengruppe gegen ihn richtete, einen körperlichen Zusammenbruch erlitt.[51] Erika Weinzierl galt auch unter den Studierenden als eine vorbildliche Hochschullehrerin, die für eine „niederschwellige, angenehme Atmosphäre" sorgte und der „Standesdünkel und distinguiertes Professorengehabe fernlagen".[52]

Doch selbst die für Debatten offene Erika Weinzierl schilderte später in einem Interview, dass sie sich „jedesmal die ganze Woche lang davor gefürchtet" habe, ehe sie im Wintersemester 1970/71 ihr wöchentliches Seminar über „Totalitarismus-Theorien" hielt. Von Beginn an gab es heftige Auseinandersetzungen mit politisch linken Studierenden (laut Weinzierl war der Seminarraum bei der ersten Sitzung „brechend voll" „mit sämtlichen Linken, die es damals in Salzburg gab"), die „wütende Gegner dieser Theorie" gewesen seien, „laut der der Nationalsozialismus mit dem Kommunismus gleichzusetzen" sei. Sie selbst habe sich allerdings geschworen, das Seminar durchzustehen. Ihr Kollege Franz-Martin Schmölz, mit dem sie die Lehrveranstaltung ursprünglich abhalten habe wollen, sei hingegen bereits nach der zweiten Sitzung abgesprungen und nie wieder gekommen.[53] Weinzierl scheint gegen Ende

48 Siehe hierzu speziell das Kap. 5.

49 Ewald Hiebl, Die Universität Salzburg 1968, in: Reith (Hg.), Die Paris Lodron Universität Salzburg, 91–105, hier 95.

50 Hanisch, Hans Wagner und Erika Weinzierl, 192.

51 Vgl. hierzu die Wortmeldung eines ehemaligen Studenten der Germanistik in Salzburg beim Vortrag von Dr. Ewald Hiebl zum Thema „1968 in Salzburg: War da was?" im Rahmen der Montagsrunde in der Robert-Jungk-Bibliothek Salzburg vom 28.5.2018 (Protokoll der Wortmeldung im Besitz des Vf.).

52 Erika Thurner, Erika Weinzierl – Facetten einer österreichischen Persönlichkeit, 1–2, hier 1. https://www.uibk.ac.at/gfpa/ablage/2014/weinzierl/ErikaWeinzierlNov2014.pdf (19.9.2018). Vgl. hierzu auch Hanisch, Erika Weinzierl †, 580, dem zufolge Weinzierl ein „Ordinarienverhalten völlig fremd" gewesen sei.

53 Vgl. auch Hanisch, Hans Wagner und Erika Weinzierl, 192; Hiebl, Die Universität Salzburg 1968, 96.

des Seminars die kritischen Studierenden allerdings für sich gewonnen zu haben, denn diese meinten ihr gegenüber, „daß sie gerne noch weitermachen würden".[54] Im Rückblick überhöhte einer der damaligen Studenten, der spätere Salzburger Schriftsteller, Kolumnist und Kabarettist Christian Wallner, das Totalitarismus-Seminar als „revolutionäre" Unterwanderung der Universität. Weinzierls Lehrveranstaltung sei von ihm und seinen studentischen Gesinnungsgenossen „in einen marxistischen Schulungskurs anhand der Theorien von Adorno, Fanon und Marcuse" umfunktioniert worden. Deutlich übertrieben scheint Wallner auch mit seiner folgenden Behauptung zu haben: „Als meine liberale Doktormutter aber in Tränen ausbrach, war ich doch wieder weich und dafür, dass auch CVer referieren durften: um ihre falschen Standpunkte aufzudecken."[55]

3.2 Eine Allianz von „Katholisch-Nationalen" und Ex-Nationalsozialisten

Das Gründungspersonal der jungen Salzburger Universität verfügte über ein spezifisches weltanschauliches und biographisches Profil. Diese Feststellung wirft die Frage auf, welche politisch-ideologischen Denk- und Handlungsmuster die maßgeblichen Kräfte der „Gründergeneration" vertraten, zu denen sowohl die erstberufenen Professoren als auch die im Zuge der Errichtung der Universität Salzburg federführenden Landes- und Bundespolitiker zu zählen sind. Vieles deutet darauf hin, dass in den frühen 1960er-Jahren eine lose Koalition von katholisch-national Gesinnten, die in den 1930er-Jahren als „Brückenbauer" zu den Nationalsozialisten gegolten hatten, und den ehemals geeichten Nationalsozialisten Berufungen untereinander ausverhandelt hat.[56] Diese Gruppierung von „Gründern" profitierte ihrerseits von der lokalen Kultur des „Verzeihens und Vergessens", die der Salzburger Erzbischof Andreas Rohracher nach 1945 propagierte und auch selbst aktiv praktizierte. Dies schlug sich vor allem in Rohrachers Eintreten für „Ehemalige" nieder, mit der er deren weiterer „Radikalisierung" entgegenwirken wollte.[57] Als dezidierte Ausnahmen unter den 1963/64 nach Salzburg Berufenen galten einem sozialdemokratischen Beobachter zufolge nur die beiden Historiker Fritz Fellner und Heinrich Koller, die weder einen katholischen, noch einen (deutsch-)nationalen

54 „Mir ging es immer nur um die Menschen". Gespräch mit Erika Weinzierl am 9. Februar 1994, in: Gespräche zur Zeit, geführt von Hubert Christian Ehalt, Wien 1996, 176–191, hier 186 f.

55 Christian Wallner, Zusatzpension für Altachtundsechziger? In: Willi Resetarits/Hans Veigl (Hg.), Beatles, Bond und Blumenkinder. Unser Lebensgefühl in den sechziger Jahren, Wien-Köln-Weimar 2003, 37–41, hier 39.

56 Vgl. hierzu auch Hanisch, Die Wiedererrichtung, 86 f.

57 Vgl. Ernst Hintermaier (Hg.), Erzbischof Andreas Rohracher: Krieg – Wiederaufbau – Konzil, Salzburg 2010; vgl. auch Eva Maria Kaiser, Hitlers Jünger und Gottes Hirten. Der Einsatz der katholischen Bischöfe Österreichs für ehemalige Nationalsozialisten nach 1945, Wien-Köln-Weimar 2017, 273–275; vgl. hierzu ferner eine einschlägige Rede des 1962/63 mit der Führung der Rektoratsgeschäfte betrauten Dekans der Theologischen Fakultät, Carl Holböck, zur Frage der Umgangsweise mit den deutschnationalen Burschenschaften: Das gemeinsame Erbe steht über den Unterschieden, in: Salzburger Nachrichten, 6.11.1963, S. 2.

ideologischen Hintergrund hatten und als „freigeistig-ungebunden" charakterisiert wurden.[58] Während für Fellner diese politische Zuschreibung zutreffen mochte,[59] war der Mediävist Koller eher dem deutschnational orientierten Spektrum zuzuordnen. Koller war Vorsitzender der Kolbenheyer-Gesellschaft,[60] die das Kolbenheyer-Archiv verwaltete. Erwin Guido Kolbenheyer war ein deutschvölkischer Romanautor und Dramatiker, der in seinen Schriften das „Deutschtum" mystifizierte und einem sozialdarwinistischen Biologismus huldigte.[61]

Die „Katholisch-Nationalen" waren in Österreich vor allem an den Hochschulen vertreten. Diese zahlenmäßig kleine, aber einflussreiche Gruppierung wurde von dem österreichischen Historiker Adam Wandruszka als eine intellektuelle Elite charakterisiert, „die den Volkstumsgedanken Herders und der Romantik sowie das Nationerlebnis des Ersten Weltkriegs und des Kampfes für das Grenz- und Auslandsdeutschtum mit dem Universalismus der alten Reichsidee und den Traditionen der Habsburgermonarchie zur Synthese des Zukunftsbildes einer übernationalen, aber auf den natürlichen Einheiten der Nationen beruhenden Ordnung Mitteleuropas zu vereinen suchte".[62] Der Volksgruppentheoretiker Theodor Veiter, der selbst ein Naheverhältnis zu diesen Kreisen gehabt hatte, lehnte hingegen den Begriff „katholisch-national" zur Charakterisierung einer bestimmten Gesellschaftsgruppe ab. Veiter verwies darauf, dass die soziale Formation, die sich in den 1930er-Jahren um die Wiener Professoren Karl Gottfried Hugelmann, Oswald Menghin, Hans Eibl u.a. gruppiert habe, nicht „die Katholischen Nationalen", sondern die „Nationalen Katholiken" genannt worden sei. Die Betonung sei stets auf dem Wort „Katholiken" und „niemals" auf dem Wort „Nationale(n)" gelegen.[63] Ernst Hanisch subsumiert dieselbe Gruppe unter dem Oberbegriff des „Politischen Katholizismus" hingegen als „Betont-Nationale", wobei er zur Charakterisierung dieser Gruppe im Unterschied zu Veiter auf den Begriff der „Nationalen" zurückgreift.[64]

Hier wird ungeachtet der unterschiedlich nuancierten Benennungen am Begriff der „Katholisch-Nationalen" festgehalten. Dessen Verwendung soll jedoch keinesfalls die Existenz einer *homogenen* „katholisch-nationalen" Gruppierung andeuten. Schon Peter Broucek verweist auf den Umstand, dass manche, die nach außen hin gegenüber dem Regime von Kurt Schuschnigg sich loyal verhielten, in Wahrheit ein verdecktes Spiel trieben und längst mit den Nationalsozialisten kooperierten. Auch war die katholische Glaubensüberzeugung bei vielen

58 So jedenfalls Karl Schmidt, Der bedrohte Geist der Fakultät, in: Demokratisches Volksblatt, 24.2.1966.

59 Siehe zu Fellner speziell das Kap. 3.4.

60 Vgl. Salzburg [Vereinsnachrichten], in: Sudetenpost 11, 1.6.1978.

61 Vgl. Kolbenheyer, Erwin Guido, in: Neue Deutsche Biographie 12 (1979), 453–455 [Online-Version]. https://www.deutsche-biographie.de/pnd118564803.html#ndbcontent (26.9.2018).

62 Zit. n. Peter Broucek, Katholisch-nationale Persönlichkeiten, Wien 1979, 3.

63 Theodor Veiter, Stellungnahme zum Arbeitspapier von Herrn Dr. Richard S. Geer für die Wissenschaftliche Kommission zur Erforschung der österreichischen Geschichte der Jahre 1918–1938, Tagung in Wien vom 11.–13.11.1980 über „Oswald Menghin, ein Vertreter der Katholischen Nationalen" [ungedr. Manuskript, im Besitz des Vf.].

64 Ernst Hanisch, Der Politische Katholizismus als ideologischer Träger des „Austrofaschismus", in: Emmerich Tálos/Wolfgang Neugebauer (Hg.), „Austrofaschismus". Beiträge über Politik, Ökonomie und Kultur 1934–1938, Wien 1984, 68–86, hier 70.

Nationalen mehr eine demonstrative Haltung denn auf eine tatsächlich vorhandene Einstellung zurückzuführen.[65] Wesentlicher als der Streit um die vermeintlich richtige oder falsche Etikettierung eines losen Intellektuellenzirkels ist es allerdings, das in diesem Kreis speziell in den 1930er-Jahren gepflegte antiliberale und antisemitische Weltbild herauszuarbeiten, das die Erscheinungen des mit gesellschaftlichem Verfall gleichgesetzten sozialen Wandels anprangerte und überdies eine nebulöse Reichsidee propagierte.

Im Jahr 1957 waren in Österreich im Zuge der Amnestiegesetzgebung die letzten „Sühnemaßnahmen" für ehemalige NSDAP-Mitglieder ausgelaufen.[66] Für ehemalige Nationalsozialisten schien damit endgültig der Weg frei, ihre früheren beruflichen Wirkungsfelder wieder aufzunehmen. Dies galt auch für Salzburger „Gründerprofessoren" wie den Geographen Egon Lendl, die Germanisten Herbert Seidler und Adalbert Schmidt, den Geologen Walter Del-Negro oder den Prähistoriker Kurt Willvonseder. Die Genannten zählten zur Personengruppe der „Ehemaligen", die sich nach dem Zweiten Weltkrieg aufgrund ihrer NS-Vergangenheit neuerlich habilitieren hatten müssen.[67] Zumindest in den Aufbaujahren prägten sie zusammen mit anderen teils prominenten Ex-Nationalsozialisten, von denen namentlich der Kunsthistoriker Hans Sedlmayr hervorzuheben ist, maßgeblich die neu errichtete Universität. Nachdem die katholische Universitätsbewegung in Salzburg noch in den 1950er-Jahren ein kräftiges Lebenszeichen von sich gegeben hatte, gab sie Anfang der folgenden Dekade ihre Ambitionen zugunsten einer staatlichen Universität auf. Neben dem offiziellen Proponentenkomitee, das die „Wiedererrichtung" einer staatlichen Salzburger Universität vorantreiben sollte, spielte hierfür die informelle Vernetzung einiger künftiger Professoren der „Gründergeneration" mit maßgeblichen politischen Akteuren eine wichtige Rolle. Insbesondere Hans Lechner (ÖVP), der Landeshauptmann von Salzburg in den Jahren von 1961 bis 1977, hatte hierbei einen weichenstellenden Einfluss. Lechner kann als „Knotenpunkt" eines personell überschaubaren Netzwerks beschrieben werden, aus dem sich einige der Erstberufungen an die neu errichtete Universität ergeben sollten.

Lechner war bereits während seiner Studienzeit an der Universität für Bodenkultur in Wien ein „Neuländer" geworden. Nach dem Ersten Weltkrieg war der Bund Neuland im geistigen Umkreis der beiden Wiener katholischen Priester Michael Pfliegler und Karl Rudolf aus dem Christlich-deutschen Studentenbund entstanden. Ideen von „Führung" und „Gefolgschaft" fielen bei vielen „Neuländern" ebenso auf fruchtbaren Boden wie ein romantisierender Gemeinschaftskult, der sich sowohl aus dem „Volkstum" wie auch aus damals in katholischen Milieus virulentem liturgisch-mystischem Ideengut nährte. Das ambivalente Changieren des Bundes Neuland zwischen Katholizismus, Deutschnationalismus und Nationalsozialismus dürfte der wesentliche Grund dafür gewesen sein, dass er 1936 nach Weisung des Vatikans die kirchliche Genehmigung verlor. Während der „Neuland"-Gründer Michael Pfliegler sich seither verstärkt um eine Annäherung zwischen Kirche und Sozialismus bemüh-

65 Vgl. Broucek, Katholisch-nationale Persönlichkeiten, 11, 15.

66 Stiefel, Entnazifizierung in Österreich, 314.

67 Vgl. u.a. Stock, Die prägenden Akteure, 421; Obermair, Kurt Willvonseder, 195–199.

Abb. 6: Salzburger Hochschulwochen 1961: Festkommers des Cartellverbandes mit Prof. Albert Auer, Altbundeskanzler Kurt Schuschnigg und Finanzminister Josef Klaus (im Vordergrund, v. l. n. r.) sowie P. Thomas Michels OSB und Landeshauptmann Hans Lechner (im Hintergrund, v. l. n. r.).

te, wechselten viele seiner Anhänger bereits zur Hitlerjugend.[68] Der Bund Neuland löste sich nach dem „Anschluss" Österreichs formell auf.[69]

Lechner hatte bereits vor dem Zweiten Weltkrieg Verbindungen zu Salzburger „Neuland"-Gruppen aufgebaut. Er lernte diese kennen, als er in den Sommermonaten der 1930er-Jahre an den Salzburger Hochschulwochen teilnahm. Damals entstand ein Freundeskreis, der sich auch nach dem Krieg wieder traf.[70] Lechner selbst sprach in einem Interview später dezidiert davon, dass der „Geist von Neuland" auch nach 1945 „im öffentlichen Leben einen Niederschlag gefunden" habe. Er spielte damit auf Josef Klaus an, seinen Vorgänger als Landeshauptmann von Salzburg, der dieses Amt in den Jahren von 1949 bis 1961 bekleidete. Der „CVer" Klaus war demnach zwar kein Mitglied im Bund Neuland gewesen,

68 Vgl. Johann Kolmbauer, Altlandeshauptmann Dipl.-Ing. DDr. Hans Lechner und der Bund „Neuland", in: Salzburg. Geschichte & Politik 3 (1993), 7–10, hier 9.

69 Vgl. Otto Weiß, Zwischen Österreichertum und Nationalsozialismus. Katholische Akademikermilieus im Ständestaat, in: Richard Faber/Elmar Locher (Hg.), Italienischer Faschismus und deutschsprachiger Katholizismus, Würzburg 2013, 313–339, hier 318; 328.

70 Vgl. Altlandeshauptmann Dipl.-Ing. DDr. Hans Lechner und der Bund „Neuland". Interview, in: Salzburg. Geschichte & Politik 3 (1993), 10–18, 12.

jedoch pflegte er zu diesem enge Verbindungen. Klaus und Lechner hatten einander 1933/34 kennengelernt, als Lechner der „Führer der katholischen Fraktion der damaligen offiziellen Studentenschaft an der Hochschule für Bodenkultur" gewesen war. Nach dem Krieg war es Klaus, der dafür sorgte, dass Lechner zur ÖVP kam.[71]

Klaus nahm sowohl als Landes- wie auch als Bundespolitiker einen maßgeblichen Einfluss auf die politischen Entscheidungen, die zur „Wiedererrichtung" der Universität Salzburg führten. Nachdem er 1961 sein Amt als Salzburger Landeshauptmann an Lechner übergeben hatte, wechselte Klaus zunächst als Finanzminister der Regierung Gorbach und ab 1964 als Bundeskanzler nach Wien. Nachdem die bisherige Große Koalition von ÖVP und SPÖ zerbrochen war, stand er von 1966 bis 1970 einer ÖVP-Alleinregierung vor. Wie hier bereits angedeutet, spielte Klaus als Finanzminister vor allem gegenüber Unterrichtsminister Heinrich Drimmel, der der „Wiedererrichtung" der Universität Salzburg zunächst reserviert gegenübergestanden war,[72] eine wichtige Rolle als Partner des Salzburger Proponentenkomitees, das er in seinen Plänen tatkräftig unterstützte.

Klaus hatte Drimmel wie Lechner bereits in der Zwischenkriegszeit kennengelernt, als sie beide führende Studentenfunktionäre an der Universität Wien gewesen waren. So gehörte Klaus seit 1929 der Wiener CV-Verbindung Rudolfina an und war seit 1930 in der Katholisch-Deutschen Hochschülerschaft Österreichs (KDHÖ) sowie in der Deutschen Studentenschaft an der Universität Wien tätig. 1932 wurde er Vorsitzender des Katholisch-Deutschen Hochschulausschusses (KDHA) an der Universität Wien und avancierte damit zu dessen Fraktionsführer. Als Studentenfunktionär positionierte sich Klaus auch offen antisemitisch. So protestierte er 1932 mit zwei Mitstudierenden gegen die Wahl von Ernst Peter Pick zum Dekan der medizinischen Fakultät.[73] Im Frühjahr 1933 schlug Klaus als seinen Nachfolger Heinrich Drimmel vor, der von ihm das Amt des Vorsitzenden des KDHA übernahm. Im Mai 1934 wurde Drimmel „Sachwalter" der in der Zeit der „ständestaatlichen" Diktatur neu gegründeten „Österreichischen Hochschülerschaft" an der Universität Wien. Drimmel stieg damit zum führenden Studentenfunktionär im „Ständestaat" auf, der auch über „gute Gesprächskontakte zur nationalen Studentenschaft" verfügte.[74] Drimmel zählte damit wie Klaus zu den großdeutsch gesinnten Katholisch-Nationalen im Cartellverband (CV).[75]

71 Vgl. Lebenslauf, in: Rudolf Gönner (Hg.), Hans Lechner. Stimmen zur Zeit. Festschrift für den Altlandeshauptmann von Salzburg zu seinem 65. Geburtstag, Salzburg 1978, 13–15, hier 13; Altlandeshauptmann Dipl.-Ing. DDr. Hans Lechner, 12.

72 Vgl. zu den Forschungsdesideraten, die vor allem hinsichtlich der Hochschulpolitik in der Ära Drimmels weiterhin bestehen: Thomas König, Heinrich Drimmel und die österreichische Hochschulpolitik in der Nachkriegszeit, in: Johannes Feichtinger/Marianne Klemun u.a. (Hg.), Wandlungen und Brüche. Wissenschaftsgeschichte als politische Geschichte, Göttingen 2018, 383–389.

73 Vgl. Klaus Taschwer, Hochburg des Antisemitismus. Der Niedergang der Universität Wien im 20. Jahrhundert, Wien 2015, 152 f.

74 Vgl. zu Drimmels politischer Karriere u.a. Anton Staudinger, Heinrich Drimmel, in: Herbert Dachs/Peter Gerlich u.a. (Hg.), Die Politiker: Karrieren und Wirken bedeutender Repräsentanten der Zweiten Republik, Wien 1995, 118–124.

75 Erika Weinzierl beschrieb Klaus' damalige politische Einstellung wie folgt: „Klaus […] macht kein Hehl daraus, daß er, obwohl in einer katholisch-österreichischen bzw. monarchistischen Atmosphäre aufge-

Für Klaus war insbesondere seine enge Verbindung zu Wilhelm Wolf von Bedeutung, der ein hochrangiger Beamter des Unterrichtsministeriums war. Wolf war ein katholisch-nationaler „Verfechter der Anschlußidee". Er galt als NS-Sympathisant, der als „Außenminister" auch dem Anschlusskabinett von Arthur Seyß-Inquart angehörte. Wolf vermittelte Klaus nach dessen Studienabschluss 1934 eine Stelle als persönlicher Sekretär von Johann Staud, dem Präsidenten des „ständestaatlichen" Gewerkschaftsbundes. Sowohl Drimmel als auch Klaus nahmen als Frontsoldaten am Zweiten Weltkrieg teil. Während Drimmel nach 1945 seine Karriere im Unterrichtsministerium fortsetzte, die ihn 1954 bis zum Amt des Ressortchefs führte, war Klaus nach seiner Rückkehr aus der Kriegsgefangenschaft ab Herbst 1945 in Hallein (Salzburg) zunächst als Rechtsanwalt tätig, ehe er 1949 zum Landeshauptmann gewählt wurde.[76]

Egon Lendl – der erste gewählte Rektor der künftigen Universität Salzburg – war einer von denjenigen „Katholisch-Nationalen", die eine eher „nationale" als katholische Schlagseite aufwiesen. Lendl war als 9-Jähriger mit seinen Eltern von Trient nach Wien übersiedelt, wo er das Bundesgymnasium III in der Kundmanngasse (3. Wiener Gemeindebezirk, Landstraße) besuchte. 1926 begann Lendl ein Studium der Geographie und Geschichte, das er 1931 mit einer Dissertation über *Das Deutschtum der Ilowasenke*[77] in Westslawonien abschloss. Als Student betätigte sich Lendl aktiv im Bund Neuland.[78] Als 24-Jähriger veröffentlichte er etwa 1930 im „Sturmschar-Heft" des Mitteilungsblatts der „Neuländer", der „Neuen Jugend", einen Essay zum Thema „Bubenschaft". Lendl führte hierzu aus, dass die „Bubenschaft" eine „Erziehungsgemeinschaft" sei, die ein bestimmtes „Weltbild" erarbeiten sollte. „Unser ganzer Glaube an Volkstum und völkische Arbeit" werde durch „lebendige Kritik vertieft". Der Jugendliche erfahre dadurch „eine Einordnung in eine größere, tiefere Ganzheit". Dem „Führer" der „Bubenschaft" obliege die Aufgabe, „die für die Gemeinschaft wichtigen Belange zeitgerecht weiterzuführen".[79]

Für das „Sturmschar-Heft" der „Neuen Jugend" verfasste auch Hubert Lendl, der um sechs Jahre jüngere Bruder Egon Lendls, einen Artikel über das „Jungvolk", dessen „völkische", antibürgerliche und jugendbewegte Diktion noch schärfer hervortrat als jene seines älteren Bruders: Die „junge Schar" sei im Idealfall „in Not und Tod verbunden mit dem Führer", andernfalls habe sie keine Zukunft; in „harter Zucht" werde das „Jungvolk" „zur Gestaltung der Jünglings- und Mannesjahre reifen", wobei es unbedingt vermeiden müsse, „im bürgerlichen Leben zu enden".[80]

---

wachsen und erzogen, in Wien sehr rasch zum Großdeutschen geworden ist. Daher trat er auch dem 1932 aus der ‚Katholisch-deutschen Hochschülerschaft' hervorgegangenen ‚Volksdeutschen Arbeitskreis österreichischer Katholiken', einem Zentrum der sogenannten ‚Katholisch-Nationalen', bei. Erika Weinzierl, Josef Klaus, in: Wolfgang Huber (Hg.), Landeshauptmann Klaus und der Wiederaufbau Salzburgs, Salzburg 1980, 7–22, hier 8.

76 Österreichischer Cartellverband, Josef Klaus, Lebenslauf. https://www.oecv.at/Biolex/Detail/13200254 (19.3.2019).

77 Vgl. Egon Lendl, Das Deutschtum in der Ilowasenke, Leipzig 1941.

78 Vgl. zu den akademischen Lehrern vieler „Neuländer" an der Universität Wien auch Altlandeshauptmann Dipl.-Ing. DDr. Hans Lechner, 9.

79 Egon Lendl, Bubenschaft, in: Neue Jugend 12 (1930), 83 f.

80 Hubert Lendl, Jungvolk, in: Neue Jugend 12 (1930), 85–87. Hubert Lendl studierte an der Hochschule

Egon Lendl suchte sich als Student auch politisch zu betätigen; so trat er bei den Kammerwahlen der Deutschen Studentenschaft des Jahres 1928 auf der „Liste der katholischen deutschen Wahlgemeinschaft" als einer von mehreren Vertretern des „Jungkatholischen Hochschulrings" zur Wahl an.[81] Am 28. Oktober 1932 trat Lendl schließlich der NSDAP Wien-Landstraße bei. Im Personalfragebogen der NSDAP gab er später an, dass er bereits dem Deutschen Schulverein Südmark und dem Bund Neuland angehört habe; „vom Herbst 1932 bis 1933" habe er zudem „beim N.S. Lehrerbund Landstraße in der illegalen Zeit mehrere Vorträge bei Schulungsabenden" gehalten und auch bei „Kundgebungen" mitgewirkt. Nach dem „Anschluss" füllte er einen mit 21. Mai 1938 datierten NSDAP-Personalfragebogen aus, um seine „Mitgliedschaft im Lande Österreich" feststellen zu lassen. Die provisorische Mitgliedskarte wurde Lendl, der auch Träger der „Medaille zur Erinnerung an den 13. März 1938" (Ostmarkmedaille) war, am 20. Dezember 1932 ausgestellt. Er erhielt die NSDAP-Mitgliedsnummer 1.309.164.[82]

Zu Lendls akademischen Lehrern zählten u.a. der Geograph Fritz Machatschek (der seine Doktorarbeit betreute) sowie die betont deutschnationalen Historiker Heinrich Srbik und Hans Hirsch. Für seine weitere akademische Laufbahn nahm dann der bekannt deutschvölkisch eingestellte Geograph Hugo Hassinger eine maßgebliche Rolle ein. 1934 wurde Lendl zuerst provisorisch, ab 1935 definitiv gestellter Assistent an Hassingers Lehrkanzel. Um 1938/39 veröffentlichte Lendl einige Artikel, in denen er einige damals aktuelle politisch-territoriale Umwälzungen kommentierte. Er propagierte in diesen Publikationen zwar kein NS-Gedankengut im engeren Sinne, wohl aber stellte er die „Heimkehr" von „grenzlanddeutschen" Gebieten ins „Reich" aus einer deutschvölkisch geprägten siedlungs- und landschaftskundlichen Sicht dar. Einen Anlass seiner publizistischen Wortmeldungen bot etwa ein Protokoll über die Grenzziehung, welches das Deutsche Reich und die Tschechoslowakei am 20. November 1938 unterzeichneten. Die Vereinbarung sah die Abtretung verschiedener südböhmischer und südmährischer Gebiete an die „Ostmark" vor. Den damit verbundenen Gebietszuwachs interpretierte Lendl als einen „Gewinn an neuem wertvollen Boden", aber auch von „Stützpunkten, die verhindern, daß das österreichische Donauland von fremdem Volkstum unter Druck gesetzt werden kann".[83]

---

für Bodenkultur in Wien und schloss sein Studium 1938 mit dem Doktorat bei dem einflussreichen Theoretiker des „Ständestaates" Othmar Spann ab. Später wurde er „Volksbildner" in der Steiermark. Im Zuge eines „Studium generale", dem er sich nach seiner Promotion unterzog, studierte Lendl bei dem Literaturhistoriker Josef Nadler sowie bei Heinrich Srbik und Hugo Hassinger, den akademischen Lehrern seines Bruders Egon. Alle drei genannten Professoren waren Hauptvertreter der „gesamtdeutschen" (Srbik) sowie deutschnationalen ideologischen Richtung an der Universität Wien. Vgl. Hermann Härtel, Nachruf für Dr. Hubert Lendl. http://www.hermannhaertel.eu/index.php?id=408 (7.6.2018).

81 Vgl. Die Kammerwahlen an der Wiener Universität, in: Reichspost, 28.2.1928, 7.

82 ÖStA, AdR, BMU, PA Lendl, Egon; Schreiben des Liquidators des Deutschen Reiches in der Republik Österreich, vom 22.2.1946; ÖStA/AdR, Gauakt Lendl, Egon; NSDAP, Personal-Fragebogen, 21.5.1938; Bundesarchiv Berlin (BArch), ehemaliges Berlin Document Center (BDC), NSDAP-Gaukartei, Dr. Lendl, Egon.

83 Vgl. Egon Lendl, Der Gebietszuwachs der Ostmark, in: Mitteilungen der Geographischen Gesellschaft Wien 82 (1939), 156–159; 319–323; hier 159; vgl. auch Egon Lendl, Das neue Reichsgebiet in der Preß-

Damit erwies sich Lendl als Adept des anthropogeographischen Konzepts vom deutschen „Volks- und Kulturboden", aber auch der Ideenwelt des „Volkstumskampfs" generell, in welcher „Völker" als gleichsam lebende kollektive Akteure gesehen wurden, die im beständigen Kampf um „Lebensraum" stünden. In der Tschechoslowakei wurden das Münchner Abkommen vom 29. September 1938 und die daran anknüpfenden bilateralen Verträge meist sorgenvoll rezipiert. So befürchtete etwa der tschechische Statistiker und Demograph Antonín Boháč, dass die Gebietsverluste der Tschechoslowakei deren „Bevölkerungsproblem" nicht lösen, sondern im Gegenteil eher verschlimmern würden.[84] Boháč litt während des Zweiten Weltkriegs als Angehöriger der tschechischen Intelligenz unter Verfolgungen der Protektoratsverwaltung. So wurde er als Chef des tschechoslowakischen Statistischen Amtes enthoben und in ein kleines Dorf in Ostböhmen verbannt.[85]

Hingegen setzte Lendl seine akademische Karriere an der Universität Wien fort und wurde während des Krieges vom Militärdienst freigestellt.[86] Diese Maßnahme war wesentlich darin begründet, dass das Geographische Institut der Universität Wien „von militärischen und zivilen Reichsstellen [...] dauernd in Anspruch genommen" werde. Die Arbeitskraft Lendls, der sich in seinen Forschungen auf die politisch wichtige „Kulturgeographie des Südostdeutschtums" konzentrierte, war dabei unentbehrlich geworden.[87] Als Hochschullehrer hielt Lendl darüber hinaus „mit großem Erfolg einen geographischen Lehrgang des Langemarkstudiums [sic!]" ab.[88] Die Universität Wien hatte nach deutschem Vorbild ein „Langemarck-Studium" eingerichtet, das als Vorbereitungsstudiengang ausschließlich parteitreue männliche Nationalsozialisten aus der sozialen Unterschicht fördern sollte.[89] 1944 konnte er sich nach „reichsdeutscher" Ordnung im Fach Geographie habilitieren, wodurch er den „Dr. phil. habil." erwarb. In seiner – nie gedruckten – Habilitationsschrift untersuchte er den *Deutschen Einfluss auf die Gestaltung des Kulturlandschaftsbildes im südöstlichen Mitteleuropa*.[90] In der Zeit der NS-Herrschaft war Lendl auch mit Kurt Willvonseder in Kontakt gekommen. Dieser war einer seiner späteren Kollegen an der Universität Salzburg, mit dem er in den 1950er-Jah-

burger Donaupforte, in: Burgenländische Heimatblätter 7 (1938), 59–64.

84 Vgl. Peter Haslinger, Nation und Territorium im tschechischen politischen Diskurs 1880–1938, München 2010, 432.

85 Vgl. Alexander Pinwinkler, Wilhelm Winkler (1884–1984) – eine Biographie. Zur Geschichte der Statistik und Demographie, Berlin 2003, 320.

86 PLUS, Personalabteilung, PA Lendl, Egon; Lebenslauf und Verdienste (undat. u. unpag.), [2].

87 ÖStA, AdR, BMU, PA Lendl, Egon; zur UK-Stellung Lendls: Rektoratskanzlei der Universität Wien, Vermerk, 25.10.1940; 20.2.1942; 14.5.1942.

88 ÖStA, AdR, BMU, PA Lendl, Egon; Hugo Hassinger an den Reichsminister für Wissenschaft, Erziehung und Volksbildung, 1.8.1941.

89 Vgl. Stefan Lenk, Chancen sozialer Mobilität an der Universität Wien im 20. Jahrhundert. Brüche und Kontinuitäten bei der sozialen Herkunft der Studierenden, in: Mitchell G. Ash/Josef Ehmer (Hg.), Universität – Politik – Gesellschaft, Göttingen 2015, 565–618, hier 586.

90 Vgl. Hans Bobek, Egon Lendl – eine Würdigung, in: Mitteilungen der Österreichischen Geographischen Gesellschaft 109 (1967), 9–18, hier 10. Helmut Heuberger erklärte die Tatsache, dass Lendls Habilitationsschrift nach dem Zweiten Weltkrieg nicht veröffentlicht wurde, mit dem Umstand, dass „seine Hauptforschungsrichtung [...] in politischen Verruf geraten" sei. Helmut Heuberger, Egon Lendl, in: Almanach der Österreichischen Akademie der Wissenschaften 139 (1989), 395–398, hier 396.

ren im Rahmen des Projekts zur Herausgabe des *Salzburger Heimatatlas* zusammenarbeitete. Willvonseder gehörte wie Lendl selbst im „Dritten Reich" der Reichsarbeitsgemeinschaft für Raumforschung an, die Lendls Vorgesetzter Hugo Hassinger geleitet hatte.[91]

Am 6. Juni 1945 wurde Lendl aufgrund des NS-Verbotsgesetzes als wissenschaftlicher Assistent am Geographischen Institut der Universität Wien entlassen.[92] Er verlegte daraufhin seinen Wohnsitz nach Seekirchen am Wallersee (Salzburg) und wurde bereits am 1. September 1945 mit ausdrücklicher Zustimmung der Landesregierung freier wissenschaftlicher Mitarbeiter im Haus der Natur. Dies bedarf einer näheren Erläuterung: Der Gründer und langjährige Leiter des Hauses der Natur, Eduard Paul Tratz, war unmittelbar nach Kriegsende im Zuge der Entnazifizierung seines Amtes enthoben und in das Internierungslager Glasenbach eingeliefert worden. Sein Nachfolger Maximilian Piperek gehörte wie Lendl dem Geburtsjahrgang 1906 an. Er hatte ebenfalls das Wiener Bundesgymnasium III in der Kundmanngasse besucht. Vermutlich standen die beiden auch während ihrer Studienzeit miteinander in Kontakt, denn Piperek studierte an der Universität Wien außer Philosophie und Naturwissenschaften auch Geographie. Wie eng die Verbindung zwischen den beiden gewesen sein muss, ergibt sich allein schon daraus, dass Lendl bereits am 10. August 1945, also kaum drei Wochen nach Pipereks Bestellung zum Direktor des Hauses der Natur, bei diesem vorstellig wurde und von ihm sogleich mit Aufgaben betraut wurde.[93]

Lendl arbeitete bis 1948 als Mitarbeiter seines Schulfreunds Piperek im Haus der Natur. Daneben nahm er sich auch der zahlreichen nach Salzburg geflüchteten „volksdeutschen" Vertriebenen an. Er zählte zu den ersten, die nach 1945 durch Vorträge – etwa in der Aula Academica in Salzburg – dazu beitrugen, die „absolute Identitätskrise" der Vertriebenen zu überwinden.[94] Sein akademischer Lehrer Hugo Hassinger gehörte zwar dem NS-Beamtenbund, nicht aber der NSDAP an. Hassinger konnte daher seine Karriere als Universitätsprofessor nach 1945 bruchlos fortsetzen.[95] Seinen ehemaligen Schüler und Mitarbeiter suchte er durch ein günstiges Gutachten zu unterstützen. Hassinger charakterisierte Lendl als „einen gütigen, stets hilfsbereiten, religiös und idealistisch eingestellten Menschen", der sich „nie-

91 Obermair, Kurt Willvonseder, 156 f.

92 In einem späteren Curriculum Vitae umschrieb Lendl den Umstand, dass er 1945 wegen seiner NS-Vergangenheit seine Stelle an der Universität Wien verloren hatte, in euphemistischer Weise wie folgt: „Durch kriegs- und nachkriegsbedingte Gründe habe ich meinen Wohnsitz vom Jahre 1945 an nach Salzburg verlegt […]."SLA, Nachlass Lendl, Egon; Karton 12 [undat. Mskr., verfasst nach 1957]. Guido Müller schreibt ebenfalls, dass Lendl „kriegsbedingt" nach Salzburg übersiedelt sei: Guido Müller, Die Universität Salzburg und die Gesellschaft für Salzburger Landeskunde. Der erste gewählte Rektor Egon Lendl war seit 1950 Landeskundemitglied, in: Gesellschaft für Salzburger Landeskunde – Landeskunde-Info 4 (2014), 4–6, hier 5.

93 Freundliche Mitteilung von Univ.-Prof. Dr. Robert Hoffmann an den Vf. vom 23.3.2017. Vgl. hierzu auch Robert Hoffmann, Interview mit Herrn Direktor Dr. Eberhard Stüber am 1.3.2012 [ungedr. Mskr.]. Für die freundliche Überlassung des transkribierten Interviews danke ich Herrn Prof. Hoffmann herzlich.

94 So jedenfalls A. K. Gauss, Eine Rückblende, in: ders., Wege und Irrwege in Rot-Weiß-Rot, Salzburg 1979, 66 f.

95 Vgl. Christine Zippel, Hugo Hassinger, in: Michael Fahlbusch/Ingo Haar/Alexander Pinwinkler (Hg.), Handbuch der völkischen Wissenschaften. Bde. 1–2,1: Biographien, Berlin 2017, 269–273.

mals aktiv politisch betätigt" habe und „stets allen Radikalismen abgeneigt" gewesen sei.[96] Lendl selbst verfasste ein als „Lebenslauf" benanntes ausführliches Rechtfertigungsschreiben, das Hassinger Anfang 1946 dem Dekan der Philosophischen Fakultät der Universität Wien vorlegte. Hintergrund war sein Bestreben, jedweden Verdacht auszuräumen, dass er sich vor 1938 als illegaler Nationalsozialist betätigt habe. In seinem „Lebenslauf" gab Lendl an, dass er 1932 „in Berührung mit dem Problem des Nationalsozialismus" gekommen sei. Als junger katholischer Akademiker sei er – wie andere jugendbewegte damalige Akademiker – „wenigstens provisorisch" der NSDAP beigetreten. Ziel sei es gewesen, „eine geistige Auseinandersetzung mit jungen lebendigen Menschen der orthodoxen politischen Parteirichtung zu erreichen." Bereits im Mai 1933 habe er alle Verbindungen zur NSDAP abgebrochen (was allerdings seinen früheren Angaben vom Mai 1938 widersprach); 1938 sei er aus beruflichen Gründen neuerlich der Partei beigetreten. Die „Ostmarkmedaille" habe er zunächst abgelehnt, sie sei ihm allerdings später vom Reichsministerium für Wissenschaft, Erziehung und Volksbildung verliehen worden.[97]

Spätestens ab 1950 stand Lendls Integration in die Salzburger Wissenschaftsszene der Nachkriegszeit nichts mehr im Wege, nachdem er als „Minderbelasteter" aus der Registrierungsliste der Nationalsozialisten gestrichen worden war.[98] Noch 1950 erhielt er einen Sonderauftrag der Salzburger Landesregierung. Er verpflichtete sich damit, gemeinsam mit Kurt Willvonseder, Friederike Prodinger, Franz Fuhrmann (dem späteren Professor für Kunstgeschichte an der Universität Salzburg), dem Volkskundler Richard Wolfram sowie dem akademischen Maler Hans Pfitzner den *Salzburger Heimatatlas* zu bearbeiten. Sowohl Wolfram als auch seine Assistentin Prodinger waren in der NS-Zeit Mitarbeiter der Forschungs- und Lehrgemeinschaft „Das Ahnenerbe" in Salzburg gewesen. Als Leiter des Projekts *Salzburger Heimatatlas* fungierte der Archivdirektor und Vorstand der Gesellschaft für Salzburger Landeskunde Franz Martin, der bereits 1943 mit den Vorarbeiten zu einem geplanten „Salzburger Gauatlas" begonnen hatte, diesen während des Krieges aber nicht mehr umsetzen konnte; Lendl wurde zum Geschäftsführer der Arbeitsgemeinschaft Salzburger Heimatatlas bestellt. Nachdem Martin 1950 überraschend verstorben war, übernahm Lendl die Leitung des wissenschaftlichen Unternehmens, dessen Ergebnisse 1955 der Öffentlichkeit präsentiert wurden.[99]

Bereits wenige Jahre zuvor – 1952 – war Lendl neuerlich habilitiert worden. Er wurde daher im folgenden Jahr, nachdem er einen Probevortrag zum Thema „Das Bundesland Salzburg im Spiegel seines Atlaswerks" gehalten hatte, wieder als Privatdozent für Geographie an der Universität Wien zugelassen.[100] 1957 wurde er zum titulierten außerordentlichen Profes-

96 SLA, Nachlass Lendl, Egon; Karton 338, Gutachten Hugo Hassinger, Wien, 21.5.1946.

97 Universitätsarchiv Wien (UAW), Personalakt PH PA 2448, Lendl, Egon; Hugo Hassinger an Wilhelm Czermak, 10.1.1946, hier beigelegt: Lebenslauf Egon Lendl, undat., [1946, masch., 6 S.].

98 ÖStA, AdR, BMU, PA Lendl, Egon; Dekanat der Philosophischen Fakultät der Universität Wien an das BMU vom 12.3.1953, betr. Wiederverleihung der Venia legendi an Lendl „für Geographie mit besonderer Berücksichtigung der Kulturgeographie Mitteleuropas".

99 Vgl. Obermair, Kurt Willvonseder, 155–158.

100 UAW, Personalakt PH PA 2448, Lendl, Egon; Protokoll, Probevortrag Lendl, 10.2.1953.

sor (tit. ao. Prof.) ernannt und vertrat in den folgenden zweieinhalb Jahren den Lehrstuhl für Kulturgeographie. 1961 machte Lendl neuerlich von sich reden, als er jenem Kreis von Planern angehörte, die die „Wiedererrichtung" der Salzburger Universität vorantreiben sollten.[101] Diese Funktion dürfte von wesentlicher Bedeutung nicht nur für seine spätere Berufung zum ordentlichen Professor per 16. Dezember 1963, sondern auch für seine Wahl zum ersten Rektor der „wiedererrichteten" Universität Salzburg im Studienjahr 1964/65 gewesen sein.[102]

Neben Lendl war Karl Wolf der zweite bekennende „Neuländer", der auf eine Professur an die „wiedererrichtete" Salzburger Universität berufen wurde. Wolf übernahm am 5. März 1964 die neu einzurichtende Lehrkanzel für Pädagogik.[103] Landeshauptmann Lechner setzte sich im Zuge des Berufungsverfahrens mit Nachdruck für den Erziehungswissenschaftler ein.[104] Dies lag wesentlich daran, dass dieser und Lechner, die beide gebürtige Steirer waren, einander seit ihrer Jugendzeit persönlich kannten. Der im Vergleich zu Wolf um drei Jahre jüngere, 1913 in Graz geborene Salzburger Landeshauptmann bezeichnete sich selbst „als junger Nachbar und Freund der Familie (sc. Wolf)". Die gemeinsame Mitgliedschaft im Bund Neuland, dem Wolf bereits als Gymnasiast beigetreten war, dürfte ihre freundschaftlichen Bande zusätzlich befestigt haben.[105] Wie die beiden Brüder Lendl publizierte auch Wolf bereits als Student Beiträge in der „Neuland"-Zeitschrift „Neue Jugend", in denen er die Konventionen der bürgerlichen Welt kritisierte und seine sehnliche Erwartung aussprach, dass eine elitäre „neuadlige" Führerschicht das „Volk" zu neuer Blüte emporheben werde: Träger der gesellschaftlichen Entwicklung sei allerdings nicht der „Bürgerstand", denn dieser sei „dem Liberalismus zum Opfer gefallen". Nur „ein neuer Adel", der „in hoher Sittlichkeit" verankert sei, führe das „Volk" „in das neue Mittelalter oder in einen ehrenhaften Tod".[106]

Wolf promovierte 1933 nach Studien der Philosophie und Volkskunde an der Universität Graz zum Dr. phil. Seine berufliche Laufbahn als Lehrer führte ihn zunächst an die Neulandschulsiedlung in Wien-Grinzing, von wo er 1936 an das steirische Volksbildungsheim St. Martin wechselte. Dort ging es ihm vor allem um eine „volkspädagogische Weiterbildung" der „bäuerlichen Jugend".[107] Nach dem Zweiten Weltkrieg, den er als Soldat mitmachte, erklomm Wolf sukzessive weitere Stufenleitern seiner akademischen Karriere, die ihn zunächst als Universitätsdozenten „für systematische Philosophie und Pädagogik" an die Universität Graz und 1960 als ordentlichen Professor an die Pädagogische Hochschule in Regensburg führte. Im Jahr 1964 hatte Wolf die Wahl, entweder an seine Ausbildungsuniversität Graz

101 PLUS, Personalabteilung, PA Lendl, Egon, Protokoll des Akademischen Senats, 26.4.1977. Außer Lendl selbst werden in diesem Schriftstück auch die Politiker Klaus, Lechner, Drimmel, Pifll-Perčević sowie der Rechtswissenschaftler und Publizist René Marcic genannt.

102 Siehe hierzu auch die Kap. 2.2 und 3.3.

103 Vgl. Monika Rothbucher/Gerhard Zecha (Hg.), Karl Wolf. Biopädagogik. Reden, Aufsätze, Abhandlungen, Wien 2012.

104 Vgl. SLA, Nachlass Lechner, Hans; private Korrespondenz; Lechner an Heinrich Drimmel, 23.11.1963.

105 Hans Lechner, Ein Leben für die Lebensbildung, in: Josef Schermaier u.a. (Hg.), Aspekte praxisbezogener Pädagogik. Ambivalenz als methodisches Prinzip pädagogischen Denkens, Salzburg 1980, 9–11, hier 9.

106 Karl Wolf, Der konkrete Mensch, in: Neue Jugend 12 (1930), 166–170, hier 169 f.

107 Hans Lechner, Ein Leben, 10.

oder an die neu gegründete Universität Salzburg berufen zu werden. Wolf entschied sich schließlich für Salzburg nicht nur deshalb, weil Lechner ihn dort gerne als Hochschullehrer haben wollte, sondern auch, weil das Land „für seine Professoren in der Wohnungsbeistellung zu großen Opfern bereit" sei.[108]

Lechner verschaffte Wolf, seinem Freund „aus Grazer Neuland-Tagen", tatsächlich eines jener neu gebauten Reihenhäuser in der Salzburger Favoritagasse, in denen einige der Professoren der „wiedererrichteten" Universität Salzburg untergebracht werden konnten.[109] Dass Wolf erst in Salzburg zum Kreis der „Neuländer" um Lechner hinzustieß, ist als wahrscheinlich anzunehmen. Dort hatte der Benediktinerpater Albert Auer, der auch Professor für Philosophie an der Theologischen Fakultät war, bereits in den 1930er-Jahren die geistliche Betreuung des Bundes Neuland von seinem Ordensbruder Thomas Michels übernommen.[110] In der unmittelbaren Nachkriegszeit hatte Auer maßgeblich dafür Sorge getragen, dass die von den Nationalsozialisten beschlagnahmte Bibliothek des Katholischen Universitätsvereins gerettet werden konnte.[111] Lechner bezeichnete Auer ausdrücklich als „die geistige Leitfigur" für die „Neuländer".[112] Im privaten Kreis der Familien Lechner und Lendl hielt Auer regelmäßig Vorträge ab.[113]

Als Hochschullehrer verfolgte Wolf die erklärte Absicht, „das Erbe der Jugendbewegung weiterzutragen [...] und zu vertiefen".[114] Seine frühere schwülstige Ausdrucksweise aus seiner Zeit als Student, als er für die Zukunft des „Volks" nur den Ausweg zwischen einem „neuen Mittelalter" und einem angeblich „ehrenhaften Tod" gekannt zu haben schien, dürfte Wolf in reiferem Alter abgelegt haben. Dem Bund Neuland blieb er jedenfalls zeitlebens eng verbunden. So verfasste er 1960 zu Ehren seines priesterlichen Weggefährten und Freundes Michael Pfliegler einen Artikel, in dem wesentliche Aspekte der „Neuland"-Ideologie weiterhin erkennbar blieben. „Jugendführung" und die Bedeutung der „katholischen Erziehung" blieben wesentliche Grundlagen seiner Gedankenwelt; die „totalitäre Pädagogik" von Nationalsozialismus und sowjetischer „Ostzone" lehnte er hingegen klar ab. „Kommunismus" und „Nationalsozialismus" waren für Wolf gleichermaßen „totalitäre" Systeme, für deren Erziehungswesen jeweils „politische Aufgaben, wenn auch verschiedener Natur", im Vordergrund stünden.[115]

---

108 Karl Wolf an Wolfgang Brezinka, 24.10.1963, zit. n. Wolfgang Brezinka, Pädagogik in Österreich. Die Geschichte des Faches an den Universitäten vom 18. bis zum 21. Jahrhundert. Bde. 1–3,3: Pädagogik an den Universitäten Czernowitz, Salzburg und Linz, Wien 2008, 108.

109 Vgl. Georg Pfligersdorffer, Erinnerungen, in: Salzburg. Geschichte & Politik 8 (1998), 266-268, hier 266.

110 Vgl. Thomas Michels, Gedenkworte bei der Eucharistiefeier für P. Albert Auer OSB am 31. März 1973 auf dem Nonnberg. Der Mönch und Priester, in: Für die Freunde von Albert Auer OSB zum Gedächtnis, Salzburg 1973, 3–5, hier 4.

111 Rinnerthaler, Der Universitätsverein, 68 f.

112 Lechner, Ein Leben für die Lebensbildung, 9.

113 „Die Älteren trafen sich alle 14 Tage bei Familie Lechner oder Lendl zu den Vorträgen Prof. Albert Auers." Berichte der Länder – Salzburg, in: Der Quell, Sept./Okt. 1964, 21 f.

114 Bekenntnis-Erklärung zur Wieder-Errichtung des Bundes „Neuland" vom 6.8.1948 in Obertraun mit Wolfs Unterschrift; zit. n. Brezinka, Pädagogik, 108.

115 Vgl. Karl Wolf, Das Bildungsideal einst und jetzt, in: Karl Rudolf/Leopold Lentner (Hg.), Custos Quid de

Abb. 7: Hans Sedlmayr in der Stuba Academica der Universität Salzburg (undat., 1960er-Jahre).

In seinem Auftreten als Hochschullehrer dürfte Wolf allerdings eher den Charme eines „ländlichen Katecheten" ausgestrahlt haben. Viele seiner Zeitgenossen, die Wolfs persönliche Güte und Redlichkeit durchaus anerkannten, dürften dies als Ausdruck einer intellektuell nur wenig anziehenden Geistigkeit empfunden haben.[116] Die Universität Salzburg verließ Wolf bereits nach wenigen Jahren, als er 1970 einem Ruf auf einen Lehrstuhl für „Angewandte Pädagogik/Schulpädagogik" an die Universität Wien folgte. Ein wesentlicher Grund für den Wechsel nach Wien dürfte für ihn gewesen sein, dass ihn seine Salzburger Kollegen nicht zum Rektor gewählt hatten, was er unter Berufung auf das „Anciennitätsprinzip" für sich in Anspruch nehmen zu können geglaubt hatte.[117] Nachdem er 1979 emeritiert worden war, war Wolf als Honorarprofessor an seiner früheren Wirkungsstätte in Salzburg allerdings willkommen.[118]

Auch der oben erwähnte prominente Kunsthistoriker Hans Sedlmayr dürfte seine Berufung nicht zuletzt den Bemühungen von Hans Lechner verdankt haben, ihn als Gastprofessor

Nocte? Österreichisches Geistesleben seit der Jahrhundertwende, Wien 1961, 101–116, hier 110 f.

116 Vgl. Brezinka, Pädagogik, 123.

117 Ebd., 122.

118 Vgl. Josef Thonhauser, Zum Gedenken an o. Univ.-Prof. Dr. Karl Wolf, in: Jahrbuch der Universität Salzburg 1993–1995, 341 f., hier 341.

nach Salzburg zu holen. Lechner schreibt in seinen Erinnerungen, dass er selbst Sedlmayr bei einer zufälligen Begegnung anlässlich einer Buchausstellung in Salzburg darauf angesprochen habe, ob er am Aufbau der neuen Universität mitwirken wolle.[119]

Tatsächlich betonte Lechner gegenüber dem für die Hochschulen zuständigen Sektionschef des Unterrichtsministeriums Franz Hoyer, wie sehr ihm „an einer Berufung Sedlmayrs gelegen wäre".[120] Lechner war jedoch nicht der einziger Unterstützer Sedlmayrs, der sich darum bemühte, diesen für die „wiedererrichtete" Universität zu gewinnen. In Salzburg herrschte in akademischen Kreisen angesichts der Chance, dass der Verfasser des einflussreichen kulturphilosophischen Werks *Verlust der Mitte* an die neue Universität kommen könnte, sogar eine verbreitete Euphorie. Auch Unterrichtsminister Piffl-Perčević hatte keine Bedenken, den kulturkonservativen Gelehrten mit fragwürdiger Vergangenheit im „Dritten Reich" nach Salzburg zu berufen. Der Minister sprach in einem Interview im Gegenteil davon, dass Sedlmayr eine „Magnetlehrkanzel" zugedacht sei. Mit seiner geplanten Berufung als Gastprofessor, dem alle Rechte und Pflichten eines Ordinarius zugebilligt werden sollten, gedenke das Ministerium „eine echte Attraktion für die junge Fakultät" zu schaffen.[121] Sein Buch *Verlust der Mitte*, in welchem er die Moderne und avantgardistische Strömungen in der Kunst perhorreszierte, hatte Sedlmayr 1948 in erster Auflage im Salzburger Otto Müller Verlag veröffentlicht. Das Buch ging auf ein Manuskript zurück, das der Kunsthistoriker 1941 verfasst und seither mehrfach überarbeitet hatte.[122]

Sedlmayrs Rolle, die er als Ordinarius für Kunstgeschichte an der Universität Wien während der NS-Zeit eingenommen hatte, war im Unterschied zu Salzburg andernorts hoch umstritten. In politischer Hinsicht hatte sich Sedlmayr als durchaus wandlungsfähig erwiesen. Noch im austrofaschistischen „Ständestaat" war er den „Katholisch-Nationalen" nahegestanden und hatte 1933 u.a. beim Allgemeinen Deutschen Katholikentag in Wien mitgewirkt. Nach dem „Anschluss" Österreichs wurde Sedlmayr mit dem für ehemalige illegale Nationalsozialisten reservierten, rückdatierten Eintrittstag 1. Jänner 1938 neuerlich in die NSDAP aufgenommen. 1945 wurde dem Kunsthistoriker seine NSDAP-Mitgliedschaft – wenigstens für einige Zeit – allerdings zum Verhängnis: Sedlmayr wurde 1945 zwangsemeritiert und einem dreijährigen Berufsverbot unterworfen.[123] Die Sonderkommission beim Unterrichtsministerium, die Sedlmayrs Emeritierung verfügte, sah damals „keine Gewähr dafür, dass er jederzeit rückhaltlos für die unabhängige Republik Österreich eintreten werde" und kürzte

119 Vgl. Lechner, Der Weg zur Universität, 252.

120 ÖStA, AdR, BMU, PA Sedlmayr, Hans; Lechner an Hoyer, 6.5.1964. Vgl. zu Hoyer, der ein Mitglied der CV-Verbindung „Bajuvaria" war, Österreichischer Cartellverband, Franz Hoyer, https://www.oecv.at/Biolex/Detail/11000664 (19.3.2019).

121 Vielfacher Proporz bereitet Sorgen. Minister Piffl-Percevic über Aufgaben und Probleme des Unterrichtsressorts, in: Die Presse, 1.8.1964.

122 Vgl. Hans Sedlmayr, Verlust der Mitte, Salzburg-Wien 1948; vgl. Gert Kerschbaumer/Karl Müller, Begnadet für das Schöne. Der rot-weiß-rote Kulturkampf gegen die Moderne, Wien 1992, 173 f., sowie Männig, Hans Sedlmayrs Kunstgeschichte, 132 f.

123 Vgl. Hans H. Aurenhammer, Sedlmayr, Hans, in: Deutsche Biographie. https://www.deutsche-biographie.de/sfz113194.html (5.6.2018).

seinen „Ruhestandsgenuss" um 50 Prozent.[124] Nachdem Sedlmayr 1949 als „minderbelastet" entnazifiziert worden war, konnte er an eine Fortsetzung seiner akademischen Laufbahn denken. 1951 nahm er einen Ruf auf eine Professur für Kunstgeschichte an der Universität München an. Anfang der 1960er-Jahre sollte Sedlmayr mit politischer Rückendeckung wieder an die Universität Wien berufen werden. Zu seinen damaligen Förderern zählte auch der damalige Salzburger Landeshauptmann Josef Klaus. Dieser brachte nicht nur seine „große Freude" darüber zum Ausdruck, dass Sedlmayrs Name „an erster Stelle" der Wiener Berufungsliste stehe, sondern er erbat in nahezu devoter Wortwahl den Kunsthistoriker um dessen „Wohlwollen unseren Salzburger Aufgaben gegenüber, die immer diffizil bleiben werden".[125] Im Herbst 1961 lehnte Sedlmayr einen Ruf an seine frühere Wirkungsstätte allerdings ab, nachdem sich „die gesamte Kunsthistorikerschaft in Wien – bis auf eine Ausnahme – gegen seine Berufung an die Universität Wien erhoben hatte"[126].

Unter den Kunsthistorikern war die geplante Berufung Sedlmayrs nach Wien tatsächlich umstritten. Karl Maria Swoboda, dessen Nachfolge damals geregelt werden sollte, war selbst 1946 der Nachfolger Sedlmayrs gewesen, der 1945 in den vorzeitigen Ruhestand versetzt worden war. Swoboda agitierte mit dem Argument, dass sein nunmehriger Münchner Kollege sich zu sehr der kunstwissenschaftlichen Richtung zugewandt habe, gegen dessen Berufung nach Wien. Sedlmayrs NS-Vergangenheit bildete zunächst auch deshalb keinen Gegenstand der Verhandlungen, weil der Berufungskommission ehemalige NSDAP-Mitglieder wie der Theaterwissenschaftler Heinz Kindermann oder der Germanist Otto Höfler angehörten. Selbst Swoboda, dem von tschechischen Kollegen bescheinigt worden war, dass er während seiner Zeit als Prager Ordinarius ein Gegner der Nationalsozialisten gewesen sei, nannte Sedlmayr in einem Atemzug mit vertriebenen Gelehrten einen „ausgewanderten Österreicher". Sedlmayrs NS-Vergangenheit wurde in den offiziellen Berufungsberatungen hingegen verschwiegen. Erst als Unterrichtsminister Drimmel im Herbst 1960 Verhandlungen mit Sedlmayr und dem für die zweite Professur für Kunstgeschichte vorgesehenen Otto Demus aufnahm, regte sich Widerstand, wobei auch Sedlmayrs NS-Vergangenheit erstmals thematisiert wurde. Demus selbst trat mit der Begründung von den Verhandlungen mit dem Ministerium zurück, dass er sich die Leitung des Instituts nicht mit einem Kollegen teilen wolle, der von vielen Fachleuten im In- und Ausland abgelehnt werde. Daraufhin drohte eine Reihe weiterer Wiener Kunsthistoriker, ihre Lehrveranstaltungen abzusagen und an die Öffentlichkeit zu gehen. Fritz Novotny, der Direktor der Österreichischen Galerie, zitierte wörtlich aus Sedlmayrs Widmung seines Festschrift-Aufsatzes für Wilhelm Pinder, den dieser mit „Heil Hitler" beschlossen hatte.[127]

Ob Sedlmayr im Herbst 1961 der Universität Wien absagte, weil der Druck seiner Gegner

124 ÖStA, AdR, BMU, PA Sedlmayr, Hans; Erkenntnis der Sonderkommission I. Instanz beim BMU, 10.1.1946.

125 AStS, Nachlass Sedlmayr, Hans; Klaus an Sedlmayr, 29.12.1960.

126 Hilde Zaloscer, Kunstgeschichte und Nationalsozialismus, in: Friedrich Stadler (Hg.), Kontinuität und Bruch 1938 – 1945 – 1955. Beiträge zur österreichischen Kultur- und Wissenschaftsgeschichte, Wien-München 1988, 283–297, hier 294.

127 Vgl. Aurenhammer, Das Wiener Kunsthistorische Institut,184–188.

zu groß geworden war, oder weil die Münchner Universität ihn unbedingt halten wollte und entsprechend intervenierte, bleibt indes unklar.[128] Sedlmayrs Widersachern dürfte jedenfalls bewusst gewesen sein, dass ihr Kollege in einem spezifischen politisch-ideologischen Umfeld besonders hoch angesehen war. So beteiligten sich an einer zu Ehren Sedlmayrs erschienenen Festschrift als Ko-Autoren eine Reihe von Professoren, die eine betont deutschnationale Orientierung aufwiesen: Unter diesen finden sich der Wirtschaftshistoriker Taras Borodajkewycz und der Germanist Otto Höfler von den Wiener Kollegen Sedlmayrs, aber auch der 1945 wegen seiner Zusammenarbeit mit den Nationalsozialisten von seiner Lehrtätigkeit an der Universität Wien enthobene Historiker Otto Brunner, der 1954 an die Universität Hamburg berufen worden war. Sedlmayrs Schüler Mohammed Rassem, der später an der Universität Salzburg zum Begründer der Fachrichtung der Kultursoziologie avancieren sollte, fungierte als einer der beiden Herausgeber dieser Festschrift.[129]

Im Vergleich zu den oben genannten Wissenschaftlern war Theodor W. Adorno ein ungleich bedeutenderer Gelehrter. In Opposition zu Sedlmayrs Buch *Verlust der Mitte* bekannte sich Adorno ausdrücklich zur modernen Kunst in ihrer „extremen Gestalt"[130] und kritisierte damit dessen negativistische Auffassung der „Moderne". Aus der Sicht der österreichischen Kunsthistorikerin jüdischer Herkunft Hilde Zaloscer war Sedlmayr „ein kluger, begabter Kunsthistoriker", seine Veröffentlichungen seien „fundiert" und „ernst zu nehmen". Gerade deshalb hätten Sedlmayrs Arbeiten umso größeren Schaden anrichten können. Denn seine Analysen hätten die moderne Kunst als das erwiesen, „zu dem sie der Nationalsozialismus auf primitivere, grobschlächtigere Weise gestempelt" habe, als „‚entartete'" Kunst.[131]

An der im Aufbau begriffenen Universität Salzburg war Sedlmayr jedenfalls willkommen. Die Berufung des prominenten Kunsthistorikers, „der großmütterlicherseits aus Reichenhall" stammte und sich mit Salzburg „durch viele Fäden verbunden" fühlte,[132] wurde als „ein Riesengeschenk für Salzburgs studierende Jugend" bezeichnet. Zudem wurde kolportiert, dass „die Wiener Einwände gegen ihn (NS) […] längst überholt" seien.[133] Zu dieser Einschätzung der Person des Kunsthistorikers dürfte beigetragen haben, dass Sedlmayr sich im „Schoß der Kirche" die „Absolution für seine Zugehörigkeit zum grausamsten Verbrecherregime" geholt hatte.[134] Von den 1963/64 an der Philosophischen Fakultät der Universität Salzburg tätigen Professoren hatten die meisten – wie oben skizziert – mehr oder weniger offen gezeigte „ka-

128 Ebd., 188.

129 Vgl. Karl Oettinger/Mohammed Rassem (Hg.), Festschrift für Hans Sedlmayr, München 1962, Inhaltsverzeichnis.

130 Zit. n. Philipp Gutbrod, Baumeister versus Sedlmayr. Die Kontroverse um Kunst und Religion im ersten Darmstädter Gespräch (1950), in: Kirsten Fitzke/Zita Ágota Pataki (Hg.), Kritische Wege zur Moderne, Stuttgart 2012, 43–65, hier 57.

131 Zaloscer, Kunstgeschichte, 296.

132 PLUS, Personalabteilung, Personalakt Sedlmayr, Hans; Honorarprofessor Dr. H. Sedlmayr, Lebenslauf, undat. [ca. 1965].

133 ÖStA, AdR, BMI, Personalakten, Dr. Hans Sedlmayr, Notiz (masch., undat., ohne Angabe eines Autors u. ohne Signatur, vermutl. um 1962/64).

134 Zaloscer, Kunstgeschichte, 294.

tholisierende" Neigungen. Gerade deshalb dürften sie den Ruf des angeblich „geläuterten" Sedlmayr nach Salzburg unterstützt haben.

Andere Vertreter der „Gründergeneration" wie etwa der Germanist Herbert Seidler oder der evangelische Geologe und Philosoph Walter Del-Negro entbehrten zwar der Affinität zur katholischen Kirche, sie hatten sich im „Dritten Reich" aber mindestens ebenso deutlich politisch exponiert. So war Del-Negro 1939 mit der Organisation der Salzburger Wissenschaftswochen betraut gewesen, die vom Reichserziehungsministerium und von der „Stiftung Ahnenerbe" der SS veranstaltet wurden und als ideologischer Gegenentwurf zu den früheren katholischen Salzburger Hochschulwochen gedacht waren. Del-Negro verfasste damals einen programmatischen Artikel mit dem Titel „Salzburgs akademische Tradition". Als Ziel der „Wissenschaftswochen" führte er an, dass diese einen „Überblick über die gesamtdeutsche Wissenschaft" vermitteln und den Bruch mit dem katholischen Universalismus besiegeln sollten.[135] In den 1950er-Jahren gelang es Del-Negro durch seine Mitgliedschaft beim Bund Sozialistischer Akademiker (BSA), sich erfolgreich gegen Kritik an seiner NS-Vergangenheit zu immunisieren.[136] Dass er den Terror des Nationalsozialismus zu relativieren suchte, obgleich er den Genozid an den europäischen Juden nicht verschwieg und die Zahl der Opfer als „erschütternd" bezeichnete, deutet ein Buch an, das er 1962 unter dem Pseudonym „Herbert von Schwartze" veröffentlichte. Diese Publikation trug den Titel *Geschichte der Gegenwart*. Darin stellte Del-Negro fest, dass das „historische Schrifttum" von einer Literatur „beherrscht" sei, „die im Sinne des Nürnberger Prozesses alles anklagende Material zutage" fördere. Er beklagte die angebliche moralisierende Tendenz der Historiographie und stellte dieser das Diktum des Historikers Otto Westphal entgegen, der „schon 1948" davor gewarnt habe, „den Nationalsozialismus in seiner Gesamterscheinung als Kriminalfall anzusprechen". Westphal war einer der Vordenker der nationalsozialistischen Geschichtsideologie gewesen, der für eine „nordisch" fundierte rassistische Historiographie stand.[137]

Del-Negro erreichte – etwa im Vergleich zu Herbert Seidler – in seiner akademischen Laufbahn kein Ordinariat, sondern „nur" die Stufe eines „titulierten außerordentlichen" Universitätsprofessors. In dem Gutachten der Kommission, die anlässlich seines vorgesehenen Karriereschritts eingerichtet worden war, wurde „die Weite der wissenschaftlichen Interessen" Del-Negros ebenso hervorgehoben wie „seine hohe Bildung und seine noble menschliche Art". Die NS-Vergangenheit Del-Negros sowie die Tatsache, dass dieser seine akademische Karriere erst nach erfolgter Entnazifizierung wieder aufgenommen hatte, erwähnte dieses Gutachten hingegen nicht. Del-Negro selbst kann nicht vorgeworfen werden, dass er in den

135 Vgl. Danner, „Weltanschauungsfreie Forschung … nicht einmal wünschenswert", 208 f.; Walter Del-Negro, Salzburgs akademische Tradition, in: Salzburger Volksblatt, 4.8.1939, 5, sowie Walter Del-Negro, Die akademische Tradition der Stadt Salzburg. Geschichtliche Grundlagen der Salzburger Wissenschaftswochen, in: Neues Wiener Tagblatt, 6.8.1939, 12.

136 Vgl. AStS, BSA, Kt. PA 32,01, Fragebogen Walter Del-Negro, 17.4.1950.

137 Herbert von Schwartze [d. i. Walter Del-Negro], Geschichte der Gegenwart. Politik und Kultur am Beginn des globalen Zeitalters, Salzburg 1962, 154; 161; vgl. zu Westphal Peter Borowsky, Geschichtswissenschaft an der Hamburger Universität 1933 bis 1945, in: Hochschulalltag im „Dritten Reich". Die Hamburger Universität 1933–1945, Berlin-Hamburg 1991, 537–588, hier 553.

„Lebensdaten", die er 1964 seiner Bewerbung um einen Lehrauftrag an der Universität Salzburg beilegte, seine frühere NSDAP-Mitgliedschaft verschwiegen hätte. Auch führte er in diesem Curriculum Vitae an, dass er erst 1949 aufgrund seiner Entnazifizierung wieder in den Schuldienst aufgenommen worden sei. Die von ihm 1942 publizierte Studie *Die Philosophie der Gegenwart in Deutschland*, deren kurze Darstellung der Philosophie Hermann Cohens „als in ihrem Gebrauch der zentralen Stereotype und in ihrer Sprache charakteristisch für die NS-Philosophiegeschichtsschreibung"[138] gilt, nahm Del-Negro ebenfalls in die Liste seiner Publikationen auf. Ob er darauf spekulierte, dass diese einführende Darstellung im Professorenkollegium der Philosophischen Fakultät ohnehin niemand kennen würde, muss hier offenbleiben. Es kann aber als sicher gelten, dass Del-Negros von Brüchen durchzogener akademischer Werdegang und seine Involvierung in den Nationalsozialismus in diesem Kreis nicht unbekannt geblieben sind.[139]

Vor allem jene katholisch gesinnten pro-österreichischen Kreise, die vom NS-Regime als unzuverlässig oder feindlich eingestellt betrachtet worden waren, waren von ihren Vorbehalten gegen deutsch-„völkisch" geprägte Wissenschaftler wie Herbert Seidler kaum abzubringen. Als symptomatisch für die geistige Haltung, in welcher die Rückkehr von „Ehemaligen" wie Seidler in diesen Kreisen kritisiert wurde, kann etwa ein Brief von Viktor Suchy an Unterrichtsminister Drimmel gelten, der sich auf die anstehende Besetzung der Salzburger Lehrkanzel für neuere Literaturgeschichte bezog. Der überzeugte Katholik Suchy war Verlagslektor und Literaturwissenschaftler. Seine Erfahrungen im Nationalsozialismus bewogen ihn dazu, sich für österreichische Exilliteratur und gegen rechte Radikalismen einzusetzen. Als weltanschauliche Gegner betrachtete er allerdings auch sozialistisch orientierte Akademiker und Intellektuelle.[140] Suchy sorgte sich dezidiert, dass die „katholischen Akademiker" in einem „Zweifrontenkampf zwischen den Nationalliberalen, deren Mitwirkung am Unglück von 1938 nach fünfundzwanzig Jahren mehr oder weniger vergessen scheint, und dem Vordringen der Marxisten" an den Universitäten gleichsam zerrieben werden könnten. Die neue Salzburger Universität betreffend dürfte Suchy zwar keinen Anlass gehabt haben, ein „Vordringen der Marxisten" befürchten zu müssen; namentlich die bevorstehende Berufung Seidlers veranlasste ihn aber dazu, dessen „ehemals Österreich- und kirchenfeindliche Haltung" kritisch in Erinnerung zu rufen. Seiner Ansicht nach sollte Salzburg vielmehr „wirklich ein österreichisches Fenster sein, aus dem weder die Gesichter der alten Großdeutschen, noch die der Marxisten oder anderer Linksintellektueller sehen sollten."[141]

Der erste gewählte Rektor Egon Lendl stand zwar – wendet man Suchys Maßstäbe an –

138 Michael Hänel, Ernst Cassirers Kampf um die Erinnerung – im Exil und zuvor, in: Hartmut Lehmann/Otto Gerhard Oexle (Hg.), Nationalsozialismus in den Kulturwissenschaften, Bde. 1–2,2, Göttingen 2004, 319–350, hier 331.

139 ÖStA, AdR, BMU, 9/Salzburg/Professoren A–Z 1966–1974, Kt. 624, Ernennung des Herrn Univ. Doz. Dr. Walter Del-Negro zum tit. ao. Professor für Philosophie an der Universität Salzburg, 14.12.1967.

140 Vgl. Heinz Lunzer, Suchy, Viktor, in: Neue Deutsche Biographie 25 (2013), 667–668 [Online-Version]. https://www.deutsche-biographie.de/pnd119481863.html#ndbcontent (12.6.2018).

141 ÖStA, AdR, BMU, Hauptreihe I (1945–1965), Sig. 9, Univ. Salzburg, Kt. 674, Dr. Viktor Suchy an Drimmel, 29.4.1963.

dem politischen Lager der ehemaligen „Großdeutschen" keineswegs fern; immerhin erwies sich der Umstand, dass Lendl „nationale" und „katholische" Strukturelemente politischer Gesinnung und sozialmoralischer Mentalitäten bereits vor 1938 in symbiotischer Weise miteinander verknüpft hatte, nach 1945 als Vorteil für die Wiederaufnahme und erfolgreiche Fortsetzung seiner akademischen Karriere. Während Lendl im „Dritten Reich" die „nationalen" Komponenten seines Denkens hervorgekehrt hatte, dürfte nach 1945 der Verweis auf seine Katholizität – etwa seine Mitgliedschaft beim Bund Neuland – seine Wiedereingliederung in die Nachkriegsgesellschaft deutlich erleichtert haben. Dieses strukturelle Muster galt für viele andere ehemalige „Katholisch-Nationale" in ähnlicher, wenngleich individuell jeweils unterschiedlich abgestufter Nuancierung. Umso mehr schien Lendl als erstberufener Ordinarius und Gründungsdekan der Philosophischen Fakultät dafür prädestiniert zu sein, sich gegenüber dem Unterrichtsministerium für die Berufung des andernorts – etwa in Wien – umstrittenen Hans Sedlmayr nach Salzburg nachdrücklich einzusetzen. Hierzu schien es nicht erforderlich zu sein, in irgendeiner Weise – etwa in defensiver Absicht – auf Sedlmayrs vorgeblich überwundene NS-Vergangenheit hinzuweisen. Es genügte in diesem Fall vielmehr zu betonen, dass „ein außerordentlicher Gewinn für Salzburg" damit verbunden wäre, „diesen anerkannten Gelehrten" zum Mitglied des Salzburger Professorenkollegiums zu machen.[142] Sedlmayr stand 1964 bereits im 68. Lebensjahr; eine ordentliche Professur dürfte für ihn allein deswegen nicht mehr in Betracht gestanden sein. Das Unterrichtsministerium berief ihn per 10. September 1964 daher zunächst zum Gastprofessor, wodurch er kein Mitglied des Professorenkollegiums wurde. Ein Dienstverhältnis wurde hierdurch nicht begründet. Nach der Rechtsauffassung des Ministeriums handelte es sich daher nicht um eine „Wiederindienststellung" Sedlmayrs.[143] Lendl war sich hingegen mit seinen Fakultätskollegen darin einig, dass Sedlmayr zum Honorarprofessor ernannt werden solle, womit er sich schließlich gegenüber dem Ministerium durchsetzte. Sedlmayr wurde 1965 zum Honorarprofessor berufen[144], baute das Kunsthistorische Institut der Universität Salzburg auf und gehörte damit auch dem Professorenkollegium der Philosophischen Fakultät an. In dieser Funktion war Sedlmayr bis 1969 aktiv, ehe er in den endgültigen Ruhestand wechselte.

3.3 Keine Bilderbuch-Heimkehr? Remigrierte Hochschullehrer (Michels, Schwarz, Schächer, Chaimowicz, Strakosch)

In der zeitgeschichtlichen Forschung erfährt die Untersuchung der (Re-)Migration von Künstlern, Wissenschaftlern, Politikern und Intellektuellen im 20. Jahrhundert seit geraumer Zeit ein zunehmendes Interesse. Sie kooperiert dabei eng mit der literaturwissenschaftlich geprägten, stark biographisch orientierten Exilforschung. In den Blick dieser Forschungen geraten dabei auch Repräsentanten des Exils, die während des „Dritten Reiches" aus politischen

142 ÖStA, AdR, BMU, PA Sedlmayr, Hans; Lendl an BMU, 8.5.1964.
143 ÖStA, AdR, BMU, PA Sedlmayr, Hans; Einlaufstück, 14.2.1968.
144 ÖStA, AdR, BMU, PA Sedlmayr, Hans; Dekan Herbert Seidler an das BMU, 21.9.1964.

und/oder rassistischen Gründen vertrieben worden waren und die nach 1945 nach Österreich oder Deutschland zurückkehrten.[145] Die Herausgeber des Sammelbands *Bilderbuch-Heimkehr – Remigration im Kontext* heben hierzu zweierlei hervor: einerseits die weithin fehlenden empirischen Grundlagen zu der Frage, wie viele Exilantinnen und Exilanten tatsächlich nach Deutschland oder Österreich zurückgekehrt seien; andererseits die „Komplexität und Heterogenität des Themas", die es erschwere, einen „systematischen Zugang" zu entwickeln. Die einzelnen Fallgeschichten seien nämlich zu unterschiedlich, um strukturellen Analysen zugänglich gemacht zu werden. Begriffe wie „Rückkehr" oder gar „Heimkehr" blieben zudem hinsichtlich ihres Bedeutungsgehalts zu vage und ambivalent, um analytisch in einer dem Gegenstand angemessenen Weise fruchtbar gemacht werden zu können.[146]

Auch die vorliegende Studie konzentriert sich auf einzelne „Fallgeschichten"; die Lebens- und Karrierewege der Exilanten bzw. Remigranten verliefen, wie im Folgenden ausgeführt wird, im Einzelnen jeweils deutlich unterschiedlich. Auch die Motive, die Wissenschaftler und Intellektuelle in den 1930er-Jahren zum Verlassen Deutschlands oder Österreichs bewogen, wichen voneinander ab. So ist etwa zwischen dem sozialistischen/sozialdemokratischen politischen Exil und der Emigration von Gelehrten, die sich vor 1938 als Unterstützer des Dollfuß/Schuschnigg-Regimes profiliert hatten, zu unterscheiden. Einige der individuellen Lebenswege der hier vorgestellten Remigrierten kreuzten einander schon, bevor sie an der 1962 „wiedererrichteten" Universität Salzburg aufeinandertrafen. So war der Philosoph Balduin Schwarz bereits 1934/35 als Gastprofessor am Päpstlichen Philosophischen Institut in Salzburg und 1935 als Referent bei den Salzburger Hochschulwochen aufgetreten.[147] Den Benediktinerpater und habilitierten Patristiker und Liturgiewissenschaftler Thomas Michels dürfte Schwarz bereits damals kennengelernt haben. Nicht zuletzt Michels' Fürsprache trug später dazu bei, dass Schwarz ein Stipendium der Rockefeller Foundation zugesagt erhielt, so dass er im Mai 1941 mit seiner Familie in die USA emigrieren konnte.[148]

P. Thomas Michels zählte nicht zu den „Gründerprofessoren" der staatlichen Universität Salzburg; als die Salzburger Universität 1962 „wiedererrichtet" wurde, wurde der Benediktiner im Alter von 70 Jahren vom „titulierten" zum unbesoldeten wirklichen ordentlichen Professor an der bestehenden Theologischen Fakultät ernannt und anschließend emeritiert.[149] Aus den

145 Vgl. zuletzt u.a. Christian Fleck, Etablierung in der Fremde. Vertriebene Wissenschaftler in den USA nach 1933, Frankfurt/M. 2015.

146 So Katharina Prager/Wolfgang Straub (Hg.), Einleitung, in: dies. (Hg.), Bilderbuch-Heimkehr? Remigration im Kontext, Wuppertal 2017, 9–17, hier 10; 11 (Zitat).

147 Vgl. Moderne Staatsformen, in: Salzburger Chronik, 22.8.1935, 7. Laut diesem Bericht hielt Schwarz bei den „Hochschulwochen" einen Vortrag zum Thema „Der heilige Augustin und seine geistesgeschichtliche Bedeutung".

148 Vgl. Otto Neumaier, Leben und Werk von Balduin Schwarz, in: Josef Seifert/Fritz Wenisch/Edgar Morscher (Hg.), Vom Wahren und Guten. Festschrift für Balduin Schwarz zum 80. Geburtstag, Salzburg 1982, 3–6, hier 4.

149 Die Ernennung Michels' erfolgte auf Antrag der Theologischen Fakultät an das BMU, obgleich das Ministerium eigentlich vorgesehen hatte, keine Ordinariate an Professoren mehr zu verleihen, die älter als 60 Jahre alt waren. PLUS, Katholisch-theologische Fakultät, Fakultätsprotokolle, Salzburg 1930–1962 [masch.], Professorenkonferenz vom 16.1.1962, [129 f.].

nachstehenden Ausführungen kann Michels aber vor allem deswegen nicht ausgeklammert werden, weil dieser seit den 1930er-Jahren eine einflussreiche Rolle im Rahmen der Salzburger katholischen Universitätsbestrebungen gespielt hat. Ohne deren Scheitern kann die Gründungsgeschichte der staatlichen Universität nicht erklärt werden. Michels remigrierte 1947 aus den Vereinigten Staaten nach Salzburg, wo er 1979 verstarb. Nach seiner Rückkehr nahm Michels neuerlich in verschiedenen kirchlichen Funktionen Anteil an den Salzburger Hochschulbestrebungen. Überdies war er von 1961 bis 1977 Präsident des IFZ, aus dem eine Reihe von Professoren und mit Erika Weinzierl auch die spätere Doyenne der österreichischen Zeitgeschichte an die Universität Salzburg berufen wurden. Das Beispiel von Michels verweist ferner auf einige der Grundprobleme und Schwierigkeiten, denen sich Remigranten und Remigrantinnen in Österreich in der Nachkriegszeit gegenübersahen. Dabei ging es nicht zuletzt um die Frage ihrer Akzeptanz sowie um bestehende Ressentiments gegenüber Remigranten in der Nachkriegsgesellschaft, aber auch darum, wie mit den ehemaligen Nationalsozialisten im Bereich der Universitäten und Hochschulen sowie in der Gesellschaft allgemein umgegangen werden sollte.

Bevor er im März 1938 emigrierte, war Michels Privatdozent an der Salzburger Katholisch-Theologischen Fakultät gewesen. Als solcher wurde er nach dem Krieg bereits im April 1946 „bis zu seiner Rückkehr“ offiziell beurlaubt.[150] Spätestens seit damals stand seine Rückkehr nach Salzburg damit im Raum. Zwar hieß es noch im Februar 1947, dass an eine ausdrückliche Rückberufung nicht gedacht sei, weil Michels die „Salzburger Bestrebungen“ in den USA besser unterstützen könne.[151] Entscheidend für seine im Herbst 1947 schließlich doch erfolgte Rückholung nach Österreich dürfte letztlich gewesen sein, dass mit P. Alois Mager sein früherer Mitstreiter in der Universitätssache am 26. Dezember 1946 unerwartet verstorben war. Das Projekt der „Katholischen Universität“ in Salzburg hatte damit seinen wichtigsten Proponenten verloren. Ungeachtet dieses Rückschlags warb Michels in den USA aktiv für dieses Vorhaben und trieb hierfür auch Spendengelder auf. Um diesen Bemühungen einen zusätzlichen Rückhalt zu geben, rief er 1946 in New York sogar den Verein Friends of the University of Salzburg ins Leben.[152] Die Rückberufung des Laacher Benediktiners nach Österreich fügte sich ins Bild der katholisch-konservativen Restauration an den österreichischen Hochschulen ein, die der zuständige Minister Felix Hurdes (ÖVP) und dessen Sektionschef Otto Skrbensky in den späten 1940er-Jahren vorantrieben.[153] Hurdes und Skrbensky waren damit maßgebliche Apologeten der angestrebten Elitenkontinuität zum austrofaschistischen „Ständestaat“. Michels' Vision einer katholischen Universität in Salzburg passte zudem in den Trend der „christlich-abendländisch“ inspirierten Erneuerung der 1950er-Jahre[154].

150 PLUS, Katholisch-theologische Fakultät, Fakultätsprotokolle, Salzburg 1930–1962, Professorenkonferenz vom 9.4.1946, [287].

151 Ebd., Professorenkonferenz vom 26.2.1947, [262].

152 Archivio Badia Primaziale S. Anselmo, Rom (APr), Congregatio Austriaca, Nr. 1271, Michels an Abtprimas Bernard Kälin, 20.9.1947.

153 Vgl. Pfefferle, Glimpflich entnazifiziert, sowie Margarete Grandner, Otto Skrbensky, in: Lucile Dreidemy u.a. (Hg.), Bananen, Cola, Zeitgeschichte: Oliver Rathkolb und das lange 20. Jahrhundert, Wien-Köln-Weimar 2015, 519–532.

154 Vgl. hierzu etwa Johannes Großmann, Die Internationale der Konservativen. Transnationale Elitenzirkel und private Außenpolitik in Westeuropa seit 1945, München 2014, 45–60.

Die auf den ersten Blick erfolgreiche Remigration des Benediktiners wies aber auch unübersehbare Risse auf: So wurde er für seine 1938 erlittenen materiellen und immateriellen Verluste nie entschädigt, sieht man einmal davon ab, dass die BRD ihm 1967 das von den Nationalsozialisten entzogene Doktorat sowie die widerrufene deutsche Staatsbürgerschaft neuerlich offiziell zuerkannten.[155] Michels' Haltung zur jüngeren österreichischen Geschichte war für die damaligen gesellschaftlichen Verhältnisse vergleichsweise ungewöhnlich: Er scheute nämlich nicht davor zurück, wenigstens in privaten Briefen an führende Politiker der ÖVP, mit denen er persönlich bekannt war, die verbreitete Ignoranz gegenüber der NS-Vergangenheit zu monieren und den offiziellen Umgang mit vertriebenen Wissenschaftlern und Künstlern zu kritisieren. So warnte er Bundeskanzler Josef Klaus ausdrücklich davor, den Wiener Neuzeithistoriker Friedrich Engel-Jánosi, der nach 1938 an der Catholic University in Washington DC Karriere gemacht hatte, neuerlich in die USA abwandern zu lassen. Österreich, das ohnehin „schon so viele Wissenschaftler außer Landes gehen sieht", könne sich dies seiner Meinung nach „nicht leisten". Er selbst habe zudem „aus nächster Nähe miterlebt, was Prof. Engel-Jánosi durchgemacht hat und wie er einer der würdigsten Repräsentanten österreichischen Wesens in US [sic!] gewesen" sei.[156]

Der als „Pater Thomas" bekannt gewordene Michels avancierte in Salzburg zunehmend zu einer lokalen Berühmtheit. Sein Status als NS-Gegner, Remigrant und prononcierter Verteidiger des ehemaligen Dollfuß/Schuschnigg-Regimes dürfte ihm das Leben allerdings nicht immer einfach gemacht haben. So stieß er auch innerhalb der Salzburger katholischen Kreise auf Schwierigkeiten bei der Umsetzung seiner hochschulpolitischen Pläne, die sowohl in persönlichen Animositäten zwischen ihm selbst und einzelnen Akteuren des katholischen Hochschulvereins sowie auch in – teils damit verknüpften – politisch-ideologischen Gegensätzen zum Ausdruck kamen. Brüche durchzog Michels' Rückkehr nach Österreich auch deshalb, weil manche „Daheimgebliebenen" ihre vermutlich mental begründete Reserve gegenüber dem Remigranten kaum verhehlen konnten: So wurde Michels etwa im Salzburger Kloster St. Peter durchaus zurückhaltend aufgenommen: Erzabt Jakob Reimer zeigte nur wenig Verständnis für die Motive seiner Flucht aus Salzburg. Noch 1950 hielt ihm der Erzabt vor, dass Michels' Emigration im Jahr 1938 aus seiner Sicht beinahe noch schwerwiegendere Folgen nach sich gezogen habe, als die 1942 von der Gestapo verfügte Aufhebung der Abtei: „Für Ihre Flucht vor Hitler und für Ihre ‚politischen Verbindungen' in der ‚Systemzeit' hielt die Gestapo mich verantwortlich und es war sehr schwer, im Jahre 1938 die schlimmsten Folgen – schlimmere als im Jahre 1942 – für mich und die ganze Erzabtei mit dem beständigen Hinweis auf meine Jurisdiktionslosigkeit abzuwenden."[157] Reimers Vorbehalt gegenüber Michels

155 Universitätsarchiv Bonn (UAB), Sig. PF 77-219, Entziehung der Doktorwürde von Peter Franz Michels, 29.4.1940; Rückgängigmachung der Doktoratsentziehung, Schreiben von Dekan Prof. Dr. Zorn an Michels, 14.3.1967.

156 Katholisches Hochschulwerk Salzburg (KHW), Archiv, Ordner Bundeskanzler und Minister, Thomas Michels an Josef Klaus, 20.7.1965.

157 AAML, Nachlass P. Thomas Michels, Ordner Korrespondenz Äbte/Mönche, Jakobus Reimer an Michels, 2.4.1950. Vgl. hierzu auch Ernst Hanisch, St. Peter in der Zwischenkriegszeit, in: St. Peter in Salzburg. Das älteste Kloster im deutschen Sprachraum. 3. Landesausstellung 15. Mai–26. Oktober 1982, Salzburg 1982, 216–220, hier 220.

lässt sich immerhin damit erklären, dass für diesen als einem Laacher Benediktiner aus kirchenrechtlicher Sicht nicht der Abt von St. Peter, sondern der Abt des in der Eifel gelegenen deutschen Klosters Maria Laach zuständig war.

Insbesondere an der Theologischen Fakultät hatte Michels – auch wenn man seiner eigenen Einschätzung folgt – zahlreiche Rivalen bzw. Gegner. Die zwischen ihm und einigen seiner Kollegen bestehenden weltanschaulichen Differenzen kamen etwa – wie im ersten Kapitel bereits angedeutet – in der Auseinandersetzung um die Einladung des Ex-Machthabers Kurt Schuschnigg zu den Salzburger Hochschulwochen des Jahres 1957 deutlich zum Ausdruck. Für Konfliktstoff sorgte immer wieder die Frage, wie die Salzburger Hochschulwochen bzw. die Universität Salzburg sich gegenüber jenen politischen Strömungen positionieren sollten, die jenseits des in Salzburg vorherrschenden katholisch-konservativen Mainstreams angesiedelt waren, und welche Personen innerhalb des Direktoriums der Hochschulwochen einen bestimmenden Einfluss ausüben sollten. Dabei ging es auch um die Weiterentwicklung der Salzburger Hochschulwochen angesichts einer sich – als Folge des Zweiten Vatikanischen Konzils – dynamisch erneuernden Theologie, aber auch um die Frage der Trägerschaft der Hochschulwochen im Spannungsfeld von Theologischer Fakultät und den anderen Trägerinstitutionen dieser Bildungseinrichtung.[158]

Als 1962 die staatliche Universität Salzburg gegründet wurde, musste Michels zusammen mit seinen Mitstreitern, an deren Spitze Erzbischof Rohracher stand, von seiner Vision abrücken, eine katholische Universität in Salzburg ins Leben zu rufen. Im Jahr zuvor war allerdings das IFZ kanonisch begründet worden, dessen erster Präsident Michels wurde und das als eine Art Ersatz für die nicht realisierte katholische Universität galt. Zudem blieb Michels weiterhin – bis 1970 – der Obmann des Direktoriums der Salzburger Hochschulwochen. Als am 14. November 1964 die Alma Mater Paridiana und der erste gewählte Rektor Egon Lendl feierlich inauguriert wurden, äußerte sich Michels gegenüber Rohracher wieder einmal verärgert über Carl Holböck, der damals das Amt des Prorektors bekleidete. Holböck habe als offizieller Vertreter der Universität und der Theologischen Fakultät den Erzbischof in einer „unmöglichen Rede“ bloß „nach den Ministerialsekretären“ erwähnt.[159] Darüber hinaus habe er sogar versucht, den Salzburger katholischen Metropoliten „von einer Ansprache beim Festgottesdienst in der Kollegienkirche abzuhalten“. Michels monierte ferner das Auftreten deutschnationaler „Chargierter“ bei der Inaugurationsfeier, unter denen sich, wie Michels festhielt, auch „ein bandagierter Chargierter“ befunden habe. Folge man den Worten Holböcks, seien unter diesen jene, „mit denen wir auf einer gemeinsamen christlich-abendländischen Grundlage an der Universität in Einheit zusammenarbeiten sollen“.[160] Mit diesem deutlich sarkastischen Seitenhieb auf seinen Kollegen bezog sich Michels offenkundig auf dessen Bemühungen, den Befürchtungen auf freiheitlicher wie auf sozialdemokratischer Seite entgegenzutreten, dass „nun im Wege einer staatlichen Universität, also auf

158 Vgl. hierzu Padinger, Geschichte der Salzburger Hochschulwochen.
159 AAML, Nachlass P. Thomas Michels, „Humanum dico“, 1964/3.
160 AAML, Nachlass P. Thomas Michels, Korrespondenz A–Z, Andreas Rohracher; Michels an Rohracher, 16.11.1964.

Staatskosten, der alte Plan einer katholischen Universität verwirklicht werde". Stattdessen gehe es darum, so Holböck selbst auf einem Festkommers der akademischen Burschenschaft Arminia-Czernowitz zu Salzburg, das gemeinsame Erbe, „die christlich-abendländische Kultur", zu verteidigen.[161]

Obgleich Holböck damit ideologische Gemeinsamkeiten mit den „Nationalen" zu beschwören suchte und er den Eindruck vermeiden wollte, dass die staatliche Universität die alte benediktinische Universitätsidee bloß in neuer Form fortsetzen solle, waren die Vertreter der Theologischen Fakultät nicht bereit, ihre hochschulpolitischen Ansprüche innerhalb der Universität a priori aufzugeben. Dies zeigte sich bei der Wahl des ersten Rektors der Universität Salzburg am 2. Juni 1964, als die Theologen mit dem Benediktiner P. Benedikt Probst zunächst einen der ihren als Kandidaten nominierten und um die Einstimmigkeit der Wahl ersuchten. Stefan Rehrl sprach für die „Wahlmänner" der Theologischen Fakultät. Er begründete deren personellen Vorschlag mit der „Notwendigkeit", „die benediktinische Tradition in Salzburg zu würdigen" und „durch die Wahl eines Benediktiners zum Rektor die Mitarbeit des Benediktinerordens [...] zu sichern." Die Ordinarien der Philosophischen Fakultät (Lendl, Seidler, Marcic und Wolf) schlugen hingegen Carl Holböck vor. Dieser habe als geschäftsführender Rektor seine Fähigkeiten nachdrücklich unter Beweis gestellt. Überdies stehe er für personelle Kontinuität. Gegen Probst spreche, dass „die unvorstellbaren Arbeitslasten" des künftigen neuen Rektors „einen ganzen Mann" erforderten, „der verhältnismäßig jung und gesund" sei. Tatsächlich stand Probst damals im 66. Lebensjahr und war somit um sieben Jahre älter als Holböck. Die Theologen gaben daraufhin klein bei, obwohl sie mit 6:4 Stimmen im Wahlmännergremium an sich überrepräsentiert gewesen wären. Sie ermöglichten schließlich die Wahl von Lendl, der „mit neun Stimmen und einer Enthaltung, die offenbar von ihm selbst stammte", zum ersten „Rector magnificus" der Universität Salzburg aufstieg. Carl Holböck wurde zum Prorektor gewählt, wobei er neun Stimmen sowie eine Gegenstimme erhielt.[162]

Mit Egon Lendl kam damit als Gründungsrektor ein ehemals stark „national" Orientierter zum Zug, der als „Neuländer" aber auch über gute Beziehungen zu Landeshauptmann Lechner und katholischen Kreisen verfügte. Seine Wahl dürfte ein deutliches Signal an jene gewesen sein, die nach wie vor befürchteten, dass in Salzburg eine katholische Universität „durch die Hintertür" errichtet werden könnte. Der Benediktiner Thomas Michels war übrigens, was die Chancen auf die Wahl zum Gründungsrektor der neuen staatlichen Universität betraf, schon lange zuvor aus dem Rennen gewesen. Das von ihm selbst angestrebte – und von Holböck offiziell beantragte – „Ehrenjahr" für Michels als ordentlicher Professor, wodurch er

161 Das gemeinsame Erbe steht über den Unterschieden, in: Salzburger Nachrichten, 6.11.1963, 2. Holböck wandte sich auch noch einige Jahre später – 1966 in seiner Funktion als amtierender Rektor der Universität Salzburg – öffentlich gegen Anschuldigungen gegen die Korporationen, dass diese „Brutstätten des Neonazismus und Antisemitismus" seien. Keine Brutstätten für Neonazismus. Rektor der Universität Salzburg verteidigte freiheitliche Studenten, in: Salzburger Nachrichten, 20.6.1966, 3.

162 Universitätsarchiv Salzburg (UAS), Protokoll der Rektors- und Prorektorswahl der Universität Salzburg für das Studienjahr 1964/65 am 2.6.1964.

weiterhin Mitglied des Professorenkollegiums geblieben wäre, war ihm von seiner Fakultät mit 7:3 Stimmen versagt worden.[163]

Michels vermutete dahinter den Versuch namentlich von Stefan Rehrl und Benedikt Probst (Letzteren nannte er gegenüber Erzbischof Rohracher einen „alten Intriganten"), ihm jede Möglichkeit zu nehmen, Dekan oder Rektor der neuen Universität zu werden. Wenn er behauptete, dass er selbst ohnehin nie darauf „spekuliert" habe, dürfte dies auch der benediktinischen Selbstverpflichtung zur Bescheidenheit zuzuschreiben gewesen sein. Gegenüber Minister Drimmel beklagte sich Michels vor allem über die Vorgehensweise der Salzburger Theologen. Er sei nämlich „das einzige Mitglied der Fakultät" gewesen, „das 1938 für seine österreichische Gesinnung vor dem Zugriff der Gestapo ins Exil gehen" haben müssen. Als er nach Salzburg zurückgekommen sei, sei bis 1962 kein Ordinariat für ihn frei gewesen. „In einer Zeit, in der niemand mehr an die Universität glaubte", habe er „fast im Alleingang" den Gedanken an diese hochgehalten.[164]

In seiner Autobiographie kommentierte Michels die an der Universität Salzburg vollzogene erste Rektorswahl wie folgt: „2. Juni: Weder C.[arl] H.[olböck] noch [Benedikt] Probst gewählt, sondern der Geograph Lendl. Eine Schmach für die Benediktiner. Der Rektor und Prorektor ‚Ehemalige'. Dafür haben wir hundert Jahre gekämpft! Schuld: Die Uneinsicht der Bischöfe."[165] Aus seiner Sicht war somit erst mit der Wahl Lendls das Ende der katholischen Universitätsidee gekommen, die von den Benediktinern wesentlich geprägt gewesen war. Michels äußerte sich über die Tatsache verbittert, dass mit Lendl ein ehemaliger NS-Parteigänger zum Rektor gewählt worden war. Dies geht hieraus ebenso klar hervor wie seine Schuldzuweisung an die Bischöfe, die er für das Scheitern der katholischen Universitätsidee verantwortlich machte. Mit Holböck war gerade kein „Ehemaliger", sondern ein diesbezüglich unbelasteter, wenn auch gegenüber Burschenschaften positiv eingestellter Theologe zum Prorektor gewählt worden. Es bleibt daher unklar, warum Michels in seiner Autobiographie Rektor und Prorektor auf einer politischen Linie sieht. 1963/64 war allerdings Lendl Prorektor gewesen, ehe dieser 1964 selbst zum Rektor gewählt wurde.

Michels und Holböck suchten zwar beide ihre unterschiedlichen Positionen immer wieder auszugleichen. Der Interessenskonflikt zwischen Michels auf der einen und Holböck sowie den Professoren der Theologischen Fakultät andererseits blieb gleichwohl weiterhin bestehen. Während Michels „die Rücksichtnahme auf die Empfindungen der Sozialisten" als „feige" brandmarkte,[166] waren vor allem Holböck und wohl auch Marcic bestrebt, speziell die Sozialdemokraten möglichst nicht zu provozieren. Als in den Sommermonaten des Jahres 1965 wieder ein Auftritt von Kurt Schuschnigg beim Akademischen Festakt der Salzburger Hochschulwochen anstand, zeigte sich dies neuerlich. Rektor Lendl ersuchte Prorektor Holböck, an seiner Stelle die Universität bei dieser Veranstaltung zu vertreten. Letzterer sowie die Professoren der Philosophischen Fakultät blieben jedoch dem Festakt dezidiert „wegen des Fest-

163 ÖStA, AdR, BMU, PA Michels, Thomas; Dekan Holböck an Michels, 28.6.1963.
164 ÖStA, AdR, BMU, PA Michels, Thomas; Michels an Heinrich Drimmel, 29.6.1963.
165 AAML, Nachlass P. Thomas Michels, „Humanum dico", 1964/3.
166 Archiv der AAML, Nachlass Thomas Michels Korrespondenz A–Z, Michels an Rohracher, 6.8.1965.

redners Prof. Dr. Kurt von Schuschnigg" fern. Michels veranlasste dies zu einem empörten Schreiben an Bundeskanzler Josef Klaus, in welchem er seinem Kontrahenten Holböck vorwarf, die Angelegenheit „mit Unterstützung des ‚ehemaligen' Prof. Seidler und, wie wir alle wissen, nicht gerade standfesten Prof. Marcic" [...] hochzuspielen". Holböck scheine ferner „eine besondere Schlagseite für die roten Koalitionspartner zu haben"[167], während er „den Altbundeskanzler, der, man mag über seine Politik urteilen wie man will, für Österreich Jahre hindurch gelitten [...] hat, auf eine Weise bekämpft, die bei einem Priester und CVer merkwürdig anmutet."[168]

Im Vergleich zum streitbaren Benediktiner Michels scheint sich der Philosoph Balduin Schwarz politisch deutlich weniger exponiert zu haben. Schwarz' Emigrantenschicksal war allerdings nicht weniger abenteuerlich als jenes von Michels, der am frühen Morgen des 12. März 1938 Salzburg fluchtartig verlassen hatte. Mit Michels teilte er seine Herkunft aus Deutschland, aber auch seine katholische Sozialisation. Während der aus Krefeld gebürtige Michels Rheinländer war, wurde Schwarz, der im Vergleich zu diesem deutlich jünger war, 1902 in Hannover geboren. Bereits als Gymnasiast trat Schwarz dem katholischen Bund Neudeutschland bei und engagierte sich auch als Student in katholischen Verbindungen. Schwarz war ein Schüler des katholischen Philosophen Dietrich von Hildebrand, von dem er 1927 promoviert wurde. Er begann daran anschließend eine akademische Laufbahn an der Universität Münster, die ihn 1931 bis zur Habilitation führte. Im selben Jahr heiratete er Helene Katzenstein, die aus einer jüdischen Familie stammte, aber seinetwegen zum Katholizismus konvertiert war.[169]

Wie neuere Forschungsergebnisse zur Biographie von Schwarz nahelegen, wurde dieser am 3. Oktober 1933 nicht aufgrund des „Gesetzes zur Wiederherstellung des Berufsbeamtentums" entlassen,[170] das für die Nationalsozialisten ein Instrument darstellte, um weltanschaulich oder „rassisch" unliebsame Beamte aus dem Staatsdienst zu entfernen. Vielmehr ließ sich Schwarz im Oktober 1933 zu Studien- und Forschungszwecken selbst nach Fribourg (Schweiz) beurlauben, ohne dass die NS-Machthaber gegen ihn und seine Frau bis dahin bereits Verfolgungsdruck aufgebaut hätten.[171] Dass Schwarz damals als Katholik „gewissensmäßig zum Nationalsozialismus feindlich eingestellt" war – wie es später der bundesdeutsche

167 Die Koalitionsregierung von ÖVP und SPÖ, die von Josef Klaus als Bundeskanzler geführt wurde, demissionierte wenig später am 23. Oktober 1965.

168 KHW, Archiv, Ordner Unterrichtsminister, Landeshauptmann, Bürgermeister; Michels an Klaus, 10.8.1965. Carl Holböck war tatsächlich „CVer": vgl. Gesamtverzeichnis 1980 der Ehrenmitglieder, Alten Herren und Studierenden des Cartellverbandes der katholischen österreichischen Studentenverbindungen (ÖCV), Wien 1980, IX, 45; vgl. auch KHW, Archiv, Ordner Dekanat, Rektorat, Holböck an Michels, 5.8.1965.

169 Vgl. Otto Gertzen, Kurzbiografie für Balduin Schwarz, 1–12, hier 2. http://www.flurgespraeche.de/wp-content/uploads/2015/10/Kurzbiografie_Schwarz-Balduin1.pdf (26.6.2018).

170 Vgl. ebd., 3 f.

171 Neumaier formuliert hierzu wie folgt: „1933 trat das Regime an die Universitätslehrer heran und forderte Unterstützungserklärungen. Balduin Schwarz machte nie ein Hehl aus seiner Opposition; nachdem er im Sommer 1933 um Urlaub angesucht hatte, verließ er Deutschland." Neumaier, Leben und Werk, 3.

Wiedergutmachungsbescheid aus dem Jahr 1961 ausdrückte –,[172] dürfte allerdings ebenso wenig zu bezweifeln sein wie der Umstand, dass er mit künftigen Repressalien durch das NS-Regime hatte rechnen müssen.

Von 1933 bis 1938 war Schwarz als „Professeur agrégé" an der Universität Fribourg beschäftigt. Daneben pflegte er auch seine Kontakte nach Salzburg. Nachdem Schwarz bei den Salzburger Hochschulwochen einen Vortrag gehalten hatte, übernahm er 1934/35 eine Gastprofessur am dortigen Philosophischen Institut.[173] Damals war Schwarz neben den Benediktinern Alois Mager, Thomas Michels, Erenbert Schächer, Albert Auer u.a. dazu ausersehen, dem Lehrkörper einer künftigen katholischen Universität in Salzburg anzugehören.[174] Schwarz verfasste unter dem Pseudonym Johannes Ilen Artikel für die von seinem Doktorvater Dietrich von Hildebrand herausgegebene Wochenschrift „Der Christliche Ständestaat", in welchen er das Dollfuß/Schuschnigg-Regime zu verteidigen suchte. Als 1938 seine Aufenthaltserlaubnis für die Schweiz ablief, emigrierte er nach Frankreich, wo er zunächst als Lehrer in Limoges tätig wurde. Von Dezember 1939 bis Juli 1940 leistete er Kriegsdienst in der französischen Armee. Nach dem Zusammenbruch Frankreichs musste sich Schwarz bei einem katholischen Mitglied der Résistance verstecken, ehe ihm 1941 die Flucht in die Vereinigten Staaten gelang. Dort erhielt er – wie oben bereits erwähnt – ein Stipendium der Rockefeller Foundation und war an verschiedenen Colleges tätig, ehe er ab 1950 seine akademische Laufbahn an der Graduate School der Fordham University in New York fortsetzen konnte. Bereits 1946 hatte Schwarz die US-amerikanische Staatsbürgerschaft erhalten.[175]

Für seine künftige Berufung an die „wiedererrichtete" Universität Salzburg war es für Schwarz von Vorteil, dass er bereits 1949 wieder zu den Salzburger Hochschulwochen gekommen war, um Vorträge zum Thema „Menschenrechte" zu halten. Bereits damals trat er mit dem Journalisten René Marcic in Verbindung, den er anlässlich eines längeren Aufenthalts in Salzburg im Jahr 1960 neuerlich traf. Als der Lehrbetrieb an der Universität im Herbst 1964 aufgenommen wurde, fungierte der damals bereits 62-Jährige als Honorarprofessor, dem auch der Aufbau des Philosophischen Instituts oblag.[176] Als ihn das Unterrichtsministerium im Frühsommer dieses Jahres nach Salzburg berief, schrieb Schwarz noch aus den Vereinigten Staaten an Thomas Michels: „Es kam als eine grosse Ueberraschung. Ich habe meine Zusage vor allem deswegen gegeben, weil ich eine schöne Aufgabe und ein wichtiges Arbeitsfeld vor mir sehe. Ich habe mich ja immer besonders nach Salzburg hingezogen gefühlt." Schwarz bedauerte zwar, dass „viel schöne Hoffnungen [...] mit dem Scheitern der katholischen Universitätspläne zunichte [gemacht] geworden" seien, er suchte aber Michels mit der Bemerkung zu trösten, dass dessen Arbeit „dem, was jetzt entsteht, zugute kommen" werde.[177]

In Salzburg war Schwarz hochwillkommen. Gerade seine Verbindung mit den Salzbur-

172 Zit. n. Gertzen, Kurzbiografie, 4.
173 Die Darstellung Gertzens (hier S. 5), dass Schwarz diese Gastprofessur in Innsbruck übernommen habe, ist somit unrichtig. Vgl. hierzu Neumaier, Leben und Werk, 3.
174 Vgl. Ortner, Die Universität, 146 f.
175 Vgl. Gertzen, Kurzbiografie, 6.
176 Neumaier, Leben und Werk, 5.
177 AAML, Nachlass P. Thomas Michels, Ordner Korrespondenz A–Z, Schwarz an Michels, 7.6.1964.

ger Hochschulwochen sprach aus der Sicht des Professorenkollegiums der Philosophischen Fakultät für ihn. Zur Frage der Besetzung der Lehrkanzel für Philosophie wurde neben dem Innsbrucker Theologen und Philosophen Emerich Coreth, der dem Jesuitenorden angehörte, auch der evangelische Philosoph Erich Heintel von der Universität Wien als Gutachter herangezogen. Coreth hob in seinem Gutachten Schwarz' Verbindung zu Salzburg ebenfalls hervor. Dass er „keine sehr reichhaltige wissenschaftliche Leistung" erbrachte habe, erklärte er verständnisvoll damit, dass Schwarz „durch die Kriegsumstände und durch seinen Wechsel aus dem deutschen in den englischen Sprachraum in seiner schriftstellerischen Arbeit sehr behindert" worden sei.[178] In der entscheidenden Sitzung des Professorenkollegiums, an der neben Dekan Lendl auch Seidler, Marcic und Holböck teilnahmen, unterstützten vor allem Holböck und Marcic nachdrücklich die Berufung Schwarz'. Carl Holböck sprach Schwarz' lebensgeschichtliches Schicksal in den Beratungen direkt an: „Mitteleuropa, namentlich Österreich" würde nämlich durch die Berufung Schwarz' „wieder einmal einen verdienten emigrierten akademischen Lehrer heimholen". Holböck und Marcic betonten beide zudem, dass Schwarz zwar in der „katholisch-christlichen Philosophie [...] tief verwurzelt" sei, er aber „weltoffen und weltaufgeschlossen" sei, so dass „Hörer aller Weltanschauungen und politischen Richtungen zu ihm das richtige Verhältnis finden" würden. Sein „Emigrantenschicksal" sowie seine ausgedehnte Lehrtätigkeit in den USA würden es erklären, warum er „zur Abfassung großer Werke fast keine Zeit" gehabt habe.[179]

Das Kollegium fasste den einstimmigen Beschluss, Schwarz als Erstgereihten in den Berufungsvorschlag an das Ministerium aufzunehmen. „Secundo loco" und „tertio loco" wurden die Philosophen Friedrich Kaulbach (Universität Münster) sowie Heinrich Rombach (Universität Freiburg/Br.) gereiht.[180] Da Schwarz selbst gerne nach Salzburg kommen wollte, schien seiner Berufung als ordentlicher Professor nichts mehr im Wege zu stehen. Doch die Angelegenheit war weniger leicht zu lösen, als sich dies die beteiligten Akteure zunächst vorgestellt haben mochten. Als Schwarz nämlich erfuhr, dass er bereits bei einer Annahme dieser Berufung seine US-Staatsbürgerschaft verlieren würde und er seinen Pass abgeben müsse, musste seine Berufung nach Salzburg neu überdacht werden. Er wurde daher zunächst – unter Berufung auf den Präzedenzfall des ebenfalls emigrierten Historikers Friedrich Engel-Jánosi – als Gastprofessor mit der Aufgabe bestellt, die Lehrkanzel für Philosophie zu vertreten. Schwarz erklärte sich damit auch deshalb einverstanden, weil er aufgrund eines Wiedergutmachungsverfahrens seit 1958 rechtlich als Emeritus der Universität Münster anerkannt war und somit bereits über bundesdeutsche Pensionsansprüche verfügte. Aus der Tätigkeit als Gast- und Honorarprofessor an der Universität Salzburg ließ sich für ihn hingegen kein Anspruch auf eine Pension begründen. Die von seinen Fakultätskollegen einstimmig beantragte endgültige Ernennung Schwarz' zum ordentlichen Professor zog sich allerdings noch bis zum 21. Ap-

178 ÖStA, AdR, BMU, PA Schwarz, Balduin; Coreth an Dekan Lendl, 26.1.1964.

179 ÖStA, AdR, BMU, PA Schwarz, Balduin; Protokoll über die Sitzung des Professorenkollegiums der philosophischen Fakultät der Universität, 21.2.1964.

180 ÖStA, AdR, BMU, PA Schwarz, Balduin; Protokoll über die Sitzung des Professorenkollegiums der philosophischen Fakultät der Universität, 21.2.1964.

ril 1966 hin, obwohl diese moniert hatten, dass es dem Ansehen der Universität schaden würde, wenn die philosophische Lehrkanzel nicht von einem Ordinarius, sondern lediglich von einem Gastprofessor besetzt sei. Das Finanzministerium argumentierte hingegen, dass das vorgeschrittene Lebensalter Schwarz' dem Bund im Falle von dessen Berufung in relativ kurzer Zeit hohe Emeritierungsbezüge auflasten würde. Ehe das Finanzministerium seinen Widerstand gegen Schwarz' Berufung zum Ordinarius aufgab, musste dieser daher förmlich auf seine Anwartschaft auf (österreichische) Pensionsversorgung und Emeritierungsbezüge verzichten.[181]

Außer Michels und Schwarz ist auch der Benediktinergelehrte Erenbert Schächer als ein „Remigrant" zu nennen. Vor allem im Unterschied zu seinem Ordensbruder Michels war Schächer vor 1938 allerdings nicht als deklarierter politischer Gegner der Nationalsozialisten bekannt gewesen. Schächer stammte aus dem westböhmischen Egerland, wo er 1900 als Sohn eines Landwirts und Schmiedemeisters geboren wurde. Er absolvierte das Gymnasium am Benediktinerstift Kremsmünster und wurde 1923 zum Priester geweiht. Schächer unternahm im Auftrag seines Ordens umfangreiche Studien der Klassischen Philologie, der Philosophie und der Rechts- und Staatswissenschaften an den Universitäten Wien, Berlin und Oxford;[182] er studierte und forschte von Herbst 1927 bis 1937 an der Berliner Universität und wurde dabei auch von der Notgemeinschaft der Deutschen Wissenschaft finanziell unterstützt.[183] Da es ihm als Angehörigen eines katholischen Ordens nicht möglich war, im von den Nationalsozialisten beherrschten Deutschland an einer Universität habilitiert zu werden,[184] wechselte Schächer nach Fribourg, wo er schließlich im Frühsommer 1937 für griechische Sprache und Literatur habilitiert wurde. Seine Habilitationsschrift *Quellen- und problemgeschichtliche Untersuchungen zur philia-Abhandlung der Ethiken des corpus Aristotelicum* konnte Schächer 1940 in Deutschland, genauer im Paderborner Schöningh Verlag, unter einem leicht modifizierten Titel veröffentlichen.[185]

181 ÖStA, AdR, BMU, PA Schwarz, Balduin; Schwarz an Lendl, 15.4.1964; Universität Salzburg, Phil. Fakultät an das BMU, 11.5.1964; 16.11.1965; Amt der Salzburger Landesregierung, 1.3.1966.

182 Vgl. zum Lebenslauf Schächers ÖStA, AdR, BMU, PA Schächer, Erenbert, Curriculum vitae, 6.2.1947; Georg Pfligersdorffer, Professor Dr. P. Erenbert Schächer Septuagenarius, in: Salzburger Jahrbuch für Philosophie 14 (1970), 7–10, sowie dessen Nachruf: Georg Pfligersdorffer, Univ.-Prof. Dr. P. Erenbert Schächer (1900-1974), in: Jahrbuch der Universität Salzburg (1973/74–1974/75), 145–148.

183 BArch Berlin, R 73/14195, Schächer, Erenbert; Schächer an die Notgemeinschaft der Deutschen Wissenschaft, 14.5.1937: Demnach hätten sich seiner geplanten Habilitation an der Universität Nijmegen „Schwierigkeiten in den Weg" gestellt, die ihn dazu bewogen hätten, mit den Gräzisten der Universität Fribourg in Verbindung zu treten. Eine politisch bedingte Unmöglichkeit, sich im „Dritten Reich" zu habilitieren, deutet Schächer hier ebenso wenig an wie in späteren Curricula Vitae: Vgl. etwa ÖStA, AdR, BMU, PA Schächer, Erenbert, Curriculum vitae, 6.2.1947.

184 Vgl. Pfligersdorffer, Univ.-Prof. Dr. P. Erenbert Schächer, 146. Entsprechende Hinweise vermittelt erst sein Biograph G. Pfligersdorffer, und auch in der von seiner Heimatabtei Kremsmünster veröffentlichten Todesanzeige (ÖStA, PA Schächer) heißt es, dass sich Schächer in Fribourg habilitiert habe, weil es ihm „als katholischem Priester" nicht möglich gewesen sei, während der NS-Zeit in Deutschland eine Dozentur zu erlangen.

185 Vgl. Erenbert Josef Schächer, Quellen- und problemgeschichtliche Untersuchungen zur Grundlegung der philia-Theorie bei Aristoteles und im frühen Peripatos, Paderborn 1940.

Schächer verblieb bis zum Kriegsende als „professeur agrégé" an der Universität Fribourg tätig.[186] Dies lag daran, dass die katholische Universitätsidee mit dem „Anschluss" Österreichs vorerst gescheitert war und die Katholisch-Theologische Fakultät von den NS-Machthabern aufgehoben wurde. In Fribourg nahm Schächer im Übrigen dieselbe Position ein, die Balduin Schwarz bis 1938 an der Philosophischen Fakultät dieser Universität innegehabt hatte. Das Jahr 1946 brachte dann eine neuerliche Zäsur im akademischen Werdegang des Benediktinergelehrten mit sich: Damals schlug die wieder eröffnete Theologische Fakultät in Salzburg dem Unterrichtsministerium vor, Schächer auf eine – für einen Benediktiner üblicherweise unbesoldete – außerordentliche Lehrkanzel nach Salzburg zu berufen. Dieser nahm den Ruf bereitwillig an und konnte seine Salzburger Vorlesungen bereits ab dem Wintersemester 1946/47 aufnehmen. Schächer dürfte ohne Schwierigkeiten in Salzburg „angekommen" sein. Wie Georg Pfligersdorffer hervorhob, scheint dies auch durch Schächers Persönlichkeit bedingt gewesen zu sein, der immer dann, wenn er in einen „ihm bislang fremden Lebenskreis" gestellt wurde, „die problemlose und harmonische Einheit der veränderten Umwelt und der neuen Aufgaben mit dem Priester und Mönch in sich verwirklichen konnte".[187]

Diese etwas überhöhende Darstellung Pfligersdorffers, der als einer der beiden Fachvertreter für Klassische Philologie an der Alma Mater Paridiana Schächers späterer unmittelbarer Institutskollege werden sollte, sollte um einige Aspekte ergänzt werden, die deutlich machen, dass Schächers akademischem Karriereverlauf – jedenfalls im Vergleich zu Michels und Schwarz – ein größeres Maß an Kontinuität innewohnte. Wie seine beiden Kollegen war auch Schächer in den 1930er-Jahren bereits als einer der Lehrenden an einer künftig in Salzburg zu etablierenden katholischen Universität vorgesehen gewesen. Seinem Weggang nach Fribourg war allerdings weder eine förmliche Flucht vorausgegangen, wie sie Michels als politischer Gegner der Nationalsozialisten in der Nacht auf den 13. März 1938 auf sich nehmen musste, noch hatte er künftige Repressionen durch das NS-Regime zu erwarten, wie dies im Falle von Schwarz mit an Sicherheit grenzender Wahrscheinlichkeit angenommen werden kann. Während Michels und Schwarz beide in ihren wissenschaftlichen Studien durch ihre Emigration und die Notwendigkeit, zwecks Broterwerbs in den USA verstärkt als akademische Lehrer tätig zu werden, zumindest zeitweise gehemmt waren, konnte Schächer kontinuierlich – wenn auch an unterschiedlichen Standorten – seinen Forschungen nachgehen. Die relative Kontinuität seiner Arbeiten dürfte seine Rückkehr, vor allem aber seine wohl als gelungen zu betrachtende Integration in das Salzburger akademische Umfeld zusätzlich begünstigt haben. Und auch das psychologisch bedingte Spannungsmoment, das zwischen „Daheimgebliebenen" und „Remigrierten" häufig zu konstatieren war und im oben skizzierten Fall von Michels deutlich zutage trat, dürfte bei dem zurückhaltend agierenden Schächer keine erkennbare Rolle gespielt haben.

Tatsächlich wurde Schächer bereits 1948 zum Ordinarius für christliche Philosophie an der Theologischen Fakultät ernannt, womit er die Nachfolge des Ende 1946 überraschend

---

186 BArch Berlin, R 73/14195, Schächer, Erenbert; Direction de l'Instruction Publique et des Cultes an Schächer, 27.7.1937.

187 Pfligersdorffer, Univ.-Prof. Dr. P. Erenbert Schächer, 145.

Abb. 8: Die Professoren P. Erenbert Schächer OSB (am Stehpult) und P. Benedikt Probst OSB (undat., Studienjahr 1961/62).

verstorbenen P. Alois Mager antrat. 1961/62 fungierte er zudem als Dekan der Theologischen Fakultät und trat als solcher innerhalb der österreichischen Rektorenkonferenz in einer entscheidenden Phase „für die Wiederherstellung der Gesamtuniversität in Salzburg"[188] ein.

Im Unterschied zu dem um acht Jahre älteren Michels, der an der staatlichen Universität zwar Ehrensenator wurde, aber altersbedingt keine Professur mehr übernehmen konnte, wurde Schächer noch 1965 im Alter von 65 Jahren zum ordentlichen Professor für Klassische Philologie (Gräzistik) ernannt. Schächer vollzog damit einen seit Jahrzehnten angestrebten Fakultätswechsel von der Theologischen zur Philosophischen Fakultät, der von Erzbischof Rohracher als im Interesse der katholischen Kirche liegend ausdrücklich begrüßt wurde.[189] Er verblieb dort bis zu seiner Emeritierung, die im Jahr 1971 erfolgte.

188 ÖStA, AdR, BMU, PA Schächer, Erenbert; Antrag um Verleihung des Großen Silbernen Ehrenzeichens für Verdienste um die Republik Österreich an Schächer, 28.8.1970.

189 „Es wird für die Kirche nur von Vorteil sein, wenn auch an der Philosophischen Fakultät ein katholischer Geistlicher doziert". ÖStA, AdR, BMU, PA Schächer, Erenbert; Rohracher an Schächer, 18.8.1965.

Abgesehen von den drei ordentlichen Professoren Michels, Schwarz und Schächer, die in jeweils individuell unterschiedlich zu gewichtender Weise als „Rückkehrer" oder „Remigranten" zu bezeichnen sind, ist im Folgenden auch auf zwei Gelehrte einzugehen, die nicht im engeren Sinne zur „Gründergeneration" der Universität Salzburg gehörten, deren Lebenswege aber von ihrer erzwungenen Emigration maßgeblich geprägt wurden. Während der Ökonom und Sozialphilosoph Friedrich August Hayek hinsichtlich seiner Beziehungen zur Universität Salzburg im Kap. 4.3.2 genauer beleuchtet wird, sind hier mit den beiden Juristen Thomas Chaimowicz und Henry Ernest (Heinrich) Strakosch zwei Honorarprofessoren zu nennen, die als Remigranten bekannt waren und an der Alma Mater Paridiana Lehraufträge erhielten. Im Vergleich zu Chaimowicz, der sich über engere fachliche Kreise hinaus als Legitimist und prononcierter Habsburg-Anhänger einen Namen gemacht hatte, dürfte Strakosch in Salzburg weniger bekannt gewesen sein.

Heinrich Strakosch wurde 1902 in Wien geboren und arbeitete nach dem Besuch des humanistischen Gymnasiums im väterlichen Unternehmen. 1938 musste er „aus rassischen Gründen" nach Australien emigrieren, wohin ihm auch seine Frau folgte. „Wohl innerlich genötigt durch das Trauma des Verlustes der Heimat", begann Strakosch in Sydney ein Studium der Geschichte und Rechtswissenschaften. Er suchte damit an seine in Wien begonnenen Studien anzuknüpfen.[190] Strakosch wandte sich verstärkt der österreichischen Rechtsgeschichte zu und untersuchte in seiner Dissertation das Thema *Enlightened Absolutism and the Codification of Civil Law in Austria, 1753–1811*. Nachdem Ende der 1940er-Jahre das Wiener Unternehmen seines Vaters restituiert worden war, war Strakosch finanziell so weit abgesichert, dass er sich vollständig dem akademischen Leben widmen konnte. 1957 erhielt er erstmals einen Lehrauftrag in Österreich und ging hierzu an die Universität Graz, wofür er sich von seinem College für ein Jahr beurlauben ließ. Seit 1967 Lecturer an der University of Sydney, lehrte Strakosch seit 1970 als Honorarprofessor für Verfassungs- und Privatrechtsgeschichte der Neuzeit an der Universität Salzburg. Seine Beziehungen zu den Salzburger Rechtswissenschaftlern schlugen sich in seiner engen Kooperation mit dem Rechtsphilosophen Ilmar Tammelo nieder. Dieser war wie Strakosch nach Australien gegangen, hatte als Forschungsprofessor (Reader) an der University of Sydney gewirkt und wurde 1973 als Ordinarius an die Universität Salzburg berufen.[191] Strakosch beteiligte sich u.a. an Publikationen zur Ideen- und Theoriegeschichte des Konservatismus, an denen vom Salzburger Lehrpersonal etwa auch Hans Sedlmayr und Thomas Chaimowicz mit eigenen Beiträgen partizipierten.[192] Heinrich Strakosch starb im Jahr 1987.[193]

---

190 ÖStA, AdR, BMU, Hauptreihe II (1966-1975), Sig. 9, Univ. Salzburg, Kt. 624, Strakosch, Heinrich; Lebenslauf, undat. [1970].

191 Vgl. Peter Järvelaid, Tammelo, Ilmar (1917–1982), in: Michael Stolleis (Hg.), Juristen. Ein biographisches Lexikon von der Antike bis zum 20. Jahrhundert, München 2001, 621 f.

192 Vgl. u.a. Heinrich Strakosch, Liberalismus und Konservatismus. Gegensatz und Möglichkeit einer Synthese, in: Gerd-Klaus Kaltenbrunner (Hg.), Rekonstruktion des Konservatismus, Freiburg 1972, 489–521.

193 Vgl. Fritz Fellner/Doris A. Corradini, Österreichische Geschichtswissenschaft im 20. Jahrhundert. Ein biographisch-bibliographisches Lexikon, Wien-Köln-Weimar 2006, 401.

Mit Thomas Chaimowicz, der ihn als „Rechtshistoriker von Format und Esprit" charakterisierte, war Strakosch freundschaftlich verbunden.[194] Chaimowicz war wie sein Kollege Strakosch in Wien geboren und entstammte einer Familie jüdisch-assimilierter Herkunft; sein Vater Heinrich Chaimowicz war ein aus Czernowitz (Tscherniwzi) gebürtiger Textilindustrieller gewesen. Thomas Chaimowicz bekannte sich zeitlebens zu seinem Judentum und hob hervor, dass er als Jugendlicher offen zionistisch eingestellt gewesen sei. Als er im Dezember 1937 seine Bar-Mizwa im Seitenstettentempel in Wien gefeiert habe, habe er „eine zündende zionistische Ansprache" gehalten, „die sich gewiß nicht mehr mit den Überzeugungen deckt, die ich in der Zwischenzeit gewonnen habe." Diese Feier sei „der letzte Höhepunkt" seines Lebens in Wien gewesen, „gleichsam der Kontrapunkt zu dem, was nun folgen würde, zu den Ereignissen, die uns zwangen, Österreich zu verlassen."[195] Am 11. März 1938 hielt Kurt Schuschnigg seine letzte Rundfunkansprache als Bundeskanzler. Der 14-jährige Chaimowicz notierte hierzu in seinem Tagebuch, was in seinem Familienkreis geschah, als nach Schuschniggs Rede das Radio die Haydnhymne sendete: Sein Vater „und wir alle mit ihm" hätten sich „mit Tränen in den Augen" erhoben. „Was meinen Vater damals wohl am meisten erschütterte, war meine Feststellung: Nun sind wir die Armenier des dritten [sic!] Reiches."[196] Nach dem im März 1938 erfolgten „Anschluss" konnte Chaimowicz vorerst noch sein viertes Mittelschuljahr in einer „Notschule für jüdische Kinder" in der Wiener Gumpendorfer Straße absolvieren. Der zunehmende Verfolgungsdruck gegen die jüdische Bevölkerung zwang seine Familie allerdings, im Februar 1939 über Brünn (Brno) und Amsterdam in einer „fluchtartigen Emigration" nach Bogotá zu reisen.[197]

In der kolumbianischen Hauptstadt nahm Chaimowicz breit gefächerte akademische Studien auf, die ihn 1949 bis zum Doktorat der Philosophie an einer Päpstlichen Universität des Jesuitenordens in Bogotá führten. Daneben studierte er auch in den USA, wo er bereits 1948 ein Studium der Volkswirtschaftslehre mit dem „Bachelor of Arts" abschloss.[198] In Kolumbien fühlte sich Chaimowicz als Jude gesellschaftlich akzeptiert und integriert.[199] Seinem eigenen Bekunden nach fand Chaimowicz in Kolumbien aber auch „den Weg zurück zu Österreich, [...] geleitet von den Ergebnissen meiner Lektüre"; maßgeblich war für ihn dabei das Lesen der *Reflections on the Revolution in France* von Edmund Burke, die er als eine Legitimation der konstitutionellen Monarchie interpretierte.[200] Chaimowicz wurde somit in Kolumbien zum

194 So Thomas Chaimowicz, Heimkehr aus dem Exil, in: Salzburg. Geschichte & Politik 10, H. 4 (2000), 259–329, hier 327.

195 Ebd., 261.

196 Thomas Chaimowicz, ein 14 Jahre alter Gymnasiast in Wien, Eintrag in sein Tagebuch März 1938, in: 24. April – Gedenktag an den Genozid an den Armeniern. Erinnern.at. http://www.erinnern.at/bundeslaender/oesterreich/gedenktage/24.-april-genozid-an-den-armeniern-gedenken (28.6.2018).

197 Vgl. PLUS, Rechtswissenschaftliche Fakultät, Fakultätsbüro, Ordner Gast- und Honorarprofessoren AE, Chaimowicz, Thomas, Lebenslauf (undat.).

198 Vgl. ebd.

199 Eleonore Lappin, Jüdische Lebenserinnerungen. Rekonstruktionen von jüdischer Kindheit und Jugend im Wien der Zwischenkriegszeit, in: Frank Stern/Barbara Eichinger (Hg.), Wien und die jüdische Erfahrung 1900–1938. Akkulturation – Antisemitismus – Zionismus, Wien-Köln-Weimar 2009, 17–38, hier 21.

200 Chaimowicz, Heimkehr, 281.

Legitimisten und pflegte die damit verknüpften politischen Einstellungen und Haltungen bis zu seinem Lebensende.

Nachdem Chaimowicz bereits 1953 an der Universität Innsbruck mit einer Dissertation über das politische Denken von Edmund Burke promoviert worden war, kehrte er 1955 endgültig nach Österreich zurück. 1959 übersiedelte er mit seiner zweiten Ehefrau Rosemarie Chaimowicz geb. Büttner als Privatgelehrter nach Salzburg; für ihre von P. Thomas Michels vollzogene Trauung hatten die kirchlichen Stellen offenbar problemlos die Dispens erteilt.[201] Bereits im November 1957 war Chaimowicz erstmals mit dem Kaisersohn Otto Habsburg in dessen „Villa Austria" in Pöcking am Starnberger See zusammengetroffen. Die Begegnung hatte bereits einige Jahre zuvor Kurt Schuschnigg für ihn vermittelt.[202] Für Chaimowicz war das Treffen mit Otto Habsburg seine eigentliche, gleichsam symbolische Rückkehr nach Österreich: „Nach dem Gespräch sagte ich zu meiner Frau: ‚Heute bin ich heimgekehrt in das Österreich meiner Vorfahren. Österreich ist mit dem Verbannten [=Otto Habsburg] ins Exil gegangen'."[203] Den Begriff Österreich identifizierte der Jude und Legitimist Chaimowicz nicht mit der 1945 begründeten Republik Österreich. Für ihn bewahrte vielmehr das ehemalige habsburgische Kaiserhaus, an dessen Spitze „Erzherzog Otto" stand, eine Idee von Österreich, in der er sich – auch als Jude – scheinbar geborgen fühlen konnte.

In Salzburg schloss sich Chaimowicz rasch René Marcic an, der wie er selbst in der Carl-Storch-Gasse wohnte, die im bürgerlich geprägten Salzburger Stadtteil Aigen lag. Nicht zuletzt teilte er mit Marcic das Interesse für konservative politische Denker wie Edmund Burke, zu dessen Spezialist sich Chaimowicz in vielen Studienjahren herangebildet hatte. Von ihm selbst und Marcic stammte die Idee, eine Österreichische Edmund-Burke-Gesellschaft ins Leben zu rufen. Otto Habsburg, den Chaimowicz brieflich gegenüber seinen gleichgesinnten Bundesgenossen kurz als „S.M." [„Seine Majestät"] titulierte, sollte diese plangemäß dank seiner US-Verbindungen ebenso fördern wie der umtriebige Organisator und Netzwerker Thomas Michels. Diesem sollte als dem Kurator der katholischen Universitätsbestrebungen in Salzburg die Rolle zugedacht sein, die „Burke-Gesellschaft" als Keimzelle für ein künftiges Forschungsinstitut im Rahmen der geplanten Katholischen Universität zu unterstützen. Gegenüber Michels betonte Chaimowicz, dass es sich bei der „Burke-Gesellschaft" um ein dezidiert wissenschaftliches Unternehmen handle. Zugleich machte er aber deutlich, dass „das konservative Moment [...] nach außen vor dem legitimistischen kommen" müsste, denn „letzteres würde sich ganz von selbst aus der Wirksamkeit der Gesellschaft ergeben." Die „Burke-Gesellschaft" sollte allerdings noch den weiteren Zweck verfol-

201 Ebd., 329.

202 Chaimowicz sah Schuschnigg, den er 1948 erstmals persönlich traf, nicht unkritisch. Er machte ihn vor allem dafür mitverantwortlich, dass im sogenannten „Ständestaat" jüdische Kinder an den Mittelschulen in diskriminierender Weise in eigenen Klassen zusammengefasst worden waren, was diese umso mehr den „hämischen Bemerkungen" mancher Lehrer aussetzte, die bereits 1935 oder 1936 illegale Nationalsozialisten waren. Vgl. Chaimowicz, Heimkehr, 293.

203 Thomas Chaimowicz, Mehr als ein Akademiker, in: Walburga Douglas/Stephan Baier (Hg.), Otto von Habsburg. Ein souveräner Europäer. Festschrift zum 85. Geburtstag, Wien-München 1997, 244–255, hier 245.

gen, ein „Gegengewicht" gegen die „Linzer Sozialwissenschaftliche Fakultät" zu bilden, das „nur durch eine Katholische Universität geschaffen werden" könne. Der „materialistische Sozialismus" beschritt für Chaimowicz nicht mehr wie zuvor den Weg des offenen Klassenkampfes; vielmehr habe er „ein wahres Gestüt Trojanischer Pferde in Österreich errichtet, einerseits durch die Kontrolle wichtiger Bankinstitute, andererseits durch neue Hochschulen à la Linz".[204]

Die hochfliegenden politischen Ziele der Österreichischen Edmund-Burke-Gesellschaft mögen sich zwar als Schimäre erwiesen haben; Chaimowicz gelang es dennoch, im Jahr 1960 mit der Zeitschrift „Österreichische Akademische Blätter" ein Sprachrohr für konservative Publizisten ins Leben zu rufen, das bis 1969 Bestand hatte. Die „Burke-Gesellschaft" fungierte als Herausgeber und Verleger, Chaimowicz als Chefredakteur. Zu den ständigen Mitarbeitern der Zeitschrift zählten u.a. Friedrich Engel-Jánosi, René Marcic, Josef Klaus und der Ökonom Friedrich August Hayek. Als in den frühen 1960er-Jahren der „Fall Habsburg" die österreichische Öffentlichkeit und Politik stark bewegte, bezogen auch die „Akademischen Blätter" hierzu Position: In einer Erklärung hatte Otto Habsburg am 31. Mai 1961 auf jeglichen Herrschaftsanspruch verzichtet und sich als getreuer Staatsbürger der Republik Österreich bekannt. Innerhalb der Koalitionsregierung war es jedoch umstritten, ob Habsburg aufgrund dieser Loyalitätserklärung die Einreise nach Österreich gestattet werden sollte oder nicht. Die SPÖ war vor allem deswegen dagegen, weil sie befürchtete, dass Habsburg auf Rückgabe des enteigneten Vermögens klagen könnte.[205] Als der Verfassungsgerichtshof Habsburgs Klage, sein Einreisebegehren betreffend, 1963 recht gab, forderte René Marcic die Bundesregierung dazu auf, sich dem Gerichtsspruch zu fügen. In einem flammenden offenen Brief, der Marcic' juristische Darlegungen flankieren sollte, wandte sich Chaimowicz an Justizminister Christian Broda (SPÖ). Er bezeichnete sich darin als „stolzer Österreicher und als nicht minder stolzer Jude". Chaimowicz vertrat den Standpunkt, „daß Österreich älter ist und mehr bedeutet, als lediglich die arithmetische Summe der parteibedingten Einflußsphären der Gegenwart". Er ging sogar so weit, Broda vorzuwerfen, den Weg für einen „totalitären Staat" vorzubereiten, falls dieser die „Rückkehr des Privatmannes Otto von Habsburg" nicht zulassen würde.[206] Noch deutlicher wurde er gegenüber einem Vertrauten Habsburgs, dem er mitteilte, dass allein „das Verlangen dieser Erklärung" einen „Frevel" darstelle, „denn das Haus Österreich ist und bleibt Repräsentant Österreichs."[207] Chaimowicz setzte seine politischen Wortmeldungen auch in späteren

---

204 KHW, Archiv, Ordner Edmund-Burke-Gesellschaft, Chaimowicz an Michels, 4.7.1960; 6.7.1960; 26.7.1960.

205 Vgl. zum „Fall Habsburg" und auch zur politischen Perspektive der SPÖ u.a. Ernst Hanisch, Der lange Schatten des Staates. Österreichische Gesellschaftsgeschichte im 20. Jahrhundert, Wien 1994, 540 f.

206 Vgl. René Marcic, Was im Falle Otto Habsburgs rechtens ist; Thomas Chaimowicz, Ein Brief an den österreichischen Justizminister Dr. Christian Broda, 7.6.1963; beide in: Österreichische Akademische Blätter 5/6, Mai–Juni 1963, 38–40; 41–43. Chaimowicz verwendete den Namensbestandteil „von" im Namen Habsburgs, hingegen unterließ dies Marcic in seinem Beitrag.

207 Chaimowicz an Heinrich Degenfeld-Schonburg, 26.6.1961, zit. n. Stephan Baier/Eva Demmerle, Otto von Habsburg. Die Biografie. 6., überarb. u. erw. Aufl., Wien 2012, 301.

Jahren fort. So verteidigte er etwa im Oktober 1987 in der „Neuen Kronen-Zeitung" den amtierenden Bundespräsidenten Kurt Waldheim. Dieser war wegen seiner NS-Vergangenheit politisch umstritten.[208] Einige Jahre später – 1995 – trat er als Ko-Autor des Buchs *Juden und Deutsche* auf, das vom damaligen FPÖ-Chef Jörg Haider präsentiert wurde. Neben Chaimowicz hatten auch andere prominente Österreicher jüdischer Herkunft wie der „Opernführer" Marcel Prawy sowie der damalige Präsident des Bundesrates Alfred Gerstl, dessen Vater Jude war, für diesen Band Artikel verfasst. Chaimowicz scheint sein Engagement für diesen Band nachträglich allerdings eher kritisch gesehen zu haben: Er räumte ein, dass Haider das Buch propagandistisch ausschlachten würde, um zu zeigen, dass er und seine Partei keine Antisemiten seien. Chaimowicz selbst distanzierte sich von den Freiheitlichen und ihrem Gedankengut. Seinen Essay habe er allerdings so verfasst, dass er als „Ohrfeige für die Deutschnationalen unter den Freiheitlichen aufzufassen sei".[209] Chaimowicz wurde nahezu von Beginn an in den Lehrbetrieb der Alma Mater Paridiana eingebunden. Er unterstützte insbesondere René Marcic, als dieser mit den Vorbereitungsarbeiten zur Errichtung der Juridischen Fakultät beschäftigt war, mit der Abhaltung von Spezialvorlesungen zur Staatslehre Edmund Burkes oder zum „Begriff der Mischverfassung".[210]

Darüber hinaus lehrte er auch am Institut für Klassische Philologie der Philosophischen Fakultät. Marcic begründete die Notwendigkeit der von Chaimowicz angebotenen Lehrveranstaltungen mit der angestrebten Profilbildung der Universität Salzburg. Diese erfordere es, Querverbindungen zwischen den rechts- und staatsphilosophischen Studien und Fächern wie der Klassischen Philologie herzustellen. Chaimowicz sei „für diese besondere Aufgabe" in einzigartiger Weise befähigt.[211] Chaimowicz' Remigration wurde durch Marcic und Michels maßgeblich gefördert. Einer seiner Mitstreiter und Freunde war der US-amerikanische politische Theoretiker Russell Kirk, der den amerikanischen Konservatismus des 20. Jahrhunderts wesentlich prägte und auch an den „Akademischen Blättern" mitarbeitete. Kirk charakterisierte Chaimowicz als „a courageous scholar and a lonely one […]; most of his time he spent in his own select library of classics, Roman history, political philosophy, and Austrian literature."[212] Chaimowicz entsprach damit dem Bild des Gelehrten, der sein Leben in hohem Maße der Wissenschaft verschrieb. Gleichwohl wurde er erst 1986 nach zwanzigjähriger Lehrtätigkeit zum Honorarprofessor „für Antike Staatslehre und Römisches

208 Vgl. Thomas Chaimowicz, Österreichisches Dilemma, in: Neue Kronenzeitung, 27.10.1987, zit. n. Michael Gehler, „…eine grotesk überzogene Dämonisierung eines Mannes…"? Die Waldheim-Affäre 1986–1992, in: ders./Hubert Sickinger (Hg.), Politische Affären und Skandale in Österreich: von Mayerling bis Waldheim, Wien-München 1996, 614–666, hier 624.

209 Lucian O. Meysels, Unheilige Allianzen. Wer ebnet Jörg Haider den Weg?, Wien-Klosterneuburg 1995, 88; 95; vgl. Thomas Chaimowicz, Konservative und Juden, in: Walter Simon/Andreas Mölzer u.a. (Hg.), Juden und Deutsche. Vergangenheit und Zukunft, Graz-Stuttgart 1994, 110–114.

210 ÖStA, AdR, BMU, Hauptreihe I (1945–1965), Sig. 9, Univ. Salzburg, Kt. 672, Dr. Thomas Chaimowicz, Lehrauftrag, WS 1965/66.

211 ÖStA, AdR, BMU, Hauptreihe II (1966–1975), Sig. 9, Univ. Salzburg, Kt. 634, Dr. Thomas Chaimowicz, Lehrauftrag, Begründung von Dekan Marcic, 9.5.1966.

212 Russell Kirk, Preface, in: Thomas Chaimowicz, Antiquity as the Source of Modernity. Freedom and Balance in the Thought of Montesquieu and Burke, New Brunswick-London 2008, XI f., hier XII.

Staatsrecht“ ernannt und übte diese Funktion noch bis Mitte der 1990er-Jahre aus.[213] Thomas Chaimowicz starb am 14. Juli 2002 in Salzburg.[214]

3.4 Außenseiter im konservativen Salzburg? SPÖ-nahe Hochschullehrer (Fellner, Floretta, Del-Negro, Harrer, Ringhofer, Leser)

Der Vorsitzende des Salzburger Bundes Sozialistischer Akademiker, Intellektueller und Künstler (BSA), Karl Schmidt, kommentierte die ersten Berufungen an der wiedererrichteten Philosophischen Fakultät der Salzburger Universität mit kritischer Reserve. Schmidt äußerte sich hierzu in einem Leitartikel, der im Februar 1966 in der regionalen SPÖ-Parteizeitung „Demokratisches Volksblatt“ erschien. Schmidt beanstandete die bisherige Berufungspraxis, die meist den Konservativen nahestehende Hochschullehrer begünstigt habe. Es sei daher kein Wunder, „wenn ein witziger Kopf in Salzburg sich äußert, daß die angeblich vermiedene katholische Universität sich an dieser weltlichen Fakultät besser verwirklicht als an der theologischen“. Schmidt forderte daher, dass „an die nächsten Lehrkanzeln Professoren sozialistischer oder liberaler Herkunft berufen werden“ mögen, „einfach um den ideologischen Ausgleich herzustellen!“[215]

Der Salzburger BSA hatte sich mit seinem Vorsitzenden Karl Schmidt und dem Innsbrucker Arbeits- und Sozialrechtler Hans Floretta im Februar 1962 an der Universitätsenquete beteiligt, die von Landeshauptmann Hans Lechner einberufen worden war. Im März desselben Jahres bekannte sich der BSA zur Universitätsidee in Salzburg. Er forderte die Errichtung einer „Volluniversität“, womit er grundsätzlich mit den ÖVP-nahen Universitätsplanern übereinstimmte.[216] Die sozialistischen Akademiker verlangten allerdings ausdrücklich, „bei allen Hochschulbestrebungen einen modernen, fortschrittlichen Geist wirksam werden zu sehen“. Forschung und Lehre müssten „in inniger Verflechtung der vorwärts drängenden Gesellschaft und ihrer Erneuerung zugewandt sein“.[217] Sie vertraten den Standpunkt, dass „in Salzburg eine moderne staatliche Universität mit allen vier Fakultäten entstehen“ solle. „Eine getarnte katholische Universität“ lehnten sie hingegen ab, weshalb sie „die Besetzung weltanschaulich relevanter Fächer mit fortschrittlich und objektiv denkenden Persönlichkeiten“ forderten.[218]

---

213 PLUS, Rechtswissenschaftliche Fakultät, Fakultätsbüro, Ordner Gast- und Honorarprofessoren AE, Chaimowicz, Thomas; Dekan Hans-Ulrich Evers an Chaimowicz, 14.5.1986; Dekan Otto Triffterer an Bundesminister Dr. Rudolf Scholten, 12.8.1996.

214 Stadt Salzburg. Gräbersuche. https://www.stadt-salzburg.at/MagSbg.Web.App.SucheVerstorbene/SucheVerstorbene.aspx (28.6.2018).

215 Karl Schmidt, Der bedrohte Geist der Fakultät. Alma mater Paridiana zwischen Einseitigkeit und Provinzialismus, in: Demokratisches Volksblatt, 24.2.1966.

216 Der Salzburger Bürgermeister Alfred Bäck forderte ebenfalls die Errichtung einer „Volluniversität“. Vgl. Universität oder CV-Hochburg? In: Salzburger Tagblatt, 24.1.1962, 4.

217 Kaindl-Hönig/ Ritschel, Die Salzburger Universität, 183.

218 AStS, BSA, Kt. PA 32,03, Tätigkeitsbericht 1963 des BSA Salzburg, Februar 1964.

Die Akademiker des BSA brachten damit deutlich zum Ausdruck, dass sie zur Frage der personellen Besetzung jener wissenschaftlichen Disziplinen, die sich mit gesellschaftsbezogenen Fragestellungen und Themen auseinandersetzten, ihren politischen Einfluss geltend machen wollten. Die BSA-Funktionäre nahmen die ÖVP-nahen und konservativen Kreise, die sich aus ihrer Sicht mit dem im katholischen Milieu Verwurzelten weitgehend deckten, als in Salzburg dominant wahr und fürchteten, dass diese ihre ideologischen Interessen beim Aufbau der neuen Universität durchsetzen könnten. Die Forderung des BSA nach einer „modernen" Universität, an die „fortschrittlich" und „objektiv" denkende Wissenschaftler berufen werden sollten, nahm sich somit als ein kaum verhüllter Gegenentwurf gegen den damaligen konservativ geprägten Universitäts- und Wissenschaftsbetrieb aus. Karl Schmidt selbst plädierte für eine stärkere Berücksichtigung der Sozial- und Gesellschaftswissenschaften an der neuen Universität. Er nannte namentlich drei Lehrkanzeln, deren Besetzung „die Möglichkeit einer geistigen Auflockerung" böte: „die Soziologie (Gesellschaftswissenschaft), die Politik-Wissenschaft [sic!] [...] und die Wirtschafts- und Sozialgeschichte."[219]

Wie bereits im Kap. 3.1 angedeutet wird, lässt sich die Professorenschaft der österreichischen Universitäten in den 1960er-Jahren noch als eine Art „Zunft" beschreiben. Für diese stellte neben fachbezogenen Aspekten auch die habituelle „Bürgerlichkeit" der neu zu berufenden Professoren ein zumindest implizites Auslesekriterium dar. Die Professorenschaft war sich hierin mit den führenden Beamten der Hochschulsektion des Unterrichtsministeriums grundsätzlich einig. Im Rückblick der frühen 1970er-Jahre ging der Hochschullehrer und Bildungspolitiker Bernd Schilcher sogar so weit zu behaupten, dass die Professoren in den ersten beiden Nachkriegsjahrzehnten „unter dem Beifall der Unterrichtsverwaltung stets lieber einen Konservativen als einen Linken" berufen hätten. „Die Hochschulverwaltung wiederum wollte [...] mit Hilfe der Hochschule große Politik gegen die linke Reichshälfte machen – man hielt die Sozialisten fern, so gut es ging: als akademische Lehrer wie auch als Partei."[220]

Unter den Mitte der 1960er-Jahre an die Universität Salzburg berufenen Hochschullehrern befanden sich tatsächlich fast ausschließlich Professoren, die dem bürgerlichen Lager zuzurechnen waren. Einer von ihnen, der kulturanthropologisch orientierte Psychologe Wil-

219 Schmidt, Der bedrohte Geist der Fakultät; vgl. auch Österreichische Nationalbibliothek (ÖNB), Handschriftensammlung, Nachlass Broda, Christian; III 83.I, Memorandum betreffend eine Lehrkanzel für Soziologie an der Philosophischen Fakultät der Universität Salzburg [undat.; Unterschrift Dr. Karl Schmidt]. Während die Lehrkanzel für Wirtschafts- und Sozialgeschichte bereits 1974 mit Josef Wysocki besetzt wurde, konnte der frühere Assistent von Hans Sedlmayr, Mohammed Rassem, erst 1988 in Salzburg die „Kultursoziologie" als Fach begründen. Rassem hatte zwar bereits 1968 das erste geisteswissenschaftlich ausgerichtete Studienfach Soziologie in Österreich eingerichtet, im Fach Soziologie konnte in Salzburg aber erst seit 1986 ein Diplom erworben werden. Vgl. Josef Wysocki, in: Jahrbuch der Universität Salzburg (1973/74–1974/75), 151 f.; PLUS, Fachbereich Politikwissenschaft und Soziologie, Geschichte der Abteilung Soziologie. https://www.uni-salzburg.at/index.php?id=49459&L=0 (18.9.2018).

220 Bernd Schilcher, Hochschulen, in: Erich Weinzierl/Kurt Skalnik (Hg.), Österreich. Die Zweite Republik, Bde. 1–2,2, Graz-Wien-Köln 1972, 347–367, hier 359 f. Bernd Schilcher gehörte zwar selbst der ÖVP an, er galt allerdings als politischer „Querdenker" und „Grenzgänger". Vgl. Gerfried Sperl, Nachruf auf Bernd Schilcher. Querdenker mit Eleganz, in: Der Standard, 31.5.2015, https://derstandard.at/2000016669093/Bernd-Schilcher-ueberraschend-verstorben (10.9.2018).

helm J. Revers, hatte sich in Deutschland auch als Mandatar politisch betätigt, ehe er 1964 als ordentlicher Professor an die Universität Salzburg kam. Revers war für die Christlich-Soziale Union (CSU) im Stadtrat von Würzburg vertreten gewesen. Für den „von Grund auf" religiös geprägten, aus dem Rheinland stammenden Revers war Salzburg eine Stadt, „die aus jedem Winkel kulturelle Tradition, Musikalität und barocke Lebensweise ausstrahlte", sohin der ideale Ort für seine berufliche Tätigkeit als Hochschullehrer.[221]

Mit dem Historiker Fritz Fellner befürwortete – was Karl Schmidt ausdrücklich so darstellte[222] – zunächst nur einer der an die Philosophische Fakultät erstberufenen Professoren eine Reform der humanistisch-geisteswissenschaftlichen Ausrichtung der Philosophischen Fakultät, für die sich auch der BSA einsetzte. Fellner wollte vor allem technisch-naturwissenschaftliche Fächer stärker als bisher an den Universitäten verankern. Auch der von ihm selbst vertretenen Geschichtswissenschaft gegenüber war Fellner kritisch eingestellt. In seiner Salzburger Antrittsvorlesung vom 1. Dezember 1964 warf er seinen Fachkollegen vor, dass sie einer musealen Traditionspflege verhaftet seien. Die historische Forschung habe dadurch „den Anschluß an die Gegenwart verloren, die andere als nationale Interpretationen als Sinngebung der Geschichte zu finden bestrebt ist." Die Geschichtswissenschaft habe hingegen „die Pflicht, jene falsche Idealisierung der Vergangenheit bloßzustellen", sie „habe von den Helden und Ideen hinweg zu der Tragik des menschlichen Erlebens hinzuführen".[223] Ähnliche Auffassungen vertrat Fellner in einem Brief an Unterrichtsminister Drimmel, in dem er sich gegen das seiner Meinung nach ungebrochene Fortwirken der historistischen Geschichtsauffassung wendete. Nach Fellner könne man sich „der Einsicht nicht verschließen, dass Bismarcks Bündnispolitik [...] weit weniger bleibende Wirkung hatte, als der medizinische Fortschritt jener Tage, die technischen Errungenschaften, die gesellschaftliche Wandlung. Doch davon findet sich in den Handbüchern kaum eine Erwähnung. Für die Geschichtswissenschaft gilt, mehr noch als für die Politik, die Notwendigkeit des Umdenkens, der Anpassung an das 20. Jahrhundert."[224]

Fellner formulierte seine Traditionskritik nicht ohne Pathos. Ungeachtet dessen ist hervorzuheben, dass er zu jenen wenigen Historikern zählte, die sich Mitte der 1960er-Jahre in Österreich für eine methodische wie auch inhaltlich-konzeptionelle Erneuerung der Geschichtswissenschaften wie auch der Universitäten einsetzten. Dieses Bestreben bezog sich indes nicht auf die Disziplin der Zeitgeschichte,[225] die seiner Ansicht nach „in der Erforschung des Nationalsozialismus wissenschaftlich erstarrte und den ursprünglichen Bezug zur

221 Vgl. Dietrich Rüdiger, Wilhelm Josef Revers und das Bild des Menschen in der Psychologie, in: Jahrbuch der Universität Salzburg 1985–1987, 275–285, hier 277.

222 Vgl. Schmidt, Der bedrohte Geist der Fakultät.

223 Fritz Fellner, Geschichte und Gegenwart. Antrittsvorlesung gehalten am 1. Dezember 1964, Salzburg-München 1966, 14 f.

224 Haus-, Hof- und Staatsarchiv (HHStA), Nachlass Fritz Fellner, Drimmel, Heinrich 6-2, Fellner an Drimmel, 30.6.1966.

225 Vgl. hierzu Ernst Hanisch, Die Dominanz des Staates. Österreichische Zeitgeschichte im Drehkreuz von Politik und Wissenschaft, in: Alexander Nützenadel/Wolfgang Schieder (Hg.), Zeitgeschichte als Problem. Nationale Traditionen und Perspektiven in Europa, Göttingen 2004, 54–77.

Gegenwart verlor".[226] Aus wissenschaftlicher Sicht setzte sich Fellner selbst kaum mit dem Nationalsozialismus auseinander. Einigen seiner Schriften wurde sogar eine Tendenz zur Verharmlosung des NS-Regimes attestiert.[227] Gegen Ende seines Lebens bedauerte Fellner zwar selbst die „unbewältigte" Vergangenheit, wobei er in ambivalenter Weise offenließ, was genau aus dieser Vergangenheit „unbewältigt" geblieben sei. Fellner sah sich jedenfalls selbst als pazifistisch gesinnter Vertreter der Generation der Kriegsteilnehmer. Er kritisierte die Verfasser der Entnazifizierungsgesetze dafür, dass diese „sich genauso verhielten wie jene, die sie nun verurteilten".[228] Innerhalb der Philosophischen Fakultät der Universität Salzburg setzte sich Fellner energisch für den Ausbau des Historischen Instituts ein. Dies dürfte neben seiner Positionierung als „kritischer" Historiker einer der Gründe für Schmolkes Wahrnehmung gewesen sein, dass Fellner „in der Fakultät der Linksaußen" gewesen sei.[229] Diese Zuschreibung wurde auch in polemischer Absicht gegen den Historiker gerichtet. So kolportierte der Ring freiheitlicher Studenten (RFS) das Bonmot, dass der Verband Sozialistischer Studenten Österreichs (VSSTÖ) „im akademischen Senat" schlicht als „‚Liste Fellner'" bezeichnet werde.[230] Fellner gerierte sich selbst tatsächlich gerne als „fortschrittlich" und politisch „links" stehend. Sein damaliger Assistent Hanns Haas, der 1996 auf den Lehrstuhl für Österreichische Geschichte an der Universität Salzburg berufen wurde, machte ihm aber deutlich, dass „links von ihm viel Platz" sei, was Fellner keineswegs enthusiasmiert zur Kenntnis nahm.[231]

Fellners persönlicher Werdegang deutete jedenfalls nicht darauf hin, dass er in irgendeiner Form eine politisch „linke" Sozialisation erfahren hatte. Fellner wurde 1922 in Wien geboren, sein Studium der Fächer Geschichte, Deutsch und Englisch wurde durch Kriegsdienst und amerikanische Kriegsgefangenschaft unterbrochen. Wie er selbst in einem autobiographischen Rückblick berichtet, trat er im Oktober 1940 auf Anraten von Freunden dem NS-Studentenbund bei, dem man „nicht pflichtgemäß angehören mußte". Auch wenn in der studentischen Kameradschaft „Hans Domes",[232] deren Mitglied er gewesen sei, etwa ein spä-

226 Fellner, Geschichte und Gegenwart, 5.

227 Vgl. Robert Obermair, Vergangenheitsbewältigung am Fachbereich Geschichte, in: Österreichische HochschülerInnenschaft (Hg.), Österreichische Hochschulen, 430–434, hier 430; vgl. hierzu auch Alexander Pinwinkler, Österreichische Historiker im Nationalsozialismus und in der frühen Zweiten Republik – eine ausgebliebene Debatte? Kritische Überlegungen zu Fritz Fellners Essay „Der Beitrag Österreichs zu Theorie, Methodik und Themen der Geschichte der Neuzeit", in: zeitgeschichte 32 (2005), 35–46.

228 Nach Lehmann hielt Fellner zwei Jahre vor seinem Tod ihm gegenüber Folgendes schriftlich fest: „Wir waren bereit, den Krieg als Verbrechen zu verdammen, aber wir erwarteten, dass auch die Sieger sich von den Greueltaten distanzierten, die sie – so wie die Verlierer – glaubten als Kriegsnotwendigkeit hinnehmen zu müssen". „Die offene, die gleichberechtigte Diskussion" sei ausgeblieben und damit die Möglichkeit, die Vergangenheit zu bewältigen. Zit. n. Hartmut Lehmann, Erinnerungen an den Historiker Fritz Fellner (1922–2012), in: Kommission für Neuere Geschichte Österreichs. http://www.oesterreichische-geschichte.at/?p=1120 (10.9.2018).

229 Schmolke, Am Ende war ich selbst ein „Großfürst".

230 AStS, Nachlass Sedlmayr, Hans; Kt. PA 1236,01, RFS Graubuch. Der Ring. Das Salzburger Hochschulforum. Studentenzeitschrift des RFS Salzburg 4 (1969), 4.

231 Interview des Vf. mit Univ.-Prof. Dr. Herbert Dachs, 8.6.2017, Protokoll.

232 Hans (Johann) Domes war ein Nationalsozialist, der aufgrund seiner Beteiligung am Juliputsch 1934 hingerichtet wurde. Wien Geschichte Wiki, Hans Domes. https://www.geschichtewiki.wien.gv.at/Hans_Do-

terer Vorsitzender eines „Volksgerichtshofes“ zur Aburteilung von Kriegsverbrechern oder ein späterer Großmeister der Freimaurer aktiv gewesen seien, sei es „schwierig, heute den Nachlebenden die seltsamen Realitäten jener Zeit verständlich zu machen“.[233]

Nachdem er im Herbst 1946 aus US-amerikanischer Kriegsgefangenschaft entlassen worden war, nahm Fellner sein Studium an der Wiener Universität im Wintersemester 1946/47 wieder auf.[234] Er schloss dieses mit einer Dissertation über den österreichischen 1848er-Revolutionär Franz Schuselka ab. Seine Arbeit wurde formell von Leo Santifaller und Hugo Hantsch betreut und von beiden Historikern als eine ausgezeichnete Leistung bewertet,[235] obgleich „Fellners eigentliche Dissertationsbetreuer“ die beiden Historiker Richard Charmatz sowie der im Vergleich zu ihm selbst um nur wenige Jahre ältere Adam Wandruszka gewesen waren. Fellner profitierte gleichwohl von Hantschs Anregungen, die er in dessen Privatissimum erhielt.[236] Hantsch war ein Benediktiner des Stiftes Melk, „dessen weltanschauliche Offenheit dem bekennenden Agnostiker Fellner gegenüber von diesem stets anerkannt wurde“.[237] Ernst Hanisch charakterisiert Hantsch als einen Historiker, „der einen gemäßigt durch den religiösen Reichsgedanken vermittelten deutschnationalen Touch aufwies, der aber als KZ-Häftling unangreifbar war“[238].

Im Jahr 1950 bestand Fellner die Abschlussprüfung des Instituts für österreichische Geschichtsforschung in Wien, das damals als eine Kaderschmiede der Geschichtswissenschaften in Österreich angesehen wurde. 1953/54 schloss er seine Edition der politischen Tagebücher Josef Redlichs ab, mit denen er über Österreich hinaus bekannt wurde. Nachdem er einen Forschungsaufenthalt am Österreichischen Kulturinstitut in Rom absolviert hatte, kehrte Fellner 1954 als wissenschaftliche Hilfskraft bei Hugo Hantsch an die Universität Wien zurück; 1955 wurde er zum Universitätsassistenten ernannt, 1960 habilitierte er sich an der Universität Wien. Von grundlegender Bedeutung für das akademische Profil des Historikers Fellner sollte sich seine enge Verbindung zu US-amerikanischen Wissenschaftlern und Universitäten erweisen. Bereits im Februar 1954 hatte er nämlich eine Position als Studienleiter und Registrar am Institute of European Studies in Wien übernommen, die ihn dazu verpflichtete, die im Rahmen dieses Instituts an der Wiener Universität studierenden amerikanischen Hochschüler zu betreuen.[239] Anfang der 1960er-Jahre absolvierte er Gastaufenthalte und Gastprofessuren an der Texas University sowie an der Western Illinois University. Diese

---

mes?uselayout=mobile (18.9.2018).

233 Fellner verwechselte hierbei offensichtlich die „Volksgerichtshöfe“ der Nationalsozialisten mit den Volksgerichten, die in Österreich nach dem Ende des Zweiten Weltkriegs zur Ahndung von NS-Kriegsverbrechen eingerichtet worden waren. Fritz Fellner, Geschichtsstudium in Kriegs- und Nachkriegsjahren, in: Hartmut Lehmann/Otto Gerhard Oexle (Hg.), Erinnerungsstücke. Wege in die Vergangenheit. Rudolf Vierhaus zum 75. Geburtstag gewidmet, Wien-Köln-Weimar 1997, 49–77, hier 54.

234 UAW, Rigorosenakt Nr. 16.625, Fellner, Fritz; Lebenslauf, undat. [1948].

235 Vgl. ebd., Beurteilung der Dissertation, 15.8.1948.

236 Lehmann, Erinnerungen an den Historiker Fritz Fellner.

237 Brigitte Mazohl, Fritz Fellner †, in: Mitteilungen des Instituts für österreichische Geschichtsforschung 121 (2013), 262 f., hier 262.

238 Hanisch, Die Dominanz des Staates, 55.

239 ÖStA, AdR, BMU, PA Fritz Fellner; Lebenslauf, undat. [ca. 1955].

eröffneten ihm nicht nur „bleibende Kontakte zur amerikanischen Wissenschaft“,[240] sondern kamen ihm auch bei seiner Berufung nach Salzburg zugute.

In einem Beurteilungsblatt des Bundesministeriums für Unterricht wurde Fellner als „sehr rührig“ beschrieben. Er gelte als ein „ausgezeichneter Organisator“ und habe „auch im Auslande (Rom, USA, England) erfolgreich gearbeitet“.[241] In der Berufungsliste, die für die Besetzung der ordentlichen Lehrkanzel für „Allgemeine neuere Geschichte“ an der Universität Salzburg erstellt wurde, schien Fellner allerdings nur als einer von drei Drittplatzierten auf. „Primo et aequo loco“ rangierten mit Karl Dietrich Erdmann (Kiel) sowie Ernst Walter Zeeden (Tübingen) zwei bundesdeutsche Professoren. „Secundo loco“ standen die Namen der gebürtigen Österreicher Adam Wandruszka (Köln) sowie des Universitätsdozenten Hans Wagner aus Wien. „Tertio loco“ waren neben dem Dozenten Fellner die beiden Wiener Dozenten Günter Hamann und Richard Plaschka gereiht. Nachdem die Professoren Erdmann und Wandruszka eine Berufung nach Salzburg abgelehnt hatten, einigte sich die Kommission schließlich darauf, Fellner zu berufen. Hans Wagner wurde diesmal zwar übergangen, er kam aber, wie im folgenden Kapitel 3.5 ausgeführt wird, später doch noch zum Zug. Fellner wurde am 30. Juni 1964 als erster Ordinarius des neu einzurichtenden Historischen Instituts der Universität Salzburg ernannt.[242] Der Karrieredurchbruch für den damals 42-jährigen Historiker dürfte auch dadurch begünstigt worden sein, dass sein Doktorvater und Förderer Hugo Hantsch die Berufungskommission leitete. Minister Drimmel scheint nach eigenem Bekunden die Berufungsentscheidung für Fellner ebenfalls problemlos unterstützt zu haben. Drimmel bezeichnete Hantsch später als seinen „väterlichen Freund“.[243]

Seine „fortschrittliche“ und akzentuiert „kritische“ Orientierung[244], mit der er auch ihm weltanschaulich eher Fernstehende wie z.B. René Marcic stark beeindruckte,[245] könnte Fellner mit dazu bewogen haben, sich dem BSA anzuschließen. Im April 1965 hielt er auf dessen Einladung einen Vortrag über das Thema „Die Potsdamer Konferenz des Jahres 1945“. Doch erst am 1. April 1968 trat er formell dem Salzburger BSA bei und wurde der „Fachgruppe Hochschullehrer“ zugeteilt, die in Salzburg allerdings „sehr klein“ war. Der BSA-Vorsitzende Schmidt schlug Fellner im folgenden Jahr auch für die Teilnahme an der „Hochschulpolitischen Kommission der SPÖ“ in Wien vor. Schmidt nannte als potenzielle Salzburger Vertreter, die in dieses Gremium entsandt werden sollten, außer Fellner auch die Professoren Hans Floretta, Gerhart Harrer und Kurt Ringhofer.[246]

240 Mazohl, Fritz Fellner †, 263.

241 ÖStA, AdR, BMU, PA Fritz Fellner; Beurteilungsblatt über Univ.-Doz. Dr. Fritz Fellner, 28.2.1964.

242 ÖStA, AdR, BMU, PA Fritz Fellner; Tabelle Univ.-Doz. Dr. Fritz Fellner. Der Personalakt beinhaltet keine Angaben darüber, welche kommissionsinternen Vorgänge entscheidend hierfür waren, dass Fellner unter Umgehung der vor ihm Platzierten letztlich nach Salzburg berufen wurde. Vgl. auch Probst/Rehrl, Die Wiederherstellung der Gesamtuniversität, 341.

243 HHStA, Nachlass Fellner, Fritz; Drimmel, Heinrich 6-2, Drimmel an Fellner, 2.2.1985.

244 Vgl. auch Lehmann, Erinnerungen an den Historiker Fritz Fellner.

245 Marcic sprach von der „Strukturverwandtschaft unseres Denkens, Forschens und des Konzeptes“, die er bei ihm selbst und Fellner erkennen zu können glaubte. HHStA, Nachlass Fellner, Fritz; Marcic, René, 17–32, Marcic an Fellner, undat. [ca. 1965].

246 HHStA, Nachlass Fellner, Fritz Korrespondenz mit dem BSA; Schmidt an Fellner, 25.1.1965; 22.4.1968;

Fellner selbst blieb dem BSA nur wenige Jahre treu. Zwar zählte er zu jenen Experten, die der in der Ära Klaus in Opposition stehenden SPÖ Vorschläge für ein Hochschulkonzept unterbreiten sollten.[247] Es zeigten sich bei ihm jedoch bereits deutliche Anzeichen einer gewissen Desillusionierung, bevor die SPÖ nach ihrem Wahlsieg im Jahr 1970 in Österreich die Regierung übernahm. So beklagte Fellner bereits in dem 1967 von Heinz Fischer herausgegebenen Band *Versäumnisse und Chancen – Beiträge zur Hochschulfrage in Österreich*, dass an der von ihm kritisierten „Übernahme der erstarrten Fakultätsordnung" auch an der Universität Salzburg nicht gerüttelt worden sei. Er zog aus dieser Feststellung den folgenden Schluss: „Man kann Salzburg nicht als Neugründung bezeichnen, denn es fehlte dieser Gründung das Konzept, der Wille, eine Universität zu schaffen, die dem 20. Jahrhundert entspricht und nicht eine Spätblüte der Thunschen Reformvorschläge darstellt". An diesem Verdikt hielt Fellner ungeachtet der in Salzburg ausgeprägten Bestrebungen fest, anhand der politischen Wissenschaften die Möglichkeiten für eine interfakultäre Kooperation auszuloten.[248] Seine Haltung zur Hochschulreform bekräftigte Fellner auch Anfang der 1970er-Jahre in einem Brief an den ehemaligen Unterrichtsminister Drimmel. Darin formulierte er das „Eingeständnis", dass er selbst „in jener Aufgabe versagt" habe, „die in Salzburg das Primäre gewesen wäre: Salzburg ist nicht jene Keimzelle der Erneuerung des österreichischen Hochschulwesens geworden, die es hätte sein können, das Hochschulwesen ist überhaupt in einer Sackgasse, die Reform ist gescheitert – allen offiziellen Posaunentönen zum Trotz."[249]

Diese Stellungnahme Fellners erscheint schon deshalb übertrieben gewesen zu sein, weil Salzburg von vornherein wohl kaum als eine „Keimzelle" der Erneuerung des gesamten österreichischen Hochschulwesens gedacht gewesen war. Die von der Regierung Bruno Kreiskys und dessen Weggefährtin Hertha Firnberg als Wissenschaftsministerin geplante Hochschulreform, die in der Verabschiedung des UOG '75 kulminierte, trug Fellner jedenfalls nicht mit. Damit befand er sich auf einer Linie mit den Rektoren sämtlicher österreichischer Hochschulen, die der Ministerin wegen der von ihr vorangetriebenen Reformen geschlossen ihren Rücktritt anboten, was diese allerdings ignorierte.[250] Ob Fellner sich tatsächlich „1971 bereits als sozialistischer Wissenschaftsminister" wähnte, wie im deutschen Wochenmagazin „Stern" behauptet wurde,[251] kann hier nicht entschieden werden. Die von Firnberg maßgeblich vorangetriebene und schließlich umgesetzte Hochschulreform bildete jedenfalls den Auslöser dafür, dass er im März 1975 seinen Austritt aus dem BSA erklärte. Er selbst begründete diesen damit, dass der Bundesvorstand des BSA sich hinter Firnbergs Entwurf gestellt und er als Mit-

---

Aktenvermerk über die erste Sitzung der Hochschulpolitischen Kommission der SPÖ in Wien, Haus der SPÖ, 31.3.1969.

247 So referierte Fellner bei einem Seminar des BSA am 13. Mai 1969 etwa zum Thema „Gesellschaft und Hochschule, die Hochschule als Bildungsfaktor". HHStA, Nachlass Fellner, Fritz; BSA.

248 Fellner, Restauration oder Fortschritt, 25; vgl. auch Fritz Fellner, Ist die Salzburger Universität modern? In: Demokratisches Volksblatt, 20.3.1969, 4.

249 HHStA, Nachlass Fellner, Fritz; Drimmel, Heinrich 6-2, Fellner an Drimmel, 20.12.1971.

250 Kreiskys Erbe: „Linke Utopien" an den Unis, in: Die Presse, 28.2.2010. https://diepresse.com/home/bildung/universitaet/543153/Kreiskys-Erbe_Linke-Utopien-an-den-Unis (11.9.2018).

251 26 Fünfer vom strengen Fast-Minister, in: Stern, 12.2.1976.

glied des BSA und der Vereinigung der sozialistischen Hochschullehrer nicht um seine Meinung zu dem Gesetzentwurf des Universitätsorganisationsgesetzes gefragt worden sei.[252] Wenn er sich in diesem Schreiben als Professor darstellte, der in seinem eigenen Wirkungsbereich demokratisches und soziales Denken „konsequent in die Tat umgesetzt" habe, muss dieser Selbstsicht Fellners allerdings entgegengehalten werden, dass es auch andere Erfahrungen und Wahrnehmungen gab. So berichtet Ernst Hanisch, dass am Institut für Geschichte Fellners „‚Herrschaft' immer autoritärer" geworden sei und sich seine Mitarbeiter als „Knechte" behandelt gefühlt hätten.[253]

Dass die Entfremdung Fellners vom BSA und der SPÖ auch eine persönliche Seite hatte, kann hier nur vermutet werden. Ereignisse wie das gewaltsame Vorgehen der Salzburger Polizei gegen politisch links orientierte Demonstranten, die im Mai 1972 gegen die Landung des in Vietnam Krieg führenden US-Präsidenten Richard Nixon auf dem Salzburger Flughafen protestierten,[254] mögen hierfür ebenfalls eine Rolle gespielt haben. Die beiden Söhne Fellners waren ebenso unter den Demonstranten wie etwa Peter Kreisky, der Sohn des amtierenden Bundeskanzlers. Fellner nahm die Vorfälle um den Nixon-Besuch zum Anlass, um sich an Justizminister Christian Broda zu wenden. Diesen wies er nachdrücklich darauf hin, dass es sich bei den Demonstranten um „Gruppen von österreichischen Sozialisten" handle, „die es immer weniger verstehen können, dass ausgerechnet unter einer sozialistischen Regierung" es nicht möglich sei, „ihre Empörung über das amerikanische Vorgehen in Vietnam öffentlich kundzutun."[255]

Im Vergleich zu Fellner stand der Rechtswissenschaftler Hans Floretta der SPÖ deutlich näher. Floretta war um ein Jahr jünger als Fellner und stammte aus bescheidenen Verhältnissen. Auch er gehörte der Frontgeneration an. Nachdem Floretta 1948/49 seine Studien an der Universität Innsbruck abgeschlossen hatte, trat er zunächst als Rechtsreferent in den Dienst der Kammer für Arbeiter und Angestellte in Salzburg, bis er mit 1. Mai 1956 zum Kammeramtsdirektor bestellt wurde. Bereits zwei Jahre zuvor hatte er sich mit einer Studie *Der Kündigungs- und Entlassungsschutz im österreichischen und deutschen Arbeitsrecht* an der Juridischen Fakultät der Universität Innsbruck habilitiert. Im Jahr 1964 wurde er zum außerordentlichen Professor an der Universität Innsbruck berufen, wobei die Fakultät dem Unterrichtsministerium eine künftige „Hebung" seiner Lehrkanzel zu einem Ordinariat vorschlug. In diesem Falle sollte Floretta zusammen mit Theo Mayer-Maly, der zu der Zeit noch eine Professur für Arbeitsrecht, Bürgerliches Recht und Römisches Recht in Köln innehatte, „unico et pari loco" auf einen Zweiervorschlag gestellt werden.[256] Floretta wechselte allerdings bereits im darauf folgenden Jahr 1965 nach Salzburg, wo er den Aufbau der neuen Fakultät gemeinsam mit René Marcic als Senatsbeauftragter unterstützte. Am 1. November 1965 wurde Floretta zum

252 AStS, BSA, Kt. PA 32,02, Fellner an den BSA, 9.3.1975.

253 Hanisch, Hans Wagner und Erika Weinzierl, 193. Vgl. hierzu auch den kritischen Artikel: 26 Fünfer vom strengen Fast-Minister, in: Stern, 12.2.1976.

254 Vgl. Hiebl, Die Universität Salzburg 1968, 101.

255 HHStA, Nachlass Fellner, Fritz; Broda, Christian, 3-54, Fellner an Broda, 24.5.1972.

256 Universitätsarchiv Innsbruck (UAI), Direktion IP/III, Lehrkanzel für Arbeitsrecht 1955–1970, Rechts- und Staatswissenschaftliche Fakultät der Universität Innsbruck an das BMU, 23.1.1964.

ersten Inhaber der Lehrkanzel für Arbeits- und Sozialrecht an der Rechts- und Staatswissenschaftlichen Fakultät der Universität Salzburg berufen, die per Bundesgesetz vom 30. Juni 1965 neu errichtet worden war. Seine Antrittsvorlesung hielt er am 22. März 1966 zum Thema „Arbeitsrecht und europäische Menschenrechtskonvention".[257]

Neben seiner Tätigkeit als Kammeramtsdirektor übte Floretta auch das Amt eines Vorsitzenden des Salzburger BSA aus, ehe ihm Karl Schmidt 1958 als Obmann folgte. Floretta war ein ausgewiesener Keynesianer. Er galt als „ein engagierter Verfechter sozialpartnerschaftlicher Positionen und bemühte sich redlich, innerhalb des BSA eine gesellschaftspolitische Diskussion in Gang zu bringen."[258] Unter seiner Leitung entwickelten sich die monatlichen Mitgliedertreffen zu Foren der politischen Information und Diskussion.

Als Obmann des Salzburger BSA hatte Floretta auch mit der Frage der Reintegration ehemaliger Nationalsozialisten zu tun. Nicht wenige „Minderbelastete" schlossen sich dem Salzburger BSA an, der im Frühjahr 1947 gegründet und im folgenden Jahr 1948 vereinspolizeilich genehmigt wurde. Der Historiker Robert Hoffmann charakterisiert den BSA der Nachkriegsjahre als „Auffangbecken für Angehörige jener bürgerlichen Akademikerschicht in Stadt und Land, die traditionell nicht nur deutschnational und antisemitisch, sondern vor allem auch antiklerikal eingestellt war".[259] Die Funktion des BSA bestand darin, den zahlenmäßig überschaubaren Kreis der akademisch gebildeten Fachleute, über den die SPÖ verfügte, zu erweitern und sich hierfür auch der Aufnahme von ehemaligen Nationalsozialisten nicht zu verweigern. Von der BSA-Mitgliedschaft waren nur Angehörige des ÖCV und anderer katholischer Korporationen, nicht aber Mitglieder „nationaler" Verbindungen wie Burschenschaften und Landsmannschaften, ausgeschlossen. Es ging dem BSA somit um eine Elitenrekrutierung jenseits der sozialistischen Kernklientel, die weit in die Gruppe der „national" gesinnten Gegner der (ehemaligen) Christlichsozialen hineinreichte. Das strategische Ziel des BSA bestand darin, der nahezu unerschöpflich erscheinenden Personalreserve der ÖVP eine eigene akademische Funktionselite entgegenzustellen.[260]

Von den Salzburger Vertretern der „Gründergeneration" gehörten zumindest der Philosoph und Geologe Walter Del-Negro sowie der Psychiater Gerhart Harrer dem BSA an. Inwieweit der im April 1950 dem BSA beigetretene Del-Negro[261] sich gesinnungsmäßig in glaubwürdiger Weise zu sozialdemokratischem Gedankengut bekannte, dürfte selbst innerhalb des BSA nicht unumstritten gewesen sein. Darauf deutet ein Brief von Landesobmann Floretta an den Wiener Universitätsprofessor und SPÖ-Politiker Hans Thirring hin, in dem dieser sich gegen allfällige Vorbehalte ausdrücklich für Del-Negros politische Einstellung verbürgte. Floretta ver-

257 Vgl. ÖStA, AdR, BMU, PA Hans Floretta, Tabelle; vgl. ferner Hans Floretta, in: Jabloner/Mayer (Hg.), Österreichische Rechtswissenschaft, 44 f.; Hans Floretta, Arbeitsrecht und europäische Menschenrechtskonvention, Salzburg-München 1967.

258 Robert Hoffmann, „Bund sozialistischer Anfänger". Zur Integration bürgerlicher Intellektueller im Salzburger BSA nach 1945, in: Hanns Haas/ders. u.a. (Hg.), Salzburg. Städtische Lebenswelt(en) seit 1945, Wien-Köln-Weimar 2000, 247–267, hier 260.

259 Ebd., 251 f.

260 Ebd., 249; 251.

261 Vgl. AStS, BSA, Kt. PA 32,01, Fragebogen Walter Del-Negro, 17.4.1950.

wendete sich für diesen, um ihm eine Honorarprofessur an der Universität Wien zu verschaffen. Del-Negro habe im wissenschaftlichen Arbeitskreis des Salzburger BSA „an der Beratung über den Entwurf zum Parteiprogramm aktiv teilgenommen", wobei er „den interessanten Gesichtspunkt eines harmonischen Ausgleiches zwischen den Freiheitsrechten der Einzelpersönlichkeit und den Belangen der Gemeinschaft" besonders hervorgehoben habe.[262] Laut Floretta favorisierte Del-Negro den – von Konservativen wie Nationalsozialisten hoch bewerteten – Begriff der „Gemeinschaft", der den Gedanken einer „geordneten Stufengliederung des Seienden" beinhalte, gegenüber dem marxistisch grundierten Gesellschaftsbegriff. Auf diesen Umstand, der aus sozialistischer Sicht zweifellos als problematisch zu bewerten war, ging Floretta in seinem Brief an Thirring allerdings nicht ein. Gerhart Harrer war einer der umstrittensten Repräsentanten der „Gründergeneration" der Universität Salzburg. Dies hatte wesentlich mit Harrers Werdegang als ehemaliger SS-Arzt sowie dem Umstand zu tun, dass er ein enger Weggefährte des berüchtigten Gerichtspsychiaters und ehemaligen Arztes am Spiegelgrund Heinrich Gross sowie ein Unterstützer des Neurologen und als rechtsextrem eingestuften FPÖ-Politikers Otto Scrinzi war. Gross nützte den BSA ähnlich wie Harrer zur politisch-gesellschaftlichen Rehabilitierung. Er trat 1953 auch der SPÖ bei, aus der er 1981 allerdings ausgeschlossen wurde.[263]

Spätestens seit der Studie von Wolfgang Neugebauer und Peter Schwarz über die Rolle des BSA bei der gesellschaftlichen Integration ehemaliger Nationalsozialisten kann Harrers Karriere als weitgehend aufgeklärt gelten. Die Vorgeschichte und Umstände seiner Berufung nach Salzburg werden hier allerdings erstmals detailliert ausgeführt.[264] Harrer wurde 1917 in Innsbruck geboren und studierte an der Universität Wien Medizin, wo er 1940 zum Doktor der gesamten Heilkunde promovierte. Während des Zweiten Weltkriegs arbeitete er u.a. als Assistenzarzt in den neurologisch-neurochirurgischen Sonderlazaretten der Professoren Alfred von Auersperg und Wilhelm Tönnis. Harrer hatte sich bereits in seiner Gymnasialzeit ab 1932 im NS-Schülerbund engagiert. Im Februar 1935 wurde er Mitglied der illegalen SS. Er gehörte vermutlich seit 1938 der SS-Standarte 89 (mit der SS-Nr. 303.067) an, die beim Juliputsch des Jahres 1934 in Wien das Bundeskanzleramt besetzt und Bundeskanzler Engelbert Dollfuß ermordet hatte.[265] 1940 wurde Harrer in die NSDAP aufgenommen, wobei er die Mitgliedsnummer 8.121657 erhielt. Zudem gehörte er der SS-Studiengemeinschaft an der Universität

262 AStS, BSA, Kt. PA 32,06, Floretta an Prof. Dr. Hans Thirring, 28.3.1958.

263 NS-Arzt verliert Ehrenkreuz, beschloss der Ministerrat, in: Bizeps-Info. Verein Bizeps, 25. März 2003. https://www.bizeps.or.at/ns-arzt-verliert-ehrenkreuz-beschloss-der-ministerrat/ (5.4.2015).

264 Die folgenden Ausführungen zu Harrer beziehen sich wesentlich auf diese Studie: Wolfgang Neugebauer/Peter Schwarz, Der Wille zum aufrechten Gang. Offenlegung der Rolle des BSA bei der gesellschaftlichen Integration ehemaliger Nationalsozialisten. Hg. vom Bund sozialdemokratischer AkademikerInnen, Intellektueller und KünstlerInnen (BSA), Wien 2005, 241–247.

265 Im Zusammenhang mit Harrers Innsbrucker Habilitationsverfahren leitete das Bundeskanzleramt Anfang der 1950er-Jahre Erhebungen darüber ein, ab wann Harrer der SS-Standarte 89 angehört hatte und ob er selbst 1934 am Überfall auf das Bundeskanzleramt beteiligt gewesen war. Demnach trat Harrer dieser SS-Standarte erst 1938 bei. Offenbar ergab sich kein relevanter Hinweis darauf, dass er in irgendeiner Form an der Vorbereitung des Überfalls auf das Bundeskanzleramt und an der Ermordung Dollfuß' beteiligt gewesen war. Vgl. ÖStA, AdR, BMU, PA Gerhart Harrer, Zulassung als Privatdozent für Psychiatrie und Neurologie an der Universität Innsbruck, Amtsvermerk BMU, 9.7.1951.

Wien an, die sich u.a. mit Erbbiologie und Rassenhygiene befasste. Nach 1945 im Zuge der Entnazifizierung als „minderbelastet" eingestuft, trat Harrer durch die Vermittlung des Salzburger SPÖ-Politikers Josef Weißkind in den BSA ein, wobei er in dessen Ärztefachverband eingereiht wurde und auch Gastmitglied beim Fachverband der Wiener BSA-Hochschullehrer war. Im Salzburger BSA kam Harrer u.a. 1963 im Rahmen eines „Klubabends" mit einem Referat über „Möglichkeiten und Gefahren psychisch wirksamer Arzneien" zu Wort.[266]

Die weiteren Stationen seiner Karriere werden im Folgenden knapp zusammengefasst: 1951 habilitierte sich Harrer für Neurologie und Psychiatrie an der Universitätsklinik Innsbruck; ein Jahr zuvor war er bereits Vertragsarzt geworden, 1953 wurde er Primarius an den Landeskrankenanstalten Salzburg. Nachdem Harrer 1960 von Bundesminister Drimmel zum außerordentlichen Universitätsprofessor ernannt worden war, wurde er im selben Jahr auch zum ärztlichen Leiter der Salzburger Landesnervenklinik bestellt und behielt diese Position bis 1984 bei. Im Jahr 1971 erhielt er eine ordentliche Professur für Forensische Psychiatrie an der Rechts- und Staatswissenschaftlichen Fakultät der Universität Salzburg, wo er bis zu seiner im Jahr 1987 erfolgten Emeritierung verblieb. Um zu verstehen, wie es zu Harrers Berufung an die Universität Salzburg kam, soll im Folgenden etwas weiter ausgeholt werden. Im Dezember 1965 hatte Harrer ein Ruf an die Psychiatrisch-Neurologische Universitätsklinik in Graz ereilt, nachdem deren Vorstand Hans Bertha 1964 überraschend verstorben war. Die beiden Grazer Dozenten Gerald Grinschgl und Otto Eichhorn scheinen mit dem personellen Wechsel allerdings nicht einverstanden gewesen zu sein. Sie lancierten im Grazer ÖVP-Blatt Artikel, in denen sie sich mit der Person Harrers kritisch auseinandersetzten, wodurch sie eine dynamische Entwicklung in Gang setzten, die die Berufung Harrers nach Graz letztlich vereiteln sollte. Zunächst strengte Harrer einen Ehrenbeleidigungsprozess gegen die beiden Dozenten an, den er allerdings in erster Instanz verlor.[267] Zudem verlangte er vom Dekan der Grazer Medizinischen Fakultät die schriftliche Zusicherung, dass das Professorenkollegium der Fakultät einer Nicht-Verlängerung der Dienstverträge der beiden Oberärzte zustimme. Sollte das Kollegium seine Forderung nicht erfüllen, würde er seine Berufung nach Graz nicht annehmen. Harrers Vorgehensweise wurde in Graz indes als eine versuchte „Pression auf die Medizinische Fakultät" aufgefasst. Die Fakultät würde dadurch in eine „Zwangslage" versetzt werden, „da sie ja vermeiden will, die Lehrkanzel weiterhin unbesetzt zu lassen."[268]

Die Grazer Berufungssache Harrer wies eine deutlich erkennbare politische Frontenbildung auf. So gehörte einer der beiden Prozessgegner Harrers, der Dozent Grinschgl, als Mitglied der Verbindung „Carolina" dem CV an.[269] Harrer selbst bot im Zuge des Ehren-

266 AStS, BSA, Kt. PA 32,03, Tätigkeitsbericht 1963 des BSA Salzburg, Februar 1964.

267 Der Oberste Gerichtshof hob 1970 das Urteil gegen Harrer auf. Er verfügte, dass die über Harrer verhängte Geldstrafe und die von ihm bezahlten Kosten des Strafverfahrens an diesen zurückgezahlt werden müssten. Vgl. ÖStA, AdR, BMU, PA Gerhart Harrer, Verfahren wegen Übertretung gegen die Sicherheit der Ehre, Erkenntnis des Obersten Gerichtshofes, Mitteilung des Bezirksgerichtes Rosegg, 26.8.1970.

268 ÖStA, AdR, BMU, PA Gerhart Harrer, Prim. Prof. Dr. Gerhart Harrer, Salzburg, Berufung an die Lehrkanzel für Psychiatrie und Neurologie der Universität Graz, Sachverhaltsdarstellung [undat., unsign.].

269 Österreichischer Cartellverband, Gerald Grinschgl, Lebenslauf. https://www.oecv.at/biolex/Detail/11409614 (19.3.2019).

beleidigungsverfahrens gegen Grinschgl und Eichhorn u.a. den Neurochirurgen Friedrich Heppner auf. Dieser war – wie er selbst – ein früherer NSDAP- und SA-Angehöriger sowie nunmehr Mitglied des BSA. Bereits der Medizinhistoriker Michael Hubenstorf sah in dieser Konstellation „die altbekannte Gegnerschaft von CV und Deutschnationalen", die sich neuerlich in der Weise eingestellt habe, „dass einige ehemalige Nationalsozialisten nun SPÖ- oder BSA-Mitglieder waren und von der Kronen-Zeitung publizistisch unterstützt wurden"[270]. Die konfliktträchtige Situation wurde zusätzlich dadurch verschärft, dass Harrer den in Bad Ischl tätigen Neurologen Kurt Eckel als ersten Oberarzt an die Grazer Nervenklinik mitbringen wollte. Harrer dürfte seinen Ischler Kollegen von Wien her gekannt haben, wo dieser sich noch im Jänner 1945 für das Fach Physiologie habilitiert hatte.[271]

Die Grazer Fakultät entwarf in der Angelegenheit eine schriftliche Stellungnahme. In dieser warf sie dem von Harrer protegierten Eckel vor, dass dieser im Unterschied zu den beiden seit langem an der Grazer Klinik tätigen Dozenten Grinschgl und Eichhorn nicht über die erforderliche Qualifikation verfüge. Die Verfasser der Stellungnahme charakterisierten den Ischler Neurologen überdies in wenig schmeichelhafter Weise als „alten Freund und Gesinnungsgenossen des ehemaligen SS-Angehörigen Harrer". In ihrem Berufungsverfahren habe die Grazer Fakultät Harrer zunächst deshalb an die erste Stelle gesetzt, weil dieser versichert habe, im Falle eines Erfolgs seiner Bewerbung in Graz zu bleiben. Nunmehr habe Harrer gegenüber Salzburger und Wiener Kollegen allerdings geäußert, dass er die Nachfolge des in etwa zwei Jahren emeritierenden – und überdies schwer kranken – Wiener Ordinarius Hans Hoff anstrebe.[272] Sollte Harrer nach Graz berufen werden, hätte er realistische Chancen, über diesen Weg letztlich nach Wien berufen zu werden. Er würde dann „als einziger Lehrkanzelinhaber des Faches in Österreich den Usancen entsprechend in einem Wiener Vorschlag an erster Stelle gereiht werden [...]. Die exponierte Stellung Harrers im BSA und die eindeutige politische Bindung Hoffs an die SPÖ bedingen natürlich, dass starke sozialistische Kräfte diesem eminent wichtigen Projekt zur Realisierung verhelfen werden [...]. Es ist zu befürchten, dass bei der bekannten Disziplin der Sozialisten die Berufung Dr. Harrers letzten Endes eine sozialistische Kettenreaktion auslösen wird. Da auf das Wort des Wiener Ordinarius und scheidenden Professors immer besonderes Gewicht gelegt wird, werden schliesslich sämtliche Psychiatrischen Kliniken mit Sozialisten besetzt werden."[273] Als Verfasser dieser Stellungnahme, die nicht mehr den zunächst erstgereihten Harrer, sondern den zweitgereihten Neurologen und Psychiater Herbert Reisner favorisierten, sind die Grazer Mediziner Rektor Josef Richard Möse, Anton Musger, der ein CV-Mitglied

---

270 Zit. n. Neugebauer/ Schwarz, Der Wille zum aufrechten Gang, 244.

271 Vgl. Herbert Fuhs, Doctor Medicinae Habilitatus. Hg. von der Medizinischen Fakultät der Universität Wien, Wien, 31. Januar 1945.

272 Hans Hoff war Vorstand der Universitätsklinik für Psychiatrie und Neurologie der Universität Wien. Er wurde 1969 emeritiert und verstarb noch im selben Jahr. Vgl. Marlene Jantsch, Hoff, Hans, in: Neue Deutsche Biographie 9 (1972), 383 [Online-Version]. https://www.deutsche-biographie.de/gnd118705806.html#ndbcontent (13.9.2018).

273 ÖStA, AdR, BMU, PA Harrer, Gerhart; Prim. Prof. Dr. Gerhart Harrer, Salzburg, Berufung an die Lehrkanzel für Psychiatrie und Neurologie der Universität Graz, Sachverhaltsdarstellung [undat., unsign.].

war,[274] und Franz Spath zu vermuten. In einem Amtsvermerk nannte Unterrichtsminister Piffl-Perčević namentlich diese drei Professoren, die nach Möglichkeiten suchen würden, Harrers Berufung an die Grazer Universitätsklinik zu vereiteln. Während der 1920 geborene Möse 1945 promovierte, hatten Musger und Spath ihre Karrieren jeweils im austrofaschistischen „Ständestaat" begonnen. Die Nationalsozialisten hatten Musger dessen Lehrbefugnis entzogen und Spath 1938 seiner Ämter enthoben und ihn kurzfristig inhaftiert.[275] Die Vehemenz, mit der diese drei Mediziner gegen ihren Kollegen Harrer vorgingen, dürfte sich somit in einem hohen Maße mit deren lebensgeschichtlichen Erfahrungen erklären lassen, die sie im „Dritten Reich" gemacht hatten.

An dieser Stelle kam René Marcic ins Spiel, der im Studienjahr 1966/67 das Amt eines Rektors der Universität Salzburg bekleidete. Marcic sprach im Jänner 1967 bei Piffl-Perčević vor. Er schlug dem Minister vor, Harrer eine Lehrkanzel in Salzburg anzubieten, damit er „auf diese Weise unter Wahrung seiner Reputation von Graz Abstand nehmen könne". Piffl-Perčević befürwortete dieses Ansinnen zunächst wegen des „auffälligen und den akademischen Auffassungen nicht entsprechenden Verhalten Harrers nicht".[276] Er selbst war auch deshalb über Harrer verstimmt, weil dieser ihm „die Zumutung gestellt hatte, ich solle durch die Ablehnung Dr. Eckels als zu pragmatisierenden Assistenten bei ihm (Harrer) einen solchen Tatbestand setzen, dass er (Harrer) die Berufung nach Graz ablehnen könne, ohne im akademischen Bereich als ein solcher dazustehen, der eine Berufung grundlos abgelehnt habe." Ein derartiges Verhalten gelte nämlich als „ein Indiz gegen spätere Berufung", was Harrer unter allen Umständen vermeiden wollte.[277]

Der Minister sollte offenbar selbst unter Druck gesetzt werden, indem ihm eine persönliche Nahbeziehung zum Dozenten Grinschgl unterstellt wurde. Im Februar 1967 erhielt Piffl-Perčević nämlich von ihm „befreundeter Salzburger Seite" den Hinweis, „man habe sie wissen lassen, dass man eine Photographie besitze, auf der ich gemeinsam mit Herrn Dozenten Dr. Grinschgl zu sehen" sei. Piffl-Perčević verstand dies als eine „Warnung oder Drohung", die ihn „zwar nicht in der offenbar beabsichtigten Art" beeindruckte, „wohl aber hinsichtlich der Weise, wie man den Berufungsfall Prof. Dr. Harrer betreiben zu müssen glaubt."[278] Da Harrer nicht nur maßgebliche Professoren der Grazer Medizinischen Fakultät, sondern auch Minister Piffl-Perčević durch seine in eigener Sache lancierten berufungspolitischen Manöver gegen sich aufbrachte, schienen sich seine Chancen auf eine Lehrkanzel zusehends zu minimieren. Piffl-Perčević suchte gleichwohl nach einer „Lösung des Problems ohne Zurücklassung von Siegern oder Besiegten". Nachdem der Grazer Rektor Möse und Professor

274 Vgl. Österreichischer Cartellverband, Anton Musger, Lebenslauf. https://www.oecv.at/biolex/Detail/12509635 (19.3.2019).

275 Vgl. Kurt Mühlberger, Dokumentation „Vertriebene Intelligenz 1938". Der Verlust geistiger und menschlicher Potenz an der Universität Wien 1938 bis 1945, Wien 1993, 28; Verzeichnis der künstlerischen, wissenschaftlichen und kulturpolitischen Nachlässe in Österreich, Franz Spath. http://data.onb.ac.at/nlv_lex/perslex/S/Spath_Franz.htm (13.9.2018).

276 ÖStA, AdR, BMU, PA Harrer, Gerhart; Amtsvermerk Professor Harrer, 7.3.1967.

277 Ebd.

278 ÖStA, AdR, BMU, PA Harrer, Gerhart; Vermerk Piffl-Perčević, 9.2.1967.

Musger beim Minister vorgesprochen hatten, gelang in der Angelegenheit schließlich ein Durchbruch. Piffl-Perčević griff eine Anregung der Grazer Professoren auf, bei der Fakultät anzufragen, „ob es nicht richtig sei, der raschen Besetzung wegen auf den Zweitgereihten zu greifen".[279] Da Harrer in Salzburg willkommen zu sein schien und Piffl-Perčević trotz seiner Abneigung gegen diesen bereit war, den Mediziner dorthin zu berufen, drehte sich der Wind wieder zugunsten Harrers.[280] Harrer leitete die Salzburger Nervenklinik; er lehrte bereits seit mehreren Jahren an der Universität Salzburg. Deren Philosophische Fakultät anerkannte im Wintersemester 1968/69 seine an der Universität Innsbruck verliehene Venia legendi für Psychiatrie und Neurologie. 1969 gründete Harrer gemeinsam mit Walther C. M. Simon und dem Ordinarius für Psychologie, Wilhelm Revers, im Rahmen der Herbert-von-Karajan-Stiftung das Forschungsinstitut für experimentelle Musikpsychologie, das am Psychologischen Institut der Universität angesiedelt wurde.[281]

Im September 1968 nahm eine Kommission ihre Arbeit auf, die die Errichtung einer Lehrkanzel für forensische Psychiatrie an der Universität Salzburg vorantreiben sollte. Die Kommissionsmitglieder – darunter u.a. René Marcic – zogen den Gerichtsmediziner Norbert Wölkart als fachlichen Beistand hinzu. Die neue Lehrkanzel sollte als Hilfswissenschaft der Jurisprudenz zugeordnet und an der Rechts- und Staatswissenschaftlichen Fakultät angesiedelt werden. Gleichzeitig war eine enge Zusammenarbeit zwischen Psychiatrie und Psychologie angedacht. Es dauerte allerdings noch bis Oktober 1969, ehe die Kommission mit 11:2 Stimmen einen Besetzungsvorschlag beschloss, der Harrer wie erwartet „primo loco" reihte.[282] Die schriftliche Überlieferung lässt nicht erkennen, ob Harrers NS-Vergangenheit oder die Umstände seines gescheiterten Rufs nach Graz im Zuge des Berufungsverfahrens direkt erwähnt wurden. Harrer selbst sprach nur davon, dass er während des Krieges „das Glück" gehabt habe, „fast ausschließlich fachärztlich eingesetzt zu werden"; die Zerwürfnisse mit seinen Grazer Kollegen kommentierte er mit der lakonischen Bemerkung, dass er im Dezember 1965 zwar einen Ruf nach Graz erhalten habe, die Berufungsverhandlungen sich jedoch „zerschlagen" hätten.[283]

Im Vergleich zur umstrittenen Persönlichkeit von Gerhart Harrer war der Jurist Kurt Ringhofer, der 1968 an die Rechts- und Staatswissenschaftliche Fakultät der Universität Salzburg berufen wurde und dort bis zu seiner Emeritierung 1992 verblieb, auch in menschlicher Hinsicht als Hochschullehrer und Wissenschaftler anerkannt. In einer Gedenkschrift zu Ehren Ringhofers wurde er folgendermaßen charakterisiert: „Persönlich war Kurt Ringhofer durch die Schärfe und Klarheit seines Denkens gekennzeichnet, was bei ihm Nachsicht gegenüber anderen nicht ausschloß. Jede Dünkelhaftigkeit war ihm fremd. Gegen Ehrungen seiner Per-

279 Der zweitgereihte Herbert Reisner fungierte tatsächlich ab 1968 als ordentlicher Professor und Vorstand der Psychiatrisch-Neurologischen Universitätsklinik Graz. Vgl. zu Reisner Gernot Schnaberth/Ruth Koblizek, Die Neurologie in Wien von 1870 bis 2010, Wien 2010, 43–45.

280 ÖStA, AdR, BMU, PA Harrer, Gerhart; Amtsvermerk Professor Harrer, 7.3.1967.

281 Vgl. ÖStA, AdR, BMU, PA Harrer, Gerhart; Umhabilitierung, Beschluss des Professorenkollegiums der Philosophischen Fakultät der Universität Salzburg vom 12.5.1967; Lebenslauf, 18.10.1969.

282 ÖStA, AdR, BMU, PA Harrer, Gerhart; Lehrkanzel für forensische Psychiatrie und Besetzungsvorschlag, 4.12.1969.

283 ÖStA, AdR, BMU, PA Harrer, Gerhart; Lebenslauf, 18.10.1969.

son hatte er stets Vorbehalte; dies war nicht bloße Bescheidenheit, sondern die moralische Sicht, daß man mit aller Kraft seine Pflicht zu tun habe und daß man letztlich nur selbst zu beurteilen vermöge, ob man das Gesetz, nach dem man angetreten, auch erfüllt habe."[284]

Der gebürtige Wiener Ringhofer wurde 1949 an der Universität Wien zum Dr. jur. promoviert. Seit Anfang 1949 als Verwaltungsbeamter beim Magistrat Wien angestellt, wechselte er 1956 ins Innenministerium, wo er vier Jahre später die Leitung der Rechtsabteilung übernahm. Ringhofer selbst hatte eigentlich nicht vor, eine Laufbahn als Hochschullehrer einzuschlagen, sondern er plante seinen Übertritt zum Verwaltungsgerichtshof. Der Jurist Rudolf Strasser, ein SPÖ-Parteigänger wie er selbst, überzeugte Ringhofer aber davon, „daß angesichts der Knappheit an Leuten, die für die wissenschaftliche Laufbahn bei uns in Frage kämen, seine Habilitierung grundsätzlich notwendig und wegen der auf der Tagesordnung stehenden Salzburger Pläne auch zeitlich sehr dringend sei."[285] Strasser holte für sein Vorhaben, Ringhofer in die akademische Laufbahn zu ziehen, auch seinen Kollegen Hans Floretta mit ins Boot. Minister Christian Broda intervenierte beim Innenminister und sorgte dafür, dass Ringhofer eine dienstliche Freistellung erhielt, die ihm die Vorbereitungsarbeiten erleichtern sollten.[286] 1966 konnte sich dieser tatsächlich an der Universität Graz bei Robert Walter mit einer Habilitationsschrift über *Strukturprobleme des Rechts* habilitieren. Neben seiner akademischen und sonstigen beruflichen Tätigkeit engagierte sich Ringhofer auch als Funktionär in der Gewerkschaft der öffentlich Bediensteten.[287] Einige seiner rechtswissenschaftlichen Publikationen erschienen in der Schriftenreihe bzw. im Verlag des Österreichischen Gewerkschaftsbundes.[288]

Ringhofers Berufung auf die ordentliche Professur für „Allgemeine Staatslehre, Verwaltungslehre, Verfassungsrecht und Verwaltungsrecht" der Universität Salzburg lag ein einstimmiger Beschluss des Professorenkollegiums der Rechts- und Staatswissenschaftlichen Fakultät zugrunde, Ringhofer „primo loco" zu reihen.[289] Neben seiner akademischen Laufbahn war Ringhofer auch als Verfassungsrichter tätig. Noch unter der ÖVP-Alleinregierung von Bundeskanzler Josef Klaus wurde er 1969 zum Ersatzmitglied des Verfassungsgerichtshofes berufen.[290] 1970 zum ordentlichen Mitglied bestellt, stieg Ringhofer 1976 zu dessen Vizepräsidenten auf und verblieb in dieser Funktion bis zu seinem Tod im Jahr 1993. Zwischen Ringhofers Karrieresprung an den Verfassungsgerichtshof und der Personalpolitik von Justiz-

284 Robert Walter/Clemens Jabloner, Einleitung, in: dies. (Hg.), Strukturprobleme des öffentlichen Rechts. Gedenkschrift für Kurt Ringhofer, Wien 1995, 7–10, hier 9; vgl. auch Robert Walter: Kurt Ringhofer zum Gedenken, in: Juristische Blätter, Nr. 10 (1993), 647.

285 ÖNB, Handschriftensammlung, Nachlass Broda, Christian; Rudolf Strasser an Broda, undat. [1964].

286 ÖNB, Handschriftensammlung, Nachlass Broda, Christian; Broda an Hans Czettel, [undat.].

287 ÖStA, AdR, BMU, PA Ringhofer, Kurt; Österreichischer Gewerkschaftsbund, Gewerkschaft der öffentlich Bediensteten an das Bundesministerium für Inneres, 4.9.1967.

288 Vgl. u.a. Kurt Ringhofer/Viktor Heller, Das österreichische Fürsorgerecht. Die geltenden Rechtsgrundlagen mit Anmerkungen und Rechtsprechung. 2., ergänzte Aufl., Wien 1965; Kurt Ringhofer, Die österreichische Bundesverfassung, Wien 1977.

289 ÖStA, AdR, BMU, PA Ringhofer, Kurt; Universität Salzburg, Rechts- und Staatswissenschaftliche Fakultät, an das BMU, 23.1.1967.

290 ÖStA, AdR, BMU, PA Ringhofer, Kurt; Bundeskanzler Klaus an Ringhofer, 17.2.1969 [Abschrift].

minister Broda suchten zeitgenössische „bürgerliche" Beobachter eine kausale Verbindung herzustellen. Broda habe nämlich mit der Ernennung Ringhofers „die Weichen für die Nachfolge Prof. Antoniollis" gestellt,[291] der seit 1958 das Amt eines Präsidenten des Verfassungsgerichtshofs bekleidete und als ÖVP-nahe galt.[292] In der Rechtswissenschaft galt Ringhofer als ein prominenter Vertreter der „Reinen Rechtslehre" von Hans Kelsen. Anlässlich des 90. Geburtstages von Kelsen initiierte er gemeinsam mit Robert Walter die Errichtung der Bundesstiftung Hans-Kelsen-Institut in Wien, das Kelsens Werk pflegen, dokumentieren und entwickeln sollte und deren Geschäftsführung Ringhofer zusammen mit Walter übernahm. Die Minister Hertha Firnberg und Christian Broda, dessen Taufpate Kelsen gewesen war,[293] unterstützten dieses Vorhaben. Die Bundesstiftung konnte am 30. Oktober 1972, als sich ihre Organe konstituierten, ihre Tätigkeit aufnehmen.[294]

Ein weiterer Sozialdemokrat, der in der Zeit der Regierung Kreisky an der Salzburger Universität wirkte, war der Sozialphilosoph Norbert Leser. Dieser war ein bekannter Intellektueller, Publizist und bekennender Katholik, der zwischen 1971 und 1980 in Salzburg die erste Lehrkanzel für Politikwissenschaft in Österreich innehatte. Leser wurde 1933 im burgenländischen Oberwart geboren. Sein Onkel Ludwig Leser war vom 1. Oktober 1945 bis zum 4. Jänner 1946 der erste SPÖ-Landeshauptmann des Burgenlandes nach dem Krieg gewesen. Leser inskribierte Rechtswissenschaften und Soziologie an der Universität Wien und promovierte 1958 zum Dr. jur. Er studierte bei dem Soziologen und katholischen Sozialreformer August Maria Knoll.[295] In den frühen 1960er-Jahren war Leser als Stipendiat des British Council bei der London School of Economics, wurde nach seiner Rückkehr ins österreichische Verkehrsministerium berufen und kam 1963 als Assistent für politische Wissenschaft ans Institut für Höhere Studien (IHS). Leser wurde vor allem durch seine Arbeiten bekannt, in denen er sich mit der österreichischen Sozialdemokratie und dem Austromarxismus auseinandersetzte. 1966 setzte sich der beigeordnete Direktor des IHS, Fritz Kolb, gegenüber René Marcic, dem damaligen Dekan der Philosophischen Fakultät, erfolgreich dafür ein, dass er einen Lehrauftrag an der Universität Salzburg erhielt. Kolb begründete seinen Vorschlag u.a. damit, dass Hans Kelsen den jungen Sozialwissenschaftler Leser dazu autorisiert habe, dessen Werke herauszugeben.[296] Leser begann seine Lehrtätigkeit an der Universität Salzburg im Wintersemester 1966 mit einer Vorlesung, in der er sich mit „Ideengeschichte und Grundfragen des Marxismus, insbesondere einer kritischen Konfrontation zwischen Marx

291 So jedenfalls Alexander Vodopivec, Die Dritte Republik. Machtstrukturen in Österreich, Wien-München-Zürich o.J. [1976], 148.

292 Antoniolli war CV-Mitglied; sein „Leibbursch" war Leopold Figl. Österreichischer Cartellverband, Walter Antoniolli. https://www.oecv.at/biolex/Detail/12509213 (19.3.2019).

293 Dr. Hans Klecatsky [Interview], 191.

294 Vgl. Maria Wirth, Christian Broda. Eine politische Biographie, Göttingen 2011, 459; Hans-Kelsen-Institut – Bundesstiftung, Das Institut. https://www.univie.ac.at/staatsrecht-kelsen/institut.php (14.9.2018).

295 ÖStA, AdR, BMU, Hauptreihe II (1966-1975), Sig. 9, Univ. Salzburg, Kt. 634, Lebenslauf Norbert Leser, 10.5.1966.

296 ÖStA, AdR, BMU, Hauptreihe II (1966-1975), Sig. 9, Univ. Salzburg, Kt. 634, Fritz Kolb an René Marcic, 2.5.1966.

und Kelsen" auseinandersetzte. Im folgenden Sommersemester 1967 setzte er seine Salzburger akademische Lehre mit einer Vorlesung über „Probleme des marxistischen Revisionismus" fort.[297] Zur gleichen Zeit trat Leser mit dem Salzburger BSA in Verbindung, über dessen Initiative er 1966 bei einem Seminar der Österreichischen Hochschülerschaft über „politische Grundsatzfragen" referierte. In der Mitgliederversammlung des BSA, die am 9. Februar 1967 im Salzburger Sternbräu stattfand, hielt Leser ferner einen Vortrag über „Die Zukunft der politischen Parteien in Österreich".[298] In Salzburg eröffneten sich für ihn weitere Chancen hinsichtlich seiner akademischen Karriere. René Marcic war nämlich daran interessiert, sozialdemokratischen Wissenschaftlern die Habilitation zu ermöglichen. Marcic betonte immer wieder, dass es zum „Stil dieser Universität" gehören solle, „ein offenes Gespräch" zu fördern, „da nur durch einen Wettbewerb der Meinungen so etwas wie ein Geschmeide der Wahrheit entstehen kann."[299] In einem Schreiben an den Generaldirektor der Bank für Arbeit und Wirtschaft (BAWAG), deren Hauptanteilseigner die sozialistischen Gewerkschaften und der Konsumverein waren, schlug Marcic bereits im Juli 1964 – also vor Beginn der Vorlesungen an der „wiedererrichteten" Universität Salzburg – in dieselbe Kerbe. Seine Lehrkanzel werde vermutlich jene Forschungsstätte sein, „wo die ersten Sozialisten ihre Habilitation für politische Wissenschaften und Rechts- und Staatsphilosophie einleiten" würden. Bereits damals nannte Marcic Norbert Leser und Günther Nenning als potenzielle Kandidaten, die sich an seiner Lehrkanzel habilitieren könnten.[300]

Marcic dürfte die Entscheidung, Leser die Habilitation anzubieten, nicht schwergefallen sein. Er wusste, dass dieser ein Schüler des katholischen Gelehrten August Maria Knoll war, der 1963 verstorben und daher als „Habilitationsvater" für Leser ausgefallen war.[301] Innerhalb der SPÖ war der in der Theoriegeschichte der Partei geschulte, dem „rechten Flügel" zuzuordnende Leser stark umstritten. Mit seinem 1968 erschienenen Werk *Zwischen Reformismus und Bolschewismus – der Austromarxismus als Theorie und Praxis*[302] brachte er viele politisch links Orientierte innerhalb seiner eigenen Partei gegen sich auf. In seinem Buch hatte Leser dem bürgerlichen Lager zwar die Hauptschuld, der Sozialdemokratie aber eine Mitverantwortung an dem Bürgerkrieg des Februar 1934 gegeben. Aus seiner Sicht hatten die Sozialdemokraten an den Februarereignissen des Jahres 1934 „nur eine entfernte Mitschuld, und diese wiederum hauptsächlich den eigenen Anhängern gegenüber, mit denen die Führung ein fragwürdiges Spiel" getrieben habe.[303] Die Karrieren der beiden jungen Wissenschaftler verliefen

297 ÖStA, AdR, BMU, Hauptreihe II (1966-1975), Sig. 9, Univ. Salzburg, Kt. 634, Philosophische Fakultät, 10.5.1966, 2.12.1966.

298 AStS, BSA, Kt. PA 32,03, Tätigkeitsbericht 1967 des BSA Salzburg; Kt. PA 32,04, Einladung zur Mitgliederversammlung 1967.

299 SLA, Nachlass Marcic, René; Kt. 5, Protokolle Interfakultäres Seminar, 26.6.1968.

300 SLA, Nachlass Marcic, René; Kt. 9, Marcic an Fritz Klenner, 14.7.1964.

301 Ebd.

302 Vgl. Norbert Leser, Zwischen Reformismus und Bolschewismus. Der Austromarxismus als Theorie und Praxis, Wien 1968.

303 Norbert Leser, Günther Nenning (1921-2006). Der wandlungsreiche Proteus, in: ders., Skurrile Begegnungen. Mosaike zur österreichischen Geistesgeschichte, Wien-Köln-Graz 2011, 231–239, hier 232.

jedoch anders, als sich Marcic dies vorgestellt haben mochte. Zwar richtete die Philosophische Fakultät Ende 1967 eine Habilitationskommission ein, die sich mit Nennings Gesuch um Erteilung der Lehrbefugnis „für Politische Wissenschaft mit besonderer Berücksichtigung der Geschichte der politischen Ideen" befassen sollte.[304] Nenning entwickelte sich aber zunehmend zu einem Mentor der „Neuen Linken", der in der von ihm herausgegebenen Zeitschrift „Neues Forum" die SPÖ-Parteispitze massiv angriff. Damit zog er sich den Zorn von Bruno Kreisky zu, der Nenning in einer legendären Äußerung beim SPÖ-Parteitag des Jahres 1968 als „Wurstel" bezeichnete.[305] Seine politischen Aktivitäten schadeten Nennings akademischer Laufbahn, da „sich selbst alte Freunde Nennings, wie die Historikerin Erika Weinzierl", die auch Nennings Habilitationskommission angehörte, von ihm abwandten. Weinzierl trat in Reaktion auf Nennings politische Positionierungen aus dem Beirat der Redaktion des „Neuen Forum" aus. Seine in Salzburg eingereichte Habilitationsschrift über den österreichischen Sozialhistoriker Carl Grünberg wurde als nicht habilitationswürdig abgewiesen, so dass Nenning seine akademische Karriere als beendet betrachten konnte. „Die Zurückweisung des von ihm Protegierten" empfand Marcic – nach einer späteren Schilderung Lesers – als eine „persönliche Niederlage".[306] Möglicherweise rückte Leser angesichts der Erfahrungen, die Nenning an der Universität Salzburg gemacht hatte, von seinen eigenen Salzburger Plänen ab.[307] Leser nahm jedenfalls ein Angebot des Rechts- und Politikwissenschaftlers Gustav E. Kafka in Graz an, sich an der dortigen Rechts- und Staatswissenschaftlichen Fakultät zu habilitieren. Am 1. Juli 1969 wurde Leser die Lehrbefugnis für „Staatsphilosophie der Gegenwart" verliehen, die noch von ÖVP-Bundesminister Alois Mock bestätigt wurde.[308]

1970/71 kam die SPÖ mit einer zunächst von den Freiheitlichen geduldeten Minderheitsregierung und nach den Nationalratswahlen vom 10. Oktober 1971 mit einer Alleinregierung an die Macht. Mit der Ablöse der ÖVP-Alleinregierung Klaus durch Bruno Kreisky dürfte sich auch Norbert Leser Chancen auf „höhere Weihen" ausgerechnet haben. Leser wurde zwar nicht zu den Arbeiten an einem neuen Parteiprogramm der SPÖ hinzugezogen, die Kreisky nach seinem dritten Wahlsieg 1975 einleiten ließ, und er erhielt auch kein politisches Amt. Dass die SPÖ sich ihm gegenüber distanziert zeigte, dürfte wesentlich damit zu tun gehabt haben, dass Kreisky mit Lesers Kritik an Otto Bauer, dem Begründer des Austromarxismus, nicht einverstanden war. Am 1. Februar 1971 wurde Leser gleichwohl zum ordentlichen Professor für Politikwissenschaft an der Universität Salzburg berufen.[309] Er verdankte dies wesentlich

304 UAS, Protokolle des Professorenkollegiums der Philosophischen Fakultät; Protokoll der ordentlichen Sitzung des Professorenkollegiums der Phil. Fakultät der Universität Salzburg vom 15.12.1967, 1–7, hier 5.

305 Vgl. zu den Konflikten, die sich damals um die Standortbestimmung innerhalb der SPÖ zwischen „Dogmatikern" und „Reformern" drehten, auch Wirth, Christian Broda, 333–343.

306 Leser, Günther Nenning, 234.

307 Dies kann an dieser Stelle nur vermutet werden, denn der Personalakt Lesers steht im ÖStA derzeit zur Einsichtnahme nicht zur Verfügung. Zudem ist der Personalakt Lesers aus dessen Zeit als Professor an der Universität Wien nach Mitteilung von HR Mag. Thomas Maisel vom 26. Jänner 2018 an den Vf. noch nicht an das UAW abgegeben worden.

308 Universitätsarchiv Graz (UAG), BMU an das Dekanat der Rechts- und Staatswissenschaftlichen Fakultät der Universität Graz, 31.10.1969.

309 Trautl Brandstaller, Norbert Leser – der SPÖ ungeliebter Historiker, in: Europäische Rundschau 1/2015. https://austria-forum.org/af/Wissenssammlungen/Essays/Geschichte/Leser%2C_Norbert (17.9.2018).

Hertha Firnberg – die er als seine „große Förderin und Mentorin"[310] bezeichnete. Damit war Leser der erste Ordinarius für Politikwissenschaft in Österreich. Obgleich Leser an der Universität Salzburg seine erste Professur erhalten hatte, war seine persönliche Bindung an seinen Wirkungsort nicht allzu groß. Zum einen lag dies daran, dass Leser sich als „pannonischer Mensch" fühlte, „der die Ebene und das Hügelland, aber auch den Wein liebt", und für den Salzburg „besonders in der Winterzeit" nicht seine Welt gewesen sei, in der er sich „dauernd wohlfühlen" habe können. Zum anderen seien die Jahre zwischen 1971 und 1980 „voller Aktivitäten, Reisen und Gastprofessuren" gewesen, so etwa an der Pädagogischen Hochschule in München, wo er „mit Vertretern der ‚Neuen Linken' Bekanntschaft" gemacht habe, „die in Salzburg nur in äußerst gezähmter Form und nicht in großer Zahl existierten."[311]

Die häufige Abwesenheit Lesers wurde auch in Salzburg selbst – zumindest von Seiten mancher Studierender – kritisch vermerkt. Dessen „Kontakt zu den Studenten" sei „sehr gering". Das sei „kein Wunder", „denn Prof. Leser ist ja die meiste Zeit in Wien". Die studentischen Kritiker vermuteten zudem, dass Leser „gar kein besonderes Interesse an der Lehrtätigkeit in Salzburg" habe. Vielmehr gehe es ihm um seinen sozialen Aufstieg, wobei ihm nachgesagt wurde, dass ihm „die reibungslose Integration in die feudale Salzburger Professopolis gelungen" sei. Leser solle sich allerdings überlegen, ob er weiterhin „Freizeitprofessor" bleiben oder Parteikarriere machen wolle.[312] Leser selbst bekannte sich dazu, dass er sein Salzburger Arbeitsprogramm in drei Wochentagen absolviert und seinen Hauptwohnsitz in Wien nie aufgegeben habe. Er selbst gab im Rückblick ziemlich unverblümt zu, dass er seine Professur für Politikwissenschaft in Salzburg in den 1970er-Jahren in erster Linie als eine Zwischenstation betrachtet hatte, die auf seinem Weg zu einer Lehrkanzel an der Universität Wien lag. Dieser Karrieresprung gelang ihm tatsächlich 1980, als er auf ein Ordinariat für Gesellschaftsphilosophie an der Universität Wien berufen wurde.[313]

Die hier gestellte Frage, ob die als „SPÖ-nahe" zu qualifizierenden Hochschullehrer „Außenseiter im konservativen Salzburg" gewesen seien, ist differenziert zu beantworten. Sie bildeten keine homogene Gruppe, die sich innerhalb der Universität geschlossen positioniert hätte. So nützten die ehemaligen Nationalsozialisten Del-Negro und Harrer ihre BSA-Mitgliedschaft in erster Linie dazu, um ihre akademische Karriere voranzutreiben. Ob die beiden Wissenschaftler tatsächlich ein nachhaltiger Gesinnungswandel in Richtung Sozialdemokratie dazu bewogen hatte, dem BSA beizutreten, dürfte hingegen eher zu bezweifeln sein. Vor allem Fellner und Floretta scheinen von den hier näher untersuchten Professoren diejenigen gewesen zu sein, die über die Grenzen ihrer jeweiligen Institute hinweg die Entwicklung der Universität

310 Norbert Leser, Hertha Firnberg (1909–1994), in: ders., Skurrile Begegnungen. Mosaike zur österreichischen Geistesgeschichte, Wien-Köln-Graz 2011, 190–200, hier 192.

311 Leser, Hertha Firnberg, 193.

312 ÖNB, Handschriftensammlung, Vorlass Leser, Norbert; Salzburger Fakultät 2, Juni–August 1971, Rot raus, grau rein… [undat., unsign.].

313 Zwei Jahre zuvor hatte er bereits eine Honorarprofessur für Politikwissenschaft an der Universität Wien übernommen. Vgl. Sozialphilosoph Norbert Leser gestorben, in: Der Standard, 1.1.2015. https://derstandard.at/2000009927889/Sozialphilosoph-Norbert-Leser-gestorben (17.9.2018); Leser, Hertha Firnberg, 193.

Salzburg mitgestalteten. Beide gehörten zudem als 1964 bzw. 1965 berufene Professoren zu den Angehörigen der ursprünglichen „Gründergeneration" der Universität Salzburg, die an dieser auch emeritierten. Mitte der 1970er-Jahre trat Fellner aus dem BSA aus, wofür neben politischen Divergenzen mit der Parteispitze der SPÖ auch enttäuschte Karriereerwartungen eine Rolle gespielt haben dürften. Floretta war hingegen – auch als langjähriger Mitarbeiter und Direktor der Salzburger Arbeiterkammer – eindeutig dem sozialdemokratischen Lager zuzurechnen. Dasselbe galt für Kurt Ringhofer, der auch seine beruflichen Verbindungen nach Wien nie abreißen ließ. Ringhofer schlug neben seiner Tätigkeit als Ordinarius an der Universität Salzburg eine Karriere als Verfassungsrichter ein, die ihn 1976 bis zum Amt des Vizepräsidenten des Verfassungsgerichtshofes führte. Der Politikwissenschaftler Norbert Leser war dem rechten Flügel der SPÖ zuzuordnen. Er entfremdete sich im Laufe seines Lebens zusehends von seiner Partei und nahm sogar legitimistisch gefärbte politische Haltungen an.[314]

In Salzburg beteiligte sich Leser zwar neben René Marcic, Franz-Martin Schmölz und Günter Kieslich als einer der Mitvorstände am Aufbau des Interfakultären Instituts für Politikwissenschaft;[315] von Studierenden wurde er jedoch, wenngleich möglicherweise in polemischer Zuspitzung, als ein häufig abwesender Hochschullehrer wahrgenommen, der jenseits seiner auf wenige Wochentage beschränkten Tätigkeit an der Alma Mater Paridiana in vielfältige wissenschaftliche Aktivitäten außerhalb Salzburgs involviert war. Der im November 1964 anlässlich der feierlichen Inauguration der Universität Salzburg von Karl Heinz Ritschel, dem Nachfolger von René Marcic als Chefredakteur der Salzburger Nachrichten, geäußerte Wunsch, dass „die aus der Ferne in unsere Stadt berufenen Professoren" in die „Gemeinschaft" aufzunehmen und „zu verwurzeln" seien, erscheint somit zumindest im Hinblick auf einige der oben genannten Hochschullehrer als vornehmlich der Euphorie des Beginns geschuldet.[316]

3.5 Erika Weinzierl – die erste Professorin für Zeitgeschichte in Österreich

Die international vielfach ausgezeichnete Historikerin Erika Weinzierl verstarb 2014 im Alter von 89 Jahren in Wien. Zahlreiche Weggefährten und Zeitgenossen würdigten Weinzierl als eine außergewöhnliche und integrative Persönlichkeit der österreichischen Zeitgeschichtsforschung. Weinzierl gilt bis heute als eine „engagierte Demokratin und überzeugte Österreicherin" sowie als „eine kritische Analytikerin der autoritären und faschistischen Vergangenheit Deutschlands und Österreichs sowie totalitärer Regime während des Kalten Krieges". Weinzierl scheute nie die öffentliche Auseinandersetzung mit Politikern wie Bruno Kreisky, den sie wegen seiner Haltung in der Auseinandersetzung mit Simon Wiesenthal „ebenso kritisierte

---

314 Vgl. u.a. Brandstaller, Norbert Leser.

315 ÖNB, Vorlass Leser, Norbert; Salzburger Fakultät 2, Juni–August 1971, BMWF an das Rektorat der Universität Salzburg, 18.10.1972; vgl. auch Das Interfakultäre Institut für Politikwissenschaft, in: Festschrift Universität Salzburg 1622–1962–1972. Hg. vom Akademischen Senat, Salzburg 1972, 233–237, hier 233.

316 Karl Heinz Ritschel, Die Salzburger Universität, in: Salzburger Nachrichten, 14./15.11.1964.

wie den FPÖ-Politiker Jörg Haider wegen dessen wiederholter Verharmlosung von Nationalsozialismus, II. Weltkrieg und Holocaust."[317] Als Frau sei sie zwar selbstbewusst, jedoch sei sie „keine Feministin im damaligen Sinn" gewesen.[318] Ihre eigene Arbeitssituation schilderte Weinzierl so, dass sie von männlichen Kollegen und Vorgesetzten anfänglich zwar skeptisch beobachtet worden sei, aber durch eigene Leistung Vorurteile abbauen habe können. Sie selbst habe sich zwar nie diskriminiert gefühlt. Als ihr andere Frauen zu verstehen gegeben hätten, dass sie eine Ausnahme sei, habe sie aber damit begonnen, sich mit der Lage der Frauen in Österreich genauer auseinanderzusetzen.[319]

Die folgenden Ausführungen beleuchten die Karriere von Erika Weinzierl, die 1969 die Lehrkanzel „für österreichische Geschichte mit besonderer Berücksichtigung der Zeitgeschichte" an der Universität Salzburg übernahm. Sie war damals „eine von insgesamt vier Frauen, die bis 1970 eine ordentliche Professur in Geschichte im deutschsprachigen Wissenschaftsraum innehatten".[320] Erika Fischer wurde 1925 als Tochter eines Lehrerehepaars in Wien geboren; anlässlich ihrer Heirat mit Peter Weinzierl nahm sie dessen Namen an. Sie wuchs im katholischen Milieu auf, entwickelte sich aber später politisch nach links. Im „Dritten Reich" schloss sie sich dem Kreis um Karl Strobl in der Katholischen Hochschulgemeinde an, der antinationalsozialistisch ausgerichtet war.[321] 1945 begann Weinzierl ein Studium der Geschichte und Kunstgeschichte an der Universität Wien, das sie 1948 mit der Promotion beendete. Im Jahr ihres Studienabschlusses absolvierte sie auch den 44. Lehrgang am Institut für österreichische Geschichtsforschung (IÖG) und trat noch im Juli 1948 den Dienst als Archivarin im Haus-, Hof- und Staatsarchiv (HHStA) an. Neben ihrer Tätigkeit als Archivarin setzte sie ihre wissenschaftlichen Forschungen fort und wurde 1961 an der Universität Wien aufgrund einer Studie über *Die österreichischen Konkordate von 1855 und 1933* für das Fach Österreichische Geschichte habilitiert. Im Zuge ihrer Tätigkeit am HHStA begegnete sie ihrem Archivars-Kollegen Hans Wagner, der ihr in den folgenden Jahren und Jahrzehnten – auch an der Universität Salzburg – ein treuer Freund und Wegbegleiter werden sollte. Bereits während ihrer Tätigkeit als Archivarin fand sie von ihren ursprünglichen Studien, die sie der mittelalterlichen und frühneuzeitlichen Geschichte gewidmet hatte, zur Kirchen- und Zeitgeschichte. Zu den besonderen Anliegen von Weinzierl zählten vor allem die Untersuchung der Rolle der katholischen Kirche im „Dritten Reich", die Erforschung des Antisemitismus sowie die damit verknüpfte Frage nach der Schuld der Christen und der Kirchen.[322]

Zum letzteren Themenfeld erzielte Weinzierl bereits 1963 einen wichtigen wissenschaftlichen Durchbruch. Damals veröffentlichte sie in der Religions- und Kulturzeitschrift „Wort

317 Rathkolb, Erika Weinzierl, 347.
318 Hanisch, Erika Weinzierl †, 581.
319 Erika Weinzierl, Vorwort, in: Emanzipation? Österreichische Frauen im 20. Jahrhundert, Wien-München 1975, 7 f., hier 8; vgl. hierzu auch Hertha Firnberg, Für Erika Weinzierl, in: Rudolf G. Ardelt u.a. (Hg.), Unterdrückung und Emanzipation. Festschrift für Erika Weinzierl zum 60. Geburtstag, Wien-Salzburg 1985, 7–9.
320 Rathkolb, Erika Weinzierl, 342.
321 Ebd., 344.
322 Vgl. Hanisch, Hans Wagner und Erika Weinzierl, 190 f.

und Wahrheit" einen zweiteiligen Aufsatz, in dem sie das Thema „Österreichs Katholiken und der Nationalsozialismus 1938–1945" problematisierte und dabei das tradierte Narrativ vom Widerstand der katholischen Kirche im „Dritten Reich" in Frage stellte.[323] Die Monatszeitschrift „Wort und Wahrheit" wurde von dem katholischen Akademiker- und Künstlerseelsorger Otto Mauer, mit dem Weinzierl eng befreundet war, mitherausgegeben. Mauer hatte mit Weinzierl über einen damals aktuellen Artikel von Ernst Wolfgang Böckenförde gesprochen, der die Rolle der katholischen Kirche im Jahr 1933 in Deutschland darstellte. Als Mauer ihr gegenüber äußerte, dass eine vergleichbare Untersuchung auch für Österreich durchgeführt werden sollte, jedoch niemand den Mut hierfür aufbringen würde, übernahm sie selbst kurz entschlossen diese Aufgabe. Mauer unterstützte sie dabei und sorgte dafür, dass ihre Studie von den kirchlichen Stellen nicht zensuriert wurde.[324]

Weinzierl erntete mit ihren Arbeiten über die österreichischen Katholiken im „Dritten Reich" neben Kritik und Ablehnung auch Zustimmung. Ihre zeitgeschichtlichen Forschungen trugen entscheidend dazu bei, dass P. Thomas Michels sie 1964 ans IFZ in Salzburg berief. Dies deutete darauf hin, dass im Zuge der damaligen intellektuellen Aufbruchstimmung, die im Gefolge des Zweiten Vatikanischen Konzils selbst konservativere katholische Kreise erfasst hatte, kritische Perspektiven auf die Kirchengeschichte positiv rezipiert wurden. Der Benediktiner Michels war mit dem österreichisch-amerikanischen Historiker Friedrich Engel-Jánosi, den Weinzierl selbst als junge Archivarin im HHStA persönlich kennengelernt hatte, aus seiner Emigrationszeit in den USA her gut befreundet. Engel-Jánosi kehrte 1959 nach Wien zurück, wo er eine Professur an der Universität Wien übernahm, die er bis 1969 innehatte. Michels hatte zuvor vermutlich (auch) mit Engel-Jánosi gesprochen, ehe er mit Weinzierl Kontakt aufnahm. Sie selbst deutete Engel-Jánosis Einfluss auf ihren Wechsel nach Salzburg nur an, indem sie erwähnte, dass sie ihre „berufliche Übersiedlung nach Salzburg [...] indirekt [...] ihm zu danken" gehabt habe.[325] Michels hatte jedenfalls Weinzierls Artikel über Österreichs Katholiken im Nationalsozialismus gelesen. Er besuchte sie im Archiv in Wien und soll zu ihr gesagt haben: „So wie Sie es geschrieben haben, so war's."[326]

Pater Michels lud Weinzierl dazu ein, die Leitung des Instituts für kirchliche Zeitgeschichte am IFZ zu übernehmen, dessen Vorstand Norbert Miko am 31. August 1963 infolge einer schweren Erkrankung verstorben war. Das Institut war erst ein Jahr zuvor ins Leben gerufen worden. Es sollte die Kirchengeschichte für die Zeit seit 1848 erforschen und wissenschaftlichen Nachwuchs heranbilden.[327] Das inhaltliche Profil dieser Forschungseinrichtung am IFZ

---

323 Erika Weinzierl, Österreichs Katholiken und der Nationalsozialismus 1918–1945. Erster Teil: 1918–1933. Zweiter Teil: 1933–1945, in: Wort und Wahrheit 18 (1963), 417–439, 493–526.

324 Vgl. „Mir ging es immer nur um die Menschen", 180; Manfred Jochum, Kritische Chronistin Österreichs. Die Zeithistorikerin Erika Weinzierl, in: zeitgeschichte 30, H. 6 (2003), 310–314, hier 312.

325 Erika Weinzierl, Friedrich Engel-Jánosi, in: Friedrich Stadler (Hg.), Vertriebene Vernunft II. Emigration und Exil österreichischer Wissenschaft, Wien-München 1988, 515–518, hier 517.

326 Emer. Univ.-Prof. Dr. Erika Weinzierl. Forschung aus Leidenschaft, in: 50 Jahre Internationales Forschungszentrum für soziale und ethische Fragen, o. J. [2011], 64–65, hier 64. http://www.ifz-salzburg.at/uploads/Festschrift50Jahre.pdf (19.9.2018).

327 ÖStA, AdR, BMU, Hauptreihe I (1945-1965), Sig. 9, Univ. Salzburg, Kt. 673, Norbert Miko, Exposé

kam Weinzierl auch deshalb entgegen, weil sie sich mit ihrem Wechsel nach Salzburg vermehrt der Forschung widmen konnte.[328] Nach späterer eigener Aussage konnte sie sich daher rasch dazu entschließen, das Stellenangebot anzunehmen. Weinzierl selbst betonte, dass Michels den Historikern am IFZ „große Freiheit in der Arbeit" gegeben habe, die „ausschlaggebend für unser produktives Forschen" gewesen sei.[329] In Salzburg übernahm Weinzierl aber nicht nur die Leitung des Instituts für kirchliche Zeitgeschichte (sie behielt diese Funktion bis 1992 bei), sondern sie begann daneben im Wintersemester 1964/65 auch mit Vorlesungen über die Geschichte Österreichs im 19. und 20. Jahrhundert an der Universität Salzburg, die in diesem Semester inauguriert wurde und ihren Lehrbetrieb aufnahm.[330] 1965 ließ sich Weinzierl ihre Venia docendi von der Wiener Philosophischen an die Salzburger Philosophische Fakultät übertragen. Weinzierl sollte als Lehrbeauftragte für „Geschichte Österreichs" an das Historische Institut gebunden werden, solange die Lehrkanzel für Österreichische Geschichte noch nicht besetzt war.[331] Vom Beginn des Lehrbetriebs an der Philosophischen Fakultät der Universität Salzburg an war Weinzierl somit mit der Salzburger Geschichtswissenschaft eng verbunden.

Seit 1965 nahm sie als Dozentenvertreterin auch an den Fakultätssitzungen teil, deren Schriftführerin sie war.[332] Bereits im selben Jahr 1965 kam sie in die engere Wahl für die Besetzung der Lehrkanzel für Österreichische Geschichte. Organisatorische Voraussetzung hierfür war, dass die Theologische Fakultät vorerst darauf verzichtet hatte, die mit der Emeritierung von Erenbert Schächer vakante Lehrkanzel zu besetzen, die sie stattdessen „leihweise" der Philosophischen Fakultät überließ. Auf dem Besetzungsvorschlag der Berufungskommission rangierte übrigens der Staatsarchivar Hans Wagner – Weinzierls engerer Kollege – an erster Stelle, während sie selbst vor Berthold Sutter aus Graz den zweiten Platz des Dreiervorschlags (zeitgenössisch auch: Terna- oder Ternovorschlag [333]) einnahm.[334]

In den Sitzungen der Berufungskommission, zu deren Mitgliedern neben Rektor Lendl Fritz Fellner als Berichterstatter sowie die Professoren Koller, Marcic und Reiffenstein zählten, tat sich Fellner mit Wortmeldungen offenbar besonders hervor. Die Kommissionsmitglieder waren sich darin einig, dass Wagner an die erste Stelle des Berufungsvorschlags gereiht werden sollte. Diesem war Fellner, obgleich er selbst nur an dritter Stelle des Berufungsvorschlags gestanden war, noch im vorangegangenen Jahr bei der damaligen Besetzung der Professur für

über ein zu gründendes Institut für kirchliche Zeitgeschichte, undat. [1959]; vgl. Alfred Rinnerthaler, Der Salzburger Kirchenhistoriker Norbert Miko – einer der Väter der institutionalisierten Zeitgeschichtsforschung in Österreich, in: Jahrbuch der Universität Salzburg 1995/1997, 101–121.

328 Vgl. Weinzierl, Hans Wagner, [5 f.].

329 Emer. Univ.-Prof. Dr. Erika Weinzierl, 65.

330 ÖStA, AdR, BMU, PA Weinzierl, Erika; I. Teil, Phil. Fakultät an das BMU, 6.8.1964.

331 ÖStA, AdR, BMU, PA Weinzierl, Erika; I. Teil, Befürwortung des Ansuchens von Frau Univ.-Doz. Dr. Erika Weinzierl betreffend die Anerkennung ihrer Dozentur für österreichische Geschichte an der Universität Salzburg, 5.1.1965.

332 KHW, Archiv, Ordner IFZ, Weinzierl an Thomas Michels, 30.6.1965.

333 Kaindl-Hönig/Ritschel sprechen von „Ternovorschlägen". Vgl. Kaindl-Hönig/Ritschel, Die Salzburger Universität, 184.

334 ÖStA, AdR, BMU, PA Wagner, Hans; Universität Salzburg, Phil. Fakultät, an das BMU, 6.12.1965; Universität Salzburg, Stefan Rehrl an René Marcic, 3.12.1965.

„Allgemeine Geschichte der Neuzeit" vorgezogen worden.[335] Der nunmehr für das Fachgebiet der „Österreichischen Geschichte" gemachte Berufungsvorschlag vermittelte zumindest in dieser Hinsicht den Eindruck, dass Wagner für die frühere Hintansetzung seiner Person entschädigt werden sollte. Uneinig war sich die Kommission allerdings bei der Frage, wer „secundo loco" gesetzt werden sollte. Laut dem vorliegenden Protokoll war es vor allem Fellner, der Weinzierl als Zweitgereihte sehen wollte. Lendl hatte hierfür hingegen den Namen des Grazer Historikers Nikolaus von Preradovich ins Spiel gebracht, der betont deutschnational orientiert war. Fellner entgegnete, dass dieser für einen Lehrstuhl für Österreichische Geschichte aus genau diesem Grund „nicht gerade geeignet sei".[336]

Daraufhin wollte Lendl erreichen, dass Weinzierl zusammen mit Sutter „secundo loco" gereiht werden sollte. Der Rektor begründete dies damit, dass beide „ziemlich gleichwertige" Qualifikationen aufweisen würden. Fellner beharrte allerdings darauf, dass Weinzierl an zweiter und Sutter nur an dritter Stelle gereiht werde. Seine Kollegin sei als Dozentin „dienstälter" und gehöre zudem dem Salzburger Lehrkörper an, was die Berufungskommission seiner Ansicht nach entsprechend berücksichtigen sollte. Die übrigen Mitglieder der Kommission schlossen sich Fellners Argumenten letztlich an und reihten Wagner „primo loco" vor Weinzierl und Sutter. Nachdem die Berufungsverhandlungen mit Wagner erfolgreich abgeschlossen worden waren, trat dieser am 1. April 1966 seine Stelle in Salzburg an. Wagner verblieb bis zu seiner Emeritierung, die krankheitsbedingt bereits 1982 erfolgte, in seiner Funktion als ordentlicher Professor und bekleidete in den Jahren 1975 bis 1977 auch das Amt des Rektors der Universität Salzburg.[337] Bereits in den ersten Jahren, in denen Weinzierl als Leiterin des Instituts für kirchliche Zeitgeschichte sowie als Dozentin an der Universität Salzburg tätig war, hatte sie sich unter ihren männlichen Kollegen einen ausgezeichneten Ruf erworben. Dies geht auch aus der Beschreibung ihrer Qualifikationen hervor, die 1965 anlässlich des Berufungsverfahrens zur Besetzung der Professur für Österreichische Geschichte erstellt worden war. Weinzierl zählte demnach „zu den wenigen Historikern in Österreich", die in Forschung und Lehre bereit seien, „bis in die unmittelbare Gegenwart vorzudringen". Sie habe sich „durch unglaubliche Tatkraft und Energie ausgezeichnet" und verfüge nicht zuletzt über „hervorragende Fähigkeiten der Organisation". „Unter den Studenten" verfüge sie bereits jetzt über „eine treue Gefolgschaft".[338] Obgleich diese Stellungnahme eine spezifisch männlich zentrierte Sichtweise auf die Wissenschaft sowie ein strikt hierarchisches Denken

---

335 Hanisch, Hans Wagner und Erika Weinzierl, 192.

336 Fellner sollte mit dieser kritischen Einschätzung der Person Preradovichs umso mehr rechtbehalten, da dieser seit den 1970er-Jahren zunehmend rechtsextremes Gedankengut verbreitete. Vgl. Dokumentationsarchiv des Österreichischen Widerstands (DÖW), Ulrichsbergtreffen. Neues von ganz rechts – Oktober 2000. http://www.doew.at/erkennen/rechtsextremismus/neues-von-ganz-rechts/archiv/oktober-2000/ulrichsbergtreffen (20.9.2018); ÖStA, AdR, BMU, PA Wagner, Hans; Protokoll der ersten Sitzung der Kommission zur Erstattung eines Besetzungsvorschlages für die Lehrkanzel für Österreichische Geschichte, 16.6.1965.

337 ÖStA, AdR, BMU, PA Wagner, Hans; Protokoll der ersten Sitzung der Kommission zur Erstattung eines Besetzungsvorschlages für die Lehrkanzel für Österreichische Geschichte, 16.6.1965; Wagner an das BMWF, 7.6.1982.

338 ÖStA, AdR, BMU, PA Wagner, Hans; Univ.-Doz. Dr. Erika Weinzierl [unsign.; undat., 1965].

in Kategorien von professoraler „Leitung“ und studentischer „Gefolgschaft“ verrät, ist doch festzuhalten, dass diese Bewertung von Weinzierls bisherigen wissenschaftlichen Leistungen äußerst positiv ausfiel. Sie spricht dafür, dass es innerhalb der Universität Salzburg bereits damals maßgebliche Kräfte gab, die Weinzierl längerfristig – jenseits ihres bestehenden Lehrauftrags als Dozentin – an die Alma Mater Paridiana binden wollten. Diese These unterstützt auch ein Schreiben Fellners an Marcic, das auf Anfang 1966 datiert ist. Fellner forderte darin, dass in Salzburg eine „Lehrkanzel für österreichische Geschichte unter besonderer Berücksichtigung der Zeitgeschichte“ errichtet werden sollte. Ein solcher Lehrstuhl entspreche auch dem Wunsch des Unterrichtsministeriums, die politischen Wissenschaften an der Universität Salzburg auszubauen. Hinter dieser Argumentation stand aber auch, dass Fellner in seiner eigenen Lehre die Zeitgeschichte ebenfalls mit vertreten wollte.[339]

Dekan René Marcic nahm sich dem Wunsch seines Kollegen an. Er intervenierte in Wien, um Weinzierls formellen Dienstposten als Oberassistentin, den sie als Leiterin des Instituts für kirchliche Zeitgeschichte innehatte, in ein Extraordinariat umzuwandeln. Dieses sollte die oben genannte thematische Denomination aufweisen. Marcic' Vorstoß blieb allerdings vorerst ohne Erfolg. Der zuständige Sektionschef des Unterrichtsministeriums Franz Hoyer beschied nämlich das Ansuchen aus Salzburg abschlägig. Derzeit sei kein Dienstposten vorhanden. Er müsse es daher der Fakultät überlassen, neben der bereits von Wagner besetzten Professur für Österreichische Geschichte eine zweite Lehrkanzel für „Neueste Österreichische Geschichte“ zu schaffen.[340] Die Salzburger Philosophische Fakultät übte allerdings weiterhin Druck auf das Ministerium aus, um Weinzierls „Standeserhöhung“ zu erwirken. Ungeachtet des oben genannten – von Fellner bereits früh lancierten – Benennungsvorschlags kursierte in der Fakultät übrigens weiterhin die Idee, die neu zu schaffende Stelle schlicht „Lehrkanzel für Zeitgeschichte“ zu nennen.[341]

Die in der Fakultät vertretenen Historiker traten jedoch einhellig gegen diesen Vorschlag auf. Aus ihrer Sicht sollten nämlich alle zu errichtenden Professuren für Geschichte terminologisch die vier Bereiche alte, mittelalterliche, österreichische und neuere Geschichte abdecken. Fachliche Schwerpunktsetzungen sollten jeweils den Zusatz „mit besonderer Berücksichtigung“ erhalten. Dieser Argumentation schloss sich das Professorenkollegium der Philosophischen Fakultät in seiner Sitzung vom 16. Dezember 1966 an. Mit Wirkung vom 1. Jänner 1967 sollte daher ein Extraordinariat für „Österreichische Geschichte mit besonderer Berücksichtigung der Zeitgeschichte“ eingerichtet werden. Das Kollegium einigte sich zudem darauf, Erika Weinzierl als einzige Kandidatin für diese außerordentliche Professur „primo et unico loco“ zu setzen. Dieser Lehrstuhl sei für die interfakultäre Kooperation im Rahmen der politischen Wissenschaften an der Universität Salzburg ebenso wichtig wie für die Ausbildung der Lehrer an den allgemeinbildenden höheren Schulen. Neben Weinzierl seien in Österreich nur der Wiener Dozent Walter Goldinger sowie Ludwig Jedlicka, der Leiter

339 Heidrun Maschl, 20 Jahre Institut für Geschichte. Salzburg 1964–1984, Salzburg 1984, 17.

340 ÖStA, AdR, BMU, Hauptreihe II (1966-1975), Sig. 9, Univ. Salzburg, Kt. 626, René Marcic an Franz Hoyer, 19.1.1966; Hoyer an Marcic, 31.1.1966.

341 Vgl. Maschl, 20 Jahre Institut für Geschichte, 18.

Abb. 9 und Abb. 10: Erika Weinzierl und Hans Wagner bei einer Italienexkursion des Historischen Institutes (undat., 1970er-Jahre).

des 1961 auf privater Basis gegründeten Instituts für Zeitgeschichte in Wien, für diese Stelle geeignet. Da davon ausgegangen werden konnte, dass diese beiden Historiker nicht auf ihre berufliche Stellung in Wien verzichten würden, aber auch, um zeitliche Verzögerungen zu vermeiden, verzichtete die Fakultät allerdings von vornherein darauf, deren Namen in den Besetzungsvorschlag aufzunehmen.[342] Auch durch die Bemühungen Wagners gelang es schließlich, das Ministerium für den Vorschlag zu gewinnen und Weinzierl auf das Extraordinariat zu berufen. Fortan teilten sich Wagner, der „für die Zeit bis 1848 zuständig" war, und Weinzierl, die die Zeit danach erforschte, in der Lehre die österreichische Geschichte. Beide führten seither regelmäßig gemeinsame Exkursionen mit den Salzburger Studierenden durch, die sich bald eines beinahe legendären Rufs erfreuten.[343]

Um Weinzierl auf die Stelle einer ordentlichen Professorin berufen zu können, bedurfte es neuerlich des persönlichen Engagements von Hans Wagner. Ohne dass dies in den hier analysierten Korrespondenzen direkt angesprochen wird, wird dabei doch ersichtlich, dass Weinzierl im Vergleich zu ihren gleich qualifizierten männlichen Kollegen auf energisch vorgehende – männliche – Fürsprecher angewiesen war, um sich nicht mit ihrer bereits erreichten Position als einzige außerordentliche Professorin der Fakultät abfinden zu müssen. Allein die konsequente Verwendung der maskulinen grammatikalischen Form für die jeweiligen akademischen Positionen verweist darauf, wie wenig selbstverständlich es für alle beteiligten Akteure (und auch Akteurinnen!) war, dass Frauen derartige Stellen einnahmen. Zugleich scheint zumindest bei einigen von Weinzierls männlichen Kollegen ein Bewusstsein dafür gewachsen zu sein, dass eine geschlechtsspezifische Ungleichbehandlung nicht mehr weiter toleriert werden könnte. So ersuchte Hans Wagner die Philosophische Fakultät, beim Ministerium die Ernennung Weinzierls zur ordentlichen Professorin zu erwirken. Er unterstrich die Dringlichkeit seines Antrags, indem er darauf hinwies, dass Weinzierl „derzeit der einzige Extraordinarius [sic!] der Fakultät" sei. Wagner bezeichnete diese Situation als „anachronistisch" und betonte, dass dieser Anachronismus speziell in der Zurücksetzung einer Frau gegenüber männlichen Fachvertretern bestehe. Es sei an der Zeit, die „durch nichts vertretbare Zurückstellung Frau Prof. Weinzierls gegenüber ihren gleich ausgewiesenen Kollegen zu beenden".[344]

Wagners entschlossenes Vorgehen stieß innerhalb der Fakultät auf Zustimmung. Der Antrag, Weinzierls Extraordinariat zu einem Ordinariat zu „heben", fand in geheimer Abstimmung eine Mehrheit von 20-Ja-Stimmen bei zwei Neinstimmen sowie zwei Enthaltungen.[345] In seiner Reaktion auf den Salzburger Antrag suchte das Ministerium jedoch zu bremsen. Es zog sich vorerst auf die formale Argumentation zurück, dass die Ernennung Weinzierls nicht mehr in den Dienstpostenplan für das Jahr 1969 aufgenommen werden könne. Daraufhin wandte sich René Marcic direkt an Bundeskanzler Josef Klaus, zu dem er als dessen persön-

---

342 ÖStA, AdR, BMU, PA Weinzierl, Erika; I. Teil, Universität Salzburg, Phil. Fakultät an das BMU, 23.1.1967.

343 Weinzierl, Hans Wagner, [6].

344 ÖStA, AdR, BMU, PA Weinzierl, Erika; II. Teil, Hans Wagner an die Phil. Fakultät der Universität Salzburg, 23.4.1968.

345 ÖStA, AdR, BMU, PA Weinzierl, Erika; II. Teil, Dekan Georg Pfligersdorffer an das BMU, 27.5.1968.

licher Berater seit langem beste persönliche Beziehungen pflegte. Klaus intervenierte seinerseits beim Unterrichtsministerium, das sich dazu bereit erklärte, Weinzierl zur ordentlichen Professorin zu bestellen, wenn „eines der zahlreichen in nächster Zeit kaum zur Besetzung gelangenden Ordinariate" hierfür herangezogen werde.[346] Dies war aus der Sicht der Salzburger Philosophischen Fakultät jedoch nicht möglich, da die Berufungsverhandlungen bereits „sehr weit gediehen" seien. Vielmehr könne „die letzte der zur Besetzung kommenden ordentlichen Lehrkanzeln des Dienstpostenplanes 1969 für die Hebung des genannten Extraordinariates verwendet werden."[347]

Aus dem Personalakt Weinzierls geht nicht hervor, ob die von der Universität Salzburg präferierte Lösung letztlich gewählt wurde, um Weinzierls Ernennung durchzubringen, oder ob sich das Unterrichtsministerium mit seinem Vorschlag durchsetzte. Entscheidend sind in diesem Fall jedoch nicht unbedingt die Details des bürokratischen Vorgangs selbst. Von Bedeutung ist vielmehr der Umstand, dass Weinzierls Weg zur ordentlichen Professur an der Universität Salzburg auffällig viele Hindernisse aufwies, die teils – zumindest vorgeblich – organisatorisch-bürokratischen, teils archivalisch nur schwer nachweisbaren sonstigen „Hemmnissen" geschuldet waren. Innerhalb der Philosophischen Fakultät der Universität Salzburg, die ansonsten überwiegend konservativ orientiert war, verfügte sie jedoch über eine Gruppe von – männlichen – Unterstützern, die ihre Karriere nachdrücklich förderten und hierfür auch ihre politischen Verbindungen zu nützen suchten. Indem die damals bereits profilierte Zeithistorikerin Weinzierl nach Salzburg berufen wurde, verstärkte sich die am Institut für Geschichte vorherrschende liberale, teils auch politisch „linke" Gesinnung.[348]

Weinzierl war allerdings auch für die konservativeren Kräfte des Professorenkollegiums der Philosophischen Fakultät akzeptabel. Sie war eine zwar unkonventionelle, aber doch prononcierte Katholikin, die sich durch ihr Organisationstalent und ihre Forschungsleistungen ein hohes Maß an Respekt verschafft hatte. Begünstigt wurde ihre Karriere auch durch die von ihr vertretene Forschungsrichtung. In Österreich machten nämlich die Disziplinbildung und universitäre Verankerung des Fachs „Zeitgeschichte" damals generell erhebliche Fortschritte. Nachdem das Salzburger Institut für kirchliche Zeitgeschichte bereits 1962 errichtet worden war, wurde 1966 das Institut für Zeitgeschichte an der Universität Wien gegründet; 1967/69 folgte die Universität Salzburg mit Weinzierls Extraordinariat bzw. Ordinariat, und 1968 wurde an der Universität Linz ein Institut für Neuere und Neueste Geschichte gegründet. Erst in den 1970er- und 1980er-Jahren folgten die Universitäten Klagenfurt, Innsbruck und Graz mit jeweils eigenen Instituten für Zeitgeschichte bzw. einer zeitgeschichtlichen Abteilung wie an der Universität Graz.[349] Erika Weinzierl hielt am 11. Juni 1968 ihre Antrittsvorlesung an der Universität Salzburg und referierte über das Thema „Universität und Politik in Öster-

346 ÖStA, AdR, BMU, PA Weinzierl, Erika; II. Teil, Josef Klaus an René Marcic, 17.7.1968.

347 ÖStA, AdR, BMU, PA Weinzierl, Erika; II. Teil, Universität Salzburg, Phil. Fakultät an das BMU, 24.10.1968.

348 Vgl. hierzu auch Hanisch, Hans Wagner und Erika Weinzierl, 192.

349 Erika Weinzierl, Zeitgeschichte in der Krise? In: Gerhard Botz/Gerald Sprengnagel (Hg.), Kontroversen um Österreichs Zeitgeschichte. Verdrängte Vergangenheit, Österreich-Identität, Waldheim und die Historiker, Frankfurt-New York 1994, 132–149, hier 132.

reich".[350] Hinter diesem eher allgemein formulierten Titel verbarg sich eine politisch brisante Analyse der rechtskonservativ geprägten und „braunen" Vergangenheit der österreichischen Universitäten. Wenn man bedenkt, dass die österreichische Gesellschaft erst viele Jahre später – etwa seit Mitte der 1980er-Jahre als Folge der Waldheim-Affäre – auf breiterer Basis dazu bereit war, sich ihrer NS-Vergangenheit zu stellen, ist ihr Engagement besonders hervorzuheben. Weinzierl beschritt mit ihrer Inauguralvorlesung aber nicht nur wissenschaftliches Neuland, sondern sie bewies auch – obgleich sie eher vorsichtig formulierte – persönlichen Mut. Immerhin hatte sie an ihrem lokalen Salzburger Umfeld mit Professoren wie etwa Hans Sedlmayr zu tun, deren NS-Vergangenheit nicht unbekannt geblieben war. Dazu kam, dass die neue Ordinaria das akademische Umfeld, in dem einflussreiche Politiker wie Josef Klaus und Hans Lechner in den 1930er-Jahren sozialisiert worden waren, in kritischer Absicht besprach. So stellte sie die akademischen Lehrer des amtierenden Landeshauptmanns Lechner, den Theoretiker des „Ständestaates" Othmar Spann und den Geographen Hugo Hassinger – der der Lehrer und Vorgesetzte des Rektors Lendl gewesen war –, als „Wegbereiter des Nationalsozialismus" dar. Auch wenn Lechner ihr das zunächst übelnahm, soll sein Ärger – jedenfalls nach Weinzierls späterer Aussage – nicht lange angehalten haben. Ihre Antrittsvorlesung wurde in Salzburg ohnehin „kaum rezipiert". Dies lag möglicherweise auch daran, dass „jede Reaktion des damals noch weithin dominierenden österreichischen CV den Verband selbst entlarvt und Weinzierls Thesen zusätzliche Öffentlichkeit verschafft"[351] hätte.

Weinzierl selbst charakterisierte den Salzburger Landeshauptmann als „freundlich, entgegenkommend und hilfsbereit". Ein „Höhepunkt" sei stets die Fronleichnamsprozession gewesen, „nach der der Landeshauptmann zur Würstelsuppe nach St. Peter einlud."[352] Weinzierls Schilderungen reflektieren das spezielle Klima in Salzburg, in dem persönliche Beziehungen der Professoren zu den führenden Landespolitikern eine ebenso wenig zu unterschätzende Rolle spielten wie die symbolische Bedeutung ihrer Teilnahme an katholischen Riten wie der Fronleichnamsprozession um den Salzburger Dom. Weinzierl selbst war Mitglied des Österreichischen Arbeiter- und Angestelltenbundes (ÖAAB), der Arbeitnehmer-Organisation der ÖVP. Ihre Beiträge für eine Festschrift sowie eine Erinnerungsschrift zu Ehren von Lechner, aber auch eine biographische Skizze, die sie in einer Josef Klaus gewidmeten Festschrift veröffentlichte, unterstreichen ihre Verbindungen zu zwei führenden ÖVP-Politikern, die beide einen hervorragenden Anteil an der Errichtung der staatlichen Universität Salzburg hatten.[353] Ungeachtet dessen blieb Weinzierl stets eine intellektuell unabhängige Wissenschaftlerin. Als solche war sie „bereits in den späten sechziger Jahren im Dialog zwischen Katholiken und der

350 Vgl. Erika Weinzierl, Universität und Politik in Österreich. Antrittsvorlesung gehalten am 11. Juni 1968 an der Universität Salzburg, Salzburg-München 1969.

351 So Linda Erker, Erika Weinzierls Salzburger Antrittsvorlesung über Universität und Politik. Vortrag anlässlich des 50. Jubiläums 1968/2018, in: zeitgeschichte 46 (2019), 143–147, hier 147.

352 Erika Weinzierl, Erinnerungen, in: Salzburg. Geschichte & Politik 8 (1998), 364 f., hier 364.

353 Vgl. Erika Weinzierl, Landeshauptmann Hans Lechner und die Universitätsfrage im Salzburger Landtag, in: Rudolf Gönner (Hg.), Hans Lechner. Stimmen zur Zeit. Festschrift für den Altlandeshauptmann von Salzburg zu seinem 65. Geburtstag, Salzburg 1978, 257–280; dies., Erinnerungen; dies., Josef Klaus, 7–22.

Sozialistischen Partei Österreichs aktiv engagiert und entwickelte sich zunehmend zu einer „Grenzgängerin zwischen den beiden großen Parteien SPÖ und ÖVP".[354]

Gleichzeitig forcierte sie ihr persönliches Anliegen, als gesellschaftspolitisch engagierte Zeithistorikerin demokratiepolitische Aufklärungsarbeit zu leisten und sich öffentlich gegen Intoleranz und Ausgrenzung zu stellen. So protestierte die FPÖ 1981 heftig dagegen, dass Weinzierl die deutschnationalen und nationalsozialistischen Wurzeln dieser Partei nachdrücklich in den Blickpunkt ihrer Forschungen rückte. Der ehemalige VdU-Politiker, Journalist und Kolumnist Viktor Reimann diffamierte sie in der „Kronenzeitung" als „Modehistorikerin". Eine tiefere Zäsur bedeuteten für Weinzierl im Zuge der Auseinandersetzung um die NS-Vergangenheit Österreichs allerdings jene Kontroversen, die Mitte der 1980er-Jahre um die Kriegsvergangenheit von Kurt Waldheim entbrannten. Waldheim war ehemaliger Außenminister und UN-Generalsekretär und wurde von der ÖVP unterstützt; 1986 wurde er zum Bundespräsidenten gewählt. Weinzierl sah sich als Folge dieser Debatten in ihrem Anspruch, „einen Wandel zum Besseren mitbewirkt zu haben",[355] getäuscht, ging auf Distanz zu ihrer Partei und trat 1995 schließlich aus dem ÖAAB aus.[356]

Weinzierl verblieb bis 1992 Leiterin des Instituts für kirchliche Zeitgeschichte in Salzburg. Ihre dortigen Assistenten und Mitarbeiter Rudolf G. Ardelt, Ernst Hanisch und Robert Hoffmann wurden später selbst Universitätsprofessoren für Geschichtswissenschaft. Ihre Salzburger Lehrkanzel behielt sie bis zum Jahr 1977. Als in diesem Jahr der Gründer und Leiter des Instituts für Zeitgeschichte an der Universität Wien, Ludwig Jedlicka, verstarb, wurde dessen Professur vakant. Hertha Firnberg bestellte daraufhin Weinzierl als Erstgereihte trotz ihrer Kritik, die sie an Bundeskanzler Kreisky im Zuge der Wiesenthal-Peter-Kreisky-Affäre geübt hatte, zur ordentlichen Professorin für Zeitgeschichte an der Universität Wien.[357] 1995 emeritierte Weinzierl. Sie blieb bis zu ihrem Tod 2014 eine unbequeme Mahnerin, die gesellschaftliche und politische Entwicklungen kritisch begleitete und kommentierte.

---

354 Oliver Rathkolb, Weinzierl, Erika, geb. Fischer, in: Brigitta Keintzel/Ilse Korotin (Hg.), Wissenschafterinnen in und aus Österreich. Leben – Werk – Wirken, Wien-Köln-Weimar 2002, 795–798, hier 796.

355 Weinzierl, Zeitgeschichte in der Krise?, 145.

356 Vgl. Rathkolb, Weinzierl, Erika, 796; Oliver Rathkolb, In memoriam Erika Weinzierl (1925–2014), in: Universität Wien, Medienportal. https://medienportal.univie.ac.at/uniview/uni-intern/detailansicht/artikel/in-memoriam-erika-weinzierl-1925-2014/?no_cache=1 (21.9.2018).

357 Oliver Rathkolb, Weinzierl, Erika, 797.

4. Berufungspraktiken an der Universität Salzburg zwischen Anspruch und Wirklichkeit

4.1 Allgemeine Rahmenbedingungen zur Besetzung der Lehrkanzeln zwischen normativen Vorgaben und politischen Interessenslagen

Besetzungen von ordentlichen Professuren verknüpften in der Regel personelle Aspekte mit der jeweiligen Binnenpolitik der betreffenden akademischen Fachdisziplin sowie mit wissenschaftlichen Schwerpunktsetzungen, die an den jeweiligen Hochschulen und Universitäten angestrebt bzw. praktiziert wurden.[1] Hierbei ist die akademische Kultur der hierarchisch organisierten „Ordinarienuniversität" der 1950er- und 1960er-Jahre besonders zu beachten. Diese „bestand aus einem sehr losen Verband von Lehrkanzeln, deren Inhaber jeweils allein ein ‚Nominalfach' in Lehre und Forschung zu vertreten hatten und eifersüchtig darüber wachten, dass niemand in ihr Hoheitsgebiet eindringen konnte [...]. Bei der Errichtung neuer Professuren achteten die Etablierten darauf, dass das Fach des neu zu Berufenden sich mit all jenen, die schon vorhanden waren, möglichst nicht überschnitt. Innerhalb des eigenen Territoriums war jeder Professor Alleinherrscher."[2]

Die „wiedererrichtete" Universität Salzburg bot im Vergleich zu den personell und institutionell in einem hohen Maße festgeschriebenen Verhältnissen an den bestehenden österreichischen Universitäten und Hochschulen zumindest theoretisch die Möglichkeit, personalpolitisch und konzeptionell neue Wege zu gehen. So betonte etwa der Jurist Theo Mayer-Maly, dass vor allem die Anfänge der Alma Mater Paridiana vielversprechend gewesen seien: „Die Unmöglichkeit von Hausberufungen lag in der Natur der Sache. Man begann mit leeren Wänden und konnte den Aufbau einer modernen Anforderungen entsprechenden Institutsbibliothek selbst organisieren."[3] Trotz dieser Möglichkeiten, etwas Neues zu beginnen, stellten vor allem Berufungen, Besetzungen, Wegberufungen und Bleibeverhandlungen für die akademischen Funktionäre in der Regel ein vielgestaltiges und schwer zu überschauendes

1 Vgl. hierzu die weiterführenden Überlegungen von Schübl/Uray, Auf der Suche nach geeigneten Kräften.

2 Christian Fleck, Auch eine Welt von gestern? In: Christian Brünner u.a. (Hg.), Mensch – Gruppe – Gesellschaft. Von bunten Wiesen und deren Gärtnerinnen und Gärtnern. Festschrift für Manfred Prisching zum 60. Geburtstag, Wien-Graz 2010, 389-400, hier 394.

3 Theo Mayer-Maly, in: Jabloner/Mayer (Hg.), Österreichische Rechtswissenschaft, 131.

Handlungsfeld dar, in das sich in jedem einzelnen Fall unterschiedliche individuelle und institutionelle Akteure einschalteten. Zu diesen zählten die Akademischen Senate, die die Dreiervorschläge erstellten, die jeweiligen Fakultätsgremien und externen Gutachter, aber auch die politischen Akteure in Bund und Land sowie die Ministerialbürokratie in Wien. Die Vielzahl der Akteure und deren teils divergierende Interessenslagen bewirkten nicht nur – wie im Folgenden gezeigt wird – eine ausgeprägte Schwerfälligkeit des Berufungsprozederes, sondern sie konnten auch zu erheblichen zeitlichen Verzögerungen der Berufungen selbst führen.

Die damaligen Berufungspraktiken hatten aber nicht nur mit fachlicher Binnenpolitik und den jeweiligen bürokratischen Verfahrensabläufen zu tun, sondern sie müssen auch in den Kontext sich wandelnder gesellschaftlicher und politischer Konstellationen und Kräfteverhältnisse gestellt werden. Hierzu ist zunächst allgemein mit dem Historiker Helmut Konrad auf die spezifische parteipolitische „Versäulung" zu verweisen, die die österreichische Gesellschaft und Politik in den Nachkriegsjahrzehnten maßgeblich beeinflusste: „Zwei Jahrzehnte große Koalition hatten zur Aufteilung von politischen Einflusssphären geführt, die jede, sogar jede private Aktivität politisch konnotierte […]. Wohnungen, Jobs, Studierendenheimplätze etc. wurden nach Parteibuch vergeben."[4] Der Politik- und Rechtswissenschaftler Manfried Welan schrieb hierzu Folgendes, wobei er sich auf die frühen 1960er-Jahre bezog: „So wie an der Technischen Hochschule bekam man auch hier [sc. am Verfassungsgerichtshof] nach kurzer Zeit mit, wer – von den Dienern bis zu den Präsidenten – welchem Lager zuzurechnen war. Die ‚Versäulung der Gesellschaft', insbesondere im öffentlichen Bereich, bis in die obersten Etagen und hintersten Winkel, war erstaunlich."[5] Angesichts dieser allgemeinen Befunde ist hier danach zu fragen, ob auch die Hochschulen – und hier insbesondere die akademischen Berufungspraktiken – für dieses System relevant waren, und falls ja, inwieweit sich dieses speziell auf die Gründerjahre der Universität Salzburg auswirkte.

Von wesentlicher Bedeutung für das Verständnis der (universitäts-)politischen Strategien und Handlungsweisen, die mit akademischen Berufungen verknüpft waren, ist dabei der Umstand, dass die Universitäten selbst zumindest bis zu der in den 1960er-Jahren beginnenden Expansion des Hochschulwesens außerhalb des parteipolitischen Proporzes zwischen ÖVP und SPÖ standen. Dies lag vor allem daran, dass das Bildungswesen traditionell in den Händen der ÖVP lag. Unterrichtsminister Drimmel brachte die Tatsache, dass die ÖVP in diesem Bereich eine langjährige Vorherrschaft hatte, selbst mit folgenden knappen Worten treffend zum Ausdruck: „In der Kulturpolitik gibt es keinen Proporz."[6] Gegenüber René Marcic nahm Drimmel für sich in Anspruch, dass es ihm als Minister bislang gelungen sei, die „Proporzwirtschaft" von den Hochschulen fernzuhalten. Dies funktioniere aber weiterhin nur dann, wenn die Professorenkollegien sich bei ihren Dreiervorschlägen lediglich von wissenschaftlichen Erwägungen leiten ließen.[7]

4 Konrad, Von Linz aus.

5 Welan, Ein Diener, 296.

6 Zit. n. Marina Fischer-Kowalski/Hermann Strasser, Gesellschaftliche Entwicklung und Hochschulreform in Österreich (I). Eine soziologische Analyse der Veränderungen im Hochschulsektor seit dem Zweiten Weltkrieg, Wien 1974, 54.

7 ÖStA, AVA, Familienarchive/Nachlässe, Nachlass Drimmel, Heinrich; Drimmel an René Marcic, 17.9.1961.

Noch in der Ära Drimmel waren Bildungs-, Universitäts- und Wissenschaftspolitik der Kulturpolitik zugeordnet und fanden öffentlich noch wenig Beachtung. Die SPÖ verfügte zunächst weder auf Bundes-, noch auf Landesebene über breitere Möglichkeiten, das Bildungswesen in entscheidender Weise mitzugestalten. Die einzige, allerdings gewichtige Ausnahme war die von der SPÖ regierte Stadt Wien. An den österreichischen Hochschulen und Universitäten waren noch in den 1960er-Jahren konservativ-bürgerlich und ehemals deutschnational geprägte akademische Milieus überproportional stark vertreten. Der Bildungspolitiker Bernd Schilcher konstatierte in diesem Zusammenhang einen „fachlichen Monismus der Fakultäten", der sich „in einer ebenso monokoloren politischen Einstellung der einzelnen Hochschullehrer" fortgesetzt habe. Blieben „Linke" (und auch als „links" geltende Disziplinen wie Psychologie, Soziologie oder Rechtstheorie) an den Hochschulen ausgeschlossen, dann seien sie „auch von der akademischen Kontrolle der rationalen Diskussion ausgeschlossen". Dies nütze aber niemandem.[8] Nach Rudolf Strasser gab es damals zwar Universitätsprofessoren, die der SPÖ nahestanden, „es handelte sich bei ihnen aber durchwegs um personae rarissimae."[9] Die vor allem für die SPÖ und ihr nahestehende akademische Kreise prekäre personelle Lage war eine langfristige Folge politisch und rassistisch motivierter Säuberungsmaßnahmen, die seit den 1920er-Jahren die Universitäten zusehends provinzialisiert hatten. Dazu kam, dass die ÖVP seit Dezember 1945 jeweils die ressortzuständigen Bundesminister für Unterricht stellte, die jeweils auch maßgeblich für die Berufung von Professoren und Professorinnen an den Universitäten verantwortlich waren. Damals wurden Angehörige des ÖCV und angeblich „geläuterte" Ex-NSDAP-Mitglieder berufen, während SPÖ-nahe Professoren und Emigranten weitgehend leer ausgingen.[10] Die Nachwirkungen dieser Politik waren langfristig umso mehr zu spüren, weil die Ausgaben für die Universitäten, für Forschung und Entwicklung sich bis um 1960 teils unterhalb, teils oberhalb des Niveaus der Ersten Republik bewegten; damals hatte zudem ein großer Teil der entnazifizierten Professoren die vor 1945 erzielte akademische Position wieder erreicht.[11]

Doch bereits in der Ära Drimmel bahnte sich eine Auflockerung der bisherigen politischen Kräfteverhältnisse in diesem Bereich an. So gehörten dem Proponentenkomitee, das die „Wiedererrichtung" der Universität Salzburg initiierte, alle drei im Salzburger Landtag vertretenen politischen Parteien an. Landeshauptmann Lechner hatte allerdings ein hohes Maß an Überzeugungsarbeit zu leisten, um die anfänglich skeptischen politischen Mitbewerber von ÖVP und FPÖ von dem Universitätsprojekt zu überzeugen.[12] Auf Bundesebene bildete das „Ministerkomitee für Hochschulangelegenheiten" für Justizminister Christian Broda einen wesentlichen Meilenstein, der „tatsächlich einen gewissen Wendepunkt in der Haltung der Bundesregierung in den Hochschulangelegenheiten" herbeigeführt habe. Dieses Komi-

8 Schilcher, Hochschulen, 353 f.

9 Strasser, Jurist, 148.

10 Vgl. zum einflussreichen Sektionschef Otto Skrbensky Pfefferle, Glimpflich entnazifiziert, 45–72.

11 Vgl. Karl H. Müller, Kritische Massen. Vier Etappen in der Entwicklung von Wissenschaft und Gesellschaft in Österreich seit 1918, in: Johann Dvorak (Hg.), Staat, Universität, Forschung und Hochbürokratie in England und Österreich im 19. und 20. Jahrhundert, Frankfurt/M. u.a. 2008, 115–169, hier 152.

12 Vgl. hierzu auch Weinzierl, Landeshauptmann Hans Lechner.

tee war nach gemeinsamen Beratungen zwischen der Regierung und der Rektorenkonferenz vom 28. Mai 1963 eingesetzt worden. Neben drei ÖVP-Ministern – darunter der Ressortchef Drimmel selbst – gehörten diesem Gremium auch die beiden SPÖ-Minister Broda und Kreisky an. Broda begründete das Entgegenkommen Drimmels an die SPÖ damit, dass der Minister das angesichts des „Notstandes an den Hochschulen" erforderliche Nachtragsbudget für die Universitäten nicht durchgebracht hätte, wenn er von vornherein auf die Mitarbeit der beiden sozialistischen Minister verzichtet hätte. Andererseits stellte er fest, dass die Mitsprachemöglichkeit der SPÖ in Hochschulfragen auch für diese „nicht ohne Bedeutung" sei. Diese Möglichkeit betreffe sowohl das Hochschulbudget, als auch die Besetzung der vorgesehenen zusätzlichen Lehrkanzeln.[13]

Die SPÖ suchte damit das „Proporzprinzip", „nach dem die Besetzung von Mandaten und Ämtern verhältnismäßig nach Parteizugehörigkeit vorgenommen wird",[14] auf die Hochschulpolitik auszudehnen. Dieses Prinzip erschien damit als ein realpolitisch geeignetes Instrument, um die Vorherrschaft der ÖVP an den Hochschulen und Universitäten aufzubrechen und deren weltanschauliche Öffnung zu erreichen. Bereits in der alten Großen Koalition, die 1966 von der Alleinregierung Josef Klaus abgelöst wurde, suchten die Sozialdemokraten in diesem Zusammenhang auch verstärkt Wissenschaftler für eine akademische Laufbahn zu fördern, die sie ihrem politischen Einflussbereich zuschrieben.[15] Eine substanzielle Verbreiterung ihrer anfänglich in diesem Bereich nur sehr geringen personellen Reserven erreichte die SPÖ dann allerdings erst in der Zeit der Regierung von Bruno Kreisky. Dieser berief 1970 mit Hertha Firnberg eine Frau zur ersten Bundesministerin für Wissenschaft und Forschung.

Bei den akademischen Berufungen handelte es sich somit um eine bürokratische und politische Praxis, die die bestehenden Machtverhältnisse an den Universitäten in einem hohen Maße reflektierte und diese auch nachhaltig festschrieb. Einer der prononciertesten Kritiker dieser Praktiken war Heinz Fischer (SPÖ). Der spätere österreichische Bundespräsident veröffentlichte 1965 in dem Sammelband *Österreich – geistige Provinz?* einen Artikel, den er mit „Universität zwischen Tradition und Fortschritt" übertitelte. In dem Beitrag konstatierte auch er, dass die Universitäten in den Händen der konservativen Kräfte an den Hochschulen selbst und in der Wiener Ministerialbürokratie lägen.[16] Ähnlich argumentierte Fischers Parteifreund Rudolf Strasser, der aber auch davon sprach, dass „selbst die eher konservativen und liberalen

13 ÖNB, Handschriftensammlung, Nachlass Broda, Christian, III.86, 2. Mappe, Christian Broda an Ernst Waldbrunner, 27.9.1963.

14 Franz Schausberger, Wandel der Proporzdemokratie und der politischen Kultur in den Bundesländern, in: Robert Kriechbaumer (Hg.), Österreichische Nationalgeschichte nach 1945. Die Spiegel der Erinnerung: Die Sicht von innen. Bd. 1, Wien-Köln-Weimar 1998, 327–342, hier 328.

15 Vgl. ÖNB, Handschriftensammlung, Nachlass Broda, Christian, III.86, 2. Mappe, Adolf Kozlik an Broda, 4.11.1964, hier: „Vorläufige Dozentenliste" („Liste von Personen, die der sozialistischen [sic!] Partei angehören oder sehr nahestehen und für eine Hochschulkarriere in Frage kommen oder bereits am Anfang einer solchen stehen").

16 Vgl. Heinz Fischer, Universität zwischen Tradition und Fortschritt, in: Österreich – geistige Provinz?, Wien-Hannover-Bern 1965, 204–231, hier 206; 217; 225.

Kreise an der Universität den Mangel an Weltanschauungsvielfalt als Missstand betrachteten, den man bei gebotener Gelegenheit beseitigen sollte."[17]

Fischer hatte 1961 sein Studium der Rechts- und Staatswissenschaften an der Universität Wien mit der Promotion zum Dr. jur. abgeschlossen. 1962/63 war er als Jurist im Sekretariat des Klubs der Sozialdemokratischen Abgeordneten und Bundesräte. 1963 wurde Fischer zum Sekretär des Klubs der Sozialdemokratischen Abgeordneten und Bundesräte berufen und verblieb bis 1975 in dieser Funktion.[18] In den späten 1960er-Jahren übernahm er von seiner Partei die Aufgabe, ein Konzept zur Reform der Hochschulen auszuarbeiten. Fischer wurde dabei von einer Reihe von „fortschrittlichen" Wissenschaftlern unterstützt, unter denen sich auch die Salzburger Professoren Fritz Fellner und Hans Floretta befanden.[19] In der breiteren Öffentlichkeit machte er sich einen Namen, weil er den Wiener Historiker und Professor an der Hochschule für Welthandel Taras Borodajkewycz wegen dessen antisemitischer und deutschnationaler Äußerungen öffentlich angegriffen hatte. Damit spielte er eine wichtige Rolle als einer der Protagonisten der „Affäre Borodajkewycz".[20]

Aus Fischers Sicht sollten die Hochschulen nicht „verpolitisiert" werden. Er sprach sich daher ausdrücklich dagegen aus, den „Proporz auf Hochschulboden" einzuführen. Auch gehe es nicht darum, der „‚Eroberung' durch die Konservativen nun die Eroberung [sc. der Universitäten] durch eine andere politische Gruppe folgen" zu lassen; vielmehr sollten die Universitäten „aus der totalen Vorherrschaft einer politischen Gruppe [...] befreit" werden. Erst dadurch entstehe ein echter „Wettbewerb des Geistes".[21] Fischer spielte damit auf die Geschichte der politisch-ideologischen Auseinandersetzungen um die Universitäten an, die bis ins 19. Jahrhundert zurückreichten und zu der von ihm monierten Vorherrschaft des konservativ-bürgerlichen Lagers an den Universitäten geführt hatten.

Fischers Bestandsaufnahme des österreichischen Hochschulwesens fiel sowohl hinsichtlich der Qualität der Universitäten wie auch bezüglich des an ihnen tätigen Lehrpersonals deutlich negativ aus. Er schrieb hierzu u.a.: „Jeder, der nicht dem Establishment angehört, wird als akute Gefahr für die mühsam gezüchtete konservative Monokultur betrachtet und wie ein gefährlicher, ansteckender Bazillenträger bekämpft." Hingegen würde nur „eine Minderheit fortschrittlicher Professoren und Studenten [...] dem vorherrschenden akademischen Geist Widerstand" entgegensetzen und zu retten versuchen, „was noch vom einstigen Weltruf unserer Hochschulen und von deren Tradition zu retten ist". Selbst wenn diese Praxis durch eine öffentliche Ausschreibung der Lehrkanzeln beendet werden würde, wäre dies nur ein erster Schritt, um die Vergabe von Professuren in Österreich aufgrund eines Anforderungsprofils

17 Strasser, Jurist, 148.

18 Republik Österreich, Parlament. Dr. Heinz Fischer. https://www.parlament.gv.at/WWER/PAD_00334/ (22.11.2018).

19 Fischer, Die Kreisky-Jahre, 51.

20 Vgl. Heinz Fischer (Hg.), Einer im Vordergrund. Taras Borodajkewycz. Eine Dokumentation, Unveränd. Nachdr. der Ausg. 1966, mit dem letztgültigen Erkenntnis der ministeriellen Disziplinaroberkommission für Hochschullehrer bereichert, Wien 2015.

21 Fischer, Universität, 224.

nachvollziehbarer fachlicher Kriterien zu gestalten.[22] In den 1960er-Jahren begann aber auch die ÖVP die strukturellen Defizite der Universitäten zusehends zu erkennen, die sich sowohl auf personelle und finanzielle als auch kognitive und infrastrukturelle Ressourcen erstreckten.[23]

Die Errichtung der Universität Salzburg fiel damit in eine Phase der österreichischen Hochschulentwicklung, in der die geistig-intellektuelle Stagnation im akademischen Bereich nur langsam der Hoffnung auf eine Überwindung der damit verknüpften krisenhaften Situation zu weichen begann. Wie der Aufbau einer neuen Universität vor sich gehen sollte, war bundesgesetzlich nicht festgelegt worden. Da in Salzburg vorläufig nur eine Katholisch-Theologische Fakultät bestand, übernahm deren Dekan Carl Holböck für das Studienjahr 1963/64 die Agenden eines provisorischen Rektors.[24] 1963/64 sollte die erste Phase des Aufbaus der Universität über die Bühne gehen. Der maßgeblich von Egon Lendl entwickelte Aufbauplan[25] sah vor, dass die geisteswissenschaftliche Abteilung der Philosophischen Fakultät stufenweise errichtet werden sollte. Die ersten Lehrkanzeln, die an der neuen Fakultät eingerichtet werden sollten, waren den Fächern Philosophie, Pädagogik, Geographie, Geschichte, Germanistik, Anglistik und Staatsphilosophie gewidmet. Da die Philosophische Fakultät sich mangels berufener Fachvertreter noch nicht konstituiert hatte, schlug die Rektorenkonferenz vor, dass für die Besetzung der ersten Lehrkanzeln Kommissionen aus Fachvertretern der bestehenden Philosophischen Fakultäten der Universitäten Wien, Graz und Innsbruck gebildet werden sollten. Diese hatten dann tatsächlich ihre Berufungsvorschläge bis zum 31. März 1963 dem Unterrichtsministerium zu erstatten.[26] Noch im Frühjahr 1962 hatte die Theologische Fakultät allerdings selbst gefordert, dass ihr ein Mitwirkungsrecht an der Berufung der ersten Professoren zugestanden werden sollte. Demnach sollte nicht das Proponentenkomitee allein, sondern „die Theol.[ogische] Fakultät zusammen mit dem Proponentenkomitee" die ersten Lehrkanzeln bestimmen. „Jede Art einer Anlehnung an eine politische Partei" sollte dabei allerdings „ausgeschlossen bleiben".[27] Holböck suchte hierzu später zu präzisieren, dass „die Berufung der ersten Professoren weder Aufgabe des Professorenkollegiums der Theologischen Fakultät [...], noch des Proponentenkomitees für die Wiedererrichtung der Universität sein konnte".[28] Damit billigte er das Prinzip, dass die Dreiervorschläge (zeitgenössisch auch: Terna- oder Ternovorschläge[29]) jeweils auf fachlich nachvollziehbaren Kriterien beruhen sollten.

Auch in weiterer Folge waren die von Gutachtern der jeweiligen Fakultäten an den bestehenden österreichischen Universitäten gebildeten Fachkommissionen dazu ausersehen, dem

22 Ebd., 204 f.; 206; 226.

23 Vgl. Müller, Kritische Massen, 152, sowie Fischer-Kowalski/Strasser, Gesellschaftliche Entwicklung, 53.

24 Vgl. auch Kaindl-Hönig/Ritschel, Die Salzburger Universität, 184.

25 Siehe hierzu das Kap. 2.2.

26 Kaindl-Hönig/Ritschel, Die Salzburger Universität, 184.

27 PLUS, Theologische Fakultät, Fakultätsprotokolle, Konferenz vom 13.3.1962, hier 127.

28 Carl Holböck, Alma Mater Paridiana, in: Österreichische Hochschulzeitung, 15.11.1966, 2.

29 Kaindl-Hönig/Ritschel sprechen von „Ternovorschlägen". Vgl. Kaindl-Hönig/Ritschel, Die Salzburger Universität, 184.

Unterrichtsministerium die entsprechenden Dreiervorschläge zu unterbreiten. Dem Bundesminister für Unterricht selbst kam dabei jeweils das Recht zu, einen Kandidaten oder eine Kandidatin aus diesen Vorschlägen auszuwählen. Hierzu hielt Bernd Schilcher fest, dass seit 1945 allerdings „kaum ein Fall bekannt" sei, „daß die Hochschulverwaltung von ihrem Recht Gebrauch gemacht hätte, einen anderen Kandidaten als den von den Hochschulen vorgeschlagenen zu berufen". Schilcher führte dies in etwas polemischer Weise darauf zurück, dass das Ministerium „aus Bequemlichkeit" so gehandelt habe. Es brauchte demnach die Verantwortung nicht zu tragen, wenn es die Berufungen den Universitäten selbst überließ.[30] In Salzburg wurden übrigens nur in einem Fall, der vorgesehenen Lehrkanzel für Rechts- und Staatsphilosophie, die die erste derartige Professur in Österreich darstellte, Stellungnahmen nicht von den Philosophischen Fakultäten, sondern von Vertretern der Juridischen Fakultäten eingeholt.[31]

Der ursprünglich vorgesehene Termin für den Beginn der Vorlesungen an der Philosophischen Fakultät – Oktober 1963 – konnte trotz der Bemühungen, die Berufungen voranzutreiben, nicht eingehalten werden. Nach Landeshauptmann Lechner war es noch schwerer als ursprünglich gedacht, fachlich hervorragend ausgewiesene Wissenschaftler an eine Fakultät bzw. Universität zu gewinnen, die noch gar nicht existierte. Lechner ersuchte daher nach späterer eigener Aussage den Leiter der Hochschulsektion im Unterrichtsministerium, Sektionschef Franz Hoyer, „zumindest die Konstituierung der autonomen Fakultäts- und Universitätsbehörden durch Beschleunigung der Erstberufenen zu ermöglichen und dabei auf das höchste Niveau und die höchste Fachkompetenz der zu Berufenden zu sehen." Lechner führte später aus, dass dieser Brief aufgrund einer Indiskretion „mitsamt den Einzelvorschlägen in einer Salzburger Zeitung fast wortwörtlich veröffentlicht" worden sei, „was den Gang der Berufungen in der Folge, wegen einer Vielzahl nun Beleidigter", sehr erschwert habe.[32]

Lechner spielte damit mit hoher Wahrscheinlichkeit auf einen Artikel „Universität Salzburg: Keine Aussicht auf Doktorhüte" an, der im sozialdemokratischen Landesorgan „Demokratisches Volksblatt" erschienen war. Der Bericht nannte nicht nur die Namen jener Gelehrten, die auf den vom Proponentenkomitee lancierten Dreiervorschlägen zu finden waren, sondern er bezog sich auch auf Einsprüche, die von den Universitäten Innsbruck und Graz gegen die Salzburger Planungen erhoben wurden. Es ging dabei einerseits um den geographischen Lehrstuhl, gegen den sich die Innsbrucker Geographen wandten, weil die erforderlichen „Anschlußfächer" in Salzburg nicht vorhanden seien. Andererseits erwies sich die Besetzung der geplanten Lehrkanzel für Musikwissenschaft als umstritten, obwohl sie hinsichtlich möglicher Studienkombinationen mit der Akademie Mozarteum eine wichtige Stellung einnahm. Die Innsbrucker befürchteten, dass eine solche den Bestand der einzigen musikwissenschaftlichen Lehrkanzel an der Universität Innsbruck gefährden würde. Von der Zeitung nicht namentlich genannte „Fachleute" hätten darüber hinaus Bedenken gegen den – dem „Demokratischen Volksblatt" vorliegenden – Dreiervorschlag für das Ordinariat für Musikwis-

30 Schilcher, Hochschulen, 351.
31 Kaindl-Hönig/Ritschel, Die Salzburger Universität, 184.
32 Lechner, Der Weg zur Universität, 251; vgl. auch SLA, HS 576, Rede Hans Lechner, „Der Weg zur Universität Salzburg", 43 [undat.].

senschaft geäußert. Dieser nehme nämlich „die mittlerweile eingetretene Spezialisierung der Musikwissenschaft einfach nicht zur Kenntnis". Die Zeitung selbst bemängelte, dass der für die erste Ausbauetappe vorgesehene Stellenplan die Bedürfnisse der geisteswissenschaftlichen Fächer „nur in kläglicher Weise" erfüllen würde. Die Frage des systematischen Aufbaues der Universität sei nämlich in keiner Weise geklärt. Um eine „Blamage" zu vermeiden, müssten daher so rasch als möglich Korrekturen vorgenommen werden.[33]

Der Artikel des „Demokratischen Volksblatts" blieb nicht ohne öffentliche Resonanz. So kommentierte die Wiener bürgerlich-liberal orientierte Tageszeitung „Die Presse" in Gestalt eines Artikels, den Felix Gamillscheg verfasst hatte, die Salzburger Berufungsfragen. Gamillscheg paraphrasierte in seinem Beitrag mit dem Titel „Lehrkanzeln nach Proporz – Intrigen und Manöver um Salzburgs Universität" über weite Strecken den Wortlaut der Salzburger Indiskretion, die den „Zorn der Gegenseite" erweckt habe. „Bei Sozialisten wie bei Freiheitlichen [werde] kein Hehl daraus gemacht", „daß man bei der Universität eine Stellenbesetzung wie im Volks- und Mittelschuldienst verhindern" wolle, wo die Lehrerschaft „fast ausschließlich" der ÖVP angehöre oder dieser nahestehe. Bei der Universität sollten, „wenn man schon nicht ‚Lehrkanzeln nach Proporz' erreichen könne, „doch die Parteiinteressen bei der Besetzung gewahrt" bleiben. Wenn dies nicht über die Vorschläge der Fakultäten oder das Ministerium erreicht werden könne, versuche man wenigstens, „mit Indiskretionen die Berufungsverhandlungen zu behindern".[34] Gamillscheg behauptete in seinem Artikel ferner, dass das Unterrichtsministerium bereits im Vorfeld versucht habe, die Zusammenstellung der Vorschlagsliste zu beeinflussen. Angesichts dieser Vorhaltungen sah sich Sektionschef Hoyer dazu veranlasst, ebenfalls an die Öffentlichkeit zu gehen. In der „Presse" widersprach Hoyer deren Redakteur Gamillscheg. Die angebliche Einflussnahme des Ministeriums entspreche „in keiner Weise" den ihm selbst bekannten Tatsachen. Das Unterrichtsressort habe die Zusammenstellung der Vorschlagslisten für die Professoren der Universität Salzburg nicht beeinflusst und sich damit „strikte" an die entsprechenden gesetzlichen Vorschriften gehalten. Die endgültigen Vorschläge für die Besetzung der Lehrkanzeln würden wie vorgesehen die jeweiligen Kommissionen der Fakultäten vorlegen. Sobald die ersten sechs Professoren ernannt seien, würden diese die Vorschläge für die künftig zu schaffenden Lehrkanzeln erstatten.[35]

Die Salzburger Philosophische Fakultät konnte tatsächlich erst nach einiger Verzögerung am 10. Jänner 1964 konstituiert werden. An diesem Tag wurden Egon Lendl zum Dekan, Herbert Seidler zum Prodekan und René Marcic zum Senator gewählt. Gleichzeitig wurde Carl Holböck gebeten, über je einstimmigen Beschluss der Philosophischen wie der Theologischen Fakultät die Agenden eines geschäftsführenden Rektors der Universität provisorisch weiterzuführen.[36] Das Bundesministerium für Unterricht konnte Holböck mangels einer ge-

33 Universität Salzburg: Keine Aussicht auf Doktorhüte: Besetzungsvorschläge des Proponentenkomitees enthüllen gefährliche Lücken im Aufbauplan, in: Demokratisches Volksblatt, 22.12.1962, 3.

34 Felix Gamillscheg, Lehrkanzeln nach Proporz. Intrigen und Manöver um Salzburgs Universität, in: Die Presse, 20.1.1963.

35 Franz Hoyer, Lehrkanzeln für Salzburg, in: Die Presse, 18.

36 So Lechner, Der Weg zur Universität, 251.

setzlichen Grundlage zwar nicht formell bestätigen; es nahm aber zur Kenntnis, „daß Dekan Holböck provisorisch die Rektoratsgeschäfte der Univ.[ersität] Salzburg bis zur Wahl des Rektors führt".[37] Zuvor hatten die erstberufenen ordentlichen Universitätsprofessoren im Büro von Landeshauptmann Lechner ihren Diensteid abgelegt.[38] Erst nachdem sich der Akademische Senat konstituiert hatte, konnte Lendl am 2. Juni 1964 als erster Rektor gekürt und am 14. November 1964 feierlich inauguriert werden. Im vorangegangenen Sommersemester 1964 war der Lehrbetrieb an der Universität Salzburg aufgenommen worden. Zu den drei am 10. Jänner 1964 angelobten – oben erwähnten – Professoren kam als Vierter noch Karl Wolf, der am 4. März 1964 zum ersten Ordinarius für Pädagogik ernannt wurde.[39] Als Lehrbeauftragte fungierten von Beginn des Lehrbetriebs an Adalbert Schmidt, der als Lektor für Sprach- und Sprecherziehung bestellt wurde, Kurt Willvonseder als Lehrbeauftragter für Ur- und Frühgeschichte sowie Walter Del-Negro, der einen Lehrauftrag für Geologie erhielt.[40]

Worauf Lechner in seinen (späteren) Darlegungen über den „Weg zur Universität Salzburg" nicht näher einging, lässt sich anhand der Korrespondenz zwischen ihm und Unterrichtsminister Drimmel rekonstruieren: die politischen Dimensionen der Erstberufungen innerhalb der Großen Koalition, die zwischen den einzelnen Ministerien zu einem großen Abstimmungsbedarf führten. Im folgenden Kapitel 4.2 werden die damit verknüpften Fragen anhand der Beispiele von Egon Lendl, Herbert Seidler und René Marcic näher beleuchtet. Ausgehend vom oben skizzierten „Ist-Zustand" der frühen 1960er-Jahre, also der damals noch bestehenden „konservativ-bürgerlichen" Dominanz an den österreichischen Hochschulen und Universitäten, sollen hier die Frage der gesellschaftspolitischen Einordnung der Rekrutierung von Professoren und Professorinnen diskutiert werden, aber auch die an der Universität Salzburg selbst artikulierten Perspektiven auf die Praxis der Berufungen dargestellt werden. Das Kap. 4.3 untersucht die Erstberufungen an der Rechts- und Staatswissenschaftlichen Fakultät, die bereits in der Ära von Bundesminister Theodor Piffl-Perčević erfolgten. Dieser hatte im April 1964 sein Amt angetreten. Unter Drimmels Nachfolger im Amt des Unterrichtsministers spielte neben fachlichen Aspekten weiterhin auch die politische Affinität von Hochschullehrern eine Rolle bei den Berufungen. Piffl-Perčević selbst gab sich hinsichtlich des weltanschaulichen Proporzes, soweit sie die Berufungen von Professoren an die künftig zu errichtende juridische Fakultät in Salzburg betraf, in einem Interview mit der „Presse" skeptisch. Demnach soll er seine „Sorge" nicht verhehlt haben, daß „auch diesmal wieder der Proporz mitsprechen würde".[41]

Damit deutete sich an, dass die Ära Piffl-Perčević im Vergleich zur Amtszeit Drimmels einen deutlichen qualitativen Unterschied markierte, was die ansatzweise Etablierung einer auf verstärkt wissenschaftlichen Grundlagen beruhenden Wissenschafts- und Hochschulpoli-

---

37 ÖStA, AdR, BMU, Hauptreihe I (1945–1965), Sig. 9, Univ. Salzburg, Kt. 672, BMU an das Dekanat der Theol. Fakultät der Universität in Salzburg, 18.2.1964.

38 Vgl. Philosophische Fakultät konstituiert, in: Salzburger Nachrichten, 11.1.1964.

39 ÖStA, AdR, BMU, PA Prof. Dr. Karl Wolf, Lebenslauf, 5.10.1969.

40 Kaindl-Hönig/ Ritschel, Die Salzburger Universität, 184–186.

41 Vielfacher Proporz bereitet Sorgen. Minister Piffl-Percevic über Aufgaben und Probleme des Unterrichtsressorts, in: Die Presse, 1.8.1964.

tik betraf. Denn Piffl-Perčević unternahm nach seinem Amtsantritt am 2. April 1964 einen bildungspolitischen Schwenk, der in diese Richtung deutete. Der neue Minister beendete die Politik Drimmels, soweit sich diese gegenüber sozialwissenschaftlicher Bedarfsschätzung und Planung als resistent erwiesen hatte. Piffl-Perčević ließ sich dabei von einem Expertengremium – dem (Raacher) Rat für Hochschulfragen – beraten, das eine Hochschulreform in drei Etappen vorschlug und die Grundlagen für das 1966 vom Nationalrat einstimmig verabschiedete Allgemeine Hochschul-Studiengesetz erarbeitete. In den Rat für Hochschulfragen waren nicht nur Professoren und Professorinnen, sondern auch Assistenten und Studierende eingebunden. Darüber hinaus gehörten dem „Rat" außer dem konservativen Lager nahestehenden Wissenschaftlern auch Forscher wie etwa Rudolf Strasser (Linz) oder Fritz Fellner (Salzburg) an, die der SPÖ zugerechnet wurden. Strasser hob erfreut hervor, dass in dem „Rat" „eine ganze Reihe von ‚zornigen' jungen Männern aus ÖVP-Kreisen" sitzen würden, „die mit den bestehenden Zuständen an unseren Hochschulen mindestens genauso unzufrieden" seien als er selbst. Die „Personalfragen", d.h. die Zulassung zur Habilitation und zur Professur von „fortschrittlichen, sozialistischen und liberalen Professoren" seien die entscheidenden Fragen, die der „Rat für Hochschulfragen" aus seiner Sicht künftig behandeln sollte.[42] Strassers Wahrnehmungen sprechen „für einen neuen hochschulpolitischen Stil", auch wenn die dahinter stehende politische Absicht des Unterrichtsministers nicht vernachlässigt werden sollte. Die anvisierte Modernisierung hochschulpolitischer Entscheidungsprozesse sollte nämlich dazu beitragen, potenzielle Kritiker über das „Angebot partieller Mitbestimmungschancen" zu integrieren.[43]

Hier kann damit festgehalten werden, dass bereits in der Zeit der ÖVP-Alleinregierung einige universitätspolitische Maßnahmen initiiert wurden. Eine breite Reform des Hochschulwesens sollte allerdings erst in der Ära Kreisky umgesetzt werden. Nach 1962/64 wurde die Salzburger Philosophische Fakultät weiter ausgebaut, wobei auch die naturwissenschaftlichen Disziplinen berücksichtigt wurden. Fächer wie Geographie und Psychologie, die „nach damaligem Selbstverständnis [...] nicht unbedingt als Naturwissenschaften anzusehen"[44] waren, waren bereits in den ersten Ausbaustufen der Fakultät mit eigenen Lehrkanzeln vertreten. Zu diesen kam bis etwa 1969 die Errichtung von Ordinariaten für Geologie und Paläontologie, Botanik, Mathematik, Zoologie sowie Mineralogie und Petrographie. Diese Fachdisziplinen, die bis Mitte der 1970er-Jahre nur um einige wenige Bereiche wie Genetik und Biochemie ergänzt wurden, bildeten die Keimzelle für die Naturwissenschaftliche Fakultät. Diese wurde 1977 aufgrund der Bestimmungen des UOG '75 von der bisherigen Philosophischen Fakultät abgetrennt, wobei Letztere in Geisteswissenschaftliche Fakultät umbenannt wurde.[45]

---

42 ÖNB, Handschriftensammlung, Nachlass Broda, Christian; III.86, Rudolf Strasser an Ernst Waldbrunner, Abschrift an Broda, 6.3.1965.

43 Susanne Preglau-Hämmerle, Die politische und soziale Funktion der österreichischen Universität. Von den Anfängen bis zur Gegenwart, Innsbruck 1986, 206; vgl. hierzu auch bereits Schilcher, Hochschulen, 358 f.

44 Fritz Schweiger, Die Naturwissenschaftliche Fakultät, in: uni-aktuell. Die Zeitschrift der Universität Salzburg (1987), 14–17, hier 14.

45 Ebd., 14; Stefan Größing, Die Geisteswissenschaftliche Fakultät, in: uni-aktuell. Die Zeitschrift der Universität Salzburg (1987), 14–17, hier 10.

Am 30. Juni 1965 erfolgte die legislative Gründung der Rechts- und Staatswissenschaftlichen Fakultät. Diese sollte nach Innsbrucker Vorbild eingerichtet werden und fachlich die „reine Rechtswissenschaft" betonen. Volkswirtschaft und Wirtschaftsrecht, die an großen Universitäten meist an den Rand gedrängt wurden, sollten hingegen künftig an der Linzer Hochschule studiert werden können.[46] Die Rekrutierung der ersten Professoren der Rechts- und Staatswissenschaften gestaltete sich analog zur Philosophischen Fakultät. Kurz bevor die Juridische Fakultät gesetzlich errichtet wurde, trat eine Kommission aus den bestehenden Rechts- und Staatswissenschaftlichen Fakultäten zusammen, die Besetzungsvorschläge für die zu errichtende Fakultät erstattete. Das Jus-Studium konnte in Salzburg für den rechtshistorischen Abschnitt dann auch vergleichsweise rasch aufgenommen werden, so dass die ersten Vorlesungen bereits am 18. Oktober 1965 stattfanden.[47] Räumlich wurde die neue Rechts- und Staatswissenschaftliche Fakultät zunächst zum überwiegenden Teil provisorisch in einer ehemaligen Schuhfabrik in der Salzburger Weiserstraße untergebracht.[48]

Wenige Wochen nach dem legislativen Gründungsakt konstituierte sich am 16. November 1965 die Salzburger Juristenfakultät. Bereits kurz zuvor waren die drei ersten Professoren ernannt worden. Es handelte sich dabei um den – im Studienjahr 1965/66 amtierenden – Rektor Carl Holböck, der die Lehrkanzel für Kirchenrecht übernahm, sowie die Professoren Wolfgang Waldstein (Römisches Recht) und Hans Floretta (Arbeits- und Sozialrecht).[49] Wie im Kap. 4.3.1 gezeigt wird, schien vor allem die Rechts- und Staatswissenschaftliche Fakultät eine Nagelprobe für die koalitionären Abmachungen auf Bundesebene zu sein. Die Sozialdemokraten forderten nämlich zunehmend eine stärkere Berücksichtigung von ihnen politisch nahestehenden Wissenschaftlern an den Universitäten ein, was auch Konsequenzen für die Berufungspolitik an der Salzburger Universität haben sollte. Das von Landeshauptmann Lechner für die Salzburger Universität ausgerufene Ziel, „beste Kräfte" zu gewinnen, galt dezidiert auch für die Rechts- und Staatswissenschaftliche Fakultät.[50]

Die Salzburger Rechtswissenschaftler nahmen für sich selbst übrigens in Anspruch, dass sie weder Linzer noch Innsbrucker Plänen in die Quere kommen würden. Dank der zentralen Lage Salzburgs sahen sie sich vielmehr dazu in der Lage, die überfüllte Rechts- und Staatswissenschaftliche Fakultät der Universität Wien zu entlasten.[51] Die ursprünglich vorgesehene Arbeitsteilung zwischen der Universität Salzburg (Geisteswissenschaften und Jurisprudenz) und der Hochschule Linz (Wirtschafts- und Sozialwissenschaften) kam jedoch nicht zustan-

---

46 Vgl. Vertrauen in die Improvisation. Fortschritte beim Aufbau der neuen Salzburger Universität, in: Die Presse, 8./9.8.1964.

47 Wolfgang Waldstein, Dekanatsbericht für das Studienjahr 1965/66, in: Österreichische Hochschulzeitung, 15.11.1966, 7.

48 Hans-Ulrich Evers, Die Rechtswissenschaftliche Fakultät, in: uni-aktuell. Die Zeitschrift der Universität Salzburg (1987), 7–9, hier 7.

49 Waldstein, Dekanatsbericht für das Studienjahr 1965/66.

50 W. Waldstein, der erste Dekan der neuen Fakultät, spricht davon, dass sich dagegen „unerwartete Widerstände" erhoben hätten, auf die er „nicht näher eingehen" wolle, „die aber die Arbeit für den Aufbau der Fakultät sehr erschwerten." Waldstein, Mein Leben, 164.

51 Hans Floretta/René Marcic, Salzburg wartet auf seine Juristen, in: Salzburger Nachrichten, 14.11.1964, 3.

de, da 1966 auch in Linz ein Jusstudium eingerichtet wurde. Nach Aussage von Hans Lechner sei Minister Piffl-Perčević geradezu „entsetzt" und „empört" über einen diesbezüglichen parlamentarischen Initiativantrag gewesen, bei dem sein „Parteifreund" Alfred Maleta eine unrühmliche Rolle gespielt habe.[52] Die regional differierenden Interessenslagen, wie sie zwischen Salzburg und Linz bestanden, lassen sich somit auch auf die politische Ebene von Land und Bund innerhalb der ÖVP übertragen.

4.2 Die ersten Berufungen an die Philosophische Fakultät

4.2.1 Überblick und Ausblick auf die 1970er-Jahre

Die im Kap. 4.1 problematisierte hohe Komplexität der Berufungsverfahren kam auch in den Besetzungen der Lehrkanzeln an der Philosophischen Fakultät zum Ausdruck, die in den folgenden Ausführungen genauer ausgeleuchtet werden. So gab es direkte Berufungen durch das Unterrichtsministerium wie im Falle von René Marcic, die dessen drohende Abwanderung an eine westdeutsche Universität abwehren sollten, politisch umstrittene Berufungen mit weit zurückreichender Vorgeschichte wie im Falle des Germanisten Adalbert Schmidt, Berufungen ohne formelles Verfahren wie im Falle des Psychologen Igor Caruso bis hin zu Besetzungen von Professorenstellen, die aus verschiedensten Gründen abgelehnt wurden oder nicht zustande kamen. Die Besetzungen der Salzburger Lehrkanzeln werden im Folgenden nur kursorisch zusammengefasst. Dabei werden in der Regel nur die Erstinhaber der jeweiligen Lehrkanzeln, die in Salzburg eine akademische Disziplin begründeten, namentlich angeführt. Daran schließen sich exemplarische Untersuchungen zu den Erstbesetzungen an, die auf die maßgebliche Rolle von Landeshauptmann Lechner und Unterrichtsminister Piffl-Perčević bei den Bemühungen um die Etablierung des Lehrbetriebs an der Philosophischen Fakultät verweisen sollen.

Die langwierigen Vorgänge um die Besetzung der Professur für Neuere Geschichte, die daran anschließend erörtert werden, belegen schließlich exemplarisch die Bedeutung von Aushandlungsstrategien und persönlichen Konflikten, die innerhalb eines Besetzungsgremiums die Auswahl der auf die jeweiligen Dreiervorschläge zu setzenden Gelehrten beeinflussen konnten. Ehe darauf eingegangen wird, wie die akademischen Funktionäre der Universität Salzburg selbst die bürokratischen Prozeduren um die Berufungen neuer Professoren bewerteten und wie sie diese in Absprache, aber auch im Konflikt mit den Wiener Zentralstellen zu transformieren suchten, wird die Berufung von Igor Caruso auf die (dritte) Lehrkanzel für Psychologie analysiert. Dieses Fallbeispiel deutet nicht zuletzt auf methodische und inhaltliche Differenzen zwischen Wilhelm Revers als Repräsentanten der ersten „Gründergeneration" einerseits und Caruso als Vertreter einer Konzeption von Psychologie und Psychoanalyse andererseits hin, die Anfang der 1970er-Jahre vielfach als zeitgemäß(er) wahrgenommen wurde.

---

52 Horner, Die Entwicklung der Wissenschaft, 486.

Die erstberufenen Professoren Egon Lendl, René Marcic und Herbert Seidler übten zusammen mit dem provisorischen Rektor Carl Holböck einen erheblichen Einfluss auf die Zusammensetzung der ersten Professorenschaft der neuen Philosophischen Fakultät aus. Sie hatten nämlich dem Unterrichtsministerium selbständig die Dreiervorschläge für die zweite Welle der zu berufenden Professoren zu unterbreiten. Im Wintersemester 1964/65 traten die folgenden neu ernannten Professoren in den Lehrbetrieb an der Alma Mater Paridiana ein: die beiden Historiker Fritz Fellner und Heinrich Koller, der Kunsthistoriker Hans Sedlmayr (zunächst als Gastprofessor, dann als Honorarprofessor) sowie der Philosoph Balduin Schwarz. Noch im Wintersemester 1964/65 wurden zudem der Anglist Erwin Stürzl, der Klassische Philologe Georg Pfligersdorffer (zunächst als Gastprofessor) und der Altgermanist Ingo Reiffenstein an die Universität Salzburg berufen.[53]

Einige der oben Genannten waren bereits in Salzburg ansässig, als sie an die Philosophische Fakultät berufen wurden. So waren Lendl und Marcic beide an der Universität Wien habilitiert worden, sie lebten aber als Forscher (Lendl) bzw. als Publizist und Chefredakteur der Salzburger Nachrichten (Marcic) in Salzburg. Dasselbe galt für den Lehrbeauftragten Adalbert Schmidt, der sich 1964 einem zweiten Habilitationsverfahren – diesmal nach österreichischem Recht – an der Universität Wien unterzogen hatte, ehe er 1965 zunächst als Dozent und ab 1966 als ordentlicher Professor tätig wurde. Kurt Willvonseder übte seine akademische Lehrtätigkeit nebenberuflich aus, da er bereits seit 1954 das Amt eines Direktors des Salzburger Museums Carolino Augusteum innehatte. Walter Del-Negro war bereits 1959 als Mittelschullehrer pensioniert worden, ehe er 1964 – im Alter von 66 Jahren – seine Lehrtätigkeit an der Universität aufnahm. Auch Fritz Fellner, Heinrich Koller und Erwin Stürzl waren an der Universität Wien habilitiert worden. Während Fellner direkt von einer Gastprofessur, die er 1963 an der Western Illinois University in den Vereinigten Staaten innehatte, nach Salzburg berufen wurde, kamen die beiden Dozenten Koller und Stürzl von der Universität Wien nach Salzburg. Balduin Schwarz war seit 1950 an der Fordham University (New York City) tätig gewesen, ehe er 1964 zunächst als Honorarprofessor und 1966 als ordentlicher Professor für Philosophie an die Philosophische Fakultät berufen wurde.[54]

Auch die folgenden erstberufenen Professoren kamen aus dem Ausland nach Salzburg. Georg Pfligersdorffer und Hans Sedlmayr wechselten beide von der Universität München nach Salzburg, wobei Sedlmayr 1964 im Alter von 68 Jahren als Ordinarius an der Universität München emeritiert worden war. Ingo Reiffenstein war 1959 an der Münchner Universität habilitiert worden; ehe er 1964 nach Salzburg berufen wurde, war er als Gastprofessor an der University of Kansas in den USA tätig gewesen. Der ebenfalls bereits 1964 nach Salzburg berufene Karl Wolf kam von der Pädagogischen Hochschule Regensburg, wo er seit 1960 als ordentlicher Professor für Pädagogik gewirkt hatte. Den weitesten Weg nahm Herbert Seidler auf sich. Seidler war 1951 an der Universität Innsbruck neuerlich habilitiert worden,

53 Kaindl-Hönig/ Ritschel, Die Salzburger Universität, 184–186; vgl. zum Folgenden auch: Heinrich Wagner, Die Philosophische Fakultät der Universität Salzburg, in: Universität Salzburg 1622–1962–1972, 303–313.

54 Siehe zu diesen und den folgenden Angaben jeweils auch die Biogramme im Anhang zu dieser Studie.

nachdem ihm 1945 seine in der NS-Zeit an dieser Universität erworbene Habilitation entzogen worden war. Seit 1958 als ordentlicher Professor an der Universität Johannesburg tätig, kehrte er 1964 mit der Berufung nach Salzburg in seine österreichische Heimat zurück, wo er im Studienjahr 1964/65 das Amt des ersten Dekans der Philosophischen Fakultät übernahm. Seidler verließ Salzburg allerdings bereits 1965, da er in diesem Jahr an die Universität Wien berufen wurde. Mit Ausnahme von Balduin Schwarz, der ein in Hannover geborener Deutscher war, waren alle hier Genannten, die in der ersten Welle der Berufungen aus dem Ausland nach Salzburg kamen, gebürtige Österreicher. Dies galt auch für René Marcic, der zwar in Kroatien studiert und promoviert hatte, aber 1919 in Wien als Sohn eines ehemaligen k. u. k. Offiziers kroatischer Herkunft und einer österreichischen Mutter geboren worden war, sich 1945 in Österreich niedergelassen und 1948 die österreichische Staatsbürgerschaft erworben hatte.[55] Zu den ersten Nicht-Österreichern, die nach Balduin Schwarz ab 1965 an die Philosophische Fakultät berufen wurden, zählten der Romanist Rudolf Baehr (1965), der Musikwissenschaftler Gerhard Croll (1966), der Publizist Günter Kieslich (1968), der Soziologe Mohammed Rassem (1968), der Psychologe Wilhelm Revers (1965), der Politologe Franz-Martin Schmölz (1965 außerordentlicher, 1967 ordentlicher Professor), der Archäologe Hans Walter (1966) und der Germanist Walter Weiss (1965). Die zuletzt genannten Wissenschaftler kamen alle aus der BRD nach Salzburg; keiner von ihnen zählte zu jenen Remigranten, die vom NS-Regime vertrieben worden waren.

Im Dekanatsjahr von René Marcic wurde 1965/66 als Nachfolger des nach Wien abgewanderten Seidler der Germanist Walter Weiss zum Professor für Neuere deutsche Sprache und Literatur ernannt. Erenbert Schächer, der seit 1948 das Ordinariat für Christliche Philosophie an der Theologischen Fakultät innegehabt hatte, wechselte als Ordinarius auf die Lehrkanzel für Klassische Philologie. Im Studienjahr 1965/66 wurden ferner der Historiker Hans Wagner als ordentlicher Professor für Österreichische Geschichte ernannt und der Literaturwissenschaftler Adalbert Schmidt auf die Lehrkanzel für Österreichische Literaturgeschichte berufen. Vorstand des neu eingerichteten Instituts für Leibeserziehung wurde der Anglist Erwin Stürzl; als fachlicher Direktor dieses Instituts wurde der Gymnasiallehrer Erwin Niedermann bestellt, dessen Gesamtleitung er 1971 übernahm.[56]

Im Studienjahr 1966/67 wurden unter dem Dekanat von Karl Wolf nur die beiden Institute für Musikwissenschaft und Alte Geschichte neu eingerichtet und zu deren Leitern die beiden Ordinarien Gerhard Croll und Karl Völkl ernannt. Als ordentlicher Professor für Klassische Archäologie wurde Hans Walter, als ordentlicher Professor für Romanistik wurde Felix Karlinger berufen; unter Leitung von René Marcic wurde der Studienbetrieb im Fach Publizistik und Kommunikationstheorie aufgenommen, und auch die Slawistik konnte unter ihrem Vorstand Otto Haas in Salzburg ihren Anfang nehmen. 1967 wurde Erika Weinzierl zur außerordentlichen Professorin ernannt, ehe sie 1969 das Ordinariat „für österreichische Geschichte mit besonderer Berücksichtigung der Zeitgeschichte“ übernahm. Im Studienjahr

55 PLUS, Personalabteilung, PA Marcic, René; Einbürgerungsgesuch; Befürwortungsschreiben von Bundeskanzler Leopold Figl, 3.6.1948.

56 Wagner, Die Philosophische Fakultät, 304 f.

1967/68 bekleidete Georg Pfligersdorffer das Amt eines Dekans der Philosophischen Fakultät. In diesem Jahr nahmen die Naturwissenschaften im Rahmen der Philosophischen Fakultät den Studienbetrieb auf, und es wurden Lehrkanzeln für Geologie, Botanik, Mathematik und Zoologie eingerichtet. Zu den später bekanntesten Vertretern der Naturwissenschaften an der Universität Salzburg zählten Hans Adam (Zoologie) und Heinrich Wagner (Botanik), die damals ihre Rufe erhielten. Im Bereich der Geisteswissenschaften wurden Heinrich Schmidinger (Mittelalterliche Geschichte) sowie Rudolf Gönner als ordentlicher Professor für Erziehungswissenschaften berufen. René Marcic übersiedelte von der Philosophischen an die Rechts- und Staatswissenschaftliche Fakultät, er lehrte aber weiterhin – als Honorarprofessor – das Fach Politikwissenschaft, die er an der Philosophischen Fakultät begründet hatte.[57]

Mit Ende des Dekanatsjahrs von Erwin Stürzl (1968/69) schied Hans Sedlmayr, der als Honorarprofessor den Aufbau des Kunsthistorischen Instituts übernommen hatte, aus dem Lehrkörper aus; die drohende Abwanderung der Professoren Baehr und Stürzl, die an andere Universitäten berufen worden waren, konnte verhindert werden.[58] Der weitere Ausbau der Universität setzte sich im folgenden Studienjahr 1969/70 unter dem Dekanat von Ingo Reiffenstein fort, so etwa durch Berufungen von neuen Professoren auf die Lehrkanzeln für Mathematik (Fritz Schweiger) oder Psychologie (Erwin Roth). 1970/71 fungierte Heinrich Koller als Dekan der Geisteswissenschaftlichen Fakultät. In diesem Studienjahr folgte Karl Wolf einem Ruf nach Wien; weitere Abwanderungen aufgrund von Berufungen an andere Universitäten konnten neuerlich nur durch entsprechende Verhandlungen verhindert werden; Berufungen von neuen Professoren auf die Lehrkanzeln für Physik sowie Genetik und Entwicklungsbiologie erweiterten den Lehrkörper der naturwissenschaftlichen Fächer. 1971/72 starben René Marcic und Günter Kieslich; Berufungen auf die Lehrkanzeln für Philosophie (Paul Weingartner) und Klassische Philologie (Joachim Dalfen) ersetzten die 1972 bzw. 1971 emeritierten Professoren Balduin Schwarz und Erenbert Schächer. Darüber hinaus wurden Erweiterungslehrkanzeln etwa für Anglistik, Botanik und Mathematik eingerichtet. Nicht zuletzt wurden 1971/72 Norbert Leser (Ordinarius für Politikwissenschaft) und Erwin Niedermann (Honorarprofessor für Sportwissenschaft) an die Philosophische Fakultät berufen.[59]

Aus der Sicht der verantwortlichen Landes- und Bundespolitiker begannen bereits 1963 Probleme bei den Berufungen aufzutreten, als über die ersten drei Besetzungsvorgänge beraten wurde. So sprach Minister Drimmel in einem Brief an Landeshauptmann Lechner ausdrücklich davon, dass diese Besetzungen innerhalb der Bundesregierung ein „Politikum" darstellen würden. „Im Falle Dr. Seidler" sei demnach ein „schriftliches Bereinigungsverfahren" notwendig gewesen, „in dessen Verlauf ich eine detaillierte Rechtfertigung meines Antrages im Hinblick auf die seinerzeitigen NS-Aktivitäten Dr. Seidlers durchzustehen hatte".[60] Die Berufung Lendls habe er ebenfalls erst mit einiger Mühe durchgebracht. Dieser habe sich „in

57 Ebd., 305 f.

58 Ebd.; vgl. auch Wolfgang Waldstein, Bericht des Rektors über das Studienjahr 1968/69, in: Jahrbuch der Universität Salzburg (1969), 12–22, hier bes. 19 f.

59 Wagner, Die Philosophische Fakultät, 308–311.

60 Siehe zu den Widerständen gegen die Berufung Seidlers auch das Kap. 3.2.

seinem Fragebogen vom 10. Mai 1938 freimütig über seine NS-Vergangenheit geäussert – eine Äusserung, die im Hinblick auf seine Herkunft aus einem katholischen Jugendverband rückschauend nicht sehr sympathisch" gewirkt habe. Lakonisch fügte Drimmel allerdings an: „Meine Ansicht, dass seit diesen Dingen 27 Jahre vergangen sind, hat sich schliesslich durchgesetzt." „Wieder anders" sei schließlich die Berufungsfrage Marcic gelagert, die „seit fast drei Wochen in den sozialistischen Regionen des Bundeskanzleramtes ‚asserviert' ist, und den loszueisen mir ebenfalls einige Mühe macht. Offenbar liegt es der SPÖ daran, Herrn Dr. Marcic zu beweisen, dass er nicht etwa der Unterstützung des Unterrichtsministeriums sein Amt verdanken wird." Er hoffe jedoch, dass er auch diesen „Fall" positiv abschließen werde können.[61]

Lechner reagierte auf diese Mitteilungen Drimmels an ihn, indem er seinen Parteifreund angesichts der von politischen Erwägungen bedingten Zeitnot nachdrücklich dazu drängte, die ausstehenden Berufungen zu beschleunigen. Der Salzburger Landeshauptmann stand damals nämlich selbst einige Monate vor Landtagswahlen (die am 26. April 1964 durchgeführt wurden und der ÖVP eine relative Mehrheit von 44,90 % der Stimmen brachten[62]). Lechner fürchtete, dass die schwebenden Fragen bei den akademischen Stellenbesetzungen seinen politischen Gegnern in die Hände spielen könnten. Es sollte daher alles dafür getan werden, „ein Vordringen der Sozialisten an einem optisch doch wichtigen Punkt Österreichs zu vermeiden." Diejenigen, „die früher alles verhindert" hätten, würden ihn bereits jetzt vehement angreifen und sagen, „daß alle unsere Pläne nur Gefasel und nur Papier sind". Lechner zielte damit eindeutig auf die Vertreter von SPÖ und FPÖ im Land Salzburg ab. Jetzt werde ihm vorgeworfen, „daß Studenten, die sich auf Deine und meine Äußerungen verlassen haben, daß im Herbst schon begonnen werden kann, nur mehr schwer in anderen Universitätsstädten unterkommen können, da diese sehr überfüllt" seien. Damit spielte er darauf an, dass der Beginn der Vorlesungen an der Philosophischen Fakultät auf das Wintersemester 1964/65 verschoben hatte werden müssen.[63]

Lechner setzte sich ferner für seinen engen Freund Karl Wolf ein, der „an sich ein bescheidener Mensch" sei, aber unbedingt ein Ordinariat für Pädagogik erhalten sollte, da er ein solches auch in Bayern und Graz angeboten bekommen habe. Ansonsten beklagte Lechner, dass einige Professoren die bereits erfolgte Berufung nach Salzburg nicht annehmen würden. Namentlich nannte er den Philosophen Josef Derbolav, der ein gebürtiger Österreicher war und an der Universität Bonn lehrte, sowie den Saarbrückener Philosophen Hermann Krings. Beide würden mit dem Ruf nach Salzburg nur versuchen, eine günstigere Verhandlungsposition für ihre Bemühungen um bessere Bedingungen an ihren Universitäten zu erzielen.[64] Derbolav und Krings gingen in ihren Ablehnungsschreiben indes nicht auf jene Aspekte ein,

61 SLA, Nachlass Lechner, Hans; private Korrespondenz; Heinrich Drimmel an Lechner, 15.11.1963.

62 Vgl. Land Salzburg, Landtagswahlen seit 1945. https://www.salzburg.gv.at/stat/wahlen/ltw/index.html#hist.5.0 (5.12.2018).

63 SLA, Nachlass Lechner, Hans; private Korrespondenz; Lechner an Heinrich Drimmel, 23.11.1963. Ein ähnlich lautendes Schreiben richtete Lechner auch an Finanzminister Korinek, den er gleichfalls mit Hinweis auf die bevorstehenden Landtagswahlen dazu drängte, die Berufungsverhandlungen zu beschleunigen. SLA, Nachlass Lechner, Hans; private Korrespondenz; Lechner an Franz Korinek, 2.12.1963.

64 SLA, Nachlass Lechner, Hans; private Korrespondenz; Lechner an Heinrich Drimmel, 23.11.1963.

die Lechner als Gründe vermutete, warum sie an ihren jeweiligen Universitäten verblieben. Vielmehr gaben sie andere persönliche Motive an, die sie dazu bewogen hätten, dem Ruf nach Salzburg nicht zu folgen. So scheint es für Derbolav unmöglich gewesen zu sein, in Salzburg „eine den Grössenverhältnissen und Mietbedingungen meiner Bonner Wohnung entsprechende Wohnung" zu erhalten. Zudem würden die an sich relativ günstigen Bauprojekte der Salzburger Landesregierung seinem Raumbedarf, der durch die Aufstellung seiner wissenschaftlichen Bibliothek und seiner Möbel bedingt sei, keineswegs genügen. Krings warb um Verständnis für seine Absage, indem er zu einem bildlichen Vergleich griff. Er fühle sich in Saarbrücken „nach dreijähriger Aufbauarbeit nun gerade so weit wie ein Bauherr, der sich beim Einzug in sein eben neu erbautes Haus" befinde. In diesem Augenblick werde ihm „eine glänzende Möglichkeit angeboten, an einem gewiß schöneren Ort einen Neubau zu beginnen." Daran knüpfte Krings folgende rhetorische Frage an: „Wird er sogleich wieder von vorne anfangen, oder wird er zunächst einmal das neuerbaute Haus bewohnen?"[65]

Lechners wiederholt gemachte Ankündigung, „auf höchste Qualität der zu berufenden Professoren" achten zu wollen, die er noch Anfang September 1963 gegenüber Sektionschef Hoyer erneuerte,[66] ließ sich auch im Falle der Besetzung der Lehrkanzel für Allgemeine Neuere Geschichte nicht durchhalten. Für diese Professur war der Kieler Neuzeithistoriker Karl Dietrich Erdmann „primo loco" gereiht worden. Dieser zählte damals zu den profiliertesten, wenngleich auch umstrittensten westdeutschen Geschichtswissenschaftlern.[67] Nachdem Erdmann unter Hinweis darauf abgesagt hatte, dass er sich zu wenig über die infrastrukturellen Bedingungen des Aufbaus des künftigen Historischen Instituts informiert fühle,[68] wurden die Berufungsverhandlungen schließlich mit dem zweitgereihten Historiker Adam Wandruszka begonnen.[69] Dieser war ein gebürtiger Österreicher und lehrte seit 1959 an der Universität Köln. In der entscheidenden Sitzung der Berufungskommission stellte sich allerdings heraus, dass Wandruszka unter seinen engeren Fachkollegen aus dem Bereich der Neueren Geschichte keineswegs unumstritten war. Als Rangältester führte Hugo Hantsch den Vorsitz in der Kommission, der fünf Professoren angehörten. Hantsch und sein Wiener Kollege Erich Zöllner sowie Hans Kramer aus Innsbruck waren jeweils Neuzeithistoriker. Alle drei sprachen sich entweder dagegen aus, Wandruszka als Zweitgereihten zu führen, oder sie enthielten sich der Stimme. Der Kommissionsbericht selbst deutet nur an, dass neben der wissenschaftlichen

65 ÖStA, AdR, BMU, Hauptreihe I (1945–1965), Sig. 9, Univ. Salzburg, Kt. 674; Josef Derbolav an Franz Hoyer, 28.9.1963; Hermann Krings an Franz Hoyer, 4.12.1963.

66 ÖStA, AdR, BMU, Hauptreihe I (1945–1965), Sig. 9, Univ. Salzburg, Kt. 674, Hans Lechner an Franz Hoyer, 2.9.1963.

67 Vgl. u.a. Christoph Cornelißen, Karl Dietrich Erdmann: Fortsetzung einer Debatte und offene Fragen, in: Geschichte in Wissenschaft und Unterricht 61 (2010), 692-699.

68 Vgl. ÖStA, AdR, BMU, Hauptreihe I (1945-1965), Sig. 9, Univ. Salzburg, Karl Dietrich Erdmann an Franz Hoyer, 8.9.1963.

69 Dieser wurde bereits in der Wiedergabe der ersten Berufungsvorschläge im „Demokratischen Volksblatt", die auf eine Indiskretion zurückging, als ein „erstklassiger, auch international anerkannter Wissenschaftler" und Anwärter auf das künftige Salzburger Ordinariat für Neuere Geschichte genannt. Universität Salzburg: Keine Aussicht auf Doktorhüte: Besetzungsvorschläge des Proponentenkomitees enthüllen gefährliche Lücken im Aufbauplan, in: Demokratisches Volksblatt, 22.12.1962, 3.

auch die persönliche Eignung Wandruszkas (und der anderen Kandidaten) lebhaft und teils kontrovers erörtert wurde.[70] Wandruszka selbst lehnte die Berufung nach Salzburg schließlich mit dem – geradezu stereotyp erscheinenden – Verweis auf die „Schwierigkeiten der Wohnungsbeschaffung und Übersiedlung" ab. Der damals 49-jährige Wissenschaftler plädierte zudem dafür, die an der Universität Salzburg zu leistende Aufbauarbeit einem Vertreter der jüngeren österreichischen Historikergeneration zu überlassen.[71]

Die Skepsis oder gar Ablehnung, die Wandruszka von Seiten gewichtiger Mitglieder der Berufungskommission entgegenschlug, hatte allerdings Gründe, die wesentlich im persönlichen Bereich lagen. Landeshauptmann Lechner selbst deutete diese in seinem oben zitierten Brief an Drimmel an. Wandruszka beabsichtige nämlich „vor allem wegen des unguten Verhältnisses zu Hantsch" von vornherein nicht, einen Ruf nach Salzburg anzunehmen. Auch er verhandle mit seinem Ministerium „wegen der Prämie für das ‚Dortbleiben'".[72] Was genau unter dem „unguten Verhältnis" Wandruszkas zu Hantsch zu verstehen war, konkretisierte Lechner jedoch nicht. Ein Blick in die biographischen Werdegänge der beiden Historiker macht es jedoch möglich, sich dieser Frage anzunähern. Wandruszka war ein ehemaliger illegaler SA-Mann gewesen, der zu den Schülern Heinrich Srbiks, der Galionsfigur der „großdeutsch" gesinnten Historiker, gezählt hatte. Hantsch war hingegen ein Benediktiner des Stiftes Melk, der 1938 als prononcierter Anhänger des Schuschnigg-Regimes von seinem Posten als Professor an der Universität Graz enthoben und elf Monate im Konzentrationslager Buchenwald interniert worden war.[73] In Historikerkreisen kursierte über Jahrzehnte hinweg das Gerücht, dass Wandruszka derjenige SA-Mann gewesen sei, der im März 1938 Hantsch verhaftet habe. Erst 1988 räumte Wandruszka ein, dass er zwar nicht Hantsch, wohl aber den Wiener Historiker Arnold Winkler in seiner Wohnung festgenommen und dessen Tagebücher beschlagnahmt habe.[74]

Nachdem die beiden Erst- und Zweitgereihten aus unterschiedlichen Gründen abgesagt hatten, wurden nicht – wie von Lechner eigentlich erwartet – Berufungsverhandlungen mit dem Wiener Dozenten und Staatsarchivar Hans Wagner aufgenommen. Die Mitglieder der Besetzungskommission hatten Wagner fünf Stimmen (bei keiner Nein-Stimme und keiner Enthaltung) gegeben, wobei er zusammen mit Wandruszka auf den „Secundo-loco-Platz" gesetzt wurde.[75] Es wäre daher naheliegend gewesen, nach dem Rückzieher Wandruszkas auf Wagner zurückzugreifen. Doch der Wiener Historiker und Archivar wurde von der Kommis-

70 ÖStA, AdR, BMU, Hauptreihe I (1945–1965), Sig. 9, Univ. Salzburg, Kt. 674, Bericht der Kommission für die Besetzung der Lehrkanzel für Neuere Geschichte an der Universität Salzburg, 31.3.1963.

71 ÖStA, AdR, BMU, Hauptreihe I (1945–1965), Sig. 9, Univ. Salzburg, Kt. 674, Adam Wandruszka an Franz Hoyer, 23.11.1963.

72 SLA, Nachlass Lechner, Hans; private Korrespondenz; Hans Lechner an Heinrich Drimmel, 23.11.1963.

73 Vgl. Thomas Winkelbauer, Das Fach Geschichte an der Universität Wien. Von den Anfängen um 1500 bis etwa 1975, Göttingen 2018, 251; 246.

74 Peter Melichar, Vergiftete Atmosphäre, schmutzige Tricks... Gespräch mit Adam Wandruszka, in: Falter, Nr. 2, 1988.

75 ÖStA, AdR, BMU, Hauptreihe I (1945-1965), Sig. 9, Univ. Salzburg, Kt. 674, Bericht der Kommission für die Besetzung der Lehrkanzel für Neuere Geschichte an der Universität Salzburg, 31.3.1963.

sion übergangen. Stattdessen wurden mit dem früheren Assistenten von Hantsch, dem drittgereihten Fritz Fellner (3 Ja-Stimmen, eine Nein-Stimme, eine Enthaltung), Verhandlungen aufgenommen, die schließlich zum Erfolg führten. Wagner selbst kam dann mit einiger Verzögerung doch noch zum Zug, als er 1966 auf die Salzburger Professur für Österreichische Geschichte berufen wurde.[76]

Bereits für die „Gründerjahre" der Universität Salzburg würde es somit – wenn man das oben Gesagte resümiert – zu kurz greifen, hinsichtlich der akademischen Berufungspolitik pauschalierend von einer „Alleinherrschaft" der ÖVP zu sprechen. Unterrichtsminister Drimmel musste nämlich bereits bei den Erstberufungen an die Philosophische Fakultät danach trachten, das Einvernehmen mit seinem Koalitionspartner SPÖ zu suchen. Auch Landeshauptmann Lechner hatte hinsichtlich bevorstehender Landtagswahlen ins Kalkül zu ziehen, dass bei den Berufungen entstandene Verzögerungen, vom politischen Gegner im Wahlkampf gegen ihn ins Treffen geführt werden konnten. Das akademische „Eigenleben" und die unterschiedlichen Interessenslagen der bei der Entscheidungsfindung maßgeblich beteiligten Professoren sollten jedoch bei den Berufungsvorgängen ebenso wenig vernachlässigt werden, auch wenn sich dieses „Eigenleben" an der Salzburger Alma Mater erst etablieren musste.

Einen speziellen Fall stellte die Berufung des Psychologen und Psychoanalytikers Igor A. Caruso an die Universität Salzburg dar. Dieser zählte zwar nicht zu den „Gründerprofessoren" im hier definierten engeren Sinne. Er kann aber für jene politisch-ideologischen Ambivalenzen als paradigmatisch gelten, die zahlreiche Stellenbesetzungen von Professoren an der Alma Mater Paridiana durchzogen. Caruso wurde 1914 als Sohn des Grafen Alexander Caruso und dessen Gattin Sophie in Tiraspol im damaligen Russischen Reich (heute Moldawien) geboren. Er hatte seit 1926 mit seinen Eltern in Belgien gelebt, wo er an der katholischen Universität Löwen (Leuven, Louvain) studierte. Caruso galt als christlich-katholisch orientierter Psychoanalytiker. Dies dürfte Wilhelm Revers maßgeblich dazu bewogen haben, Caruso 1967 als Lehrbeauftragten an sein Institut zu holen. Gleichzeitig wurde er zum Honorarprofessor für Sozial- und Klinische Psychologie an der Universität Salzburg ernannt. 1970 übersiedelte Caruso mit seiner Familie endgültig nach Salzburg und war seither mit Forschung und Lehre ganztägig am Institut für Psychologie beschäftigt.[77]

Revers dürfte mit seiner Förderung Carusos allerdings übersehen haben, dass dieser sich während seiner Zeit in Südamerika in den 1950er- und 1960er-Jahren politisch nach links bewegt hatte. Caruso kam sein eigener Gesinnungswandel insofern entgegen, als dass er unter den seit Ende der 1960er-Jahre stark politisierten Studierenden am Salzburger Institut für Psychologie zu einer Projektionsfigur wurde, die die von ihm nunmehr vertretene Interpretation der Psychoanalyse besonders anziehend fanden. Revers und Caruso blieben zwar menschlich und intellektuell miteinander verbunden. Im Vergleich zu Letzterem galt Revers aber als Repräsentant des konservativen universitären Establishments, den viele der studentischen Caruso-Verehrer als autoritär und abgehoben erlebten.[78]

---

76 Siehe hierzu auch das Kap. 3.5.

77 ÖStA, AdR, BMU, PA Caruso, Igor; Lebenslauf, dat. 9.6.1971.

78 So Christian G. Allesch, 50 Jahre Psychologie in Salzburg. Vom „Psychologischen Institut" zum „Fach-

Einen weiteren bemerkenswerten Aspekt Carusos akademischer Karriere bildete der Umstand, dass ihn Ministerin Firnberg 1972 als Professor für Klinische Psychologie und Sozialpsychologie (Psychologie III) nach Salzburg berief, ohne dass er habilitiert worden war und ohne dass ein förmliches Berufungsverfahren durchgeführt worden war. Der wesentliche Grund für diese Vorgehensweise bestand in der als dringlich geltenden Abwehr eines Rufes, den Caruso an die Freie Universität Berlin erhalten hatte. Unter seinen Salzburger Kollegen zählte er „zu den verdienstvollsten Persönlichkeiten unter den zeitgenössischen Psychologen und Psychotherapeuten", der sich nicht zuletzt auch in der Betreuung der Studierenden einen allgemein anerkannten Namen gemacht hatte.[79]

Carusos NS-Vergangenheit bildete zu der Zeit, als er an die Universität Salzburg berufen wurde, keinen quellenmäßig erkennbaren Gegenstand der Debatte. Seine fragwürdige Rolle in der Zeit des „Dritten Reiches" wurde erst 1974 erstmals diskutiert – also zwei Jahre, nachdem er zum Professor ernannt worden war –; auf breiterer Basis thematisierte aber erst die Wiener Historikerin und Psychoanalytikerin Eveline List diese Phase von Carusos Werdegang.[80] Heute gilt es als gesichert, dass Caruso während seiner acht Monate umfassenden Tätigkeit an der Wiener Kinderklinik „Am Spiegelgrund" an etwa hundert psychologischen Gutachten über Kinder mitgewirkt hat, von denen 14 nachweislich ermordet wurden. Caruso gab später an, dass er von den Tötungsprogrammen „Am Spiegelgrund" nichts gewusst habe.[81] Hierzu führte Christian G. Allesch aus, dass Caruso „diesen Teil seiner Vergangenheit" in jener Zeit, in der er selbst bei ihm studiert habe, „eigentlich nie zur Sprache gebracht" habe. Nicht nur im Falle Carusos, sondern generell sei in der institutionalisierten Psychologie der damaligen Zeit „manches verschwiegen, vielleicht auch verdrängt" worden.[82]

Die skizzierte personelle Entwicklung der seit 1962/64 neu eingerichteten Philosophischen Fakultät deutet an, dass diese in mehreren Berufungswellen verlaufen ist. Nachdem der ursprünglich für Herbst 1963 vorgesehene Beginn der Vorlesungen terminlich nicht zu halten gewesen war und um ein Jahr auf Oktober 1964 verschoben werden musste, verzögerte sich auch der geplante sukzessive Ausbau der Fakultät. Die vom Ministerium in Aussicht gestellten Lehrkanzeln konnten oft nur in langwierigen Verhandlungen mit geeigneten Fachvertretern besetzt werden. Dass sich ein Gelehrter wie der Münchner Politikwissenschaftler Gottfried-Karl Kindermann zu den an ihn bereits übermittelten Bedingungen für die Übernahme einer Lehrkanzel monatelang nicht äußerte, blieb allerdings die Ausnahme. Kinder-

---

bereich Psychologie". Ein historischer Beitrag zur 50-Jahr-Feier des Fachbereichs am 25. November 2015, Salzburg 2015 [1–18, hier 7 f.]. Herrn Prof. Allesch habe ich für die freundliche Erlaubnis zu danken, sein ungedrucktes Manuskript einsehen und zitieren zu dürfen.

79 ÖStA, AdR, BMU, PA Caruso, Igor; Beiblatt für Besetzungsvorschläge von Lehrkanzeln, 22.6.1972; vgl. auch Allesch, 50 Jahre Psychologie in Salzburg, [7].

80 Vgl. Eveline List, „Warum nicht in Kischniew?" Zu einem autobiographischen Tondokument Igor Carusos, in: Zeitschrift für Psychoanalytische Theorie und Praxis 23, H. 1/2 (2008), 117–141. Anm.: Da der Titel des Artikels ein Zitat aus einer transkribierten mündlichen Rede ist, wurde er nicht geändert und somit nicht an die korrekte Schreibweise des Ortsnamens Kischinew (heute Chişinău) angepasst.

81 Christian Allesch, Caruso, Igor, in: Uwe Wolfradt/Elfriede Billmann-Mahecha u.a. (Hg.), Deutschsprachige Psychologinnen und Psychologen 1933–1945: ein Personenlexikon, Wiesbaden ²2017, 67 f.

82 Allesch, 50 Jahre Psychologie in Salzburg, [13 f.].

manns Verhalten sorgte dafür, dass Sektionschef Walter Brunner im November 1970 folgende handschriftliche Notiz auf dem Deckblatt des betreffenden Akts hinterließ: „Auch mitteleuropäische Prof.[essoren] sollten eine Ahnung von Höflichkeit haben!" Hertha Firnberg, die seit 26. Juli 1970 als Bundesministerin für Wissenschaft und Forschung amtierte, quittierte diese Bemerkung ihres Mitarbeiters mit einem schlichten „stimmt!"[83]

Zu den personellen Problemen bei der Berufung der Professoren und Professorinnen, den oftmals stark gekürzten oder ausbleibenden „Sonderdotationen" des Ministeriums für Bücher und sonstige Ressourcen,[84] aber auch der allerorten anzutreffenden „Raumnot" der Institute, die über Teile der Stadt Salzburg verstreut waren, kam als weitere Herausforderung die wachsende Zahl der Studierenden. Eine persönliche Betreuung war damit – trotz des Einsatzes von rund 170 Lehrbeauftragten – „kaum mehr möglich".[85] Im Herbst 1966 entschloss sich daher Rektor Marcic dazu, sich mit einem Hilferuf an die Öffentlichkeit zu wenden. Das Unterrichtsministerium habe nämlich „bereits mitgeteilt, daß es Salzburg nicht mehr auf Kosten der anderen Hochschulen bevorzugen könne, wie dies während des Aufbaues geschah." Die Alma Mater Paridiana werde daher in einem zunehmenden Maße „auf die Hilfe von Stadt und Land und von privater Seite angewiesen" sein.[86] Marcic forderte die Salzburger Öffentlichkeit auf, sich mehr als bisher für die Universität zu engagieren. Er regte in diesem Zusammenhang die Einrichtung eines öffentlich-rechtlichen Fonds an, der jene Kosten begleichen solle, die der Bund nicht tragen könne.[87]

Was die Berufungsverfahren anging, erblickten die Salzburger akademischen Funktionäre vor allem im Finanzministerium jenen Akteur, der ihre Besetzungspläne maßgeblich verzögerte. So intervenierte René Marcic bereits im September 1964 – noch ehe die neue Universität inauguriert wurde – bei Bundeskanzler Klaus, um ausstehende Berufungen voranzubringen. Er verwies dabei auf die besondere Problematik einer neu aufzubauenden Universität. Die Ministerialbürokratie übersehe nämlich, „dass jede Verzögerung einer Berufung im Falle Salzburg für uns tödlich wirkt, während bei den bestehenden Universitäten solche Vorgänge zur Routine gehören." In einem weiteren Brief an Klaus fügte Marcic fast resigniert hinzu: Er wisse nicht, „warum bei uns in Österreich alles so langsam, dickflüssig, zäh und beschwerlich" weitergehe.[88] Die langwierigen Berufungen erschwerten den Aufbau der Universität Salzburg

---

83 ÖStA, AdR, BMU, Hauptreihe II (1966-1975), Sig. 9, Univ. Salzburg, Kt. 624; Notizen Sektionschef Brunner, Ministerin Firnberg, 18.11.1970.

84 Vgl. hierzu exemplarisch die Schwierigkeiten, die Hans Sedlmayr beim Aufbau des Kunsthistorischen Instituts bewältigen musste. Sie bewogen Landeshauptmann Lechner dazu, Sektionschef Hoyer an die Einhaltung der Sedlmayr gegebenen Berufungszusagen zu erinnern. Vgl. ÖStA, AdR, BMU, Hauptreihe II (1966–1975), Sig. 9, Univ. Salzburg, Kt. 626; Hans Lechner an Franz Hoyer, 13.10.1966.

85 Wagner, Die Philosophische Fakultät, 308–312.

86 Die Universität bedeutet lebendiges Kapital für Salzburg, in: Salzburger Volksblatt, 4.10.1966.

87 Ein Hilfsfonds für die Universität, in: Salzburger Nachrichten, 4.10.1966; vgl. auch Universität in katastrophaler Finanznot, in: Demokratisches Volksblatt, 4.10.1966. Eine „Stiftungs- und Förderungsgesellschaft" wurde 1966 als gemeinnütziger Verein „zum ausschließlichen Zweck der Förderung von Wissenschaft und Forschung an der Paris-Lodron Universität Salzburg" ins Leben gerufen. Universität Salzburg, Stiftungs- und Förderungsgesellschaft. https://www.uni-salzburg.at/index.php?id=123 (5.12.2018).

88 Karl-von-Vogelsang-Institut (KVI), Archiv; Korrespondenz Josef Klaus-René Marcic 1964–1970, Kt.

auch noch einige Jahre später. So artikulierte Rektor Rudolf Baehr 1970 den Protest der Salzburger Universität in Gestalt zweier Briefe, die er Anfang jenes Jahres an den – seit 1969 als Nachfolger von Theodor Piffl-Perčević amtierenden – Unterrichtsminister Alois Mock sowie an den zuständigen Sektionschef des Unterrichtsministeriums richtete. An Mock schrieb er, dass über Monate sich hinziehende Verhandlungen dazu geeignet seien, das Vertrauen in die Seriosität der in die Berufungen einbezogenen Bundesministerien „ernsthaft" zu erschüttern. Es erscheine ihm „untragbar, daß dem Finanzministerium bei Berufungen faktisch eine sachliche Mitkompetenz eingeräumt" werde, „die jeder inhaltlichen wie rechtlichen Basis" entbehre.[89] Baehr konstatierte, dass das Berufungsverfahren „nicht nur sehr kompliziert, sondern in entscheidenden Punkten auch undurchsichtig" sei. Um die strittige Angelegenheit zu klären, schlug er vor, einen Amtstag in Salzburg durchzuführen, bei dem neben einem Vertreter des Unterrichtsministeriums auch Beamte des Finanzministeriums hinzugezogen werden sollten.[90] Das Finanzministerium, dem Baehrs Brief zur Kenntnisnahme zugegangen war, reagierte indes ablehnend auf das Salzburger Ansinnen. Eine Mitwirkung seiner Beamten bei den vorgeschlagenen Beratungen erachtete es als „nicht für zielführend", denn jeder einzelne Berufungsfall müsse individuell geprüft werden.[91]

Baehr verwies daraufhin nachdrücklich auf einen „legitimen Informationswunsch" hinsichtlich einer Angelegenheit, die „von erheblichem öffentlichem Interesse" sei. Dass dieser Wunsch abgelehnt werde, erscheine ihm „in einem demokratischen Rechtsstaat so ungewöhnlich", dass er „nur an ein Mißverständnis glauben" könne. Baehr ging es nicht darum, das Finanzministerium zu brüskieren. Vielmehr sollte nach Wegen gesucht werden, „die aus der derzeitigen Sackgasse, in welcher sich die Berufungsverhandlungen befinden", herausführen könnten. Die Beteiligung des Finanzressorts bei den Berufungen erfordere eine Klärung, die nicht nur dessen rechtlichen Grundlagen betreffe, sondern auch „die Entscheidungskriterien bei der Drückung der Gehaltsstufen" sowie die „schwer verständlichen zeitlichen Verzögerungen" umfasse, „an denen viele positiv angelaufene Verhandlungen gescheitert" seien. Seinen Argumenten suchte Baehr zusätzlichen Nachdruck zu verleihen, indem er gewissermaßen mit dem Zaunpfahl winkte. Er ließ durchblicken, dass die Universität Salzburg in der Frage der Berufungspraxis sich bereits an „alle österreichischen hohen Schulen" sowie an verschiedene Minister und Parlamentsklubs gewandt habe.[92]

Baehrs Schreiben liest sich wie eine kritische Bestandsaufnahme der gängigen akademischen Berufungspraktiken. Beim Unterrichtsministerium stieß er damit durchaus auf Verständnis. Minister Mock verwies auf eine Resolution der parlamentarischen Hoch-

---

2538, Marcic an Klaus, 29.9.1964; 28.10.1964.

89 ÖStA, AdR, BMU, Hauptreihe II (1966-1975), Sig. 9, Univ. Salzburg, Kt. 627; Rudolf Baehr an Alois Mock, 29.1.1970.

90 ÖStA, AdR, BMU, Hauptreihe II (1966–1975), Sig. 9, Univ. Salzburg, Kt. 627; Rudolf Baehr an das BMU, 12.1.1970.

91 ÖStA, AdR, BMU, Hauptreihe II (1966–1975), Sig. 9, Univ. Salzburg, Kt. 627; Bundesministerium für Finanzen an Rudolf Baehr, 4.2.1970.

92 ÖStA, AdR, BMU, Universität Salzburg, Kt. 627; Rudolf Baehr an Bundesministerium für Finanzen, 2.3.1970.

schulreform-Kommission vom Juli 1969, dass die ausschließliche Kompetenz bei den Berufungsverhandlungen dem Unterrichtsministerium zufallen sollte.[93] In einem weiteren Beschluss vom September 1969 hatte diese Kommission gefordert, dass zu besetzende Dienstposten ausgeschrieben werden müssten und für derartige Ausschreibungen ein klar definierter Zeitplan einzuhalten sei.[94] Ob der von der Universität Salzburg vorgeschlagene Amtstag mit Vertretern des Unterrichts- und des Finanzministeriums tatsächlich stattfand, ist in den hier eingesehenen Akten nicht überliefert. Es ist aber anzunehmen, dass die Wahlniederlage der ÖVP bei den Nationalratswahlen vom 1. März 1970 und der am 21. April 1970 folgende Regierungsantritt des Kabinetts Kreisky I die entsprechenden Vorhaben ohnehin zunichtemachte. Der im März 1970 noch amtierende Finanzminister der Regierung Klaus, Stephan Koren, erklärte sich zwar bereit, an einer solchen Aussprache teilzunehmen. Seiner Ansicht nach sollte diese aber nicht in Salzburg, sondern in Wien stattfinden.[95]

Die Berufungsverfahren verliefen – wie hier exemplarisch ausgeführt – nicht nur komplex und häufig langwierig, sondern sie erwiesen sich nicht selten auch als ziemlich konfliktträchtig. Dies lag auch daran, dass die Salzburger Ansprüche an die fachliche Qualifikation der zu Berufenden vor allem anfänglich sehr hoch waren. In erster Linie war Hans Lechner selbst für dieses hochgesteckte Ziel verantwortlich. Aber auch der Salzburger BSA stimmte mit dem Landeshauptmann darin überein, dass höchstqualifizierte Wissenschaftler an die Alma Mater Paridiana berufen werden sollten, und trug somit Lechners Politik mit.[96] Die skizzierten Verzögerungen und Fehlschläge, die bei den einzelnen Berufungsverhandlungen auftraten, konnten jeweils unterschiedliche Ursachen haben. Diese reichten von Angeboten, die die zu Berufenden selbst als zu wenig ausgereift betrachteten, bis hin zu internen Konflikten, die ihren Hintergrund auch in der häufig nicht aufgearbeiteten NS-Vergangenheit einzelner Akteure hatten. Die akademischen Funktionäre der Universität Salzburg selbst sahen im Laufe der Zeit immer mehr Probleme, die Berufungsverfahren so zu gestalten, dass diese erfolgreich abgeschlossen werden konnten. Das ressortzuständige Unterrichtsministerium war zwar noch am ehesten dazu in der Lage, die lokal gegebenen Konstellationen und Problemlagen nachzuvollziehen. Dieses Ministerium musste sich aber seinerseits mit dem Finanzressort abstimmen, das die dienst- und besoldungsrechtlichen Fragen im Einvernehmen mit dem

93 ÖStA, AdR, BMU, Hauptreihe II (1966–1975), Sig. 9, Univ. Salzburg, Kt. 627; Minister Mock an Baehr, 28.2.1970.

94 ÖStA, AdR, BMU, Hauptreihe II (1966-1975), Sig. 9, Univ. Salzburg, Kt. 627; Beschluss der Parlamentarischen Hochschulreform-Kommission in der 12. Sitzung vom 18. bis 20. September 1969 in Raach. Offenbar gab es an der neu gegründeten Hochschule Klagenfurt erstmals Ausschreibungen von Professuren. Vgl. 48. Bundesgesetz über die Gründung der Hochschule für Bildungswissenschaften in Klagenfurt, in: Bundesgesetzblatt für die Republik Österreich, 21.1.1970, 13. Stück, § 11 (3). https://www.ris.bka.gv.at/Dokumente/BgblPdf/1970_48_0/1970_48_0.pdf (28.6.2019).

95 ÖStA, AdR, BMU, Hauptreihe II (1966-1975), Sig. 9, Univ. Salzburg, Kt. 627; Finanzminister Koren an Rektor Baehr, 9.3.1970.

96 Vgl. ÖNB, Handschriftensammlung, Nachlass Broda, Christian; III.83; Karl Schmidt an Broda, 10.4.1964. Der Salzburger BSA-Obmann Schmidt legte seinem Schreiben eine „Resolution des BSA Salzburg zur Frage der Salzburger Universität" bei. Darin hieß es ausdrücklich, dass für die Universität „Kapazitäten von großem Ruf" gewonnen werden sollten.

Bundeskanzleramt zu klären hatte.[97] Zumindest aus der Sicht der Salzburger akademischen Akteure erwies sich vor allem das Finanzministerium häufig als der eigentliche Bremser der Berufungsverfahren.

4.2.2 Zwischen Wissenschaft, Publizistik und Politik. René Marcic als Schlüsselfigur der „Gründergeneration"

Auf die herausragende Bedeutung, die der Publizist und Rechtsphilosoph René Marcic innerhalb der „Gründergeneration" für den Aufbau der Universität Salzburg hatte, ist in den vorstehenden Untersuchungen bereits mehrfach hingewiesen worden. Marcic' soziale Herkunft aus der Familie eines ehemaligen k. u. k. Offiziers und Marinemalers kroatischer Herkunft und seine – ihn wohl noch stärker prägende – humanistische Bildung in kroatischen Franziskanerkonvikten sind hier ebenso behandelt worden wie seine Rolle als maßgeblicher Ideengeber für die angestrebte Profilbildung der Alma Mater Paridiana im Zeichen der „Humanrelevanz" und des interfakultären und interdisziplinären Forschens und Lernens. Ebenso wurde hier vermerkt, dass Marcic ein erfolgreicher „Netzwerker" war. Dank seiner Kontakte vor allem zu Repräsentanten der ihm politisch nahestehenden ÖVP nahm Marcic *ad personam* eine Art Scharnierfunktion ein, die für die Entwicklung und den weiteren Ausbau der Universität von hoher Relevanz war. Marcic hatte aber auch keine Berührungsängste gegenüber sozialdemokratischen Politikern oder der SPÖ nahestehenden Personen, was seinem auch rechtsphilosophisch begründeten Plädoyer für eine Konsensdemokratie österreichischer Prägung entsprach.[98]

Marcic' Einfluss vermag etwa durch sein Nahverhältnis zu Bundeskanzler Klaus belegt werden, zu dessen Beraterkreis er gehörte. So trug Marcic maßgeblich dazu bei, dass die Berufung der Historikerin Erika Weinzierl auf eine ordentliche Professur in Salzburg 1969 erheblich beschleunigt werden konnte. Marcic verfügte innerhalb wie außerhalb der Universität über eine außerordentliche Präsenz und Ausstrahlungskraft. So gehörte er zu jenen – nur wenigen – Salzburger Professoren der ersten „Gründergeneration", die im intellektuellen Leben regelmäßig ihre Stimme erhoben. Die Tatsache, dass Marcic auch in der medialen Öffentlichkeit Gehör fand, hatte zweifellos auch damit zu tun, dass er selbst ein bekannter Journalist und Publizist war. Als Chefredakteur der „Salzburger Nachrichten" in den Jahren 1960 bis 1964, die eine der führenden österreichischen Tageszeitungen war, zählte Marcic zum Kreis der damals einflussreichsten Publizisten Österreichs. Trotz seiner Verdienste ist Marcic eine – bis heute – vielfach kontrovers beurteilte Persönlichkeit. So hatte er als einer der drei erstberufenen „Gründerprofessoren" der Philosophischen Fakultät einen unbestreitbaren Anteil an der Berufung von Wissenschaftlern, deren NS-Vergangenheit zwar grund-

97 Vgl. hierzu auch ÖStA, AVA, Familienarchive/Nachlässe, Nachlass Drimmel, Heinrich; Drimmel an Marcic, 4.10.1963.

98 Welan, Ein Diener, 299, sprach in diesem Zusammenhang leicht ironisch davon, dass Marcic „die österreichische Koalitionsdemokratie" den Verfassungsrechtlern „als etwas Wahres, Gutes und Schönes" gelehrt habe.

sätzlich nicht unbekannt war, die aber – nicht nur von Marcic selbst – kaum hinterfragt oder gar offen thematisiert wurde. In diesem Zusammenhang sei nur daran erinnert, dass Marcic 1967 bei Unterrichtsminister Piffl-Perčević nachdrücklich für die Berufung des Psychiaters Gerhart Harrer nach Salzburg eintrat. Dieser war nicht nur wegen seiner SS-Vergangenheit, sondern vor allem aufgrund seiner Zugehörigkeit zum BSA unter bürgerlich-konservativ gesinnten Medizinerkreisen bereits zeitgenössisch äußerst umstritten. Im Folgenden werden drei Aspekte von Marcic' Wirken an der Alma Mater Paridiana näher beleuchtet: Zum Ersten wird sein beruflicher und akademischer Werdegang skizziert, wobei seine Berufung an die Universität Salzburg ebenso dargestellt wird wie seine wechselnden Rollen als akademischer Multifunktionär. Daran schließen sich exemplarische Darlegungen zu Marcic' akademischen und politischen Netzwerken an. Indem auf seine enge persönliche Beziehung zu Josef Klaus eingegangen wird, werden auch Einblicke in Marcic' Persönlichkeit vermittelt. Nicht zuletzt wird danach gefragt, wie er mit seiner eigenen Vergangenheit als ehemaliger Repräsentant des faschistischen kroatischen Ustascha-Regimes umging. Inwieweit die „de Mendelssohn-Affäre" um Marcic' umstrittene antisemitische Äußerungen gegenüber dem deutsch-britischen Schriftsteller und Essayist Peter de Mendelssohn seinem Ruf geschadet hat, wird einen Gegenstand der abschließenden Überlegungen in diesem Kapitel bilden. Nachdem Marcic 1937 am Franziskanergymnasium Široki Brijeg bei Mostar die Matura abgelegt hatte, inskribierte er an der Universität Zagreb ein Studium der Rechtswissenschaften. Im Nachhinein stilisierte er sich zu einem Vorzeigestudenten, der an der Universität „schon in den ersten Wochen des ersten Semesters" besonders aufgefallen sei.[99] Im Wintersemester 1941/42 besuchte Marcic auch die „Südostkurse", die von der „Südost-Stiftung" an der Hochschule für Welthandel in Wien angeboten wurden.[100] 1942 promovierte er an der Universität Zagreb zum Dr. jur. Er wechselte dann beruflich nach Wien, wo er von Februar bis Juni 1943 als Kulturreferent im Generalkonsulat des Ustascha-Staates arbeitete. Im September 1943 wurde er als Präsidialsekretär der engste Mitarbeiter von Bruno Nardelli, der die Zivilverwaltung Dalmatiens leitete. Nardelli war bereits vor der Machtübernahme durch Ante Pavelić im April 1941 Richter gewesen und wurde im kommunistischen Tito-Jugoslawien unbehelligt gelassen.[101] Im Anschluss an diese Tätigkeit kehrte Marcic im Spätherbst 1944 im Auftrag des kroatischen Außenministeriums nach Wien zurück, wo er sich als Presseattaché wiederum in die Dienste des kroatischen Generalkonsulats stellte. Im April 1945 floh er mit den anderen Angehörigen dieser diplomatischen Vertretungsbehörde nach St. Gilgen im Land Salzburg, wo sich seine Dienststelle im Zuge des allgemeinen Zusammenbruchs auflöste.[102] Im Personalakt des Unterrichtsministeriums liegen zwei Lebensläufe ein, die Marcic selbst verfasst hatte. Diese

99 ÖStA, AdR, BMU, PA Marcic, René; Antrag Lehrbefugnis, Lebenslauf, undat. [1959].

100 Archiv der Wirtschaftsuniversität Wien (AWU), Studierendenkarte Marcic, René, Studienjahr 1941/42.

101 Vgl. Schmolke, René Marcic, 158. Im Vorwort zu seiner späteren Habilitationsschrift bekannte sich Marcic zu Nardelli als jener „Richtergestalt in Kroatien, die mir für mein Leben lang die Achtung vor dem Recht und die Liebe zum Richteramt eingegeben hat." René Marcic, Vom Gesetzesstaat zum Richterstaat. Recht als Maß der Macht. Gedanken über den demokratischen Rechts- und Sozialstaat, Wien 1957, IX.

102 Vgl. zu diesen biographischen Angaben zuletzt Göllner, Zwischen „berührender Versöhnlichkeit" und „Nazi-Propaganda", 284–286.

jeweils relativ umfangreichen, zwölf- bis dreizehnseitigen maschingeschriebenen autobiographischen Darstellungen vermitteln einen Einblick in seine Versuche, jeden Verdacht, er sei ein Anhänger des Ustascha-Staates gewesen, möglichst von vornherein zurückzuweisen. Hierbei ist auf einige nicht unwesentliche Unterschiede zu verweisen, die zwischen den beiden Curricula Vitae bestehen. Den ersten der beiden Lebensläufe fertigte Marcic im Jahr 1959 an. Darin führte er aus, dass ihm 1942/43 die Position eines Kulturreferenten angeboten worden sei. Er sei nämlich einer der wenigen damals in Wien lebenden Kroaten gewesen, die die deutsche Sprache beherrscht haben.[103] Diese Beauftragung habe also keine politischen Hintergründe gehabt. Während er in diesem früheren Curriculum Vitae noch behauptet hatte, dass er ein „Vertragsangestellter" des kroatischen Generalkonsulats gewesen sei,[104] führte er in einem zweiten, 1963 erstellten Lebenslauf aus, dass er die Presse- und Kulturarbeit jeweils nur im „Honorarverhältnis" besorgt habe.[105] Er sei somit „nicht einmal in einem Vertragsverhältnis zum Konsulat" gestanden. Dies widerspricht allerdings eindeutig jenen Angaben, die er noch vier Jahre zuvor gemacht hatte. Im ersten Lebenslauf erwähnte er zudem, dass der Außenminister des Ustascha-Regimes, Mladen Lorković, für ihn interveniert hatte, damit er die Stelle bei Nardelli erhalte.[106]

Im zweiten überlieferten Lebenslauf ist hiervon jedoch nicht mehr die Rede. Vor allem in dem späteren der beiden Lebensläufe trachtete Marcic danach, dem Vorwurf einer Involvierung in die Politik des Ustascha-Staates argumentativ entgegenzuwirken. So gab Marcic ausdrücklich an, dass er im Zuge seiner Tätigkeit für das kroatische Generalkonsulat in Wien „in keinerlei Berührung mit politischen Bereichen" gekommen sei.[107] Zudem beteuerte er, dass er „niemals und in keinem wie immer gearteten Sinn [...] eine Funktion der Ustascha-Partei besorgt" habe. Auch habe er „unmittelbar weder mit Deutschen, noch mit Repräsentanten des Dritten Reiches, noch weniger mit dem Nationalsozialismus zu tun gehabt", den er aus seiner „katholischen Gläubigkeit heraus von allem Anfang an" abgelehnt habe.[108] Im Jahr 1943 war Marcic allerdings auch als Bürochef von Edo Bulat tätig, der in Kroatien als Minister „für befreite Gebiete" zuständig war. Diese Tätigkeit verschwieg Marcic in beiden Lebensläufen. Ebenso deutete er in keiner Weise an, dass er in dieser Funktion die Dienstbezeichnung „Geheimdienstbeamter" in einer Unterabteilung der Sicherheitsdirektion Kroatiens geführt hatte.[109] Angesichts der teils einander widersprechenden Angaben, die Marcic zu seiner beruflichen Tätigkeit im Ustascha-Staat machte, ist Siegfried Göllner zuzustimmen, der festhält, dass solchen Behauptungen zumindest „mit Vorsicht zu begegnen" sei.[110]

Im Mai 1946 wurde Marcic in den Redaktionsstab der „Salzburger Nachrichten" aufge-

103 ÖStA, AdR, BMU, PA Marcic, René; Lebenslauf, undat., [5] [1959, 12 S., masch.].
104 ÖStA, AdR, BMU, PA Marcic, René; Lebenslauf, undat., [5] [1959, 12 S., masch.].
105 ÖStA, AdR, BMU, PA Marcic, René; Lebenslauf, undat., [Abschnitt VII] [1963, 13 S., masch.].
106 ÖStA, AdR, BMU, PA Marcic, René; Lebenslauf, undat., [6] [1959, 12 S., masch.].
107 ÖStA, AdR, BMU, PA Marcic, René; Lebenslauf, undat., [Abschnitt VII] [1963, 13 S., masch.].
108 ÖStA, AdR, BMU, PA Marcic, René; Lebenslauf, undat., [Abschnitt X] [1963, 13 S., masch.].
109 Vgl. Göllner, Zwischen „berührender Versöhnlichkeit" und „Nazi-Propaganda", 286.
110 Ebd., 287.

nommen.[111] Der Herausgeber und erste Chefredakteur dieser Tageszeitung war Gustav A. Canaval, der ehemalige Chefredakteur der Propagandazeitschrift „Sturm über Österreich", die von der Wehrformation Ostmärkische Sturmscharen des Schuschnigg-Regimes publiziert worden war. Canaval wurde nach dem „Anschluss" als Anhänger der „ständestaatlichen" Diktatur verhaftet und bis 1945 in den Konzentrationslagern Flossenbürg und Dachau inhaftiert. Eine Reihe von Redakteuren der „Salzburger Nachrichten", die in den unmittelbaren Nachkriegsjahren für diese Tageszeitung tätig waren, wies eine politische Vergangenheit als „Katholisch-Nationale" und/oder Propagandisten des Nationalsozialismus auf.[112] Marcic selbst kam über eine Empfehlung seines Jugendfreunds und früheren Kommilitonen an der Universität Zagreb Stjepan Tomičić, der sich als Journalist der Salzburger Nachrichten Alfons Dalma nannte, in die Redaktion der Zeitung. Tomičić war Kriegsberichterstatter in Diensten des Ustascha-Staates gewesen. Er arbeitete für regimetreue Periodika und war ein deklarierter Bewunderer Benito Mussolinis gewesen.[113]

Marcic machte bei den „Salzburger Nachrichten" relativ rasch Karriere: Bis Ende 1953 war er Gerichtssaalreporter, seit Anfang 1954 und bis Ende 1959 fungierte er als stellvertretender Chefredakteur, ehe er 1960 als Nachfolger von Gustav A. Canaval zum Chefredakteur aufstieg. Als Journalist berichtete Marcic häufig über die Salzburger Hochschulwochen, aber auch über die NS-Gesetzgebung. Er setzte sich in diesem Zusammenhang für sogenannte „Gesinnungstäter" ein, denen im Sinne des „Naturrechtes" keine konkrete Straftat nachzuweisen war, womit er auf der damaligen redaktionellen Linie der Salzburger Nachrichten lag.[114] Bekannt wurde Marcic damals auch durch die halbmonatlich erscheinende juristische Beilage „Der Staatsbürger", die von ihm geleitet wurde, sowie als Kommentator des Zeitgeschehens.[115] Auch die Landespolizeidirektion Salzburg interessierte sich im März 1957 für einige Redakteure der Salzburger Nachrichten. Laut einer „streng vertraulichen" „Information", die die Polizeibehörde erstellte, galt Marcic „als streng katholisch, bürgerlich-konservativ und antimarxistisch" eingestellt. Er sei nie Mitglied der NSDAP oder einer ihrer Gliederungen gewesen und genieße „in jeder Hinsicht einen sehr guten Ruf". In Salzburg sei er „eine sehr prominente und auch angesehene Persönlichkeit".[116]

Angesichts der zuletzt angeführten – gleichsam amtlichen – politischen Beurteilung dürfte es Marcic zumindest in seinem Salzburger Umfeld kaum nachhaltig geschadet haben, dass er in der Weihnachtsbeilage 1949 der „Salzburger Nachrichten" mit vielfach als antisemitisch beurteilten Äußerungen aufgefallen war, in denen er sich gegen den Journalisten Peter de Mendelssohn richtete. Dieser hatte Ernst Jüngers Tagebuch, das dieser während des Krieges in Paris geführt und später veröffentlicht hatte, in einer Rezension kritisch analysiert. De Mendelssohn brachte damit Marcic, der ein Bewunderer Jüngers war, gegen sich auf. Wer über

111 Schmolke, René Marcic, 159.
112 Vgl. Oliver Rathkolb, Die paradoxe Republik. Österreich 1945 bis 2015, Wien ^{2}2015, 246 f.
113 Göllner, Zwischen „berührender Versöhnlichkeit" und „Nazi-Propaganda", 288.
114 Vgl. Schmolke, René Marcic, 154 f.
115 Vgl. auch Neubacher, Die Anfänge der Politikwissenschaft, 459 f.
116 ÖStA, AdR, Bundeskanzleramt/Inneres, Kt. 705, H.T. Porta, Dr. René Marcic, Hillebrand, Redakteure der „Salzburger Nachrichten", Information, 14.3.1957.

Gott und das Gebet Spott treibe, dürfe sich nicht wundern, wenn er eines Tages in die Gaskammer gesteckt werde, so Marcic über den Rezensenten. In einer bemerkenswerten Form der antisemitischen Opfer-Täter-Schuldumkehr führte er ferner aus: Peter de Mendelssohn und „seinesgleichen" hätten selbst jene Welt heraufbeschworen, von der sie dann verfolgt worden seien.[117] Für diesen und seine damalige Frau Hilde Spiel, eine österreichische Schriftstellerin und Übersetzerin jüdisch-großbürgerlicher Herkunft, bedeutete Marcic' Angriff einen schweren Schock. Marcic' Anwürfe hatten nach späterer Aussage Spiels „eigentlich zum ersten Mal nach dem Krieg uns die Vermutung nahegelegt, daß diese üblen Kräfte immer noch weiter am Werk" seien. Hiermit spielte sie zweifellos darauf an, dass viele ehemalige Nationalsozialisten in den Nachkriegsjahren wieder in ihre früheren Positionen eingerückt waren. Rund zwanzig Jahre nach diesem Vorfall habe Marcic „von sich aus" versucht, sich ihr gegenüber zu rechtfertigen. Sie habe ihm das allerdings „leider nicht abnehmen können".[118]

Tatsächlich hat sich Marcic, der nie einen Antisemitismus gekannt haben wollte, 1967 im Zuge von „Karfreitagsbetrachtungen" für die inkriminierten Äußerungen ausdrücklich entschuldigt. Er bat Peter de Mendelssohn „und alle, die ich ahnungslos gekränkt" habe, öffentlich um Verzeihung.[119] Erika Weinzierl, eine Pionierin der Erforschung des Antisemitismus in Österreich, zählte übrigens zu denjenigen, die Marcic in Schutz nahmen. Sie bescheinigte ihrem früheren Kollegen, dass dieser ein unermüdlicher „Vorkämpfer für die Grund- und Freiheitsrechte" gewesen sei, „der seit 1946 ohne Abstrich für die Unverjährbarkeit der Verbrechen wider die Menschheit und die lebenslängliche Sühnepflicht der Verbrecher eingetreten" sei.[120] Nach einer vermeintlich schlüssigen Erklärung für Marcic' Äußerungen gegenüber de Mendelssohn suchte noch 2007 auch der ehemalige ORF-Generalintendant Gerd Bacher, der einer seiner früheren Journalistenkollegen gewesen war. Für Marcic sei demnach vor allem dessen „Bemühen" charakteristisch gewesen, „das sehr oft geradezu missionarische Dimensionen annahm. [...] Wenn er von einer Sache überzeugt war, dann versuchte er für diese Sache alles zu tun und setzte dafür seine – wirklich – seine ganze Existenz [...] aufs Spiel."[121] Dass Bacher mit diesem Versuch einer Rechtfertigung den Kern der Problematik nicht traf, dürfte indes kaum zu bestreiten sein. Marcic' antisemitische Polemik ließ sich nämlich mit einem kryptischen Verweis auf dessen „Bemühen" nicht übertünchen.

Neben seiner Tätigkeit als geachteter Publizist suchte Marcic bereits in den 1950er-Jahren auch seine akademische Laufbahn voranzutreiben. Er verfasste zu diesem Zweck eine Habilitationsschrift *Vom Gesetzesstaat zum Richterstaat*, die er im Oktober 1957 bei der Rechts- und

117 René Marcic, Strahlungen und Gegenstrahlungen, in: Salzburger Nachrichten, 23.12.1949, 22.

118 Fritz Hausjell, „Das waren Sätze, die uns wirklich ins Tiefste erschreckt haben." Ein Gespräch mit der Publizistin Hilde Spiel über das Bedenkjahr 1988 und den umstrittenen René-Marcic-Preis für Publizistik, in: Medien & Zeit 4,1 (1989), 13–26, hier 16.

119 René Marcic, Erkenntnisse, Bekenntnisse, Wege ins Freie, in: Albert Massiczek (Hg.), Antisemitismus. Die permanente Herausforderung, Wien-Frankfurt-Zürich 1967, 25–64, hier 40 f.

120 Erika Weinzierl, ...Und nur deshalb, weil es Juden sind, in: Michael Fischer/Raimund Jakob u.a. (Hg.), Dimensionen des Rechts. Gedächtnisschrift für René Marcic. Bde. 1–2,2, Berlin 1974, 1179–1190, hier 1189.

121 Zit. n. Schmolke, René Marcic, 156 f.

Staatswissenschaftlichen Fakultät der Universität Wien einreichte.[122] Marcic verknüpfte damit den Antrag um die Erteilung der Lehrbefugnis für das Fachgebiet der „Allgemeinen Staatslehre". Nachdem die Habilitationskommission seine Arbeit positiv beurteilt hatte, wurde er für den 8. Mai 1958 zur Probevorlesung über das Thema „Sinnwandel des Gewaltenteilungsprinzips" eingeladen. Während Adolf Merkl die Probevorlesung als „befriedigend" einstufte, zeigten sich die Professoren Walter Antoniolli und Roland Graßberger enttäuscht. Der Vortrag habe nämlich „nur eine Fassade gezeigt, hinter der sich keine Struktur befunden" habe. Inhaltlich wurde die „Vermischung von reiner juristischer und soziologischer Methode" beanstandet. Der Habilitationswerber wurde daher dazu aufgefordert, sich nach Ablauf einer rechtlich vorgesehenen Frist neuerlich für eine Probevorlesung an der Universität Wien zu melden.[123] Norbert Leser erinnerte sich daran, dass das Habilitationsverfahren für Marcic ein „Kampf" gewesen sei, von dem dieser erkennbare „Wunden" davongetragen habe.[124] Diese Erzählung Lesers stimmt mit der Darstellung von Hans Klecatsky überein, einem Freund von Marcic, den Klaus später aufgrund der Empfehlung Marcic' als Justizminister in die Bundesregierung berief.[125] Klecatsky schilderte Marcic als „völlig deprimiert", weil man ihn, der „ein glänzender Redner" gewesen sei, bei der Probevorlesung „durchfallen" lassen habe. Ein wesentlicher Grund dafür sei gewesen, dass die meisten Professoren weder Griechisch noch Latein gekonnt hätten und ihm daher nur mit Mühe folgen hätten können.[126]

Ob die Verzögerungstaktik gegenüber Marcic etwa auch in akademischem Dünkel gegenüber einem bekannten Journalisten als Habilitationswerber begründet war oder sonstige Gründe hatte, die aus den vorliegenden Quellen nicht hervorgehen, deuten Leser und Klecatsky in ihren Erinnerungen nicht an. Marcic trat jedenfalls zu dem ihm von der Universität Wien angebotenen zweiten Probevortrag an. Er widmete diesen der „Stellung der zweiten Kammer in modernen Bundesstaaten" und wurde am 10. November 1959 schließlich zum Universitätsdozenten für Allgemeine Staatslehre zugelassen.[127] Marcic' Habilitationsschrift löste in Fachkreisen anhaltende Debatten aus.[128] So begrüßte der Völkerrechtler Alfred Verdross bereits in seinem Gutachten zur Habilitationsschrift ausdrücklich deren rechtspolitische Zielsetzung, dass der demokratische Rechtsstaat gegen drohende Gefahren möglichst abzusichern sei. Gleichzeitig stellte er die Frage, ob der Verfasser nicht insoweit über das Ziel

---

122 Vgl. Marcic, Vom Gesetzesstaat zum Richterstaat.

123 UAW, J PA 361 Marcic, René (1957–1965), Schachtel 16, Marcic an das Professorenkollegium der Rechts- und Staatswissenschaftlichen Fakultät der Universität Wien, 16.10.1957; Juridisches Dekanat der Universität Wien an Marcic, 13.5.1958.

124 Vgl. Norbert Leser, René Marcic, in: ders., Grenzgänger. Österreichische Geistesgeschichte in Totenbeschwörungen. Bd. 1, Wien-Köln-Graz 1981, 75–88, hier 76.

125 Vgl. Dr. Josef Klaus [Interview], in: Robert Kriechbaumer (Hg.), Die Ära Josef Klaus, 247–273, hier 261; vgl. zu Klecatsky Wirth, Christian Broda, 330 f.

126 Dr. Hans Klecatsky [Interview], in: Robert Kriechbaumer (Hg.), Die Ära Josef Klaus, 189–201, hier 191.

127 UAW, J PA 361 Marcic, René (1957–1965), Schachtel 16, BMU an das Dekanat der Rechts- und Staatswissenschaftlichen Fakultät der Universität Wien, 25.11.1959.

128 Vgl. hierzu u.a. Erwin Bader, René Marcic und der Richterstaat, in: Anton Pelinka/Alfred Pfabigan u.a. (Hg.), Zwischen Austromarxismus und Katholizismus. Festschrift für Norbert Leser, Wien 1993, 123–136.

hinausschieße, „als er dem Verfassungsgerichtshof auch die Befugnis einräumen will, unter Umständen das positive Recht zu korrigieren."[129] Damit markierte Verdross einen wesentlichen Aspekt, der auch von anderen Rechtswissenschaftlern wie etwa Norbert Leser moniert wurde, der Marcic menschlich und fachlich ansonsten sehr schätzte. Leser kritisierte, dass dieser „in idealtypischer Verklärung der Wirklichkeit" die Justiz zu einer „Kontrollinstanz aller Machtdefekte der Gesellschaft hochstilisieren" habe wollen. Marcic' Habilitationsschrift sei zwar rechtstheoretisch und rechtspolitisch „eine bahnbrechende Leistung" gewesen. Sein Lösungsansatz, einer kleinen Gruppe von Menschen eine große Machtfülle zuzugestehen, sei aber dazu geeignet, „von der erstrebten demokratischen Verbreiterung" wegzuführen. Dies sei jedoch keineswegs als wünschenswert zu betrachten.[130]

Ungeachtet mancher Kritik an seinen wissenschaftlichen Ansätzen war Marcic in Juristenkreisen so angesehen, dass er nach seiner Habilitation an der Universität Wien relativ rasch an verschiedene deutsche Universitäten berufen wurde. Marcic verfügte jedoch über zahlreiche einflussreiche Unterstützer, die dafür eintraten, dass er in Österreich verbleiben könne. Als er etwa 1961 an die Universität Würzburg berufen wurde, beglückwünschte ihn Landeshauptmann Klaus zwar dazu. Er versicherte ihm aber, dass er „alles dazu tun" wolle, um ihn „so intensiv als möglich an Salzburg zu binden".[131] Marcic selbst erklärte anlässlich solcher ehrenvoller Anfragen aus der Bundesrepublik stets, dass er nicht beabsichtige, einem Ruf an eine deutsche Universität zu folgen. Erst als er einem Rat des Wiener Erzbischofs Kardinal Franz König folgte, sich zumindest grundsätzlich einer Berufung nach Deutschland nicht zu versagen,[132] entstand ein erheblicher Druck auf diejenigen, die ihn möglichst an Österreich binden wollten, ihm auch entsprechende Chancen zu vermitteln. Als entscheidend erwies sich hierfür Marcic' Berufung auf eine Professur für Staatsphilosophie und Publizistik an der Universität Nürnberg-Erlangen. Diese erfolgte 1963 mitten in den Bemühungen, die ersten Professoren für die neu zu errichtende Philosophische Fakultät in Salzburg zu gewinnen. Als der mögliche Weggang Marcic' bekannt wurde, schalteten sich verschiedene politische Amtsträger, aber auch Universitätsprofessoren ein.[133] Sie alle traten dafür ein, die Marcic bereits zugedachte Lehrkanzel zeitlich vorzuziehen und ihn dadurch in Salzburg zu halten. Auch war daran gedacht, durch die Industriellenvereinigung und die Wirtschaftskammer eine Finanzierungshilfe für die künftige Lehrkanzel Marcic' bereitzustellen.[134] Dies war auch im Sinne von Carl Holböck, der Minister Drimmel vorschlug, die vorgesehene Lehrkanzel für Rechts- und Staatsphilosophie an der aufzubauenden Philosophischen Fakultät möglichst „in Bälde" zu errichten. Holböck fügte an, dass dieser Lehrstuhl mit der künftigen Lehrkanzel für Soziologie eng kooperieren solle.

129 UAW, J PA 361 Marcic, René (1957–1965), Schachtel 16, Alfred Verdross, Gutachten über die Habilitationsschrift des Herrn Dr. René Marcic, 23.1.1958.

130 Vgl. Leser, René Marcic, 76; vgl. zur Beurteilung von Marcic' Habilitationsschrift u.a. Friedrich Koja, René Marcic als Wissenschaftler und Mensch, in: Fischer/Jakob u.a. (Hg.), Dimensionen des Rechts, Bde. 1–2,1, 109–118, hier 110.

131 SLA, Nachlass Marcic, René; Kt. 7, Josef Klaus an Marcic, 6.6.1961.

132 ÖStA, AdR, BMU, PA Marcic, René; Marcic an Heinrich Drimmel, 5.8.1963.

133 ÖStA, AdR, BMU, PA Marcic, René; Leo Gabriel an Sektionschef Hoyer, 3.9.1963.

134 SLA, Nachlass Marcic, René; Kt. 7, Kammeramtsdirektor Wilfried Haslauer an Marcic, 13.5.1963.

Für letztere Professur käme als Kandidat Hans Floretta aus Innsbruck in Betracht. Holböck vermerkte dabei, dass bei einer gleichzeitigen Berufung Marcic' und Florettas „auch die Frage des ‚weltanschaulichen Ausgleiches' (Proporz!) gelöst wäre". So könnte „gleich am Anfang die permanente Kritik von sozialistischer Seite am Projekt der Universität Salzburg entkräftet werden, was für die Atmosphäre an der neuen Fakultät von unschätzbarem Wert wäre." Um diese beiden Berufungen zügig voranzutreiben, sei es „der besonderen Dringlichkeit und Delikatesse dieser Angelegenheit entsprechend", in beiden genannten Fällen „auf einen Dreiervorschlag zu verzichten und die Berufungen ad personam auszusprechen."[135]

Auch wenn Florettas Berufung nach Salzburg erst im Zuge der Errichtung der Rechts- und Staatswissenschaftlichen Fakultät (1965) erfolgen sollte, verdeutlichte Holböcks Vorschlag, wie sehr auch dem Kirchenrechtler daran gelegen war, bestehende politische Irritationen zu verringern und Marcic – aus den oben genannten Gründen – rasch zu berufen. So ist es auch zu erklären, dass die geplante Lehrkanzel für Rechts- und Staatsphilosophie vorläufig an einer Philosophischen Fakultät errichtet werden sollte, was bislang in Österreich noch nie der Fall gewesen war. Es war beabsichtigt, die für Marcic zu schaffende Lehrkanzel erst später an die künftige Rechts- und Staatswissenschaftliche Fakultät abzutreten.[136]

Minister Drimmel war zwar nicht allzu gut auf den Chefredakteur zu sprechen, weil er sich von diesem in den „Salzburger Nachrichten" in einer kulturpolitischen Angelegenheit in unsachlicher Weise angegriffen fühlte.[137] Drimmels Ärger dürfte aber bereits nach wenigen Monate verflogen gewesen sein. Denn auf eine Anfrage Marcic', wie es um seine Salzburger Berufungssache stehe, antwortete der Minister, dass für das Jahr 1963 österreichweit dreißig neue Lehrkanzeln vorgesehen seien. Das aus den Ministern Bock, Drimmel, Korinek (jeweils ÖVP) sowie Broda und Kreisky (jeweils SPÖ) bestehende Ministerkomitee habe diesem Plan zugestimmt. Unter den Lehrkanzeln befinde sich eine, die „nur deswegen geschaffen worden" sei, um Marcic in Österreich zu halten.[138] Drimmel führte in seinem Schreiben an Marcic ferner aus, dass er an dessen Rückkehr nach Österreich nicht glaube, falls er den Ruf nach Erlangen-Nürnberg annehmen sollte. Sein Ansehen sei gut, und in der BRD bestehe ein großer Bedarf an Hochschullehrern. Drimmels Angebot sei daher „wie das eines österreichischen Hausherrn, der Ihnen eine Aufbauwohnung anbietet, während Sie im Ausland ein bezugsfertiges Haus haben. Trotzdem bitte ich Sie, nehmen Sie das österreichische Risiko an." Er verstehe aber jeden Entschluss, zu dem Marcic letztlich gelangen würde.[139]

Dieser Brief bewog den so Umworbenen dazu, die Berufung nach Erlangen-Nürnberg vorerst abzulehnen. Am meisten habe ihn Drimmels Ansicht beeindruckt, dass er im Falle ihrer Annahme wohl nie nach Österreich zurückkehren würde. Ähnlicher Meinung sei auch seine Frau Blanka gewesen, die im Übrigen an einen „Wink von oben" glaube. Sie habe nämlich in

---

135 ÖStA, AdR, BMU, PA Marcic, René; Carl Holböck an Heinrich Drimmel, 24.5.1963.

136 ÖStA, AdR, BMU, PA Marcic, René; Information betreffend Univ.-Doz. Dr. Marcic, Berufungsabwehr, 17.5.1963.

137 ÖStA, AdR, BMU, PA Marcic, René; Drimmel an Prof. Dr. Günther Winkler, 15.5.1963.

138 ÖStA, AdR, BMU, PA Marcic, René; Drimmel an Marcic, 9.8.1963.

139 ÖStA, AdR, BMU, PA Marcic, René; Drimmel an Marcic, 9.8.1963.

dem Roman *Der Leopard* (ital. *Il Gattopardo*) von Giuseppe Tomasi di Lampedusa den Satz gelesen, „dass das bekannte Böse dem unbekannten Guten vorzuziehen sei!“[140] Doch Marcic verfügte über weitere Trümpfe, die er geschickt gegenüber Drimmel auszuspielen verstand. Er verfügte nämlich über einen weiteren Brief aus Nürnberg, in welchem man sich weiterhin an seiner Person interessiert zeigte. Darüber hinaus interessierte sich auch die Universität München für ihn, an der er 1960/61 Eric Voegelin, der ein Schüler Hans Kelsens gewesen war, am Lehrstuhl für Politische Wissenschaften vertreten hatte. Zudem wollten sich die Münchner Kollegen nicht damit zufriedengeben, dass Marcic auch den von ihrer Universität an ihn ergangenen Ruf abgelehnt hatte. Sie ließen ihn wissen, dass sie mit dem auf der Liste Zweitgereihten nicht verhandelten. Vielmehr wollten sie noch etwas zuwarten, um ihm die Gelegenheit zu geben, sich die Sache noch zu überlegen.[141] Ein weiteres Schreiben, das Marcic wenige Wochen später erhielt, konkretisierte das Berufungsangebot. Die Universität München hatte nämlich erfahren, dass die Salzburger Universitätsbestrebungen „eine grosse Verzögerung“ erfahren würden. Wenn er sich dazu entschließe, den Ruf nach München doch noch anzunehmen, könne man ihm nicht nur ein Ordinariat „für Politik und Publizistik“, sondern darüber hinaus auch einen Lehrstuhl für Öffentliches Recht anbieten. Marcic fragte daher Drimmel, ob er nicht doch eines der beiden ihm angebotenen deutschen Ordinariate übernehmen solle. Er verknüpfte damit die weitere Frage, ob Drimmel damit einverstanden sei, wenn er „synchron“ ein Institut für Rechts- und Staatsphilosophie in Salzburg verwalten würde.[142]

Solchermaßen unter Zugzwang gesetzt, strebte der Minister eine möglichst rasche Klärung von Marcic' Berufungssache an. Noch bevor dieser Drimmel über das weitere zwischenzeitlich an ihn ergangene Schreiben aus München informiert hatte, wandte sich Drimmel an seinen Regierungskollegen Vizekanzler Bruno Pittermann (SPÖ). Er wollte von diesem wissen, ob die Gerüchte zuträfen, denen zufolge „der Vorgang der Ernennung des Dozenten Dr. Marcic zum Professor in Salzburg in Ihrem Umkreis auf Widerstand gestossen“ sei. Drimmel fragte den Vizekanzler, ob es ihm möglich sei, „in diesem Falle von Rot auf Grün zu schalten“ bzw. was er allfällig „vorher getan wissen“ wolle.[143] Noch am selben Tag schilderte er Marcic, warum sich dessen Berufung verzögerte. Die SPÖ verfolge nämlich eine neue politische Strategie, die einer seiner Freunde so umschrieben habe: „Du stehst vor der Wahl, ob Du die proporzfreie Enklave der Hochschulen verhungern lassen willst, oder ob Du bereit bist, die Folgen einer Lockerung der Enklave auf Dich zu nehmen, damit der Geldstrom fliesse.“ Dies sei zwar nur ein Bonmot, in ihm stecke aber „viel bittere Wahrheit“. Tatsächlich habe der Koalitionspartner „neuerdings“ die Gründungsvorgänge in Linz und Salzburg „im Fadenkreuz“. Zwar habe ihm der Vizekanzler versichert, dass er nicht daran denke, Marcic' Berufung zu blockieren. Zugleich habe ihm der Koalitionspartner aber zu verstehen gegeben, dass er gerne wissen wolle, „„wohin die sukzessiven Ernennungen in Salzburg führen sollen‘“.[144]

140 ÖStA, AdR, BMU, PA Marcic, René; Marcic an Drimmel, 20.8.1963.

141 ÖStA, AVA, Familienarchive/Nachlässe, Nachlass Drimmel, Heinrich; Marcic an Drimmel, 9.10.1963.

142 ÖStA, AVA, Familienarchive/Nachlässe, Nachlass Drimmel, Heinrich; Marcic an Drimmel, 21.11.1963.

143 ÖStA, AVA, Familienarchive/Nachlässe, Nachlass Drimmel, Heinrich; Drimmel an Bruno Pittermann, 19.11.1963.

144 ÖStA, AVA, Familienarchive/Nachlässe, Nachlass Drimmel, Heinrich; Drimmel an Marcic, 19.11.1963.

Gegenüber Landeshauptmann Lechner ging Drimmel noch etwas mehr ins Detail. Demnach würde derzeit „die Wiener Führungsgruppe der SPÖ auf Grund der Einflüsterungen ihrer Salzburger und Linzer Gewährspersonen alles tun", um die anstehenden Berufungen in Linz und Salzburg zumindest zu verzögern. Andererseits habe seine Partei – die ÖVP – kein „politisches Kapital" (wie etwa „Junktimierungen, Gegenforderungen in anderen politischen Sparten") investiert. Es falle daher nicht leicht, „dem Gegner Faustpfänder, die er hat, zu entwinden." Im Falle der Berufung Marcic' habe sich zudem gezeigt, wie sich das Prinzip der Junktimierung der beiden Hochschulgründungen in Linz und Salzburg auswirken würde. So werde die SPÖ für künftige Personalia, die die beiden Hochschulen beträfen, weiterhin „auf das bestehende Junktim pochen". Was die Ernennung Marcic' anlange, sei diese erst möglich gewesen, nachdem mit dem Koalitionspartner Einigkeit über den Dienstpostenplan betreffend die Salzburger Philosophische Fakultät für 1963 und 1964 erzielt worden sei. Diese werde personell daher „nach sachlichen Notwendigkeiten" besetzt werden.[145]

Mit diesen Erläuterungen machte Drimmel deutlich, dass er die veränderte berufungspolitische Lage nur widerwillig zur Kenntnis nehmen wollte. Dies lag einerseits an der SPÖ im Bund, die nicht länger bereit zu sein schien, weiterhin eine „Alleinherrschaft" der ÖVP und der ihr nahestehenden Kreise an den Universitäten hinzunehmen.[146] Andererseits sah sich der Minister von seiner eigenen Partei in hochschulpolitischen Fragen nicht ausreichend unterstützt. Wenn er die aus seiner Sicht negativen Folgen stark betonte, die mit der Junktimierung der Hochschulgründungen von Linz und Salzburg verknüpft waren, kann hierin allerdings auch eine rhetorische Spitze gegen seinen Parteifreund Josef Klaus gesehen werden. Dieser war wesentlich dafür verantwortlich gewesen, dass die Salzburger Hochschulgründung – allerdings im Rahmen des Junktims mit Linz – überhaupt zustande gekommen war. Während Klaus innerhalb der ÖVP als Reformer galt, zählte Drimmel zum konservativen Flügel der Partei. Im Herbst 1963 wurde Klaus Bundesparteiobmann der ÖVP, nachdem er bei deren Klagenfurter Parteitag eine Kampfabstimmung gegen den im letzten Augenblick nominierten Drimmel und einen weiteren Konkurrenten klar gewonnen hatte.[147] Auffällig ist die teils sarkastische („meine Freunde zur Linken"), teils von unverhohlener Kampfrhetorik bestimmte Tonlage, mit der Drimmel in seinen Briefen an Marcic und Lechner von seinem Koalitionspartner SPÖ sprach. Hierin spiegelte sich die tief verinnerlichte mentale Haltung eines Politikers, der die Frontstellung gegen die Sozialdemokratie als ehemaliger Spitzenfunktionär der Sachwalterschaft der Hochschüler Österreichs im Dollfuß/Schuschnigg-Regime mit vertreten hatte.

Marcic wurde schließlich am 7. Dezember 1963 zum ordentlichen Professor für Rechts- und Staatsphilosophie ernannt, wobei seine Lehrkanzel vorerst wie geplant der Philosophischen Fakultät zugeteilt wurde. Am 11. Februar 1964 wurde er auch zum Vorstand des neu gegründeten Instituts für Rechts- und Staatsphilosophie bestellt.[148] Diese Regelung galt indes nur als provisorisch. Die Lehrkanzel war nämlich – wie oben angedeutet – von Anfang an

145 ÖStA, AVA, Familienarchive/Nachlässe, Nachlass Drimmel, Heinrich; Drimmel an Lechner, 28.11.1963.
146 Siehe hierzu auch das Kap. 4.1.
147 Vgl. Weinzierl, Josef Klaus, 15.
148 ÖStA, AdR, BMU, PA Marcic, René; Ernennungsdekret, 7.12.1963.

Abb. 11: René Marcic in der Bibliotheksaula der Universität Salzburg (undat., 1960er-Jahre).

dazu gedacht, die „Keimzelle" für die künftige Rechts- und Staatswissenschaftliche Fakultät zu bilden.[149] Dies war auch der Grund dafür, dass Marcic' Ernennungsdekret ohne Fakultätsbezeichnung konzipiert worden war. 1965 wurde seine Lehrbefugnis auch auf die Fächer Allgemeine Staatslehre, Verfassungsrecht sowie Politikwissenschaft erweitert und das Institut in „Rechts- und Staatsphilosophie und Politische Wissenschaft" umbenannt. Damit war auch die politische Wissenschaft Marcic zufolge „zum ersten Mal in Österreich [...] als eigene Disziplin akademisch institutionalisiert".[150]

Zusammen mit Hans Floretta fungierte Marcic ferner als Senatsbeauftragter für die Errichtung der Rechts- und Staatswissenschaftlichen Fakultät. 1965/66 war er Dekan der Philoso-

149 Vgl. auch ÖStA, AdR, BMU, PA Marcic, René; Marcic an Sektionschef Walter Brunner, 8.12.1967.
150 KVI, Archiv, Korrespondenz Josef Klaus-René Marcic 1964-1970, Kt. 2538, Marcic an Klaus, 8.7.1965.

Abb. 12: René Marcic im Hörsaal, (undat., 1960er-Jahre).

phischen Fakultät, 1966/67 bekleidete er das Amt eines Rektors der Universität Salzburg. Am 23. Mai 1967 beschlossen die Philosophische und die Rechts- und Staatswissenschaftliche Fakultät übereinstimmend, einen Fakultätswechsel Marcic' zu beantragen. Im folgenden Jahr wurde er daher auf das Ordinariat für Allgemeine Staatslehre, Österreichisches Verfassungsrecht und Rechtsphilosophie berufen und mit seiner Lehrkanzel dem Verband der Rechts- und Staatswissenschaftlichen Fakultät eingegliedert.[151]

Ein besonderes Anliegen war Marcic – wie hier bereits mehrfach ausgeführt – die interfakultäre und interdisziplinäre Kooperation und der Ausbau der Politischen Wissenschaften innerhalb der Universität. Den institutionellen Rahmen sollte hierfür das „Interfakultäre In-

151 ÖStA, AdR, BMU, PA Marcic, René; Universität Salzburg an das BMU, 19.3.1968; vgl. Das Interfakultäre Institut für Politikwissenschaft, 233.

stitut für Politikwissenschaft" bilden. Dieses wurde am 24. August 1969 vom Unterrichtsministerium genehmigt und dem Akademischen Senat unmittelbar unterstellt. Damit erwartete sich Marcic, den von Minister Piffl-Perčević anlässlich der Inauguration der Universität formulierten Aufruf zur Profilbildung mit Leben erfüllen zu können.[152] Laut Institutsordnung sollte jede Fakultät in der Leitung des Instituts vertreten sein. Für die Juridische Fakultät wurde Marcic selbst in den Vorstand entsandt. Dazu kamen als weitere Vorstände Franz-Martin Schmölz, der seit 1965 eine Professur für Philosophische Gesellschaftslehre und Politische Theorie innehatte, für die Theologische Fakultät, sowie Günter Kieslich für die Philosophische Fakultät. Nach dem überraschenden Ableben von Marcic und Kieslich bestand das Interfakultäre Institut im Sommersemester 1972 aus den beiden Lehrkanzeln „für politische Gesellschaftslehre und Politische Theorie" (Schmölz) und „für Staatsrecht, Österreichisches Verfassungsrecht und Rechtsphilosophie" (Ilmar Tammelo) sowie zwei Lehrkanzeln „für Politikwissenschaft" (Norbert Leser, Klaus Faupel).[153]

Von Zeitgenossen und Kollegen wird Marcic übereinstimmend als „ein die akademische Jugend mitreißender Lehrer" geschildert. Als Forscher beschäftigte ihn vor allem die rechtsphilosophische „Grundfrage nach dem Verhältnis von positivem und präpositivem Recht".[154] In den letzten Jahren seines Lebens wandelte sich Marcic von einem Verfechter der Naturrechtslehre zu einem Theoretiker, der „die Naturrechtsfrage neu stellte, auf seine Weise beantwortete und um eine Versöhnung der Standpunkte bemüht war."[155] 1968 bekannte sich Marcic selbst dazu, dass er „durch die wissenschaftliche und persönliche Begegnung mit Hans Kelsen" für die Weiterentwicklung seiner konzeptionellen Ansätze vieles dazugelernt habe. Schließlich war er es gewesen, der zusammen mit Franz-Martin Schmölz das Forschungsgespräch auf der Salzburger Edmundsburg zum Thema „Das Naturrecht in der politischen Theorie" abhielt, zu dem auch Hans Kelsen angereist war.[156]

Weiters schrieb Marcic hinsichtlich seiner eigenen Positionierung: „Ich sehe heute die Notwendigkeit des Relativismus und den Reichtum des Pluralismus ein, ja ich bejahe ihn, nehme ihn zum Ausgangspunkt meiner reinen, formalen Naturrechtstheorie, setze bewußt methodisch Gott in Klammern und halte Ausschau nach einer Formel, die alle Menschen versammelt ohne Unterschied, ohne Ausnahme."[157] Damit deutete sich bereits der Wandel seiner wissenschaftlichen Lehrmeinungen an. Dieser kam auch dadurch zum Ausdruck, dass er das Studienjahr 1970/71 als Gastprofessor in Sydney verbrachte. Marcic plante, dort eine „Soziologie des Rechtes und des Staates" sowie ein „System der Rechtsphilosophie" zu entwickeln, das „insbesondere in Sydney durch Julius Stone und seine Schüler vertreten" werde.[158] Mit der

152 SLA, Nachlass Marcic, René; Kt. 10, Memorandum zur Errichtung eines Interfakultären Instituts für Politische Wissenschaften an der Universität Salzburg, undat. [ca. 1967].

153 Das Interfakultäre Institut für Politikwissenschaft, 233 f.

154 Koja, René Marcic, 110.

155 Friedrich Koja, René Marcic (1919–1971), in: Jahrbuch der Universität Salzburg 1969/70–1970/71, 12 f., hier 12.

156 Vgl. u.a. Dr. Josef Klaus [Interview], 261.

157 Marcic, Erkenntnisse, 42.

158 ÖStA, AdR, BMU, PA Marcic, René; Marcic an das Professorenkollegium der Rechts- und Staatswissenschaftlichen Fakultät der Universität Salzburg, 26.11.1969.

Reise nach Australien wollte Marcic die „Wende zu den Sozialwissenschaften" vollziehen.[159] Wie Ilmar Tammelo berichtet, suchte der Salzburger Rechtsgelehrte mit seinen australischen Kollegen tatsächlich das offene Gespräch; er versuchte demnach keineswegs, Stone und dessen Mitarbeiter zum Naturrechtsdenken „zu bekehren". Vielmehr strebte er danach, einen Ausgleich zwischen der Naturrechtslehre und dem Rechtspositivismus herbeizuführen.[160]

Als Grenzgänger zwischen den Wissenschaften, den Medien und der Publizistik zögerte Marcic nicht, den Kontakt zu politischen Entscheidungsträgern aktiv zu pflegen. Zugleich machte er nie ein Hehl aus seiner eigenen politisch-ideologischen Orientierung. So stellte er in seiner Inaugurationsrede als Rektor der Universität Salzburg klar, dass er die Bildung der ÖVP-Alleinregierung durch Josef Klaus vorbehaltlos begrüße.[161] Mit Klaus selbst verband Marcic nicht nur die christlich-abendländisch geprägte ideologische Fundierung, sondern auch das Bewusstsein, dass Wissenschaft und Politik eng aufeinander angewiesen seien. Dazu kam die persönliche Neigung zum intellektuellen „Messianismus", die sowohl Klaus wie auch Marcic nachgesagt wurde.[162] Klaus hatte Marcic noch in dessen Zeit als Chefredakteur der „Salzburger Nachrichten" kennengelernt. Als er Bundeskanzler wurde, nahm Klaus den Rechtsgelehrten in die Kommission zur Reform der Grund- und Freiheitsrechte auf. Seit 1964 zählte Marcic darüber hinaus zu einer „Philosophenrunde", die aus Professoren sowie einigen CV-Kartellbrüdern bestand, die Klaus zu abendlichen Gesprächen ins Bundeskanzleramt einlud.[163] Nachdem Bundeskanzler Alfons Gorbach im Februar 1964 zurückgetreten war und Klaus die Kanzlerschaft übernommen hatte, reagierte Marcic als Anhänger Klaus' erfreut. Drimmel konstatierte hingegen, dass Marcic „das neue Regime mit herangezwungen" habe, während er „gegen diese Entwicklung mit allen Kräften Widerstand geleistet" habe.[164]

Ungeachtet oder gerade aufgrund seiner Nähe zu Klaus zögerte Marcic nicht, diesen für seine Politik sowohl zu loben als auch zu kritisieren. Seine gesicherte Position als Professor verschaffte ihm hierfür „eine vollkommene Freiheit". So schrieb Marcic im August 1965 an den Bundeskanzler, „daß Sie den richtigen Eros und das volle Ethos für einen Machthaber besitzen, dem die Staatskunst liegt." Er legte Klaus nahe, „systematisch die klassische Literatur über die Staatskunst und die Macht zu verfolgen" und nannte ihm hierzu Autoren und Philosophen wie Aristoteles, Cicero, Thukydides, Plutarch und Thomas von Aquin.[165] Damals stand Klaus noch vor jenem fulminanten Wahlsieg, der der ÖVP am 6. März 1966 die absolute Mehrheit einbringen sollte.

159 Schmolke, René Marcic, 151, zit. n. Michael Fischer, 17.4.2007.

160 Ilmar Tammelo, Meine Begegnung mit René Marcic über das Naturrecht, in: Dorothea Mayer-Maly/ Peter M. Simon (Hg.), Das Naturrechtsdenken heute und morgen. Gedächtnisschrift für René Marcic, Berlin 1983, 11–13, hier 11.

161 Vgl. René Marcic, Der Staatsmann in der Demokratie. Inaugurationsrede gehalten am 29. Oktober 1966 an der Universität Salzburg, Salzburg-München 1966, 9.

162 Klaus wurde in diesem Zusammenhang auch „intellektuelle Rechthaberei" vorgeworfen. Robert Kriechbaumer, Die Ära Klaus, in: ders. (Hg.), Die Ära Josef Klaus. Bd. 1: Dokumente, 11–97, hier 19.

163 Vgl. Josef Klaus, Macht und Ohnmacht in Österreich. Konfrontationen und Versuche, Wien-München-Zürich 1971, 42 f.; vgl. Weinzierl, Josef Klaus, 14. Zur starken Rolle des CV in der Regierung Klaus vgl. Rathkolb, Die paradoxe Republik, 195.

164 SLA, Nachlass Marcic, René; Kt. 12, Drimmel an Marcic, 1.3.1964.

165 KVI, Archiv, Korrespondenz Josef Klaus-René Marcic 1964–1970, Kt. 2538, Marcic an Klaus, 10.8.1965.

Obgleich er damit zum Chef einer Alleinregierung wurde, die ihm zumindest theoretisch ein hohes Maß an Handlungsfreiheit gewährte, wirkte Klaus in der Wahrnehmung von Teilen der Öffentlichkeit allerdings bereits relativ kurze Zeit später stark verbraucht. Als Bundeskanzler wurde Klaus nämlich zwischen den verschiedenen Interessen von Ländern und Bünden der ÖVP zerrieben. Infolge der dadurch ausgelösten innerparteilichen Konflikte sah er sich im Zuge einer „Hofübergabe" sogar dazu genötigt, die Macht mit Generalsekretär und Klubobmann Hermann Withalm als neuem Vizekanzler zu teilen. Dieser war der eigentliche „starke Mann" in der Partei.[166] Marcic kommentierte diese Situation in einem Schreiben an Klaus, in welchem er das vertrauliche „Du" verwendete, wie folgt: „[...] die Hofübergabe, der Eindruck, den Du in der Öffentlichkeit erweckt hast, als ob Du die Flinte ins Korn geworfen hättest: dies alles war so unglücklich, daß ich mich frage, wer Dich eigentlich wirklich berät."[167] Dass hier auch Resignation darüber mitgeschwungen haben könnte, von Klaus als Berater vermeintlich zu wenig gehört worden zu sein, kann anhand der zitierten Briefpassage nur vermutet werden.

Obgleich Marcic enge Bindungen an die ÖVP hatte, suchte er auch Gespräche und Debatten mit dem politischen Gegner. So nahm Marcic bereits 1957 als geladener Diskutant „aus dem katholischen Lager", „dessen Entwürfe die Debatte belebten", an einem Treffen des BSA in Salzburg teil.[168] Er freute sich darüber, dass seine Antrittsvorlesung als neu berufener Professor der Salzburger Universität auch in SPÖ-Kreisen auf positive Resonanz stieß und diese – wie er es gegenüber Klaus formulierte – „den Dialog mit der ‚altera pars' in Bewegung gebracht" habe.[169] Marcic betonte die parteipolitische Neutralität des von ihm geleiteten Instituts für Rechts- und Staatsphilosophie. Es gehe ihm und seinen Mitarbeitern darum, „das politische Gespräch anzuheizen und Reformen zu injizieren."[170] Hierfür benötigte er aber auch Geld. Da sein Institut vom Staat deutlich unterdotiert war, ließ er mit Hilfe von „Institutsmäzenen" einen „grauen Fonds" anlegen, der von einem ehemaligen Bankdirektor ehrenamtlich verwaltet wurde. Nicht zuletzt mit Verweis darauf, dass die beiden „Sozialisten" Norbert Leser und Günther Nenning an seinem Institut ihre Habilitation vorbereiteten, gelang es ihm, über Vermittlung der „Gewerkschaftsbank" BAWAG durch die Wiener Volksbuchhandlung wissenschaftliche Bücher im Wert von rund 2500,- öS zu erhalten. Zu den weiteren Geldgebern seines Instituts zählten u.a. die Kammer für Arbeiter und Angestellte, deren Direktor Hans Floretta für eine finanzielle Förderung des Marcic-Instituts in Höhe von 3000,- öS sorgte, sowie die prominenten Unternehmerpersönlichkeiten Julius Meinl (2500,- öS) und Louise Piëch (500,- öS).[171]

166 Robert Kriechbaumer, Der lange Weg in die Moderne. Ein mentalitätsgeschichtlicher Essay zur Geschichte der Zweiten Republik, in: ders. (Hg.), Österreichische Nationalgeschichte nach 1945. Die Spiegel der Erinnerung: Die Sicht von innen. Bd. 1, Wien-Köln-Weimar 1998, 17–48, hier 34.

167 KVI, Archiv, Korrespondenz Josef Klaus-René Marcic 1964–1970, Kt. 2538, Marcic an Klaus, 31.5.1968.

168 Zit. n. Hoffmann, „Bund sozialistischer Anfänger", 260.

169 KVI, Archiv, Korrespondenz Josef Klaus-René Marcic 1964–1970, Kt. 2538, Marcic an Klaus, 24.11.1964 sowie Klaus an Marcic, 30.11.1964; vgl. hierzu auch: Ein großer Abend für die Universität, in: Demokratisches Volksblatt, 21.11.1964, 9.

170 SLA, Nachlass Marcic, René; Kt. 9, Marcic an Guntram Hämmerle, 31.8.1966.

171 SLA, Nachlass Marcic, René; Kt. 9, Marcic an Fritz Klenner, 14.7.1964; Liste der Sponsoren, Spendenein-

Kritik an Marcic entzündete sich von Seiten einiger seiner Gesinnungsfreunde vor allem daran, dass er als Förderer von Norbert Leser galt.[172] Marcic wehrte sich allerdings in einem persönlichen Brief an Klaus vehement gegen Verdächtigungen, er betriebe „an der Salzburger Uni eine ‚rote Politik'". Darüber könne er nur lachen. Er lasse sich nämlich nur dort auf „‚rote Politik' ein, wo er „mit nach menschlichem Ermessen voller Sicherheit rechne, daß die Betreffenden geistig nicht imstande sind, mir davonzulaufen: so daß ich per Saldo einen Gewinn in das Haus des fortschrittlichen Konservatismus trage." Er selbst sei es schließlich gewesen, der seit Jahren in den „Salzburger Nachrichten" davor gewarnt habe, dass die Sozialdemokraten „ihre hellsten Köpfe, von denen sie nicht viele haben", in Institutionen wie den Verfassungsgerichtshof „hineinschmuggeln" würden. Die ÖVP habe er in der von ihm geleiteten Zeitung zudem vor Christian Broda gewarnt, der „der gefährlichste Gegner" sei, „den die ÖVP und die Katholiken je gehabt" hätten. Seine Hinweise seien jedoch nie gehört worden.[173] Marcic führte zwar keine Gründe dafür an, die die „Gefährlichkeit" Brodas belegen hätten sollen. Er dürfte sich dabei aber wesentlich auf dessen Pläne für eine weitreichende Liberalisierung des Familien- und Strafrechts bezogen haben. Während Broda als Justizminister damit Anfang der 1960er-Jahre in der Koalitionsregierung mit der ÖVP noch gescheitert war, konnte er seine Reformen im zweiten Anlauf seiner Ministerschaft in der Ära Kreisky dann tatsächlich umsetzen.[174]

Klaus dürften Marcic' Rechtfertigungsversuche, soweit sie seine eigene Person betrafen, nur zum Teil beeindruckt haben. So hielt er diesem in ebenso großer Offenheit entgegen, dass Leser „ein so geeichter Marxist" sei, „dass daraus per Saldo kaum ein Gewinn für unsere gemeinsame gute Sache herausschauen" werde.[175] In seinem Antwortbrief vermied es Marcic, hierauf einzugehen. Er bestand aber darauf, dass „der weltanschauliche Gegner" genau wisse, wo er selbst ideologisch stehe.[176] Als Beleg legte er seinem Schreiben einen Artikel bei, der unlängst im „Demokratischen Volksblatt" erschienen war. Dessen Verfasser war der Rechtsanwalt und Journalist Friedrich Bill, der 1939 ins Exil nach Ecuador gegangen war und in den 1950er-Jahren nach Österreich zurückkehrte.[177] Bill kritisierte Marcic dafür, dass dieser mit dem konservativen Publizisten Otto Roegele, dem damaligen Herausgeber des „Rheinischen Merkur", dem Ordensgeistlichen Franz-Martin Schmölz sowie dem leidenschaftlichen Habsburg-Anhänger Thomas Chaimowicz, der im Übrigen „sein regster Adlatus" sei, einen Stab streng konservativer Mitarbeiter aufgebaut habe. Jeder von ihnen personifiziere „ein Programm, mehr ein politisches als ein wissenschaftliches".[178]

gänge Mai bis Juli 1964.

172 Dieser Umstand erfüllte etwa den SPÖ-Parlamentsabgeordneten Heinz Frohn „mit Hochachtung". SLA, Nachlass Marcic, René; Kt. 3, Heinz Frohn an Marcic, 5.9.1967. Siehe zu Leser das Kap. 3.4.

173 KVI, Archiv, Korrespondenz Josef Klaus-René Marcic 1964–1970, Kt. 2538, Marcic an Klaus, 17.7.1965.

174 Vgl. hierzu Wirth, Christian Broda, 209–248; 406–448; 484–490.

175 KVI, Archiv, Korrespondenz Josef Klaus-René Marcic 1964-1970, Kt. 2538, Klaus an Marcic, 21.7.1965.

176 KVI, Archiv, Korrespondenz Josef Klaus-René Marcic 1964-1970, Kt. 2538, Marcic an Klaus, 4.8.1965.

177 Vgl. zu Bill Lothar Mertens, Unermüdlicher Kämpfer für Frieden und Menschenrechte. Leben und Wirken von Kurt R. Grossmann, Berlin 1997, 100.

178 Friedrich Bill, Salzburgs politische Lehrkanzel, in: Demokratisches Volksblatt, 24.7.1965.

Während Marcic seine ideologische Festigkeit unter Beweis stellen wollte, indem er Klaus darauf hinwies, dass er von politisch linksgerichteter Seite kritisiert werde, dürfte ihm die Schützenhilfe von sozialdemokratischer bzw. sozialistischer Seite in einem anderen Zusammenhang durchaus gelegen gekommen sein. Im Oktober 1969, kurz bevor er von Salzburg Richtung Australien aufbrach, holten ihn nämlich einige der als problematisch zu beurteilenden Aspekte seiner Lebensgeschichte neuerlich ein. In der Zeitschrift „Neue Alternative", die vom Verband Sozialistischer Studenten herausgegeben wurde, war nämlich ein pamphletartiger Artikel von Michael Siegert erschienen, der den Salzburger Rechtswissenschaftler politisch scharf angriff. Unter dem Titel „Faschismus und Obskurantismus – das sanfte Gesetz des René Marcic" erklärte dessen Verfasser, dass Marcic „nicht mehr und nicht weniger als der Spann der Zweiten Republik" sei. Siegert spielte damit auf Othmar Spann an, einen Theoretiker des „Universalismus". Spann war in der Zwischenkriegszeit einer der prominentesten Vordenker autoritärer und faschistischer Gesellschaftskonzepte gewesen.[179] Abgesehen von dieser „starken These", die Siegert breit auszuführen suchte, verwies der Verfasser auf die fragwürdige Rolle Marcic' im Ustascha-Regime, der „die Regierung Pavelić" angeblich „bei der Eröffnung einer Wiener Kunstausstellung 1943 in Diplomatenuniform repräsentiert" habe, sowie auf die „de Mendelssohn-Affäre" und die Versuche Marcic', im Zuge der „Karfreitagsbetrachtungen" mit sich ins Reine zu kommen.[180]

Einige der bis heute umstrittenen Aspekte von Marcic' Biographie wurden damit erstmals ins Rampenlicht der Öffentlichkeit geholt. Darüber hinaus ist es hinsichtlich der Vernetzung Marcic' dies- und jenseits der Grenzen der katholisch-konservativen Kreise aufschlussreich zu sehen, wie er selbst sowie seine Unterstützer auf der „linken Seite" des politischen Spektrums auf Siegerts Angriff reagierten. Die Angelegenheit schien Marcic jedenfalls wichtig genug zu sein, dass er sich an Sektionschef Brunner vom Unterrichtsministerium wandte. Er ließ diesem eine Gegendarstellung zukommen, die sein Assistent Helmut Schreiner tags zuvor an die Redaktion der „Neuen Alternative" geschickt hatte.[181] Siegerts Streitschrift stieß aber auch bei Sozialdemokraten wie etwa dem Journalisten und Politiker Herbert Moritz (Unterrichtsminister 1984–1987) auf Widerspruch. Marcic sei weder Monarchist, noch Faschist oder Antisemit. Der Wiener KPÖ-Politiker Viktor Matejka meinte, dass „sich bestimmt einiges gegen René Marcic einwenden" ließe, der vorliegende Artikel sei aber nur „dilletantische[s] [sic!] Zeug". Günther Nenning, den Marcic als kritischen Intellektuellen zu schätzen wusste,[182] verteidigte diesen sogar mit markigen Worten. Marcic habe „schon sehr früh Verständnis und Sympathie" für die Studentenbewegung gezeigt und sei sogar „um den Marxismus bemüht".

179 Vgl. zu Spann nach wie vor u.a. Klaus-Jörg Siegfried, Universalismus und Faschismus. Das Gesellschaftsbild Othmars Spanns, Wien 1974.

180 Michael Siegert, Faschismus und Obskurantismus – das sanfte Gesetz des René Marcic, in: Neue Alternative 4, H. 3/4 (Juni–Juli 1969), 8–12, hier 8, 9, 10 f.

181 ÖStA, AdR, BMU, PA Marcic, René; Marcic an Walter Brunner, 2.7.1969; Helmut Schreiner an die Redaktion der „Neuen Alternative", 1.7.1969.

182 So nannte Marcic den „SP-Nenning" mit Hochachtung als einen derjenigen, der – im Unterschied zu den eigenen ÖVP-Gesinnungsgenossen – seine Argumente aufgegriffen habe. KVI, Archiv, Korrespondenz Josef Klaus-René Marcic 1964-1970, Kt. 2538, Marcic an Klaus, 17.7.1965.

Die Beschuldigungen Siegerts seien daher „an den Haaren herbeigezogen". Er betrachte sie als bloßen „pseudo-revolutionären Kretinismus".[183]

Anfang Oktober 1971 befand sich Marcic zusammen mit seiner Frau Blanka auf dem Heimweg nach Österreich. Zuvor hatte er noch Hans Kelsen in Kalifornien besucht, und ehe er sich auf den Weg nach Salzburg machte, legte er auch einen Zwischenstopp in London ein. Marcic sollte jedoch Salzburg nie mehr erreichen. Das Flugzeug, mit dem er unterwegs war, explodierte nämlich am 2. Oktober 1971 zwanzig Kilometer westlich von Gent in Belgien und stürzte ab. Der tragische Tod des Ehepaars Marcic sorgte für zahlreiche erschütterte Reaktionen. In den Nachrufen auf ihn wurde nicht zuletzt die ungewöhnliche „Arbeitsintensität" Marcic' betont, der sich selbst eine „typische Arbeitswut" bescheinigt und bei einem Arbeitstag von vierzehn bis sechzehn Stunden seinen Schlaf zeitweise auf vier Stunden reduziert hatte.[184] Diese Leistung sei aber – wie Weggefährten berichteten – nur durch die „Mitarbeit seiner Frau Blanka" möglich gewesen. Diese habe „ausschließlich für ihn und durch ihn" gelebt[185] und teilte damit das Schicksal vieler Professorengattinnen, die im Schatten ihres Mannes blieben. Das Ehepaar Marcic war kinderlos geblieben und hatte die Rechts- und Staatswissenschaftliche Fakultät der Universität Salzburg als ihre Universalerbin eingesetzt. In seiner Sitzung vom 5. Oktober 1971 – drei Tage nach Marcic' Tod – erklärte das Professorenkollegium der Fakultät, diese Erbschaft annehmen zu wollen.[186] 1974 wurde in Salzburg eine voluminöse zweibändige Gedächtnisschrift zur Erinnerung an Marcic präsentiert, an der sich zahlreiche frühere Weggefährten aus Wissenschaft, Journalistik und Politik mit eigenen Beiträgen beteiligten.[187]

René Marcic wird hier als eine Schlüsselfigur der Salzburger Universitätsgründung der 1960er-Jahre angesehen. Seine von ihm selbst nie restlos in allen – auch problematischen – Details aufgearbeitete Vergangenheit im faschistischen kroatischen Ustascha-Staat macht ihn allerdings auch zu einem der bis heute umstrittensten Akteure der „Gründergeneration".[188] Seine unbestreitbaren Verdienste liegen darin, dass er es verstand, als akademischer Multifunktionär die Salzburger Universitätssache gegen vielerlei Widerstände voranzutreiben. Dabei dürfte ihm in entscheidender Weise seine Fähigkeit geholfen haben, mit Politikern, Wissenschaftlern und Beamten unterschiedlicher politischer Couleur und/oder Affinität ins Gespräch zu kommen und diese für maßgebliche Interessen der Universität zu gewinnen. Als

183 Diskussion: Briefe zu: M. Siegert, Das Sanfte Gesetz des René Marcic, in: Neue Alternative 4 (September-Oktober 1969), 25 f. (Leserbriefe von Günther Nenning, Dorothea Mayer-Maly, Herbert Moritz, Helmut Schreiner und Viktor Matejka.)

184 ÖStA, AVA, Familienarchive/Nachlässe, Nachlass Drimmel, Heinrich; Marcic an Drimmel, 21.11.1963; PLUS, Personalabteilung, PA Marcic, René; Marcic an das Hohe Professoren-Kollegium der Phil. Fakultät der Universität Salzburg, 26.1.1968.

185 Karl Heinz Ritschel, In memoriam René Marcic, in: Salzburger Nachrichten, 4.10.1971; vgl. zur Beziehung zwischen René und Blanka Marcic auch Leser, René Marcic, 81.

186 ÖStA, AdR, BMU, PA Marcic, René; Prodekan Franz Matscher an das BMWF, 19.1.1973.

187 Fischer/Jakob u.a. (Hg.), Dimensionen des Rechts.

188 Die Kontroversen um Marcic schlugen sich zeitweilig selbst in der tendenziösen Berichterstattung der Boulevardpresse nieder. Vgl. hierzu u.a. Marcic und Tomicic auf der Flucht nach St. Gilgen! In: Kronen Zeitung, 3.2.2016. https://www.krone.at/494356 (19.12.2018).

einflussreicher und in entsprechenden akademischen Milieus gut vernetzter Ideengeber verkörperte Marcic darüber hinaus in einem hohen Maße den spezifischen „katholischen Geist“ an der Alma Mater Paridiana der 1960er-Jahre. Marcic’ Ableben im Oktober 1971 markierte insofern eine Zäsur in der Geschichte der „Gründergeneration“, weil einer ihrer markantesten Repräsentanten damit völlig unerwartet von der Bühne abgetreten war. Die von Marcic maßgeblich initiierten interfakultären und interdisziplinären Kooperationen wurden jedoch über seinen Tod hinaus weiter fortgesetzt. Fritz Fellner, Theo Mayer-Maly, Franz-Martin Schmölz oder Erika Weinzierl, mit denen ihn eine kollegiale Arbeitsbeziehung und das enthusiastische Eintreten für die Interessen der Salzburger Universität verbunden hatte, sorgten diesbezüglich für ein hohes Maß an fachlich profilierter Kontinuität.

4.2.3. Ein neuer „Fall Borodajkewycz“? Adalbert Schmidts umstrittene Berufung nach Salzburg

Der 1906 in Wien geborene Literaturhistoriker Adalbert Schmidt ist in der vorliegenden Studie bereits mehrfach erwähnt worden. So wird in den Kapiteln 1.1 und 1.3 darauf hingewiesen, dass Schmidt bereits seit 1949 an der Salzburger Theologischen Fakultät als Lehrbeauftragter für Sprecherziehung sowie als Vortragender am Auditorium Academicum arbeitete. In Kap. 3.1 wird Schmidts bürgerliche soziale Herkunft als Sohn eines Beamten und späteren Ministerialrats erwähnt. In den nachstehenden Ausführungen geht es um Schmidts Berufung auf das Ordinariat für Österreichische Literaturgeschichte an der Universität Salzburg. Diese wird hier deshalb näher ausgeführt, weil sie die umstrittenste Berufung eines Professors darstellte, die in den 1960er-Jahren an der Universität Salzburg zu verzeichnen war. Um die Proteste zu verstehen, die sich gegen Schmidts Ernennung erhoben, wird im Folgenden zunächst ausführlich auf dessen biographischen Werdegang und publizistisches Wirken zwischen den 1930er- und 1950er-Jahren eingegangen. Es wird abschließend auch danach gefragt, warum Schmidt ungeachtet der Kritik an seiner Person am 24. Juni 1966 zum ordentlichen Professor ernannt wurde und wie er diese Position bis zu seiner Emeritierung 1976 ausfüllte.

Adalbert Schmidt absolvierte das Humanistische Gymnasium in Wien-Währing und studierte an der Universität Wien Germanistik und Geschichte, wo er 1930 zum Dr. phil. promovierte. Seine Dissertation, die er über den deutschen Schriftsteller Wilhelm Holzamer verfasst hatte, wurde von Paul Kluckhohn und Richard Kralik begutachtet.[189] Noch im Jahr seines Studienabschlusses nahm Schmidt, der mit Deutschböhmen familiär verbunden war, eine Tätigkeit als Verlagslektor beim Sudetendeutschen Verlag Franz Kraus in Reichenberg (Liberec) auf. Er betätigte sich ferner als Privatgelehrter, arbeitete für Radio Wien und verfasste Theaterberichte für deutschnational orientierte Zeitungen in Deutschland und Österreich. Schmidt fungierte zwischen 1934 und 1936 zudem als Mitherausgeber der Zeitschrift „Lebendige Dichtung – Österreichische Monatshefte für Deutsches Schrifttum“.[190] Gegenüber der Reichsschrifttumskammer gab er später an, dass er diese Zeitschrift selbst begründet und

189 UAW, Philosophische Fakultät, Rigorosenakt PH RA 10435 Schmidt, Adalbert, 15.11.1929.
190 Vgl. Weiss/Zelewitz/Müller, Univ. Prof. Dr. Adalbert Schmidt.

zusammen mit seinen Mitherausgebern mit eigenen finanziellen Mitteln am Leben gehalten habe. Zweck der Zeitschrift sei die Förderung des „völkischen Schrifttums" gewesen.[191] Ihr Verleger Adolf Luser war in der NS-Presse hoch angesehen. Zu den bekanntesten Publikationen, die Lusers Verlag herausbrachte, zählte die „gesamtdeutsch" und völkisch ausgerichtete Kulturzeitschrift „Der Getreue Eckart".[192] Wie es im November 1941 in einem Nachruf auf den Verleger hieß, habe dieser „seit jeher den großdeutschen Gedanken in den Vordergrund" gerückt und „besonders in der illegalen Zeit wertvolle geistige Vorarbeit geleistet für die Heimkehr der Ostmark ins Reich."[193]

Schmidt habilitierte sich 1939 an der Universität Wien für das Fach Neuere Deutsche Literaturgeschichte. Ihm wurde nach „reichsdeutschem" Recht der Grad eines „Dr. phil. habil." verliehen. Als Habilitationsschrift hatte er eine Studie über Helferich Peter Sturz, einen deutschen Schriftsteller der Aufklärungszeit, an der Philosophischen Fakultät der Universität Wien eingereicht.[194] Die Arbeit wurde von der Fakultät zwar als Habilitationsschrift angenommen, jedoch wurde sie nicht allzu günstig beurteilt. Sie sei nämlich „mehr ein sehr gelungenes Exercitium als eine wegweisende Studie".[195] Weitere akademische Karriereschritte gelangen Schmidt in der Zeit des „Dritten Reiches" nicht mehr. Der damals einflussreiche Wiener Germanist Josef Nadler spielte hierfür eine entscheidende Rolle. Nadler bemängelte insbesondere Schmidts akademische Lehrprobe, die dieser nach mehrjähriger Verspätung im Mai 1944 zu dem Thema „Adalbert Stifter und seine dichterische Nachfolge" gehalten hatte. Für Nadler handelte es sich dabei um „keine akademische Vorlesung". Schmidt halte seine feuilletonistischen für wissenschaftliche Arbeiten; entsprechend oberflächlich sei auch seine Darstellung ausgefallen.[196] Auch nach 1945 wurde nicht zu Unrecht kolportiert, dass Schmidts Probevorlesung von Josef Nadler „negativ beurteilt" beurteilt worden und seine Ernennung zum Dozenten daher nicht zustande gekommen war. Möglicherweise sei dies auch daran gelegen, dass der Habilitationswerber seine Vorlesung nur im Zuge eines kurzen Fronturlaubs vorbereiten habe können.[197] Dass Schmidt als Dozent von der Universität Wien zurückgewiesen wurde, lag neben den fachlichen Gründen aber möglicherweise auch daran, dass er den National-

---

191 BArch, R 9361-V/35032, Schmidt, Adalbert; Kurzer Lebenslauf, 20.8.1938.

192 Vgl. Murray G. Hall, Österreichische Verlagsgeschichte 1918–1938. Bde. 1–2,2: Belletristische Verlage der Ersten Republik, Wien-Köln-Graz 1985, 269 f.

193 Adolf Luser gestorben, in: Neues Wiener Tagblatt, 21.11.1941, 4.

194 ÖStA, AdR, BMU, PA Schmidt, Adalbert; Curriculum Vitae, undat. [1965]. Vgl. Schmidt, Helferich Peter Sturz.

195 UAW, Personalakt PH PA 3326, Schmidt, Adalbert; Josef Nadler, Beurteilung der Habilitationsschrift, 5.6.1939.

196 UAW, Personalakt PH PA 3326, Schmidt, Adalbert; Beurteilung Josef Nadler, 8.5.1944; Arthur Marchet an Schmidt, 9.6.1944.

197 ÖStA, AdR, BMU, PA Schmidt, Adalbert; Universität Salzburg, Institut für deutsche Sprache und Literatur, Vorschlag für die Besetzung der Lehrkanzel für Österreichische Literaturgeschichte an der Universität Salzburg, 6.4.1965. O. Höfler stellte 1963 fest, dass Schmidt im Mai 1944 zwar seine Lehrprobe ablegen habe können. Diese sei aber von Josef Nadler „reprobiert" worden, so dass er nicht Dozent habe werden können. ÖStA, AdR, Hauptreihe I (1945–1965), Sig. 9, Univ. Salzburg, Kt. 674, Otto Höfler, Sondervotum betreffend Universität Salzburg, Lehrstuhl für Germanistik, 25.4.1963 [pag. 1–16, hier 3 (Zit.)].

sozialisten zu sehr christlich-katholisch eingestellt war und er diesen somit zu wenig auf ihrer Linie zu sein schien.[198]

Obgleich seine Erfolge im akademischen Bereich eher begrenzt blieben, erfuhr Schmidt im „Dritten Reich“ mit seinem publizistischen Schaffen ein hohes Maß an Anerkennung. Diese kam auch dadurch zum Ausdruck, dass er mit Wirkung vom 1. Juli 1938 als Schriftsteller in die Reichsschrifttumskammer aufgenommen wurde.[199] Dem lag eine befürwortende Stellungnahme der Landesleitung Österreich der Reichsschrifttumskammer zugrunde, in der Schmidts Mitgliedschaft in der Vereinigung der bodenständigen Künstler Österreichs hervorgehoben wurde.[200] Diese Künstlervereinigung leitete mit Josef Weinheber einer der damals populärsten österreichischen Erzähler und Lyriker, der auch von den Nationalsozialisten geschätzt wurde und zu einem wichtigen Akteur des NS-Kulturbetriebs avancierte. Im selben Jahr 1938 attestierte ein Rezensent Schmidts Buch *Die sudetendeutsche Dichtung der Gegenwart*, dass es „Sachlichkeit durchaus mit klarer Frontbildung in geistespolitischen Dingen“ vereinbaren würde.[201] Ein weiterer Rezensent lobte die von Schmidt herausgegebene Anthologie *Ostmark-Lyrik der Gegenwart* als „schönes Zeugnis der Dichtkunst der Ostmark“. Lyrik wurde keineswegs einer politikfernen Sphäre zugeordnet. Derselbe Literaturkritiker Kurt Ziesel, der Schmidts „ostmärkische“ Gedichtsammlung im Unterschied zu dessen Buch *Deutsche Dichtung in Österreich* (siehe unten) als „vorbildlich“ pries, betonte im Gegenteil deren politische Relevanz. Denn gerade „die Heimkehr ins Reich und der Gedanke des ewigen deutschen Volkes“ fänden in dem von Schmidt herausgegebenen Gedichtband „besonders starken Niederschlag“.[202] Schmidt selbst publizierte auch im „Völkischen Beobachter“, dem „Kampfblatt der nationalsozialistischen Bewegung Großdeutschlands“. Er beschwor affirmativ den Mythos des „Reiches“ und idealisierte das bäuerliche Leben als Ausdruck einer „volkhaften Sendung“. Damit befand er sich zwar auf der Linie der NS-Ideologie von „Blut und Boden“. Er selbst propagierte jedoch eher allgemeine völkische Topoi, die bereits vor dem Aufkommen des Nationalsozialismus verbreitet gewesen waren.[203]

Schmidts Bindungen an den deutsch-völkisch geprägten Teil des kulturellen Lebens in Wien und der Sudetengebiete der Tschechoslowakei dürften maßgeblich dazu beigetragen

198 Im Schmidts Personalakt im UAW finden sich für diese These allerdings keine stichhaltigen Argumente. Vgl. Weiss/Zelewitz/Müller, Univ.-Prof. Dr. Adalbert Schmidt (1906-1999); vgl. hierzu auch Pit Thommes, Neue Tendenzen in der Germanistik, in: Österreichische HochschülerInnenschaft (Hg.), Österreichische Hochschulen, 434–440, hier 438.

199 BArch, R 9361-V/35032, Schmidt, Adalbert; Mitteilung an Adalbert Schmidt, 29.3.1939.

200 BArch, R 9361-V/35032, Schmidt, Adalbert; Persönliche Stellungnahme des Landesleiters zum Aufnahmeantrag für die Reichsschrifttumskammer, 11.2.1939.

201 Richard Pattscheider, Rez. Schmidt, Adalbert: Die sudetendeutsche Dichtung der Gegenwart, Sudetendeutscher Verlag Fr.[anz] Kraus, Reichenberg 1938, in: Deutsche Kultur im Leben der Völker. Mitteilungen der Akademie zur wissenschaftlichen Erforschung und zur Pflege des Deutschtums, Sonderheft zur Hauptversammlung 1938, 501–503, hier 501.

202 Kurt Ziesel, Lyrik der Ostmark. Eine besondere Anthologie, in: Neues Wiener Tagblatt, Sonntagsbeilage, 30.7.1939, 9.

203 Vgl. Adalbert Schmidt, Kleine Bücherschau – Weltkriegsdichtung, in: Völkischer Beobachter (Wiener Ausgabe), 21.4.1940, 7; Adalbert Schmidt, Karl Schönherr, in: Völkischer Beobachter (Wiener Ausgabe), 24.2.1942, 3.

haben, dass er bereits in den Jahren vor dem „Anschluss" Österreichs an das Deutsche Reich mit den Nationalsozialisten sympathisierte. Am 7. Juni 1938 beantragte Schmidt seine Aufnahme in die NSDAP. Er wurde rückwirkend per 1. Mai 1938 als Parteianwärter der NSDAP sowie als Mitglied der Nationalsozialistischen Volkswohlfahrt (NSV) und des Verbands für das Deutschtum im Ausland (VDA) geführt und erhielt die NSDAP-Mitgliedsnummer 6.125.099.[204] Der Literaturhistoriker zählte damit zu jenen NS-Parteigängern, die sich bereits vor dem 11. März 1938 im nationalsozialistischen Sinne betätigt hatten und die nach dem „Anschluss" erstmals für die Zentralkartei beim Reichsschatzmeister der NSDAP erfasst wurden. Diese NS-Sympathisanten oder „illegalen" Parteigänger wurden als „Altparteigenossen" eingestuft und erhielten eine Mitgliedsnummer aus dem Nummernblock von 6.100.001 bis 6.600.000, der für sie reserviert war. Für diesen Personenkreis wurde als einheitlicher Aufnahmetag der 1. Mai 1938 festgesetzt.[205]

Im Oktober 1938 erstellte Hans Fischer, der Ortsgruppenleiter der NSDAP-Ortsgruppe Gatterburg in Wien-Döbling, eine „politische Beurteilung" zu Schmidt. Aus dieser geht hervor, worin die Meriten Schmidts aus NS-Perspektive bestanden. Fischer führte folgende „Verdienste in der Bewegung" ausdrücklich an: „Als Schriftsteller durch sein im Jahre 1935 im Adolf Luser Verlag erschienen [sic!] Buch ‚Deutsche Dichtkunst [sic!] in Oesterreich'. Weiters durch seine Tätigkeit im Kulturamt der Deutschen Studentenschaft als Referent gegen die jüdische Presse." Der Ortsgruppenleiter behauptete ferner, dass Schmidt „bis zum Umbruch" „national eingestellt" gewesen sei. Mitglied der NSDAP sei er „seit dem Umbruch"; im „Juni 1938" habe ihn die Ortsgruppe Gatterburg aufgenommen.[206] Übrigens trug Schmidts Buch – abweichend von Fischers Wiedergabe – den Titel *Deutsche Dichtung in Österreich.*[207] Da Schmidt „in der Verbotszeit schon nationalsozialistisch eingestellt" gewesen sei und er sich überdies „propagandistisch betätigt" habe, bestanden ferner „in politischer Hinsicht keine Bedenken" dagegen, dass dieser ab 1942 als Wehrmachtsbeamter verwendet wurde. Dass er seit 1. Mai 1938 „Parteigenosse" sei, bestätigte auch die Geheime Staatspolizei Wien in einem Schreiben an das Gaupersonalamt des Reichsgaus Wien.[208]

Ab März 1940 diente Schmidt beim Feldheer in Polen. Nach seiner Ausbildung zum Wehrmachtsbeamten wurde er von Jänner 1943 bis April 1945 beim Feldheer an der Ostfront eingesetzt, wo er zweimal verwundet wurde und als letzten Dienstgrad jenen eines Oberzahlmeisters

204 ÖStA, AdR, Gauakt Schmidt, Adalbert, Gauleitung Wien, Personalamt, an die NSDAP-Ortsgruppe Gatterburg, 3.4.1942; BArch Berlin, NSDAP-Mitgliederkartei, R 9361-VIII Kartei / 19380995, Kasten 1938, Karte 995, Schmidt, Adalbert.

205 Vgl. hierzu zuletzt auch Kurt W. Bauer, Die dunklen Jahre: Politik und Alltag im nationalsozialistischen Österreich, Frankfurt/M. 2017, 127 f.

206 ÖStA, AdR, Gauakt Schmidt, Adalbert; Ortsgruppenleiter der Ortsgruppe Gatterburg an die NSDAP Gau Wien, Kreisleitung VIII, 3.10.1938.

207 Vgl. Adalbert Schmidt, Deutsche Dichtung in Österreich. Eine Literaturgeschichte der Gegenwart, Wien-Leipzig 1935.

208 ÖStA, AdR, Gauakt Schmidt, Adalbert, Ortsgruppenleiter Kreis IX, Hohe Warte, an die NSDAP Gau Wien, Kreisleitung IX, 29.5.1942; Geheime Staatspolizei, Staatspolizeileitstelle Wien, an die NSDAP, Gauleitung Wien, Gaupersonalamt, 4.6.1942.

hatte. Am 6. März 1946 wurde er aus englischer Kriegsgefangenschaft entlassen.[209] Da seine Wiener Wohnung durch Bombenschäden unbewohnbar war, bezog Schmidt 1946 zunächst ein Notquartier im Dechanthof der Gemeinde Altenmarkt/Pongau (Salzburg),[210] wo er als Landwirt arbeitete. Die Registrierungsbehörde Altenmarkt verzeichnete ihn als „Parteianwärter von Mai 1938 bis März 1940". Schmidt selbst gab gegenüber dem Landesinvalidenamt Salzburg an, dass er in diesem Zeitraum Anwärter der NSDAP, also kein förmliches Parteimitglied, gewesen sei.[211] Ob er möglicherweise während seines Kriegsdiensts bei der Wehrmacht nicht davon erfuhr, dass er förmlich in die NSDAP aufgenommen worden war, oder ob er diesen Sachverhalt nach 1945 bewusst verschwieg, kann aufgrund der vorliegenden Aktenüberlieferung nicht entschieden werden. 1945/47 waren im Zuge der Entnazifizierung neben den Parteimitgliedern auch Parteianwärter dazu verpflichtet, sich als ehemalige Nationalsozialisten registrieren zu lassen.[212]

Für die historische Beurteilung ist vor allem die Feststellung relevant, dass Schmidt eindeutig als publizistisch aktiver Anhänger der „völkischen Bewegung" der 1930er-Jahre zu charakterisieren ist. Schmidt wurde im Jahr 1906 geboren. Er gehörte somit der „Kriegsjugendgeneration" an, die nicht in den Ersten Weltkrieg eingezogen worden war und die sich in den 1920er- und 1930er-Jahren als für politisch weit rechts stehende Gruppierungen anfällig erwies. Die NSDAP dürfte Schmidt zumindest anfänglich vor allem deshalb unterstützt haben, weil sie die von den „Völkischen" seit langem angestrebte und ersehnte „großdeutsche Einheit" mit dem größten Nachdruck zu verwirklichen schien.

Schmidts Buchpublikation *Deutsche Dichtung in Österreich* vermittelt weitere Hinweise darauf, welche Anschauungen der damals 29-jährige Schmidt über Literatur zu verbreiten suchte, und wie dieses Buch in dem von den Nationalsozialisten „gleichgeschalteten" Literaturbetrieb in Deutschland rezipiert wurde. Die *Deutsche Dichtung in Österreich* ist darüber hinaus auch deshalb von Interesse, weil sie im Zuge der späteren Kontroverse um Schmidts Berufung an die Universität Salzburg – wie im Folgenden noch erläutert wird – sowohl von seinen Verteidigern, als auch von seinen Gegnern argumentativ ins Treffen geführt wurde. Einen besonders umstrittenen Aspekt bildete dabei die Frage, wie Schmidt das Wirken österreichischer Schriftsteller jüdischer Herkunft darstellte und beurteilte. Hierzu mögen im Folgenden einige Belege die damalige Argumentationsweise und den sprachlichen Duktus Schmidts exemplarisch beleuchten. So schrieb er über Arthur Schnitzler, dass bei diesem „der kritische Verstand als Erbe seines jüdischen Blutes sezierend hinter seinen Gefühlen her" sei. „Allen seinen Bühnenwerken haftet solche Bewußtheit an, eine kluge Witterung für das Wirkungsvolle, Nervenreizende, Prickelnde [...] Auch die übermäßige Hervorkehrung des Geschlechtlichen

209 ÖStA, AdR, BMU, PA Schmidt, Adalbert; Wehrmachtsfürsorge und Versorgungsamt Salzburg, Fürsorge- und Versorgungsakten Dr. Adalbert Schmidt, 1945/46.

210 Vgl. Karl Müller, Schmidt, Adalbert Josef Johann, in: Christian König (Hg.), Internationales Germanistenlexikon 1800–1950. Bd. 3, Berlin 2003, 1616–1618, 1616 f.

211 ÖStA, AdR, BMU, PA Schmidt, Adalbert; Wehrmachtsfürsorge und Versorgungsamt Salzburg, Fürsorge- und Versorgungsakten Dr. Adalbert Schmidt; Antrag auf Gewährung von Versorgungsgebührnissen, 28.5.1946.

212 Vgl. Stiefel, Entnazifizierung, 115.

ist ein Kennzeichen seiner jüdischen Abstammung."[213] In weiterer Folge zitierte Schmidt den Germanisten und Literaturhistoriker Josef Nadler, der von der „tragische[n] Seelenlage der Juden" fabulierte, „die sich als Deutsche ‚imaginierten'." Hier tue sich der elementare „Widerspruch zwischen Naturgesetz und Wille" auf, den die assimilationswilligen Juden nicht überbrücken könnten, denn „Volkstum" sei „von der Natur verhängt".[214]

Schmidt zog aus diesen von Nadler angeblich „endgültig formulierten" scheinbaren Einsichten den folgenden Schluss: „Die Gefahr des vielberufenen jüdischen Einflusses [...] liegt nun nicht darin, daß das jüdische Gastvolk seinem deutschen Wirt völlig wesensfremde Züge einprägt, sondern daß es in seinem Streben nach Anpassung die im Antlitz des Wirtsvolkes vorhandenen Züge ins Übermaß steigert."[215] Besonders die zuletzt zitierte Textpassage verdeutlicht Schmidts Bemühen, „rassenbiologische" Denkmuster für seine Interpretation der Beziehungen zwischen den von ihm als „Juden" bzw. „Deutsche" gekennzeichneten Schriftsteller heranzuziehen. Im „Völkischen Beobachter" (Münchner Ausgabe) erntete er für die *Deutsche Dichtung in Österreich* jedenfalls ausdrücklich Anerkennung: „Es war höchste Zeit, daß auch für dieses wichtige Teilgebiet des gesamtdeutschen Schrifttums einmal die reinliche (!) Scheidung zwischen echt und unecht, zwischen heimisch und fremd, zwischen österreichisch und jüdisch von einem mit der nötigen Sachkenntnis und dem rechten Feingefühl begabten Österreicher vollzogen wurde. Adalbert Schmidt hat sich dieser Aufgabe mit großem Geschick und treffendem Urteil unterzogen."[216] Hingegen zeigte sich der nationalsozialistische Publizist Kurt Ziesel[217], der ein gebürtiger Österreicher war, in dem NSDAP-Blatt „Westfälische Landeszeitung – Rote Erde" mit der Veröffentlichung Schmidts durchwegs unzufrieden. Dieser betrachte nämlich Autoren wie Jakob Wassermann, Stefan Zweig oder Franz Werfel im selben Atemzuge wie „etwa Hohlbaum oder Jelusich oder Waggerl". Ziesel sah sich „zur schärfsten Zurückweisung" veranlasst, „wenn wir erleben, daß diese ganzen prominenten Literaten der Wiener Judengemeinde durchaus ernstlich und mit viel Mühe und Aufwand in die deutsche Dichtung Oesterreichs eingereiht werden."[218]

Zumindest in dieser Sicht schien sich Schmidt als ernst zu nehmender Vertreter einer deutschvölkischen Literaturgeschichtsschreibung disqualifiziert zu haben. Schmidt hatte allerdings das Wohlwollen Ziesels nicht gänzlich verloren. Dies zeigte die – oben erwähnte – wohlwollende Rezension, die dieser NS-Journalist seiner *Ostmark-Lyrik der Gegenwart* zuteilwerden ließ. Der Germanist Karl Müller charakterisiert Schmidts *Deutsche Dichtung in Österreich* eindeutig als „antijüdisch". „Mit gutem Grund" seien auf der Liste der 1946 vom österreichischen

213 Schmidt, Deutsche Dichtung, 22.

214 Zit. n. ebd., 23.

215 Ebd., 23.

216 Hall, Österreichische Verlagsgeschichte, Bd. 2, 275, hier zit. n. der Verlagsanzeige im Börsenblatt Nr. 270, 22.11.1937, 5867.

217 Vgl. zu Ziesel u.a. Axel Schildt: Die NS-Vergangenheit westdeutscher Intellektueller. Die Enthüllungskampagne von Kurt Ziesel in der Ära Adenauer, in: Vierteljahrshefte für Zeitgeschichte, H. 1, 64 (2016), 37–68.

218 Kurt Ziesel, Deutsche Dichtung in Oesterreich. Querschnitt durch die letzten Neuerscheinungen, in: Westfälische Landeszeitung – Rote Erde, Beilage Buch und Nation, 22.12.1935.

Bundesministerium für Unterricht gesperrten Autoren und Werke Namen von Literaturhistorikern wie Otto Höfler, Josef Nadler und Adalbert Schmidt gestanden. Nadlers stereotyp antisemitische Ausführungen, die den Ausschluss jüdischer Schriftsteller aus dem Literaturbetrieb bezwecken sollten, könne man „in ähnlicher Formulierung auch bei Adalbert Schmidt 1935 nachlesen." Nach 1945 hätten Literaturwissenschaftler versucht, „solch antisemitisch fundierte Wesensschau [...] von offenen antisemitischen Stereotypen zu reinigen. In der Zweiten Republik hätten die Leserinnen und Leser von Schmidt zwar nicht mehr erfahren, dass Karl Kraus Jude gewesen sei. Im Kontext der in der frühen Nachkriegszeit verbreiteten Österreich-Ideologie sei hingegen Schmidts Aussage zu sehen, dass vor allem Josef Weinheber sich zu Kraus „bekannt" habe. Dies habe „sozusagen das Entreebillet in den Kreis der auserwählten österreichischen Dichter" bedeutet.[219]

Nach dem kurzen Zwischenspiel als Landwirt im Salzburger Pongau, das der Notlage der unmittelbaren Nachkriegszeit geschuldet war, suchte Schmidt an seine früheren beruflichen Aktivitäten als Verlagslektor und Publizist anzuknüpfen. Bereits seit 1946 war er als Korrektor bei der Druckerei Kiesel in Salzburg tätig. Drei Jahre später wurde er Lektor an der Theologischen Fakultät, und ab 1951 lehrte er auch bei den Internationalen Ferienkursen für deutsche Sprache und Germanistik in Salzburg, deren Leitung er 1966 übernahm. In diesem Jahr – am 3. August 1951 – war Schmidt erstmals in der Stadt Salzburg gemeldet, wo er bis 1987 verblieb, als er nach Eferding (Oberösterreich) übersiedelte.[220] Im selben Jahr 1951 begann Schmidt eine Laufbahn als Berufsschullehrer. 1962 wurde er zum Landesschulinspektor für Berufsschulen im Land Salzburg ernannt und behielt diese Position bis 1966 bei.[221] Im Salzburg der Nachkriegszeit schloss sich Schmidt rasch auch sudetendeutschen Kreisen an. Hierbei ist vor allem der Schriftsteller und Gymnasiallehrer Hans Deißinger zu nennen, der aus dem böhmischen Mies (Stříbro) stammte und von dem Schmidt bereits vor dem Krieg einige Gedichte herausgegeben hatte.[222] In dessen Wohnung in der unweit von Salzburg gelegenen Gemeinde Anthering war Schmidt im Laufe des Jahres 1946 vorübergehend untergekommen.[223] Deißinger hatte zum Salzburger Dichterkreis um Karl Springenschmid gehört, der im „Dritten Reich" das Salzburger Schulwesen und den NS-Lehrerbund geleitet und sich als besonders radikaler Nationalsozialist gebärdet hatte.[224] In den 1950er-Jahren etablierte sich Deißinger

219 Karl Müller, Literatur und Kultur des Judentums in der Literaturwissenschaft der Zweiten Republik, in: Anne Betten/Konstanze Fliedl (Hg.), Judentum und Antisemitismus. Studien zur Literatur und Germanistik in Österreich, Berlin 2003, 167–185, hier 174–176.

220 AStS, Meldekartei SG: 350.111, Dr. Adalbert Schmidt.

221 Vgl. Müller, Schmidt, Adalbert Josef Johann, 1616 f.

222 Vgl. Hans Deißinger, Bergmorgen, Abendgebirg, Dorfidyll, Befreites Land, Ruhestunde, Salbeiblüte, Morgengang, Regenorgel, Martersäule am Blumenanger, in: Adalbert Schmidt (Hg.), Sudetendeutsches Lyrikbuch, Reichenberg 1939, 37 f., 50, 92, 129, 131, 157, 166 f.; vgl. auch Adalbert Schmidt, Ein Salzburger Dichter. Hans Deißinger, in: Salzburger Volksblatt, 3.5.1939, 6 f.

223 ÖStA, AdR, BMU, PA Schmidt, Adalbert; Wehrmachtsfürsorge und Versorgungsamt Salzburg, Fürsorge- und Versorgungsakten Dr. Adalbert Schmidt, 1945/46; Antrag auf Gewährung von Versorgungsgebührnissen, 28.5.1946.

224 Vgl. Karl Müller, Die Vernichtung des „undeutschen" Geistes. Theater und Literatur im Dienste des Nationalsozialismus, in: Veits-Falk/Hanisch (Hg.), Herrschaft und Kultur, 400–459, hier 412, 440.

neuerlich als „kleiner" Dichter; 1957 empfing er etwa den Georg-Trakl-Anerkennungspreis für Lyrik.[225]

Am 14. Jänner 1957 wurde Schmidt vom Bundeskanzler – in Vertretung des kurz zuvor verstorbenen Bundespräsidenten Theodor Körner – zum Professor ernannt.[226] Damit hatte sich Schmidt in Salzburg wohl endgültig beruflich etabliert. Anfang der 1960er-Jahre suchte er auch wieder an seine frühere akademische Karriere anzuknüpfen. Zu diesem Zweck reichte er sein Buch *Wege und Wandlungen moderner Dichtung*, das 1957 in erster Auflage erschienen war,[227] als Habilitationsschrift an der Universität Wien ein. Schmidt untersuchte in dieser Studie ein breites Spektrum von zeitgenössischer Dichtung. Dieses Werk sowie seine am 26. Juni 1964 erfolgreich absolvierte Probevorlesung brachten ihm aufgrund eines Beschlusses der Philosophischen Fakultät der Universität Wien vom 29. Oktober 1964 – als zweite Habilitation – die Lehrbefugnis für Neuere Deutsche Literaturgeschichte an der Universität Wien ein.[228] Eine ausschlaggebende Rolle spielte hierbei das eindeutig positive Gutachten, das Otto Höfler zu Schmidts Habilitationsschrift verfasst hatte. Höfler stand Schmidt ideologisch zweifellos nahe und spielte – wie in weiterer Folge gezeigt werden wird – auch bei den weiteren akademischen Karriereschritten Schmidts als dessen einflussreicher Unterstützer eine wesentliche Rolle.[229] Noch während sein (neuerliches) Habilitationsverfahren an der Universität Wien im Gange war, war Schmidt bereits für eine Professur an der neuen Universität Salzburg im Gespräch. Im April 1963 trat nämlich eine vom Unterrichtsministerium eingesetzte Kommission zusammen, die einen Besetzungsvorschlag für die erste an der Alma Mater Paridiana einzurichtende Professur für Neugermanistik erarbeiten sollte. Die Kommission setzte sich – wie in solchen Fällen vorgesehen – aus Fachvertretern der Germanistik der drei bestehenden österreichischen Universitäten Wien, Graz und Innsbruck zusammen. Sie kam mehrheitlich zu dem Beschluss, Herbert Seidler für diese Stelle „primo loco" zu reihen.[230] Diese Entscheidung fiel allerdings nicht einstimmig. Sie kam gegen ein Sondervotum zustande, das der Wiener Germanist Otto Höfler zugunsten Schmidts beim Ministerium einreichte. Höfler wandte sich dagegen, dass Schmidt von vornherein als potenzieller Kandidat für die Salzburger Stelle mit dem Argument ausgeschieden worden sei, dass dessen Habilitation noch nicht abgeschlossen sei. Nicht zuletzt habe ein Mitglied der Kommission, Höflers Wiener Kollege Moritz Enzinger, Schmidts Habilitationsverfahren selbst verzögert, wodurch erst die „grundsätzliche Ausschaltung Schmidts"

225 Adolf Haslinger/Peter Mittermayr (Hg.), Salzburger Kulturlexikon, Salzburg-Wien-Frankfurt/M. 2001, 110.

226 ÖStA, AdR, BMU, PA Schmidt, Adalbert; Curriculum Vitae, undat. [1965].

227 Adalbert Schmidt, Wege und Wandlungen moderner Dichtung, Salzburg-Stuttgart 1957; 2., erw. Aufl. 1959, 3., umgearb. u. erw. Aufl. 1968 (unter dem Titel *Literaturgeschichte unserer Zeit*).

228 ÖStA, AdR, BMU, PA Schmidt, Adalbert; Philosophische Fakultät der Universität Wien an das BMU, 4.11.1964. Dieser Beschluss kam mit 50 Jastimmen bei drei Neinstimmen und vier Stimmenthaltungen zustande.

229 ÖStA, AdR, BMU, PA Schmidt, Adalbert, Beschluss zur Verleihung der Lehrbefugnis für Neuere Deutsche Literaturgeschichte, 29.10.1964.

230 ÖStA, AdR, BMU, Hauptreihe I (1945-1965), Sig. 9, Univ. Salzburg, Kt. 674, Bericht der Kommission zur Erstattung eines Besetzungsvorschlages für das Fach „Germanistik" an der neu zu gründenden Universität Salzburg, 22.4.1963.

durch die Kommission herbeigeführt worden sei.[231] Höfler griff zu einem ungewöhnlichen Mittel, um gegen den Beschluss der Kommission vorzugehen. Er erstellte nicht nur das erwähnte Sondervotum, in dem er Schmidts Meriten nachdrücklich hervorhob, sondern holte auch insgesamt acht fachliche Gutachten von Wissenschaftlern zu Schmidt ein, die er seinem Votum separatum beilegte.[232] Zu diesen zählten u.a. Maurice Boucher, der seit 1936 an der Sorbonne tätig war, Erik Lunding von der dänischen Universität Aarhus und der deutsch-amerikanische Germanist und Anglist Victor Lange (Princeton University). Boucher hatte 1942 bis 1944 das Institut d'Etudes Germaniques an der Universität Paris geleitet. Er war nach der Befreiung von Paris 1944 seines Amtes an der Sorbonne enthoben worden, wurde im Jänner 1945 aber wieder eingesetzt und lehrte dort wieder bis 1955. Eine aktive „Collaboration" dürfte Boucher nicht nachgewiesen worden sein.[233] Stellungnahmen zu Schmidt hatten aber auch deutsche Literaturwissenschaftler wie Gerhard Fricke (Universität Köln), Friedrich-Wilhelm Wentzlaff-Eggebert (Universität Mainz) und Herbert Cysarz abgegeben. Die drei zuletzt Genannten waren in unterschiedlicher Weise in das NS-Regime involviert gewesen; der gebürtige Sudetendeutsche Cysarz, der den sudetendeutschen „Volkstumskampf" seit den 1920er-Jahren in seinen wissenschaftlichen und publizistischen Aktivitäten unterstützt hatte und 1945 wegen seiner politischen Involvierung in das NS-Regime von seinem Lehrstuhl an der Universität München enthoben worden war,[234] führte als einziger der Gutachter seine langjährige Bekanntschaft mit Schmidt an, den er seit dessen Zeit als Wiener Student kenne und schätze. Im Übrigen sei Schmidt „mehr Literaturgeschichtsschreiber als Analytiker".[235]

Obgleich Höflers Minoritätsvotum für Schmidts weitere akademische Karriere zunächst keine unmittelbaren Folgen hatte – sein Name schien in der Berufungsliste nicht auf –, wurde Schmidt für das Wintersemester 1964/65 als Lehrbeauftragter „für Sprach- und Sprecherziehung" am neu zu errichtenden Germanistischen Institut bestellt. Im Februar 1965 ließ er sich zudem seine Wiener Lehrbefugnis an die Paris-Lodron-Universität übertragen.[236] Herbert Seidler, der erste Salzburger Ordinarius für Neuere Deutsche Literatur, war zu dieser Zeit bereits an die Universität Wien berufen worden und hatte diesen Ruf angenommen. In Salzburg wurde daher bereits darüber beraten, wer auf die Lehrkanzel für Neuere Germanistik berufen werden sollte. Die Berufungskommission der Philosophischen Fakultät bestand aus den Pro-

231 ÖStA, AdR, BMU, Hauptreihe I (1945-1965), Sig. 9, Univ. Salzburg, Kt. 674, Otto Höfler, Sondervotum betreffend Universität Salzburg, Lehrstuhl für Germanistik, 25.4.1963 [pag. 1-16, hier 4 (Zit.)].

232 ÖStA, AdR, BMU, Hauptreihe I (1945-1965), Sig. 9, Univ. Salzburg, Kt. 674, Gutachten zu A. Schmidt von Friedrich-Wilhelm Wentzlaff-Eggebert, Maurice Boucher, Robert Blaser, Gerhard Fricke, Victor Lange, Erik Lunding, R. Jagoditsch, Herbert Cysarz (jeweils in Abschrift).

233 Vgl. Olivier Agard, Boucher, Maurice, in: König (Hg.), Internationales Germanistenlexikon, Bd. 1, 247 f.

234 Vgl. zu Cysarz u.a. Christoph Cornelißen, Das Collegium Carolinum im Gründungsjahrzehnt (1955–1965), in: Christiane Brenner, K. Erik Franzen u.a. (Hg.), Geschichtsschreibung zu den böhmischen Ländern im 20. Jahrhundert, München 2006, 345–365, hier 357 f., 360.

235 ÖStA, AdR, BMU, Hauptreihe I (1945-1965), Sig. 9, Univ. Salzburg, Kt. 674, Gutachten Herbert Cysarz, 12.5.1963.

236 ÖStA, AdR, BMU, PA Schmidt, Adalbert; Phil. Fakultät der Universität Salzburg, Dekanat, an das BMU, 3.2.1964; Universität Salzburg, Institut für deutsche Sprache und Literatur, Vorschlag für die Besetzung der Lehrkanzel für Österreichische Literaturgeschichte an der Universität Salzburg, 6.4.1965.

fessoren Seidler (Vorsitz), Lendl, Pfligersdorffer, Reiffenstein, Schwarz, Stürzl und Wolf. In ihrer Sitzung vom 10. März 1965 einigte sich die Kommission auf drei Grundsätze, die für das weitere Vorgehen maßgeblich sein sollten. Zum Ersten schloss sie es ausdrücklich aus, Rufe an Lehrstuhlinhaber für Neugermanistik der Universitäten Wien, Graz und Innsbruck ergehen zu lassen. Als Grund führte man an, dass der germanistische Lehrbetrieb an den anderen österreichischen Universitäten nicht gestört werden sollte. Zum Zweiten war nicht daran gedacht, Verhandlungen mit Neugermanisten aus Deutschland zu führen. Diese seien nämlich „erfahrungsgemäß sehr schwierig und zeitraubend". Zum Dritten sollte der Dozent Adalbert Schmidt explizit nicht in den Vorschlag aufgenommen werden, „weil ihn die Fakultät primo et unico loco für die zu errichtende Lehrkanzel für Österreichische Literaturgeschichte vorgeschlagen" habe. Die Kommission beschloss schließlich – mit 6:1 Stimmen –, dass der Dozent Walter Weiss (Innsbruck) vor den Dozenten Karl Konrad Polheim und Klaus Lazarowicz an erster Stelle für die zu besetzende Professur gereiht werden sollte.[237] Nach den Erinnerungen von Ingo Reiffenstein, der der Berufungskommission angehört hatte, gab es innerhalb der Fakultät aber auch „mehrere Kollegen", „die sich für A. Schmidt als Nachfolger Seidlers" ausgesprochen hatten, „während Seidler und ich nachdrücklich Weiss unterstützten." Tatsächlich trat die Philosophische Fakultät am 1. April 1965 zu einer Sitzung zusammen, bei der sie dem Vorschlag der Kommission bei acht Jastimmen, drei Neinstimmen und einer Enthaltung zustimmte.[238] Reiffenstein hatte im Übrigen Schmidts Publikationen selbst näher geprüft. Es sei ihm dabei aufgefallen, dass dieser „Charakteristiken von Autoren fast wortgleich auch mehrfach verwendet" habe, und zwar „vor und nach 1945". In dem von Schmidt mitbearbeiteten Lexikon *Die Weltliteratur*[239] seien zwar „die antisemitischen Charakterisierungen getilgt" worden, die Texte aber im Wesentlichen gleich geblieben. Dies habe René Marcic und in weiterer Folge die Mehrheit der Fakultät „davon überzeugt, dass man besser davon absieht, Schmidt auf den Lehrstuhl für Neuere deutsche Literatur berufen zu lassen."[240]

Es kann als sicher gelten, dass bei der Sitzung Hans Sedlmayr, Georg Pfligersdorffer und Karl Wolf mit „Nein" votierten. Diese drei Professoren hatten sich nämlich auf Initiative

237 ÖStA, AdR, BMU, PA Schmidt, Adalbert; Universität Salzburg, Institut für deutsche Sprache und Literatur, Vorschlag für die Besetzung der ordentlichen Lehrkanzel für Germanistik, Neuere Abteilung, 6.4.1965. Karl Konrad Polheim, der Sohn des österreichischen Germanisten Karl Polheim, war ab 1967 Ordinarius für Neuere deutsche Literaturgeschichte an der Universität Bonn. Vgl. In memoriam Karl Konrad Polheim (23.09.1927–16.03.2004), Bonn 2006. Klaus Lazarowicz war ein deutscher Germanist, der sich 1961 an der Universität München für Neuere Deutsche Literatur habilitierte. Lazarowicz wurde 1966 auf die Professur für Theatergeschichte der Münchner Universität berufen. Ludwig-Maximilians-Universität München, Fakultät für Kunst- und Geschichtswissenschaften, Prof. Dr. Klaus Lazarowicz † (22.7.2013), https://www.theaterwissenschaft.uni-muenchen.de/personen2/emeriti/lazarowicz/index.html (11.1.2019).

238 Vgl. ÖStA, AdR, BMU, PA Weiss, Walter; Sondervotum eingebracht in der Sitzung der Phil. Fakultät der Universität Salzburg am 1.4.1965 zum Vorschlag betreffend die Besetzung der ord. Lehrkanzel für Germanistik, Neuere Abteilung [1–11, masch.], hier 2.

239 Vgl. Erich Frauwallner u.a. (Hg.), Die Weltliteratur. Biographisches, literarhistorisches und bibliographisches Lexikon in Übersichten und Stichwörtern, Wien 1951 ff.

240 E-Mail von em. Univ.-Prof. Dr. Ingo Reiffenstein an den Vf. vom 6.3.2018.

Sedlmayrs dazu entschlossen, in der Berufungssache ein Sondervotum abzugeben. Sedlmayr verfasste hierzu eine ausführliche Stellungnahme. Seiner Ansicht nach sei es nicht korrekt, Schmidt – laut Fakultätsbeschluss – nur deshalb nicht in den Vorschlag für die Nachfolge Herbert Seidlers aufzunehmen, weil die Fakultät diesen ohnehin bereits für die im folgenden Jahr 1966 zu besetzende Lehrkanzel für Österreichische Literaturgeschichte vorgeschlagen habe. Sedlmayr legte in weiterer Folge detailliert dar, warum Schmidts Name in den Berufungsvorschlag aufgenommen werden sollte. Konkret verlangte er, dass dieser zusammen mit Weiss „primo et aequo loco", und zwar bei alphabetischer Reihung ihrer Namen, auf den Berufungsvorschlag der Fakultät gesetzt werden sollte. Wenn die Fakultät ankündige, Schmidt „primo et unico loco" für die Lehrkanzel für Österreichische Literaturgeschichte zu nennen, bedeute dies für den Gelehrten eine so ungewöhnliche Auszeichnung, dass dieser auch für die Professur für Neuere Deutsche Literatur geeignet sein müsse. Es sei im Übrigen nicht so, dass nur ein einziger Kandidat vorhanden sei, der auf den Besetzungsvorschlag gesetzt werden könnte. Sedlmayr setzte seine Ausführungen mit einem Vergleich der beiden Gelehrtenpersönlichkeiten Schmidt und Weiss fort. Sedlmayrs Absicht, Schmidt als den im Vergleich zu Weiss deutlich geeigneteren Kandidaten hinzustellen, ist dabei unverkennbar. So attestierte er Weiss einen „einseitig intellektuelle[n], ja mitunter ans Sophistische grenzende[n] Zug"; seine Arbeiten befassten sich auffällig mit „negativen Phänomenen" und entbehrten teils noch der geistig-begrifflichen Substanz.[241] Schmidts Studien seien zwar „anspruchsloser", sie würden jedoch eine „grössere Festigkeit des Urteils und den reiferen Geist" zeigen. Auch als akademischer Lehrer sei Schmidt für Salzburg besser geeignet. Es sei im Sinne der Salzburger „Studenten", „die zum grossen Teil aus einer unkomplizierten ländlichen Umwelt" kämen, wenn Schmidt Weiss vorgezogen werde, dessen anspruchsvoller „Intellektualismus" „die meisten unter ihnen nur verwirren" könnte.[242] Dass Sedlmayr mit seinem ideologisch regressiven Vorgehen gegen Weiss nicht durchdrang, bedeutete für die weitere Entwicklung der Germanistik an der Universität Salzburg zweifellos einen Glücksfall. Weiss stammte aus Landsberg/Lech (Bayern), er wurde 1953 an der Universität Innsbruck promoviert und hatte sich 1962 dort habilitiert. Er sollte sich als einer der wenigen Repräsentanten der Salzburger „Gründergene-

241 Sedlmayrs Schreiben erinnert stark an die „Warnung", die in einem ungebetenen „Brief eines strammen Germanisten aus Wien" enthalten gewesen sein soll und der 1965 gegen eine Berufung Weiss' nach Salzburg polemisierte. Weiss sei „von nihilistischen Ideen geprägt, die den Studenten aus dem vorwiegend ländlichen Raum Salzburgs und Oberösterreichs Schaden zufügen könnten." Zit. n. Anton Thuswaldner, Der Grenzüberschreiter, in: Salzburger Nachrichten, 4.12.2004, 13. Thuswaldner zufolge handelte es sich bei dem Briefschreiber um den Germanisten Otto Höfler, der auch im folgenden Jahr wiederum für Schmidt intervenieren sollte. Höfler und Sedlmayr bedienten sich hinsichtlich Weiss' analoger Argumentationsmuster und einer ähnlichen Wortwahl. Es liegt daher die Vermutung nahe, dass die beiden sich abgesprochen hatten. Sedlmayr stand Höfler ohnedies ideologisch nahe; bereits in den 1930er-Jahren hatte er „rege" mit ihm korrespondiert. Vgl. Männig, Hans Sedlmayrs Kunstgeschichte, 199. Der von Thuswaldner erwähnte Brief Höflers ist in den ÖStA-Personalakten Schmidts und Weiss' übrigens nicht überliefert.

242 ÖStA, AdR, BMU, PA Weiss, Walter; Sondervotum eingebracht in der Sitzung der philosophischen Fakultät der Universität Salzburg am 1. April 1965 zum Vorschlag betreffend die Besetzung der ord. Lehrkanzel für Germanistik, Neuere Abteilung [1–11, masch.], hier 2, 3, 4, 9, 10.

ration" erweisen, deren Forschungs- und Lehrtätigkeit eine nachhaltig wirksame und auch überregional einflussreiche Wirkung entfalteten: „Kein österreichischer Germanist vor Weiss wagte es, Peter Handke, Alfred Kolleritsch, Gert Jonke und die Quertreiber der Wiener Gruppe ernst zu nehmen [...] Mit Walter Weiss hatte das Germanistische Institut den Sprung in die Gegenwart geschafft."[243] Weiss positionierte die Salzburger Germanisten österreichweit als Pioniere im Umgang mit der neuesten Literatur[244] und sorgte auch dafür, dass die Lehrenden gemeinsam mit den Studierenden aktiv den öffentlichen Raum für ihre Auseinandersetzung mit Literatur suchten. Darüber hinaus pflegte Weiss auch den interdisziplinären Kontakt mit Historikern und Sozialhistorikern.[245] Zahlreiche Germanisten und Germanistinnen, die das Salzburger Institut maßgeblich prägen sollten, verfassten in den 1970er-Jahren ihre akademischen Qualifikationsschriften bei Weiss und/oder arbeiteten eng mit diesem zusammen. Ohne an dieser Stelle Vollständigkeit anzustreben, seien hier nur die Namen der Germanisten Hans Höller, Manfred Mittermayer, Sigrid Schmid-Bortenschlager oder Werner Thuswaldner genannt.[246] Angesichts der erheblichen Diskrepanz, die zwischen Weiss und Schmidt sowohl als Persönlichkeiten wie auch als Forscher bestand, dürfte es in erster Linie den Gepflogenheiten akademischer Höflichkeit geschuldet gewesen sein, dass Weiss für die beiden 1971 und 1976 zu Ehren von Schmidt erschienenen Festschriften jeweils einen Beitrag beisteuerte.[247]

Schmidt selbst verblieb 1965/66 vorerst noch auf seinem Posten als Berufsschulinspektor, bis er die ihm zugedachte Professur für Österreichische Literaturgeschichte übernehmen sollte. Diese Berufung verlief jedoch keineswegs so reibungslos, wie es sich Schmidt und seine Unterstützer vorgestellt haben mochten. Zwar teilte das Unterrichtsministerium ihm bereits im Dezember 1965 mit, dass er eine Berufung an die Universität Salzburg erhalten habe. Vorausgegangen war eine Sitzung der dortigen Philosophischen Fakultät, die den von der Berufungskommission ausgearbeiteten Vorschlag mit zwölf Jastimmen und einer Stimmenthaltung angenommen und Schmidt „primo loco" vor dem Dozenten Hellmuth Himmel aus Graz gereiht hatte. Die Fakultät wich mit diesem – an sich bereits ungewöhnlichen – Zweiervorschlag von der ursprünglich gemachten Ankündigung ab, dass Schmidt „primo et unico loco" gereiht werden würde.[248]

Einige Monate später, im März und April 1966, erreichten Unterrichtsminister Piffl-Perčević allerdings mehrere Briefe, in denen die Eignung Schmidts für die ihm zugedachte Professur teils nachdrücklich bestritten wurde. Eines dieser Schreiben stammte vom Bund

---

243 Anton Thuswaldner, Der Grenzüberschreiter, in: Salzburger Nachrichten, 4.12.2004, 13.

244 Vgl. u.a. Walter Weiss/Sigrid Schmid, Zwischenbilanz. Eine Anthologie österreichischer Gegenwartsliteratur, Salzburg 1976.

245 Vgl. u.a. Walter Weiss/Ernst Hanisch (Hg.), Vermittlungen. Texte und Kontexte österreichischer Literatur und Geschichte im 20. Jahrhundert, Salzburg-Wien 1990.

246 Vgl. auch Eduard Beutner u.a. (Hg.), Dialog der Epochen. Studien zur Literatur des 19. und 20. Jahrhunderts. Walter Weiss zum 60. Geburtstag, Wien 1987.

247 Vgl. Walter Weiss, Beobachter und Deserteur, in: Gerlinde Weiss/Klaus Zelewitz (Hg.), Peripherie und Zentrum. Studien zur österreichischen Literatur, Salzburg-Stuttgart-Zürich 1971, 335–346; Walter Weiss, Nikolaus Lenau. Poesie und Politik, in: Gerlinde Weiss (Hg.), Festschrift für Adalbert Schmidt zum 70. Geburtstag, Stuttgart 1976, 289–310.

248 ÖStA, AdR, BMU, PA Schmidt, Adalbert; Universität Salzburg, Phil. Fakultät an das BMU, 6.12.1965.

der Opfer des politischen Freiheitskampfes in Tirol, dessen Obmann Heinz Mayer die antisemitischen Aussagen in Schmidts Buch *Deutsche Dichtung in Österreich* monierte. „Solche antisemitischen Werke und Personen, die insbesondere der Jugend den Antisemitismus beigebracht" hätten, seien „die Voraussetzung dazu" gewesen, „dass dann mit der sogenannten ‚Endlösung' Millionen von Juden durch die Nationalsozialisten ermordet wurden." „Auch heute wieder" würden junge Menschen „in falsche Bahnen gelenkt". „Die Affäre Borodajkewycz" habe deutlich gezeigt, „wie notwendig es ist, dass die Jugenderziehung nur in Händen von Lehrkräften liegen darf, die niemals mit dem Nazismus oder dem Antisemitismus zusammengearbeitet hatten." Adalbert Schmidt sei daher nicht geeignet, auf die Salzburger Professur berufen zu werden.[249] Dieser Brief wurde wortgleich auch in der Zeitschrift „Der Neue Mahnruf", der vom KZ-Verband herausgegeben wurde, unter dem Titel „‚Fall Boro' auch in Salzburg?" veröffentlicht.[250] Zwei weitere Interventionsschreiben an den Minister stammten vom Österreichischen P.E.N.-Club und waren von Franz Theodor Csokor als Präsident und Carry Hauser als Generalsekretär unterzeichnet. Der P.E.N.-Club machte den Unterrichtsminister ebenfalls auf die antisemitischen Äußerungen Schmidts aus dem Jahr 1935 aufmerksam. Im April 1966 ergänzte Hauser den früheren Brief seiner Organisation allerdings um den Hinweis, dass dieser sich nach Mitteilung einer „vertrauenswürdigen Persönlichkeit" bereits 1938 kurz nach dem „Anschluss" „von seiner früheren Ideologie" abgewandt habe. Falls Schmidt die Salzburger Professur zuteilwerden solle, würde er es allerdings für notwendig halten, dass dieser sich „bei der Antrittsvorlesung klar von seiner seinerzeitigen Auffassung", wie sie aus dem inkriminierten Buch hervorgehe, distanziere.[251]

Der Bund Sozialistischer Freiheitskämpfer und Opfer des Faschismus wandte sich in der Berufungssache Schmidt direkt an Bundeskanzler Klaus. Rudolfine Muhr und zwei weitere Mitglieder des Präsidiums dieser Vereinigung wiesen Klaus darauf hin, dass Österreich den „Fall Borodajkewycz" „noch nicht überwunden" habe und dem Land auch im Ausland weiterer Schaden zugefügt werden könnte, falls Schmidt auf die Salzburger Professur berufen würde. Sie rieten Klaus daher eindringlich davon ab, der geplanten Ernennung seine Zustimmung zu erteilen.[252] Diese Interventionsschreiben bewogen Piffl-Perčević dazu, in Salzburg nachzufragen, wie man dort die Berufungsangelegenheit Schmidt sehe. Dekan René Marcic teilte daraufhin dem Minister mit, dass das Professorenkollegium der Philosophischen Fakultät weiterhin zu seinem Vorschlag stünde. Eine wesentliche Rolle dafür, dass Piffl-Perčević vorerst nicht daran dachte, die Berufung Schmidts zurückzuziehen, scheint der zweite Brief des P.E.N.-Clubs gespielt zu haben, in dem dieser seine Bedenken gegenüber Schmidt zu relativieren schien.[253] Schmidt selbst zeigte sich von den gegen ihn erhobenen Vorwürfen nicht

249 ÖStA, AdR, BMU, PA Schmidt, Adalbert; Bund der Opfer des politischen Freiheitskampfes in Tirol an Piffl-Perčević, 14.3.1966.

250 Vgl. „Fall Boro" auch in Salzburg? In: Der Neue Mahnruf, Nr. 4, April 1966, 2.

251 ÖStA, AdR, BMU, PA Schmidt, Adalbert; Österreichischer P.E.N.-Club an Piffl-Perčević, 11.3.1966; 15.4.1966.

252 ÖStA, AdR, BMU, PA Schmidt, Adalbert; Bund Sozialistischer Freiheitskämpfer und Opfer des Faschismus an Bundeskanzler Klaus, 7.4.1966.

253 ÖStA, AdR, BMU, PA Schmidt, Adalbert; Piffl-Perčević an den P.E.N.-Club, 20.4.1966; Marcic an das

unberührt. In einem demütig formulierten persönlichen Brief an Bundeskanzler Klaus, in dem er diesen bat, sein „Schicksal, wenn es notwendig sein sollte, in Ihre gerechte Hand" legen zu dürfen, suchte er sich zu rechtfertigen. Schmidt wies darauf hin, dass die Berufungsverhandlungen mit ihm bereits abgeschlossen seien und sein Akt demnächst vor den Ministerrat gelangen werde. Die Versuche, seine Berufung noch zu vereiteln, kämen von einer Seite, „die seit Jahr und Tag nichts unversucht" gelassen habe, um die Erreichung seines Zieles zu hintertreiben. Das letzte Mittel, das gegen ihn angewendet werde, sei nunmehr der Vorwurf des Antisemitismus. Diejenigen Passagen aus seinem Buch *Deutsche Dichtung in Österreich*, die gegen ihn ins Treffen geführt würden, seien allerdings „völlig aus dem Zusammenhang gerissen und unter bewußter Verschweigung anderer Stellen desselben Buches, aus denen erkennbar ist, daß es sich dort um rein literarische Wertungen handelte [...] und daß solchen Wertungen ebenso viele positive Urteile über jüdische Autoren gegenüberstehen, was seinerzeit auch von Kritikern im damaligen Deutschland nachweisbar gerügt worden ist."[254]

Zu den ersten Unterstützern, die sich angesichts der für Schmidt bedrohlicher werdenden Lage in Stellung brachten, zählte auch diesmal Otto Höfler. Diesmal ging es aber nicht nur um Schmidts weitere akademische Karriereschritte, sondern auch darum, seinen Ruf als Wissenschaftler überhaupt zu retten. Dementsprechend umfangreich fiel mit 19 maschingeschriebenen Seiten ein Dossier aus, das Höfler zugunsten seines Freundes ausarbeitete. In methodischer Hinsicht ging der Wiener Germanist dabei so vor, dass er Schmidts – oben aus seinem Brief an Klaus zitierte – Verteidigungslinie anhand von zahlreichen Belegstellen aus der Literatur zu untermauern suchte. Hierzu stellte er Äußerungen, die Schmidt in seinem inkriminierten Buch getätigt hatte, vorgeblich inhaltlich analogen Textstellen aus Büchern jüdischer Schriftsteller gegenüber. Als einen seiner „Kronzeugen" zog er dabei Jakob Wassermann heran, der als prominenter Vertreter des – sozialpsychologisch zu erklärenden – Phänomens des „jüdischen Selbsthasses" galt und den Höfler entsprechend zu instrumentalisieren suchte. Die ebenfalls hier bereits zitierte antisemitische Charakterisierung Arthur Schnitzlers durch Schmidt suchte Höfler dadurch zu entkräften, indem er darauf verwies, dass diese von Josef Nadler stamme, der wiederum von dem – aus einer assimilierten jüdischen Familie stammenden – Kunsthistoriker Hans Tietze gelobt worden sei. Höfler legte dem Unterrichtsministerium auch eine Kopie jenes Artikels aus der Westfälischen Landeszeitung vor, in dem Schmidt 1935 stark kritisiert worden war. Diese Veröffentlichung hatten indes andere NS-Organe – wie etwa der Völkische Beobachter – positiv rezensiert. Dies erwähnte Höfler ebenso wenig[255] wie er den Umstand problematisierte, dass Schmidt nicht bloß einzelne Personen in antisemitischer Stoßrichtung als „jüdisch" benannt, sondern das „Judentum" in teils völkisch-rassistischer Diktion beschrieben hatte. Allerdings überrascht dies kaum, denn der ehemals bekennende Nationalsozialist Höfler war im „Dritten Reich" selbst ein einflussreicher Repräsentant einer völkisch und antisemitisch orientierten Volkskunde gewesen.[256]

BMU, 21.4.1966.

254 ÖStA, AdR, BMU, PA Schmidt, Adalbert; Schmidt an Bundeskanzler Klaus, 25.4.1966.

255 ÖStA, AdR, BMU, PA Schmidt, Adalbert; Otto Höfler an Sektionschef Hoyer, 10.5.1966.

256 Vgl. Olaf Bockhorn, Von Ritualen, Mythen und Lebenskreisen: Volkskunde im Umfeld der Universität

Höfler wurde trotz seiner eigenen NS-Vergangenheit vom Unterrichtsministerium – wie unten gezeigt wird – vorbehaltlos als relevanter Verteidiger Schmidts akzeptiert. Dies scheint die eigentlich problematische – und aus heutiger Sicht geradezu grotesk anmutende – Seite der Involvierung dieses Wiener Germanisten in die Debatte um Schmidt zu sein. Endgültig ihren Weg in die politische und mediale Öffentlichkeit fand die Kontroverse um Schmidt, als sich drei Abgeordnete der SPÖ, die sich nach den Wahlen vom März 1966 gegenüber der ÖVP bereits in Opposition befand, am 25. Mai 1966 mit einer parlamentarischen Anfrage an Minister Piffl-Perčević wandten. Die Abgeordneten Rosa Jochmann und zwei ihrer Parteigenossen wollten vom Unterrichtsminister wissen, ob er weiterhin zu der geplanten Berufung Schmidts an die Universität Salzburg stehe. Hierzu legten sie einige jener als antisemitisch bewerteten Zitate aus Schmidts umstrittenem Buch vor, die auch hier bereits erörtert wurden, und erinnerten daran, dass die „Affäre Borodajkewycz" ihren Ausgang von einer parlamentarischen Anfrage genommen habe. Diesmal wolle man „zeitgerecht" vor einer personellen Fehlbesetzung im akademischen Bereich warnen.[257]

Piffl-Perčević beantwortete die Anfrage in einer Parlamentssitzung, die am 15. Juni 1966 stattfand. Er verwies darauf, dass Schmidts Buch „damals von nationalsozialistischer, deutscher Seite wegen seiner Judenfreundlichkeit ‚schärfste Zurückweisung'" gefunden habe. Schmidt selbst habe eine „klare Haltung" in seiner Berufstätigkeit und seinen wissenschaftlichen Arbeiten gezeigt. Der Minister sah daher keinen Grund, dass die Philosophische Fakultät der Universität Salzburg den Besetzungsvorschlag zurückziehen solle.[258] Piffl-Perčević zog damit ausgerechnet jenen Zeitungsartikel aus NS-Deutschland zur Verteidigung Schmidts heran, den Höfler dem Unterrichtsministerium zukommen hatte lassen. Der Minister zitierte dabei weder den Artikel, noch deutete er an, von wem er die entsprechenden Informationen erhalten hatte. Bei den Abgeordneten der SPÖ sorgte Piffl-Perčević in dieser Angelegenheit für Unmut, so dass sie eine neuerliche Anfrage an ihn stellten. Rosa Jochmann und Genossen bezeichneten es am 13. Juli 1966 als „eine arge Zumutung, diesem Buch ‚Judenfreundlichkeit' zu bestätigen". Schmidts damalige Äußerungen seien nämlich „objektiv eindeutig antisemitisch" gewesen. Sie verwiesen darauf, dass der „Völkische Beobachter" sowie andere NS-Medien, darunter der „Reichssender Königsberg", das Buch positiv besprochen hätten, und belegten dies mit den entsprechenden Zitaten. Die Abgeordneten fragten Piffl-Perčević, ob er bereit sei, „im Hinblick auf die Erfahrungen mit Professor Borodajkewycz die Verantwortung für die Berufung von Dr. Schmidt [...] zu übernehmen".[259] In seiner Anfragebeantwortung verwahrte sich der

---

Wien, in: Wolfgang Jacobeit u.a. (Hg.), Völkische Wissenschaft. Gestalten und Tendenzen der deutschen und österreichischen Volkskunde in der ersten Hälfte des 20. Jahrhunderts, Wien-Köln-Weimar 1994, 477–526, hier bes. 482–485.

257 ÖStA, AdR, BMU, PA Schmidt, Adalbert; Anfrage der Abgeordneten Jochmann, Dr. Kleiner, Dr. Klein-Löw und Genossen, 25.5.1966; vgl. hierzu auch Noch ein Fall Borodajkewycz? In: Arbeiterzeitung, 26.5.1966.

258 Republik Österreich, Parlamentsarchiv, 13/AB-NR/, XI. Gesetzgebungsperiode, II-75 der Beilagen zu den stenographischen Protokollen des Nationalrates, 15.6.1966.

259 Republik Österreich, Parlamentsarchiv, 65/J-NR/ XI. Gesetzgebungsperiode, II-121 der Beilagen zu den stenographischen Protokollen des Nationalrates, 13.7.1966.

Minister gegen die Behauptung, dass er selbst dem Buch von Schmidt „Judenfreundlichkeit" bestätigt habe. Die Frage, ob er die Verantwortung für die Berufung Schmidts übernehme, habe er bereits insofern beantwortet, indem er dem Besetzungsvorschlag der Universität Salzburg entsprochen habe.[260]

Damit war die parlamentarische Behandlung der Berufungssache Schmidt abgeschlossen. Auch die öffentliche Debatte, die nie annähernd eine Resonanz wie im „Fall Borodajkewycz" erzeugt hatte, dürfte rasch wieder abgeklungen sein. Die Regierung selbst gelangte offensichtlich schnell zu der Überzeugung, dass Schmidts Fall mit jenem von Borodajkewycz nicht zu vergleichen sei. Während Schmidt durch seinen Lebenswandel geläutert zu sein schien – so äußerte er sich etwa nach 1945 nicht mehr antisemitisch –, konnte dies von Borodajkewycz keineswegs behauptet werden. Opferverbände wie die Arbeitsgemeinschaft vaterlandstreuer Verbände Tirols zogen nicht zuletzt deshalb ihren ursprünglichen Einspruch gegen die Berufung Schmidts zurück. Als Grund führte die „Arbeitsgemeinschaft" an, dass Schmidtt sich nicht nur als loyaler Staatsbürger der Zweiten Republik bewährt habe, sondern sich dieser auch bereits in der Zeit zwischen 1938 und 1945 unauffällig verhalten habe.[261] Schmidt selbst zog sich bei seiner Salzburger Antrittsvorlesung, die er über Adalbert Stifters „Sanftes Gesetz" hielt, auf vermeintlich unpolitisches Terrain zurück. Er ließ dabei aber deutlich durchblicken, dass er von den „Irrungen und Wirrungen der Gegenwartsliteratur" nur wenig hielt. Der „Herzschlag des sanften Gesetzes", wie es Stifter in seinem Werk vorbildhaft gestaltet habe, sei von „gewissen Edelpornographen unserer Tage" „übertäubt" und der „Zugang zum Menschen verstellt" worden. Der vom P.E.N.-Club erhobenen Forderung, dass er sich im Rahmen seiner Antrittsvorlesung öffentlich vom NS-Ungeist distanzieren möge, kam Schmidt nicht nach. Er beschränkte sich allgemein darauf, das humanitäre Ethos der Dichtung anhand von Adalbert Stifter zu preisen.[262] Als Professor an der Universität Salzburg stand Schmidt bis zu seiner Emeritierung 1976 deutlich im Schatten seiner – wesentlich jüngeren – Kollegen Walter Weiss und Ingo Reiffenstein. Als „geistesgeschichtlich geprägter Literaturhistoriker" näherte er sich den neueren Richtungen der Germanistik zwar nicht an; ungeachtet dessen zeigte er sich aber „aufgeschlossen auch für die zeitgenössische Literatur". In seinen Seminaren wurde sogar „über Thomas Bernhard gestritten, als man in Wien und anderswo in Salzburg diesen Namen noch gar nicht kannte." Gerühmt wurden auch Schmidts Gedächtnis, der in beeindruckender Weise aus Josef Weinhebers Gedichtsammlung „Wien wörtlich" zitieren konnte, sowie die Einladungen in sein Haus mit Garten, wo bei gutem Essen und Trinken „Gespräche über Gott und die Welt" geführt werden konnten.[263]

---

260 Republik Österreich, Parlamentsarchiv, 47/AB-NR/ XI. Gesetzgebungsperiode, II-169 der Beilagen zu den stenographischen Protokollen des Nationalrates, 27.7.1966.

261 ÖStA, AdR, BMU, PA Schmidt, Adalbert; Arbeitsgemeinschaft vaterlandstreuer Verbände Tirols an Piffl-Perčević, 7.6.1966.

262 Vgl. Adalbert Schmidt, Das sanfte Gesetz. Vom dichterischen Vermächtnis Adalbert Stifters. Antrittsvorlesung, gehalten am 14. März 1967 an der Universität Salzburg, Salzburg-München 1969, hier bes. 16 f.

263 Weiss/Zelewitz/Müller, Univ.-Prof. Dr. Adalbert Schmidt (1906–1999).

4.3 Die ersten Berufungen an die Rechts- und Staatswissenschaftliche Fakultät (1965/66)

4.3.1 Überblick und Ausblick auf die 1970er-Jahre

Die Berufungen der ersten Professoren an der Rechts- und Staatswissenschaftlichen Fakultät gestalteten sich verfahrenstechnisch analog zur Philosophischen Fakultät. Die Besetzungen der Lehrkanzeln am Juridicum brachten damit grundsätzlich ähnliche Probleme mit sich, wie sie bereits im Zuge des Aufbaus der Philosophischen Fakultät zutage getreten waren. Die Personalpolitik an der neu zu errichtenden Fakultät war somit mit der Frage, wie sich diese inhaltlich ausrichten und profilieren sollte, ebenso eng verknüpft wie mit den Interessenslagen und Zielsetzungen der involvierten Landes- und Bundespolitiker. Die folgenden Ausführungen gehen für die ersten Berufungen, die 1965/66 erfolgten, genauer auf die jeweilige Vorgeschichte, die Abläufe und damit verbundenen Problemstellungen ein. Die weitere personelle Entwicklung der Fakultät wird hingegen nur kursorisch behandelt. Ebenso wenig kann es hier darum gehen, die Personalrochaden an der Fakultät als Ausdruck der Konkurrenz zwischen den einzelnen rechtswissenschaftlichen Schulen aufzuzeigen. Biographische Aspekte der ersten – wiederum männlichen – Vertreter der „Gründergeneration" der Fakultät werden aber im Folgenden ebenso diskutiert wie die Frage, inwieweit parteipolitische Einflüsse auf die Berufungspolitik an der juridischen Fakultät einwirkten.

Bereits der von Egon Lendl erstellte Aufbauplan[264] sah vor, dass im Studienjahr 1965/66 eine Lehrkanzel für Rechts- und Staatsphilosophie errichtet und zunächst in den Verband der Philosophischen Fakultät eingegliedert werden sollte. Diese Lehrkanzel sollte „die Errichtung der juridischen Fakultät einleiten und als eine besondere Eigenart Salzburgs gelten"[265], also eine Keimzelle der neuen Fakultät bilden. Seit April 1964 wirkten Hans Floretta und René Marcic gemeinsam als Senatsbeauftragte, die die Errichtung der Rechts- und Staatswissenschaftlichen Fakultät vorantreiben sollten.[266] Beide suchten geeignete Argumente zu entwickeln, um die seit 1962 bundesgesetzlich in Aussicht gestellte, aber vorläufig noch nicht umgesetzte Angliederung der neuen Fakultät an die bestehende Philosophische und die Theologische Fakultät zu verwirklichen.

So führte Marcic im Herbst 1964 in einem Memorandum gegenüber dem Unterrichtsministerium aus, dass im gesamten Bereich des Obergerichtssprengels Linz, zu dem Salzburg gehörte, ein „merklicher Juristenmangel" festzustellen sei. Die neue Ausbildungsstätte für Juristen werde diesem Mangel abhelfen. Salzburg sei zudem „die einzige Universitätsstadt, die sich für eine echte Entlastung der Wiener Juridischen" eigne; hingegen sei Innsbruck von Wien zu weit weg, und Graz liege „abseits und gewissermaßen in einem toten Winkel." Salzburg nehme hingegen einen geographisch zentralen Platz in Österreich ein, von dem aus die

264 Siehe hierzu speziell das Kap. 2.2.

265 ÖStA, AdR, BMU, Hauptreihe II (1966–1975), Sig. 9, Univ. Salzburg, Kt. 625, Universität Salzburg, Aufbauplan, 15.5.1963, 1–9, hier 8.

266 ÖNB, Handschriftensammlung, Nachlass Broda, Christian, III.87, Rudolf Strasser an Broda, 14.7.1965.

anderen Städte leicht zu erreichen seien. Die Errichtung einer juridischen Fakultät erfordere zudem „den weitaus geringsten Personal- und Sachaufwand". Sie sei „die billigste Fakultät, obwohl sie am raschesten vollständig aufgebaut werden" und „den Jungakademikern ein volles juristisches Studium bieten" könne.[267]

Für den Plan der Erweiterung der Salzburger Universität um eine Rechts- und Staatswissenschaftliche Fakultät erwies es sich als vorteilhaft, dass nicht nur das Land Salzburg via Landtagsbeschluss vom 11. März 1964,[268] sondern auch Unterrichtsminister Piffl-Perčević diesen nachdrücklich unterstützte. Bereits im Juni 1964 hatte der Minister den Entwurf eines Bundesgesetzes, mit dem das Hochschul-Organisationsgesetz neuerlich abgeändert und die Errichtung einer Rechts- und Staatswissenschaftlichen Fakultät in Salzburg vorgesehen werden sollte, zur Begutachtung an die Rektorate aller wissenschaftlichen Hochschulen verschicken lassen. In seinen erläuternden Bemerkungen betonte auch das Ministerium, dass Salzburg die „überfüllten" anderen Fakultäten in Österreich entlasten solle.[269]

Diese argumentative Linie stieß allerdings nicht überall auf ungeteilte Zustimmung. So waren die Professoren der Rechts- und Staatswissenschaftlichen Fakultät der Universität Wien lange Zeit mehrheitlich der Meinung, dass „die Errichtung einer juristischen Fakultät in Salzburg nur in geringem Maß der Entlastung der hiesigen Fakultät dienen würde". Zudem befürchteten die Wiener Rechtswissenschaftler, dass eine neue Fakultät in Salzburg „die Dotierung und den unbedingt notwendigen Ausbau der bestehenden Fakultäten beeinträchtigen könnte". Das Professorenkollegium beschloss daher in seiner Sitzung vom 9. November 1964, der Errichtung eines Juridicums in Salzburg zwar grundsätzlich zuzustimmen. Es knüpfte daran aber die Bedingung, dass diese ihren Lehrbetrieb nicht vor Ablauf von fünf Jahren aufnehmen sollte.[270]

Auch der Österreichische Arbeiterkammertag ließ sich von dem Argument, dass die neue Salzburger Fakultät die Rechts- und Staatswissenschaftliche Fakultät der Universität Wien entlasten würde, nicht beeindrucken. Die „Überfüllung" des Wiener Juridicums sei nämlich „nur dem Sog der attraktiven Großstadt als Studienort" zuzuschreiben. Überdies lägen keine Untersuchungen darüber vor, dass in Salzburg selbst ein echtes Bedürfnis für das Studium an dieser Fakultät bestehe.[271] Die Linzer Hochschulproponenten sahen sich durch die Salzburger

267 ÖStA, AdR, BMU, Hauptreihe I (1945-1965), Sig. 9, Univ. Salzburg, Kt. 671, Zur Errichtung der Juridischen Fakultät an der Universität Salzburg, undat. [September 1964]; Marcic an Sektionschef Hoyer, 9.9.1964.

268 Horner, Die Entwicklung der Wissenschaft, 486.

269 UAW, J Cur 235a, Errichtung einer rechts- und staatswissenschaftlichen Fakultät an der Universität Salzburg, 1965.06.14-1965.07.13, Erläuternde Bemerkungen zum Entwurf eines Bundesgesetzes, mit dem das Hochschul-Organisationsgesetz abermals abgeändert wird, 24.6.1964. Vgl. hierzu auch Vielfacher Proporz bereitet Sorgen. Minister Piffl-Percevic über Aufgaben und Probleme des Unterrichtsressorts, in: Die Presse, 1.8.1964.

270 UAW, J Cur 235a, Errichtung einer rechts- und staatswissenschaftlichen Fakultät an der Universität Salzburg, 1965.06.14-1965.07.13, Juridisches Dekanat der Universität Wien an den Rektor der Universität Wien, 13.11.1964.

271 ÖNB, Handschriftensammlung, Nachlass Broda, Christian, III.87; Österreichischer Arbeiterkammertag an das BMU, 27.10.1964.

Pläne ebenfalls dazu veranlasst, eine Eingabe an das Unterrichtsministerium zu versenden. Sie nahmen zur geplanten neuen Fakultät in Salzburg zwar „bedingt positiv“ Stellung; gleichzeitig erinnerten sie an die Junktimierung der Salzburger Universität mit der Linzer Hochschule, indem sie für Linz eine Technisch-Naturwissenschaftliche Fakultät forderten.[272]

Von solchen Einwänden und Versuchen, aus den Salzburger Ansprüchen für die eigenen Pläne politisches Kapital zu schlagen, ließen sich Marcic und Floretta indes nicht beirren. Die beiden Senatsbeauftragten drängten umso mehr darauf, die Rechts- und Staatswissenschaftliche Fakultät möglichst rasch ins Leben zu rufen. Anlässlich der feierlichen Inauguration des ersten gewählten Rektors am 14. November 1964 betonten sie die zentrale Bedeutung der Juristen und Juristinnen für Staat und Gesellschaft; der „Juristenstand“ setze sich zwar aus hervorragenden Praktikern zusammen; er benötige aber „eine gediegene und wirklich in die Tiefe der Humaniora gehende Grundausbildung“. Eine solche breite Bildung werde die Universität Salzburg ihren angehenden Juristen mit Disziplinen wie Rechts- und Staatsphilosophie und den Sozialwissenschaften anbieten.[273]

Noch ehe für das künftige Salzburger Juridicum eine Kommission zusammentrat, die sich aus den Lehrkanzelinhabern der bestehenden Rechts- und Staatswissenschaftlichen Fakultäten zusammensetzte, erörterte der Akademische Senat der Universität Salzburg Mitte Juni 1965 die künftige personelle Besetzung der juridischen Lehrkanzeln. Der Senat legte dem Ministerium seine „Anregungen und Wünsche“ unter dem Gesichtspunkt vor, dass akademische Lehrer gewonnen werden sollten, „die bereit und in der Lage sind, schon im Herbst ihre Lehrtätigkeit in Salzburg zu beginnen, die aus persönlichen und sachlichen Gründen mit der Stadt verbunden sind und ein offenkundiges Interesse an der Universität Salzburg zeigen.“[274] Diese Formulierung legt die Vermutung nahe, dass schon im Vorfeld persönliche Gespräche mit potenziellen Kandidaten geführt worden waren. Als Anwärter für das Fachgebiet des Römischen Rechts nannte der Senat den Innsbrucker Extraordinarius Wolfgang Waldstein. Für die Lehrkanzel der Deutschen und Österreichischen Rechtsgeschichte wurde der Wiener Dozent Ernst C. Hellbling in Aussicht genommen. Für das Fachgebiet des Bürgerlichen Rechts einschließlich des Arbeitsrechts regte der Senat an, ebenfalls sofort zwei Lehrkanzeln zu errichten. Eines der beiden Ordinariate sollte mit Hans Floretta, das andere mit dem 1931 in Wien geborenen Kölner Ordinarius Theo Mayer-Maly besetzt werden.[275]

Diese oben genannten Lehrkanzeln sah der Akademische Senat für das akademische „Urkollegium“ an der Rechts- und Staatswissenschaftlichen Fakultät vor. Bereits damals beabsichtigte damit der Senat, sowohl Floretta, als auch Mayer-Maly an die Alma Mater Paridiana zu berufen. Als Promotoren der künftigen Fakultät trafen Marcic, Floretta und Holböck ebenfalls die Vereinbarung, dass für deren erste Ausbaustufe vier Lehrkanzeln geschaffen werden

272 ÖNB, Handschriftensammlung, Nachlass Broda, Christian, III.87; Rudolf Strasser an Broda, 21.10.1964.

273 Hans Floretta/René Marcic, Salzburg wartet auf seine Juristen. Die Errichtung der rechts- und staatswissenschaftlichen Fakultät duldet keinen Aufschub, in: Salzburger Nachrichten, 14.11.1964, 3.

274 ÖStA, AdR, BMU, PA Holböck, Carl; Protokoll über die Sitzung des Akademischen Senats der Universität Salzburg, 15.6.1965.

275 ÖStA, AdR, BMU, PA Holböck, Carl; Protokoll über die Sitzung des Akademischen Senats der Universität Salzburg, 15.6.1965.

sollten. In ihrer Liste schien neben den Namen Floretta, Hellbling und Waldstein allerdings nicht wie im Falle des Senatsvorschlags der Name von Theo Mayer-Maly, sondern jener von Carl Holböck als künftiger Professor für Kirchenrecht auf. Dieses erste, viergliedrige Professorenkollegium sollte dann die weiteren Berufungsvorschläge für die neue Fakultät erarbeiten.[276]

Die vom Unterrichtsministerium eingesetzte zentrale Besetzungskommission trat am 29. Juni 1965 zu ihrer Entscheidungssitzung zusammen, die im Hotel Kaiserhof in Anif bei Salzburg stattfand. Dieses Gremium tagte im Beisein des aktuellen Salzburger Rektors und Kirchenrechtlers Holböck. Bereits am folgenden Tag, dem 30. Juni 1965, erfolgte die gesetzliche Grundlegung der Rechts- und Staatswissenschaftlichen Fakultät. Die Kommission erstellte die offiziellen Besetzungsvorschläge für die ersten Professoren, die an die neue Fakultät berufen werden sollten.[277] Bei der Sitzung wurden Carl Holböck, Ernst C. Hellbling und Wolfgang Waldstein jeweils auf die erste Position des jeweiligen Dreiervorschlags gesetzt. Dies entsprach auch den – oben erwähnten – Vorschlägen der drei Promotoren der zu errichtenden Fakultät. Die Berufungen dieser drei Professoren erwiesen sich in weiterer Folge denn auch als durchwegs unproblematisch. So berichtete Waldstein später in seinen Erinnerungen, dass er selbst mit Sektionschef Hoyer in Wien nicht lange verhandelt habe, weil er alles so angenommen habe, wie es ihm angeboten worden sei. Er sei dann am 27. Oktober 1965 zum Ordinarius für Römisches Recht ernannt worden.[278]

Hingegen unterschied sich der Besetzungsvorschlag für die arbeits- und sozialrechtliche Lehrkanzel sowohl vom Vorschlag des Senates, als auch von jenem der drei Salzburger Proponenten Floretta, Holböck und Marcic. Die Berufungskommission setzte nämlich Theo Mayer-Maly auf die erste Stelle des Ternavorschlags, wogegen Hans Floretta nur auf der zweiten Position und der Linzer Arbeits- und Sozialrechtler Rudolf Strasser als Drittgereihter aufschienen. Darüber hinaus berief das Gremium den Bonner Juristen Franz Bydlinski, einen gebürtigen Österreicher, auf den ersten Listenplatz des Fachs Bürgerliches Recht.[279] Damit waren aber seitens der zentralen Berufungskommission nicht vier, sondern fünf Professoren als „Urkollegium" für die Salzburger Rechts- und Staatswissenschaftliche Fakultät vorgesehen, was den zwischen den Proponenten ursprünglich getroffenen Vereinbarungen nicht entsprach.[280]

Innerhalb der SPÖ-Regierungsfraktion sorgten diese Beschlüsse für erhebliche Unruhe. Als Heinz Fischer, der Klubsekretär des SPÖ-Parlamentsklubs, davon erfuhr, schrieb er einen dringlichen Brief an Vizekanzler Bruno Pittermann (SPÖ). Fischer wies diesen darauf hin,

276 ÖNB, Handschriftensammlung, Nachlass Broda, Christian, III.87; Broda an Theodor Piffl-Perčević, 30.7.1965.

277 UAW, J Cur 235a, Errichtung einer rechts- und staatswissenschaftlichen Fakultät an der Universität Salzburg, 1965.06.14–1965.07.13, Protokoll über die Sitzung vom 29.6.1965 in Salzburg, Hotel Kaiserhof, 29.6.1965.

278 Waldstein, Mein Leben, 163.

279 UAW, J Cur 235a, Errichtung einer rechts- und staatswissenschaftlichen Fakultät an der Universität Salzburg, 1965.06.14-1965.07.13, Protokoll über die Sitzung vom 29.6.1965 in Salzburg, Hotel Kaiserhof, 29.6.1965.

280 Wie sich Holböck in der Sitzung der zentralen Berufungskommission zu dieser Frage positionierte bzw. warum er die Vereinbarung, zunächst ein Viererkollegium zu berufen, in diese nicht einbrachte, geht aus den vorliegenden Protokollen und sonstigen archivalischen Überlieferungen nicht hervor.

dass die ursprünglich zwischen den Koalitionspartnern abgesprochene Vereinbarung, ein viergliedriges „Urkollegium" zu berufen, eine dezidiert politische Seite gehabt habe. Während Waldstein und Holböck „für die konservative Seite" berufen hätten werden sollen, seien Hellbling und Floretta „als den Sozialisten nahestehende Wissenschaftler" als Erstberufene vorgesehen gewesen. „Ausgehend von diesem Verhältnis 2:2" hätten dann „die weiteren Berufungen erfolgen" sollen. Sollten für das erste Professorenkollegium außer Hellbling, Holböck und Waldstein jedoch die beiden Gelehrten Bydlinski und Mayer-Maly berufen werden, wie dies die Besetzungskommission vorsehe, wäre diese Abmachung hinfällig. Denn dann wäre „das politische Verhältnis an der juridischen Fakultät Salzburg statt 2:2, 4:1".[281] In einem ergänzenden Brief an Broda unterstrich Fischer die Bedeutung, die die Schaffung von vier Lehrkanzeln habe. Es gehe dabei vor allem darum, dass „nur auf diese Weise die Parität [sc. zwischen ÖVP und SPÖ] gesichert" werden könne.[282]

Tatsächlich hätte die Berufung von Hans Floretta ebenso den innerkoalitionären Absprachen entsprochen wie die Tatsache, dass ursprünglich ein viergliedriges „Urkollegium" vorgesehen gewesen war, das eine „paritätische" Aufteilung der Lehrkanzeln zwischen ÖVP und SPÖ ermöglicht hätte. Angesichts der wider Erwarten veränderten Lage sah sich Christian Broda dazu veranlasst, umgehend bei seinem Ministerkollegen zu intervenieren. Broda erinnerte Piffl-Perčević an dessen Ankündigung, Floretta „demnächst" auf die Salzburger Lehrkanzel für Arbeits- und Sozialrecht berufen zu wollen. Er fügte hinzu, dass diese Frage „nur im gegenseitigen Einvernehmen zwischen den Regierungsparteien gelöst werden könne, da es sich ja in Salzburg um die Neuerrichtung einer Universität bzw. Fakultät handelt".[283] Piffl-Perčević suchte daraufhin die Wogen zu glätten. Ihm selbst habe es „sogleich Sorge" bereitet, als er erfahren habe, dass Floretta für das Fach Arbeitsrecht nur an zweiter Stelle genannt worden sei. Er wolle sowohl Floretta, als auch Mayer-Maly für Salzburg gewinnen. Aus diesem Grund habe er Mayer-Malys Einverständnis eingeholt, dass dieser vorerst „in einer Vorziehung Prof. Florettas keine Kränkung" sehe, gerne aber zu einem späteren Zeitpunkt einen Ruf nach Salzburg annehmen werde. Er habe daher die Hochschulsektion seines Ministeriums bereits angewiesen, die Berufungsverhandlungen mit Floretta aufzunehmen.[284] Gegenüber Rektor Carl Holböck kam der vorläufig zurückgesetzte Mayer-Maly selbst nicht umhin, die „Verlegenheit" hervorzuheben, in die Salzburg „durch die leider nicht übermäßig kluge Listenkomposition geraten" sei. Was seine eigenen Befindlichkeiten betraf, hielt er fest: „Mir pressiert es durchaus nicht. Es ist ja übrigens mehr meine Frau, die es nach Österreich zurückzieht", und diese sei „schon etwas mitspracheberechtigt".[285]

---

281 ÖNB, Handschriftensammlung, Nachlass Broda, Christian, III.87; Heinz Fischer an Bruno Pittermann, 28.7.1965 (Abschrift an Broda, 4.8.1965). Floretta rechnete Bydlinski zwar der „konservativen Seite" zu; er sei allerdings „fachlich und menschlich hoch einzuschätzen". ÖNB, Handschriftensammlung, Nachlass Broda, Christian, III.85; Hans Floretta an Christian Broda, 23.8.1965.

282 ÖNB, Handschriftensammlung, Nachlass Broda, Christian, III.87; Heinz Fischer an Christian Broda, 4.8.1965.

283 ÖStA, AdR, BMU, PA Hans Floretta; Christian Broda an Theodor Piffl-Perčević, 4.8.1965.

284 ÖStA, AdR, BMU, PA Hans Floretta; Theodor Piffl-Perčević an Christian Broda, undat, [August 1965].

285 ÖStA, AdR, BMU, PA Hans Floretta; Theo Mayer-Maly an Carl Holböck, 11.8.1965 [Abschrift].

Mayer-Maly folgte schließlich am 1. September 1966 dem Ruf nach Salzburg, wo er die Lehrkanzel für Bürgerliches Recht, Römisches Recht und Handelsrecht übernahm.[286] Indem Pifl-Perčević den Arbeitsrechtler Floretta am 1. November 1965 zum Salzburger Ordinarius berief,[287] löste er seine gegenüber Broda gemachte Zusage ein, ohne gleichzeitig Mayer-Maly zu verprellen. Holböck und Waldstein hatten ihre Ernennungsdekrete bereits zuvor erhalten.[288] Damit war eine innerkoalitionäre Krise abgewendet worden. Die Rechts- und Staatswissenschaftliche Fakultät konnte sich am 16. November 1965 mit den Professoren Holböck, Floretta und Waldstein offiziell konstituieren.[289] Wolfgang Waldstein wurde dabei zum ersten Dekan und Hans Floretta zum Senator der neuen Fakultät gewählt. Ferner beschloss das Professorenkollegium, dem Unterrichtsministerium die Gründung der ersten Institute und die Ernennung der drei „gründenden" Professoren zu Institutsvorständen vorzuschlagen.[290] Als viertes Institut beantragte das Kollegium, ein Institut für Deutsches Recht und Österreichische Verfassungs- und Verwaltungsgeschichte zu beantragen, dessen künftiger Direktor Ernst C. Hellbling per 31. Dezember 1965 ebenfalls zum Ordinarius ernannt wurde.[291] Mit dieser Personalie war das „Urkollegium" der Rechts- und Staatswissenschaftlichen Fakultät vollständig. Darüber hinaus war auch die parteipolitisch gewünschte „Parität" zwischen jeweils zwei Professoren, die offenbar eher der ÖVP bzw. eher der SPÖ zugerechnet wurden, schließlich doch erreicht worden.

Der Lehrbetrieb an der neuen Fakultät hatte bereits zuvor mit Beginn des neuen Studienjahres 1965/66 begonnen, ehe das „gründende" Professorenkollegium erstmals zusammentreten konnte. In einer nahe beim Salzburger Hauptbahnhof gelegenen ehemaligen Schuhfabrik in der Weiserstraße, die für den Lehrbetrieb provisorisch adaptiert worden war, fanden am 18. Oktober 1965 die ersten rechtswissenschaftlichen Vorlesungen statt.[292] Um die Abhaltung der wichtigsten Vorlesungen und Übungen des ersten rechtshistorischen Studienabschnittes zu ermöglichen, hatte das Unterrichtsministerium entsprechende Lehraufträge an Holböck,

286 Der Lehrkörper der Universität Salzburg. Rechts- und Staatswissenschaftliche Fakultät, in: Jahrbuch der Universität Salzburg (1969), 103–117, hier 107.

287 Vgl. ÖStA, AdR, BMU, PA Hans Floretta, Tabelle.

288 Holböck wurde am 27. Oktober 1965 zum Ordinarius an der Rechts- und Staatswissenschaftlichen Fakultät ernannt, was seinen Übertritt von der Theologischen zur Juridischen Fakultät zur Folge hatte. Vgl. Nikolaus Grass, Kirchenrecht und Kirchengeschichte an der Hohen Schule zu Salzburg 1810–1985, in: Franz Pototschnig/Alfred Rinnerthaler (Hg.), Im Dienst von Kirche und Staat. In memoriam Carl Holböck, Wien 1985, 305.

289 Vgl. Waldstein, Dekanatsbericht für das Studienjahr 1965/66.

290 Das BMU bestätigte am 2. Dezember 1965 diese Ernennungen. ÖStA, AdR, BMU, Universität Salzburg, Kt. 672, Aktennotiz vom 2.12.1965, Unterschrift „Piffl" [=Piffl- Perčević].

291 ÖStA, AdR, BMU, Hauptreihe I (1945-1965), Sig. 9, Univ. Salzburg, Kt. 672, Dekan Waldstein an das BMU, 17.11.1965; Der Lehrkörper der Universität Salzburg, 106.

292 In seinem Dekanatsbericht schrieb W. Waldstein, dass sich neben Landeshauptmann Lechner auch der Vizebürgermeister von Salzburg zu den ersten Vorlesungen eingefunden hätte. In seinen Erinnerungen erwähnt er, dass Unterrichtsminister Piffl-Perčević „eigens nach Salzburg gekommen" sei, „um sich alle Vorlesungen des ersten Semesters anzuhören". Hingegen erwähnte Waldstein den Besuch des Ministers in seinem zeitnah erstellten Dekanatsbericht nicht. Vgl. Waldstein, Dekanatsbericht für das Studienjahr 1965/66; Waldstein, Mein Leben, 164.

Floretta und Waldstein vergeben. Zudem hielten René Marcic und der Lehrbeauftragte Arnold Pöschl sogenannte „Einführungskollegien“, während der Dozent Berthold Sutter von der Universität Graz eine Vorlesung aus dem Fachgebiet der Deutschen Rechtsgeschichte übernahm.[293] Von den ersten vier Ordinarien an der Rechts- und Staatswissenschaftlichen Fakultät war vor allem Carl Holböck wesentlich auf die Arbeit seiner beiden Assistenten Carl Gerold Fürst und Margarethe Beck-Mannagetta angewiesen, um das ihm anvertraute Institut für Kirchenrecht aufzubauen. Holböck war nämlich im Studienjahr 1965/66 mit einer Reihe von akademischen Funktionen deutlich überlastet. Damals bekleidete er nämlich nicht nur die Funktionen des amtierenden Rektors der Alma Mater Paridiana und des Ordinarius für Kirchenrecht an der Rechts- und Staatswissenschaftlichen Fakultät, sondern er supplierte darüber hinaus auch die Lehrkanzeln für Kirchenrecht an der Salzburger Theologischen Fakultät sowie an der Juridischen Fakultät der Universität Innsbruck.[294] Holböck wurde 1967/68 und 1968/69 jeweils zum Dekan der Rechts- und Staatswissenschaftlichen Fakultät gewählt; er emeritierte 1975. Der anerkannte Fachmann des kanonischen Rechts Holböck starb 1984 und wurde in der Gruft der Salzburger Kollegienkirche beigesetzt.[295]

Der Gründungsdekan Wolfgang Waldstein bildete neben dem katholischen Priester Carl Holböck den zweiten prononcierten Katholiken, der als Ordinarius im Gründungskollegium der neu errichteten Fakultät vertreten war.[296] Waldstein hatte an der Universität Innsbruck studiert und war ein Schüler von Arnold Herdlitczka,[297] der 1935 zum außerordentlichen Professor für Römisches Recht in Innsbruck ernannt worden war. Aus der Sicht der Nationalsozialisten galt Herdlitczka als ein Repräsentant des „politischen Katholizismus“. Er wurde daher 1939 aus politischen Gründen in den Ruhestand versetzt und konnte erst 1945 seine Lehrtätigkeit wieder aufnehmen.[298] Herdlitczka saß 1965 als Vertreter der Universität Innsbruck in der zentralen Besetzungskommission, die die ersten Berufungsvorschläge für die Rechts- und Staatswissenschaftliche Fakultät erstattete. Er gehörte auch jener Kommission an, die 1964 an der Universität Innsbruck einstimmig beschlossen hatte, den damaligen Universitätsdozenten Waldstein „primo loco“ für das Amt eines außerordentlichen Professors zu nominieren.[299] Als Gründungsdekan des Juridicums war Waldstein nicht nur damit beauftragt, den Aufbau der neuen Fakultät zu organisieren, sondern er wurde auch zum Vorstand des neu zu errichtenden Instituts für Römisches Recht bestellt. Eine zweite Lehrkanzel für Römisches

293 ÖStA, AdR, BMU, Hauptreihe I (1945–1965), Sig. 9, Univ. Salzburg, Kt. 672, Universität Salzburg nimmt Studienbetrieb der Rechts- und Staatswissenschaften auf, 18.9.1965.

294 Vgl. Institut für Kirchenrecht, in: Akademischer Senat der Universität Salzburg (Hg.), Universität Salzburg 1622–1962–1972, 277 f.

295 Vgl. Grass, Kirchenrecht, 310.

296 Siehe zu Waldstein auch das Kap. 2.3.

297 Vgl. auch Wolfgang Waldstein, In memoriam Arnold Rudolf Herdlitczka, in: Zeitschrift der Savigny-Stiftung für Rechtsgeschichte. Romanistische Abteilung 102 (1985), 796–803.

298 Thomas Olechowski/Tamara Ehs/Kamila Staudigl-Ciechowicz, Die Wiener Rechts- und Staatswissenschaftliche Fakultät 1918–1938, Göttingen 2014, 286.

299 UAI, Jur Habilitationslisten S–W, Habilitationsakt Dr. Wolfgang Waldstein; Kommission zur Vorbereitung eines Besetzungsvorschlags an das Professorenkollegium der Rechts- und Staatswissenschaftlichen Fakultät der Universität Innsbruck, 11.6.1964.

Abb. 13: Stefan Rehrl (r.) übergibt das Rektorat an Wolfgang Waldstein (undat., Studienjahr 1968/69).

Recht wurde erst 1970 eingerichtet. Deren Supplierung übernahm mit Max Kaser ein bedeutender Vertreter dieses Fachs, der zuvor an der deutschen Universität Münster emeritiert worden war.[300] Für das Studienjahr 1968/69 wurde Waldstein auch zum Rektor der Alma Mater Paridiana gewählt. Für seine Inaugurationsrede, die er am 22. Oktober 1968 hielt, wählte er bewusst das Thema „Akademische Freiheit und humane Ordnung". Er ging dabei nicht nur auf die drängenden Raumprobleme der Universität und die geplante Errichtung der Medizinischen Fakultät ein, sondern er positionierte sich auch hinsichtlich hochschulpolitischer Fragen, die im Jahr der 68er-Bewegung an den Universitäten kontrovers debattiert wurden. Dabei kritisierte er linke „Welterlösungsideologien", die intolerant seien und die Basis künftiger Totalitarismen liefern könnten.[301]

In den lokalen „bürgerlichen" Medien wurde positiv vermerkt, dass die Salzburger Inaugurationsfeier „ohne Zwischenfall" abgelaufen sei.[302] Dies lag vermutlich auch daran, dass Waldstein von einer pompösen Inszenierung der Feier abgesehen hatte. Von den von ihm so bezeichneten internationalen „Studentenunruhen" war jedenfalls in Salzburg kaum etwas zu spüren. So sei der an der Universität Wien angedrohte „Terror studentischer Gruppen"

300 Vgl. Institut für Römisches Recht, in: Akademischer Senat der Universität Salzburg (Hg.), Universität Salzburg 1622–1962–1972, 275 f.

301 Vgl. Wolfgang Waldstein, Akademische Freiheit und humane Ordnung, Salzburg-München 1969, 8; 13.

302 Vgl. Neuer Rektor urgiert „Medizinische", in: Salzburger Nachrichten, 23.10.1968, 5.

an der Alma Mater Paridiana unterblieben. Waldstein hielt daher befriedigt fest, dass „die politisch und ideologisch motivierten künstlichen Gegensätze, die in die Universität eingeschleust werden sollen, um politische Zwecke zu verwirklichen“, „nicht repräsentativ für den heutigen Studierenden“ seien.[303] Die Universität schien damit für Waldstein dank der lokalen Studentenschaft ein Hort der bürgerlichen „Ordnung“ zu sein, an der die Vorherrschaft der Ordinarien weiterhin ungefährdet war.

Der Arbeits- und Sozialrechtler Hans Floretta, dessen Berufung in das „Urkollegium“ der Rechts- und Staatswissenschaftlichen Fakultät die oben beschriebenen koalitionären Verwerfungen ausgelöst hatte, war bereits seit mehreren Jahren als Vertreter des lokalen BSA in die Salzburger Universitätsbestrebungen eingebunden gewesen.[304] Seine akademische Karriere hatte Floretta wie sein Kollege Waldstein an der Universität Innsbruck begonnen. Er wurde dort 1954 für das Fach Arbeitsrecht habilitiert, das damit als eine eigene akademische Disziplin anerkannt wurde. 1963 dehnte die Universität Innsbruck Florettas Lehrbefugnis auf das Fach Österreichisches Privatrecht aus; im darauf folgenden Jahr wurde er zum außerordentlichen Professor ernannt.[305] 1965 rief Floretta die Österreichische Gesellschaft für Arbeits- und Sozialrecht ins Leben. Seine Tätigkeit als Präsident der Kammer für Arbeiter und Angestellte in Salzburg, die er 1956 aufgenommen hatte, führte er als Ordinarius an der Universität Salzburg bis März 1977 fort.[306] Floretta emeritierte 1982 an der Alma Mater Paridiana und verstarb 2009 in Salzburg.

Ernst C. Hellbling wurde 1924 an der Universität Wien zum Dr. jur. promoviert und stand seit 1926 als Beamter im Konzeptsdienst der Stadt Wien. Nach dem „Anschluss“ galt er den nationalsozialistischen Machthabern wegen der jüdischen Herkunft seiner Großeltern väterlicherseits als „Mischling ersten Grades“.[307] Hellbling wurde daher am 28. Juni 1938 seines Postens enthoben und mit Ende des Monats Oktober 1938 aufgrund des § 3 der „Verordnung zur Neuordnung des österreichischen Berufsbeamtentums“ in den Ruhestand versetzt.[308] In den Jahren 1939 bis 1943 war Hellbling bei einer Gebäudeverwaltung angestellt, 1943 bis 1944 arbeitete er als dienstverpflichteter Hilfsarbeiter bei den Siemens-Schuckertwerken in Wien bzw. ab Jänner 1945 bei der Organisation Todt, wobei er u.a. bei Instandsetzungsarbeiten auf der Wiener Reichsbrücke eingesetzt war. Unmittelbar nach Kriegsende nahm Hellbling per 7. Juni 1945 seine Laufbahn beim Magistrat der Stadt Wien wieder auf. Zunächst wurde er provisorischer Leiter des Magistratischen Bezirksamtes für den 11./23. Wiener Gemeindebezirk;[309] 1948 wurde er zum Obersenatsrat ernannt, 1948 erfolgte seine Habilitation an der Universität

303 Waldstein, Bericht des Rektors über das Studienjahr 1968/69, 17; 22.

304 Siehe zu Floretta auch das Kap. 3.4.

305 Vgl. Hans Floretta, in: Jabloner/Mayer (Hg.), Österreichische Rechtswissenschaft, hier 46 f.

306 Vgl. ÖStA, AdR, BMU, PA Hans Floretta, Tabelle.

307 WStLA, Magistratsabteilung 521, A4 – Personalakten, 2. Reihe, Hellbling, Ernst C.; Aktenvermerk, 12.5.1938.

308 WStLA, Magistratsabteilung 521, A4 – Personalakten, 2. Reihe, Hellbling, Ernst C.; Amt des Reichsstatthalters an Hellbling, 18.10.1938.

309 WStLA, Magistratsabteilung 521, A4 – Personalakten, 2. Reihe, Hellbling, Ernst C.; Bürgermeister Theodor Körner an Hellbling, 11.7.1945.

Wien für Deutsche Rechtsgeschichte, 1959 wurde er zum titulierten ordentlichen Professor ernannt.[310] 1961 in den dauernden Ruhestand versetzt, wurde er 1965 im Alter von 64 Jahren zum ordentlichen Professor an der Universität Salzburg berufen. Hellbling emeritierte zwar 1971, er blieb der Salzburger Juristenfakultät jedoch über das Ende seiner aktiven Dienstzeit hinaus als Lehrender verbunden.[311]

Hellblings doppelte berufliche Laufbahn als Magistratsbeamter der Stadt Wien und als Universitätsprofessor befähigte ihn dazu, seine praktische Arbeit als Jurist mit einem weit gespannten theoretischen Schaffen als Rechtswissenschaftler zu verknüpfen. Als Gründungsvorstand des Institutes für Deutsches Recht und Österreichische Verfassungs- und Verwaltungsgeschichte musste er in den ersten Jahren nach seiner Berufung eine thematisch breite Prüfungstätigkeit selbst bestreiten. In einem Nachruf wurde Hellbling als ein vielleicht letzter Repräsentant des „‚alten', des größeren Österreichs" gewürdigt. Hellblings Verfolgungen, die er in der NS-Zeit erlitten hatte, wurden hingegen von einigen seiner Laudatoren entweder nur kryptisch angedeutet oder schlicht übergangen. So beschränkte sich Peter Putzer in seinem Nekrolog auf den Hinweis, dass Hellblings „kontinuierlich fließende Publikationstätigkeit" zwischen 1938 und 1946 gänzlich ausgesetzt habe, was „ein Indiz für die bestimmt nicht förderlichen Zeitumstände" sei.[312] 1981 gab die Rechtswissenschaftliche Fakultät der Universität Salzburg anlässlich des 80. Geburtstages von Hellbling eine Festschrift heraus, die 42 Beiträge zu den Themen „Grundlagen des Rechts", „Öffentliches Recht" und „Rechtsgeschichte" enthielt. In der kurzen Biographie Hellblings, die der Festschrift vorangestellt ist, wird die Zeit des „Dritten Reiches" nicht einmal angedeutet. Hellbling trat demnach 1926 in den Magistrat der Stadt Wien ein und erklomm „schon 1948 das Amt eines Obersenatsrates". Die Zeit dazwischen blieb ausgeklammert. Im Übrigen wurde Hellbling in dieser Festschrift als humanistisch geprägter „Musterbeamter" charakterisiert, der auf „die Verwendung eines politisch oder schulmäßig besetzten Begriffsinstrumentars" verzichtet habe und „jeder Parteipolitik abgeneigt" gewesen sei.[313] Vor allem der zuletzt angeführte Aspekt fällt auf, wenn man bedenkt, dass die SPÖ anlässlich der Errichtung der Rechts- und Staatswissenschaftlichen Fakultät – wie oben ausgeführt – Hellbling neben Floretta als den zweiten erstberufenen Salzburger Juristen für sich reklamiert hatte. Die vier erstberufenen Professoren blieben der Rechts- und Staatswissenschaftlichen Fakultät unterschiedlich lange als akademische Lehrer erhalten. Floretta, Hellbling und Holböck waren aber jeweils zumindest bis in die 1970er-Jahre an der Fakultät aktiv, während Waldstein erst 1992 nach mehr als vierzig Dienstjahren als akademischer Lehrer in den Ruhestand versetzt wurde.[314]

310 ÖStA, AdR, BMU, PA, Hellbling, Ernst C.; Hellbling an die Magistratsabteilung 2 der Stadt Wien, 2.6.1948.

311 Peter Putzer, Ernst Carl Hellbling †, in: Zeitschrift der Savigny-Stiftung für Rechtsgeschichte. Romanistische Abteilung 103 (1986), 503–507, hier 505.

312 Ebd.

313 Johannes W. Pichler, Ernst Carl Hellbling zum 80. Geburtstag, in: Aus Österreichs Rechtsleben in Geschichte und Gegenwart. Festschrift für Ernst C. Hellbling zum 80. Geburtstag. Hg. von der Rechtswissenschaftlichen Fakultät der Universität Salzburg, Berlin 1981, XI–XV, hier XII.

314 Vgl. Waldstein, Mein Leben, 198.

Als erste weitere Berufung ergänzte sich das noch kleine Professorenkollegium 1966 um den gebürtigen Wiener Theo Mayer-Maly, der damals als Ordinarius für Arbeitsrecht, Bürgerliches Recht und Römisches Recht an der Universität Köln wirkte. Zuvor war der fachlich so breit ausgewiesene Mayer-Maly bereits 1961/62 Ordinarius an der Universität Wien gewesen, es handelte es sich also in seinem Fall um die Rückholung eines besonders angesehenen Gelehrten nach Österreich. Mayer-Malys Gehalt in Köln lag erheblich über jener Stufe, die in Österreich als höchste für Professoren erreichbare Gage galt. Die zuständigen Stellen in Wien traten daher eigens zu einer interministeriellen Sitzung zusammen, bei der die Schwierigkeiten gelöst werden konnten. Dabei schaltete sich sogar Landeshauptmann Lechner ein, der anbot, „für einen Ersatz für die Gehaltsverminderung zu sorgen."[315] Mayer-Maly konnte daraufhin – wie oben erwähnt – an die Rechts- und Staatswissenschaftliche Fakultät der Alma Mater Paridiana berufen werden, der er trotz mehrerer Abwerbungsversuche anderer Universitäten bis zu seiner Emeritierung die Treue hielt. In Salzburg etablierte sich Mayer-Maly rasch zu einer der „tragenden Kräfte der Fakultät".[316]

Mayer-Maly selbst zog vor allem „die Aussicht auf enge Zusammenarbeit mit René Marcic und Wolfgang Waldstein an".[317] Der Sohn eines Richters, dessen Großvater väterlicherseits aus einer jüdischen Bankiersfamilie aus Mainz stammte, sah sich selbst als „eine für das alte Österreich nicht eben untypische Mischung: zu 50 % Oberösterreicher, zu 25 % Deutschmährer, zu 25 % jüdischer Abstammung." Er ergänzte hierzu allerdings einschränkend, dass „nach korrekter jüdischer Auffassung" nur jemand Jude sei, der „von einer jüdischen Mutter geboren wurde und mosaischen Glaubens" sei.[318] Mayer-Maly berichtete ferner, dass sein Vater ihn dazu gebracht habe, sich dem Jusstudium zuzuwenden. Um ihn dazu zu bewegen, Rechtswissenschaften zu studieren, habe er auch Ernst C. Hellbling beigezogen.[319] Aus seinem katholischen Glauben machte Mayer-Maly selbst kein Hehl. So gehörte er etwa der Päpstlichen Akademie für das Leben an, womit er sein Engagement für den absoluten Lebensschutz des Embryos mit seinem Freund und Kollegen Wolfgang Waldstein teilte.[320] Als er 2007 verstarb, würdigte ihn Heinrich Honsell, der selbst von 1977 bis 1989 in Salzburg Privatrecht und Römisches Recht lehrte, als einen hochgebildeten Paradejuristen. Zwar sei Mayer-Malys Denken „der Tradition verpflichtet" gewesen. Sein Herz habe aber „links" geschlagen, ohne dass er deshalb verkürzend als „Linkskatholik" bezeichnet werden könne. Mayer-Maly sei jedenfalls „ein Liberaler im echten Sinn des Wortes" gewesen, der „unangefochtene Doyen" der Fakultät, der „verehrt und bewundert" worden sei.[321]

Der weitere personelle Ausbau der Salzburger Juristenfakultät erfolgte in mehreren Etappen entlang der organisatorischen Notwendigkeiten, die sich aus dem mehrstufigen Aufbau

315 Ebd., 165. Da der Personalakt von Theo Mayer-Maly im ÖStA/AdR/BMU dem Vf. noch nicht zugänglich war, ist eine Verifizierung dieser Informationen hier nicht möglich.

316 Waldstein, Mein Leben, 165.

317 Theo Mayer-Maly, in: Jabloner/Mayer (Hg.), Österreichische Rechtswissenschaft, 131.

318 Ebd., 122.

319 Ebd., 122 f.

320 Vgl. Honsell, Theo Mayer-Maly †, 11.

321 Ebd., 4; 6.

Abb. 14: Landeshauptmann Hans Katschthaler (l.) überreicht Theo Mayer-Maly eine Auszeichnung des Landes Salzburg (undat., vermutl. 1990er-Jahre).

des rechtswissenschaftlichen Studiums ergaben. Weitere Professoren, die noch im Studienjahr 1965/66 an die Rechts- und Staatswissenschaftliche Fakultät berufen wurden, waren Heinrich Mayrhofer aus Innsbruck (Bürgerliches Recht), Franz Novak (Zivilgerichtliches Verfahren) und Michael Schwimann aus Wien (Internationales Privatrecht und Privatrechtsvergleichung) sowie Robert Seiler aus Graz (Strafrecht).[322] Letzterer war bereits im Vorschlag der zentralen Berufungskommission hinter Franz Bydlinski und Viktor Steininger an dritter Stelle gereiht worden.[323]

Der weitere Ausbau der Lehrkanzeln gestaltete sich allerdings eher langwierig und stockte sogar zeitweilig. So scheiterte etwa die Berufung des Tübinger Professors Wolfgang Fikentscher auf die Lehrkanzel für In- und Ausländisches Bürgerliches Recht, Handels- und Wirtschaftsrecht, obgleich das Ministerium drei Jahre lang mit Fikentscher verhandelt hatte. Dieser ließ sich nicht einmal mit einer Zusage der Vereinigung Österreichischer Industrieller, einen einmaligen Geldbetrag von 400.000,- öS für den Aufbau seines Instituts zu spenden, nach Salzburg locken.[324] Theo Mayer-Maly beklagte daher zu Recht, „daß so manche Be-

322 Vgl. Waldstein, Dekanatsbericht für das Studienjahr 1965/66, 7–10.

323 UAW, J Cur 235a, Errichtung einer rechts- und staatswissenschaftlichen Fakultät an der Universität Salzburg, 1965.06.14-1965.07.13, Protokoll über die Sitzung vom 29.6.1965 in Salzburg, Hotel Kaiserhof, 29.6.1965.

324 ÖStA, AdR, BMU, Hauptreihe II (1966-1975), Sig. 9, Univ. Salzburg, Kt. 625, Dekan Rolf Ostheim an

rufung, die der Fakultät besonders wichtig erschien, gescheitert" sei. Als besonders schwierig erwies sich dabei die Berufung von deutschen Juristen; aber auch die Rückberufung emigrierter österreichischer Gelehrter kam in vielen Fällen zu spät. So erwog die Salzburger Fakultät zwar, den 1938 emigrierten und international bekannten katholischen Zivilrechtler Albert A. Ehrenzweig zumindest als Gastprofessor nach Salzburg zu holen, dieser starb aber bereits 1974 in den USA.[325] Ähnlich wie beim Aufbau der Philosophischen Fakultät sorgten auch bei den Juristen die vom Finanzministerium ausgehenden „Beschränkungen des Angebots an die Berufenen" dazu, dass etliche Kandidaten an sie ergangene Rufe ablehnten.[326] Der ehemalige Gründungsdekan Waldstein zog daher im Rückblick das Resümee, „dass der Traum von einer hochrangigen Fakultät nicht realisierbar" gewesen sei.[327]

Ungeachtet dieser Verzögerungen beim Aufbau der Fakultät wurden bereits in den 1960er-Jahren einige Professoren an die Fakultät berufen, die das Salzburger Juridicum in weiterer Folge oftmals maßgeblich prägen sollten. Abgesehen von der Ökonomin Gertrud Neuhauser handelte es sich dabei ausschließlich um männliche Gelehrte. Zu diesen prägenden Akteuren zählte etwa Franz Matscher (Zivilgerichtliches Verfahren), der dem im März 1967 verstorbenen Franz Novak nachfolgte.[328] Der gebürtige Südtiroler Matscher profilierte sich 1977 bis 1998 u.a. als Richter am Europäischen Gerichtshof für Menschenrechte in Straßburg, und er war auch Leiter des in Salzburg angesiedelten Österreichischen Instituts für Menschenrechte.[329] Weitere bekannte Professoren waren etwa Friedrich Koja (Verfassungs- und Verwaltungsrecht), der am 19. März 1968 von der Universität Wien nach Salzburg berufen wurde, und dessen Kollege am Institut für Verfassungs- und Verwaltungsrecht Kurt Ringhofer, der später Vizepräsident des österreichischen Verfassungsgerichtshofs wurde.[330] Der Rechtsphilosoph René Marcic war – wie hier ausgeführt – ein prägender Akteur der Gründungsphase der Universität. Marcic wechselte 1968 von der Philosophischen an die Rechts- und Staatswissenschaftliche Fakultät, wo er den Lehrstuhl für Allgemeine Staatslehre, Österreichisches Verfassungsrecht und Rechtsphilosophie übernahm.[331] Allerdings wirkte Marcic nur kurze Zeit an dieser Fakultät, denn er verstarb bereits am 2. Oktober 1971. Der Völkerrechtler Herbert Miehsler war ein gebürtiger Wiener, der 1969 von der Universität Graz einem Ruf an die Universität Salzburg folgte. Dort wurde er Direktor des im selben Jahr

---

das BMWF, 18.12.1970.

325 ÖStA, AdR, BMU, Hauptreihe II (1966-1975), Sig. 9, Univ. Salzburg, Kt. 625, Dekan Rolf Ostheim an das BMWF, 18.12.1970; vgl. Albert Ehrenzweig jun., Prof. Dr., in: 650 plus – Geschichte der Universität Wien, https://geschichte.univie.ac.at/de/personen/albert-ehrenzweig-jun-prof-dr (11.5.2019).

326 Theo Mayer-Maly, Der Ausbau der Salzburger Juristenfakultät, in: Österreichische Hochschulzeitung 21, 15.12.1969, 7.

327 Waldstein, Mein Leben, 166.

328 Vgl. Institut für Zivilgerichtliches Verfahren, in: Akademischer Senat der Universität Salzburg (Hg.), Universität Salzburg 1622–1962–1972, 289 f.

329 Vgl. Kurzbiographie Franz Matscher, in: Österreichische Akademie der Wissenschaften. https://www.oeaw.ac.at/fileadmin/mitglieder/cv/Matscher_Kurzbiographie.pdf (9.5.2019).

330 Siehe zur Berufung Ringhofers speziell das Kap. 3.4. Vgl. Institut für Verfassungs- und Verwaltungsrecht, in: Akademischer Senat der Universität Salzburg (Hg.), Universität Salzburg 1622–1962–1972, 294 f.

331 Der Lehrkörper der Universität Salzburg, 111.

gegründeten Instituts für Völkerrecht und ausländisches öffentliches Recht. Miehsler lehrte bis zu seinem Tod, der ihn am 1. Juli 1986 im Alter von 54 Jahren ereilte, in Salzburg.[332] Der gebürtige Grazer Rolf Ostheim wurde 1967 an der Universität Innsbruck habilitiert. Am 24. Juni 1968 zum Ordinarius für Zivil- und Handelsrecht an der Universität Salzburg ernannt, emeritierte er 1993 und verstarb 2018 im 94. Lebensjahr.[333] Ostheim wurde 1925 geboren und zählte damit zu den älteren Professoren seiner Fakultät, die noch als Soldaten in den Zweiten Weltkrieg eingezogen worden waren.[334]

Neben diejenigen Institute, in denen die traditionellen rechtswissenschaftlichen Fächer gelehrt wurden, traten auch ein Institut für gerichtliche Medizin, das 1971 eröffnet wurde und dessen Leitung der aus Wien gebürtige Mediziner Norbert Wölkart übernahm, sowie ein in demselben Jahr errichtetes Institut für forensische Psychiatrie, das unter der Leitung von Gerhart Harrer stand. Die Fakultät unterstrich mit diesen Instituten ihren Anspruch, sich um interdisziplinäre Kooperation und eine „sinnvolle Abrundung des Studienganges" zu bemühen.[335] Zu diesen akademischen Einrichtungen trat 1970 noch ein Institut für Wirtschaftswissenschaften. Dieses wurde zunächst als „Institut für Nationalökonomie und internationale vergleichende Wirtschaftswissenschaften" bezeichnet. Zu dessen gemeinsamer Leitung wurden der gebürtige Wiener Wirtschaftswissenschaftler Alfred Kyrer und Gertrud Neuhauser (verehelichte Pütz-Neuhauser) berufen, die sich 1955 an der Universität Innsbruck für Volkswirtschaftslehre und Volkswirtschaftspolitik habilitiert hatte.[336]

Den „Gründerprofessoren" der Rechts- und Staatswissenschaftlichen Fakultät gehörten von Beginn an – vor allem im Vergleich zur Philosophischen Fakultät – mehr jüngere Gelehrte an, deren akademische Sozialisation erst nach dem Zweiten Weltkrieg erfolgt war. Dies galt im ersten „Urkollegium" zwar nicht für Ernst C. Hellbling und Carl Holböck, die bereits 1924 bzw. 1940 promoviert worden waren, wohl aber für den 1948/49 zweifach promovierten Hans Floretta sowie den 1956 promovierten Wolfgang Waldstein. Von den anderen oben genannten Professoren, die im Laufe der 1960er-Jahre an das Juridicum berufen wurden, hatten alle außer Gerhart Harrer, René Marcic und Norbert Wölkart, die 1940, 1942 bzw. 1944 promoviert worden waren, erst in den Jahren zwischen 1948 und 1962 in ihren jeweiligen Disziplinen das Doktorat erworben. Von dieser Professorengruppe waren zudem alle an einer der drei bestehenden österreichischen juridischen Fakultäten in Wien, Graz oder Innsbruck ausgebildet und direkt von einer dieser Universitäten nach Salzburg berufen worden.

332 Ebd., 117.

333 PLUS, Ostheim Rolf, Em.O.Univ.-Prof. Dr. (Emeritus) †. https://www.uni-salzburg.at/index.php?id=21065 (9.5.2019).

334 Siehe hierzu auch das Kap. 3.1.

335 Friedrich Koja, Die Universität Salzburg – Stand und Planung, in: Akademischer Senat der Universität Salzburg (Hg.), Universität Salzburg 1622–1962–1972, 371–383, hier 380.

336 Vgl. Institut für gerichtliche Medizin; Institut für forensische Psychiatrie; Institut für Wirtschaftswissenschaften, in: Akademischer Senat der Universität Salzburg (Hg.), Universität Salzburg 1622–1962–1972, 292–294; 299–301; ÖStA, AdR, BMU, Kt. 624, Universität Salzburg, Rechts- und Staatswissenschaftliche Fakultät, Dekan Rolf Ostheim an das BMWF, 15.12.1970; Pütz-Neuhauser, Gertrud, in: Brigitta Keintzel/Ilse Korotin (Hg.), Wissenschafterinnen in und aus Österreich. Leben – Werk – Wirken, Wien-Köln-Weimar 2002, 599–603, hier 599.

Nur die 1923 in Innsbruck geborene Gertrud Neuhauser war ordentliche Professorin an der deutschen Justus-Liebig-Universität Gießen gewesen, ehe sie einem Ruf nach Salzburg folgte. Eine weitere Ausnahme bildete Franz Matscher, der von keiner Universität, sondern als Angehöriger des österreichischen Auswärtigen Diensts auf seine akademische Position in Salzburg wechselte.[337]

Die Altersverteilung der „Gründerprofessoren" der Rechts- und Staatswissenschaftlichen Fakultät ist ferner auch mit deren politisch-ideologischen Positionierungen in Verbindung zu sehen. In der Philosophischen Fakultät spielten ehemals „katholisch-national" bzw. nationalsozialistisch gesinnte Gelehrte wie etwa Egon Lendl oder Hans Sedlmayr, die in den 1930er-Jahren akademisch (und politisch) sozialisiert worden waren, noch in der Aufbauphase der Universität eine maßgebliche Rolle. An der Rechts- und Staatswissenschaftlichen Fakultät gab es hingegen keinen einzigen Professor, der sich vor 1945 dieser politisch-ideologischen Gruppierung zuordnen hatte lassen. Die meisten Professoren waren schlicht zu jung, um die Vorkriegszeit noch politisch bewusst miterlebt oder gar mitgestaltet zu haben. Von jenen Rechtsgelehrten, die in den engeren juridischen Disziplinen tätig waren, kann einzig die politische Vergangenheit von René Marcic als problematisch bewertet werden, die allerdings zu Lebzeiten Marcic' nicht oder nur wenig diskutiert wurde. Hingegen ist der Neurologe Gerhart Harrer als ehemaliger SS-Angehöriger, der nach 1945 mit Hilfe des BSA Karriere machte, bis heute umstritten, auch wenn seine Rolle im „Dritten Reich" seit den 1970er-Jahren öffentlich breiter debattiert wurde.[338]

An der Alma Mater Paridiana wirkte neben dem angeblichen SPÖ-Sympathisanten Harrer als weiterer Mediziner Norbert Wölkart, der seit 1966 in Salzburg eine Professur für gerichtliche Medizin innehatte. Im Gegensatz zu Harrer schien Wölkart, der bei Kriegsende als Assistenzarzt in einem Lazarett tätig gewesen war, nach 1945 politisch nicht belastet zu sein. Im Oktober 1938 war er zwar als 17-Jähriger von der „Hitlerjugend" (HJ) in die SA überstellt worden. Nach dem Krieg suchte Wölkart aber erfolgreich glaubhaft zu machen, dass er nie vereidigt worden sei. Spätestens seit Februar 1939 habe er keine Bindungen mehr an das NS-Regime gehabt. Er habe im Gegenteil seinen Schwager unterstützt, der als Jude von den Nationalsozialisten verfolgt und ins KZ Dachau bzw. Buchenwald deportiert worden sei. Zudem habe er im „Dritten Reich" berufliche Nachteile in Kauf genommen, weil er dessen Halbschwester heiraten haben wollen, die damals als „Mischling ersten Grades" galt. Wölkarts Heiratsgesuch wurde tatsächlich im Juni 1944 endgültig abgewiesen.[339]

Die NS-Vergangenheit einzelner Angehöriger der Philosophischen Fakultät wurde in den 1960er-Jahren – wie hier z.B. anhand des Germanisten Adalbert Schmidt gezeigt – vereinzelt auch öffentlich debattiert. In anderen Fällen war sie zumindest „intern" wenigstens teilweise bekannt, obgleich kaum offen darüber geredet wurde. An der Rechts- und Staatswissenschaft-

337 Vgl. Franz Matscher, Erinnerung an meine Salzburger Zeit…, in: Festschrift der K.Ö.H.V. Rheno-Juvavia anlässlich des 70. Stiftungsfestes, Salzburg 2002, 107–109, hier 107.

338 Siehe zu Harrer ausführlich das Kap. 3.4.

339 Wölkart heiratete Gertrude Uiblacker schließlich am 2. Mai 1945. Vgl. ÖStA, AdR, BMU, PA Wölkart, Norbert; Wölkart an das BMU, 22.2.1947; Personenstandesblatt Wölkart, 11.10.1945.

lichen Fakultät spielte diese Frage hingegen offenbar keine Rolle. Wenn es um tatsächliche oder vermeintliche politische Affinitäten oder Zugehörigkeit(en) ging, bezogen sich diese eher auf die aktuelle politische (Selbst-)Zuordnung der einzelnen Professoren. Inwieweit die oben beschriebene innerkoalitionäre Vereinbarung bezüglich der proporzmäßigen Verteilung der Ordinarienstellen nach dem Ende der von ÖVP und SPÖ gebildeten Koalitionsregierung in den Alleinregierungen Klaus (ÖVP) und Kreisky (SPÖ) weiter aufrechterhalten wurde, kann hier mangels relevanter Quellenbelege nicht entschieden werden. Grundsätzlich ist aber festzuhalten, dass parteipolitische Aspekte bzw. Einflüsse bei Berufungen auch weiterhin eine Rolle spielten, auch wenn diese individuell jeweils unterschiedlich zu gewichten und von fachlichen Fragen und Konstellationen nicht abzutrennen sind.

So wandte sich z.B. der Landesfachausschuß für Gesundheitswesen der ÖVP Salzburg 1966 an Minister Piffl-Perčević, als es um die Besetzung der Professur für gerichtliche Medizin ging. Offenbar war diesem Ausschuss zugetragen worden, dass die juridische Fakultät den Mediziner Norbert Wölkart „primo loco" für diesen Posten nominiert hatte. Die ÖVP-Gesundheitspolitiker sahen sich daraufhin veranlasst, dessen Ernennung ausdrücklich zu unterstützen.[340] Ob diese Intervention irgendeine Relevanz im personalpolitischen Entscheidungsprozess hatte, und ob Wölkart deshalb bereits als Sympathisant der ÖVP gelten kann, muss hier offenbleiben. Vergleichsweise engen parteipolitischen Denk- und Handlungsmustern folgte ein Gelehrter wie Theo Mayer-Maly wohl ohnehin kaum. Dies machte es Nachrufschreibern – wie dem oben zitierten Salzburger Rechtswissenschaftler Heinrich Honsell – nicht leichter, dessen ideologischen Sichtweisen und Positionierungen in angemessene Formulierungen zu kleiden. Mayer-Maly war in erster Linie ein bildungsbürgerlich-liberal geprägter Gelehrter. Zumindest gegen Ende seines Lebens schien er allerdings dem Gedanken nicht abgeneigt zu sein, in der Salzburger Lokalpolitik wenigstens symbolisch aktiv zu werden. Nur so ist es zu verstehen, dass Mayer-Maly 1999 an fünfter und somit chancenloser Stelle der konservativen Kleinpartei Christlich-Soziale Union Österreichs (Liste 11) für den Salzburger Gemeinderat kandidierte.[341]

Die parteipolitische Affinität René Marcic' zur ÖVP war hingegen weitgehend bekannt. Marcic zögerte auch nicht, gegenüber Bundeskanzler Klaus und Unterrichtsminister Piffl-Perčević ÖVP-Interessen in Berufungsfragen zur Geltung zu bringen. Piffl-Perčević diente hierzu ein informelles „consilium amicorum", dem neben Marcic selbst u.a. die Rechtswissenschaftler Felix Ermacora, Hans Klecatsky und auch Wolfgang Waldstein angehörten. Marcic zeigte sich vor allem darüber alarmiert, dass die SPÖ bei der Habilitierung von Rechtsgelehrten, die die Fächer des Öffentlichen Rechts vertraten, im Vergleich zur ÖVP deutlich aufgeholt hatte. Er erblickte hierin ein Versagen der ÖVP. Dieses habe zur Folge, dass „jetzt die Türen offen [stehen] für den Einzug jener Kräfte in die Lehrerschaft des Öffentlichen Rechts, die man

340 Vgl. ÖStA, AdR, BMU, PA Wölkart, Norbert; Landeshauptmann-Stellvertreter Haslinger an Piffl-Perčević, 5.5.1966.

341 Vgl. Kundmachung über die Verlautbarung der Wahlvorschläge, in: Amtsblatt der Stadtgemeinde Salzburg, Folge 4, 25.2.1999, 29 f.

fernhalten wollte. Die Lage ist ernster als man glaubt."[342] Möglicherweise spielte Marcic damit auch auf die damals geplante Berufung von Kurt Ringhofer auf eine der beiden Lehrkanzeln für Verfassungs- und Verwaltungsrecht an. Diesen hatte die Fakultät kurz bevor Marcic seinen Brief an Klaus richtete, in ihrem Berufungsvorschlag einstimmig „primo loco" gereiht. Mehr als zwei Jahre später teilte er dem Kanzler mit, dass er – wie auch Klecatsky – zu Ringhofer mittlerweile Vertrauen gefasst habe.[343] Dieser war zwischenzeitlich per 31. Juli 1968 als Ordinarius nach Salzburg berufen worden.[344]

Zusammenfassend muss für die 1960er- und frühen 1970er-Jahre von einer ideologisch eher konservativ geprägten Atmosphäre an der Rechts- und Staatswissenschaftlichen Fakultät ausgegangen werden. Inwieweit so herausragende Gelehrte wie Theo Mayer-Maly, Ernst C. Hellbling oder Kurt Ringhofer dem Salzburger Juridicum gleichwohl – trotz früh enttäuschter Träume von einer „hochrangigen Fakultät" (W. Waldstein) – breiteres fachliches Ansehen verschaffen konnten, soll hier nicht näher diskutiert werden.[345] Seitens der Philosophischen Fakultät scheint gegenüber dem Juridicum jedenfalls ein gewisses Maß an Skepsis vorgeherrscht zu haben. So bedauerte etwa der Psychologe Wilhelm J. Revers, dass angesichts des „formalistischen Horizonts" der juristischen Ausbildung die Chancen gering seien, das seit der Errichtung der Alma Mater Paridiana angestrebte „Salzburger Profil" für die gesamte Universität mit Leben zu erfüllen.[346] Immerhin gelang es der Rechts- und Staatswissenschaftlichen Fakultät im Jahr 1969, den späteren Nobelpreisträger für Wirtschaftswissenschaften Friedrich August Hayek als Gastprofessor nach Salzburg zu berufen und diesen für einige Jahre an sich zu binden. Wie im folgenden Kap. 4.3.2 gezeigt wird, lagen der Berufung Hayeks allerdings unterschiedliche Erwartungshaltungen zu Grunde, die dazu führten, dass vor allem Hayek selbst aus seinen Salzburger Jahren kaum einen fachlichen Gewinn ziehen konnte.

4.3.2 „In Salzburg ist nicht viel zu tun..." Friedrich August Hayek als Gastprofessor

In den frühen 1970er-Jahren wirkten zumindest zwei Gelehrte an der Alma Mater Paridiana als Gast- bzw. Honorarprofessoren, die über ein besonders hohes internationales Ansehen verfügten. Einer der beiden war der 1898 geborene Ernst Fraenkel, der als einer der Begründer der modernen Politikwissenschaft galt,[347] bei dem anderen handelte es sich um den Nationalökonomen Friedrich August Hayek. Beide Wissenschaftler, die jeweils 1969 einen Ruf nach Salzburg annahmen, zählten zwar nicht zum Kreis der „Gründerprofessoren" im engeren Sinne der hier vorgelegten Studie. Ihre zeitweilige Tätigkeit in Salzburg kann aber als ein weiterer

342 KVI, Archiv, Korrespondenz Josef Klaus-René Marcic 1964-1970, Kt. 2538, Marcic an Klaus, 21.2.1967.
343 KVI, Archiv, Korrespondenz Josef Klaus-René Marcic 1964-1970, Kt. 2538, Marcic an Klaus, 4.11.1969.
344 Vgl. Institut für Verfassungs- und Verwaltungsrecht, in: Akademischer Senat der Universität Salzburg (Hg.), Universität Salzburg 1622–1962–1972, 294 f.
345 Vgl. hierzu auch Evers, Die Rechtswissenschaftliche Fakultät, 9.
346 KVI, Archiv, Korrespondenz Josef Klaus-René Marcic 1964–1970, Kt. 2538, Revers an Marcic, 9.1.1967.
347 Vgl. ÖStA, AdR, BMU, Hauptreihe II (1966-1975), Sig. 9, Univ. Salzburg, Kt. 629; Phil. Fakultät an das BMU, 13.1.1969.

Beleg dafür gelten, dass die Repräsentanten der „Gründergeneration" den von ihnen formulierten Anspruch, möglichst bedeutende Forscher oder Forscherinnen nach Salzburg zu ziehen, durchaus ernsthaft umzusetzen versuchten. Dass diesem Anspruch relativ enge Grenzen gesetzt waren, verdeutlichten allerdings auch die teils eher ungünstigen Bedingungen an der jungen Salzburger Universität, wie im Folgenden anhand von Hayek dargelegt werden soll.

Friedrich August Hayek stammte aus einer Industriellenfamilie. Er war 1899 in Wien geboren worden und hatte in den frühen 1920er-Jahren Rechts- und Staatswissenschaften an der Universität Wien studiert. Hayek gründete 1927 zusammen mit seinem akademischen Lehrer Ludwig von Mises das Österreichische Institut für Konjunkturforschung (heute: Österreichisches Institut für Wirtschaftsforschung, WIFO), dessen Leitung er gemeinsam mit Mises von 1927 bis 1931 innehatte. Seit 1929 an der Universität Wien in Politischer Ökonomie habilitiert, folgte Hayek 1931 einer Einladung an die renommierte London School of Economics, wo er eine Professur erhielt. In den 1930er-Jahren begründete er seinen wissenschaftlichen Ruf mit einflussreichen Werken zur Konjunktur- und Kapitaltheorie, in die er neben monetären auch güterwirtschaftliche Faktoren in die Erklärung von Konjunkturschwankungen mit einbezog. Er opponierte damit gegen den britischen Ökonomen John Maynard Keynes und avancierte selbst zu einem der bekanntesten Verfechter einer (neo-) liberalen Wirtschafts- und Staatsordnung.[348]

Seit 1938 britischer Staatsbürger, ging Hayek 1950 in die USA, wo er zwölf Jahre als Professor für „Social and Moral Sciences" an der Universität Chicago lehrte. 1960 veröffentlichte er sein Hauptwerk „Die Verfassung der Freiheit" (engl. „The Constitution of Liberty"). Im selben Jahr wechselte er an die Universität Freiburg/Breisgau, wo er 1967 als ordentlicher Professor emeritierte. Obwohl Hayeks wissenschaftliche Laufbahn nach England, in die USA und die BRD führte, ließ er seine Kontakte nach Österreich nicht abreißen. So nahm er bereits 1947 erstmals am 1945 gegründeten Europäischen Forum Alpbach teil, bei dem emigrierte österreichische Wissenschaftler mit jüngeren Forschern und Studierenden zusammentrafen. Im folgenden Jahr 1948 kam auf Initiative Hayeks auch dessen Freund Sir Karl Popper nach Alpbach, der wie er selbst dort „Stammgast" wurde.[349] Hayek spielte selbst lange mit dem Gedanken, gänzlich nach Österreich zurückzukehren, um in Wien die Österreichische Schule der Nationalökonomie wieder aufleben zu lassen. Vorerst blieb es aber bei einzelnen Aufenthalten in Österreich.[350] Als Hayek im Alter von 70 Jahren schließlich nach Salzburg berufen wurde, hoffte er, Karl Popper ebenfalls als Gastprofessor für Salzburg gewinnen zu können, „um die ehrwürdige Residenzstadt zu einem intellektuell anregenden Alterruhesitz auszubauen"[351]. Der österreichisch-britische Philosoph Popper fürchtete jedoch, dass der Antisemitismus – zumal im katholisch geprägten Salzburg – noch zu stark sein könnte. Er

348 Vgl. zur Biographie Hayeks u.a. Hans Jörg Hennecke, Friedrich August von Hayek. Die Tradition der Freiheit, Düsseldorf 2000.

349 Vgl. Maria Wirth, Ein Fenster zur Welt. Das Europäische Forum Alpbach 1945–2015, Innsbruck 2015, 67–69.

350 Vgl. Hennecke, Friedrich August von Hayek, 305 f.

351 Ebd., 308.

verzichtete daher darauf, diese Option ernsthaft zu erwägen.[352] Ein wesentlicher Anstoß für Hayeks Wechsel nach Salzburg ging auf dessen persönliche Begegnung mit Theo Mayer-Maly zurück, den er beim Europäischen Forum Alpbach getroffen hatte. Im Herbst 1968 schrieb Hayek an Mayer-Maly, dass er beabsichtige, eine Honorarprofessur in Salzburg anzunehmen. Dem Ökonomen ging es dabei vor allem darum, seine wertvolle Bibliothek als Ganzes zu erhalten sowie weiterhin unbeschränkten Zugang zu seinen Büchern zu haben. Es würden sich zwar verschiedene deutsche, amerikanische und japanische Universitäten für seine Büchersammlung interessieren,[353] Salzburg wäre aber „ein ganz anderer Fall". Der Erwerb seiner in „fast fünfzigjähriger Sammlerleidenschaft" zusammengetragenen Bibliothek würde „Salzburg rasch zu einem Zentrum wirtschafts- und sozialwissenschaftlicher Forschung" machen.[354]

Mayer-Maly griff diese Anregung auf und erwies sich in weiterer Folge als wesentlicher Proponent der – von ihm selbst so bezeichneten – „Heimholung Hayeks" nach Österreich. René Marcic unterstützte ihn bei diesem Vorhaben. Marcic verwies auf die hohe wissenschaftliche Bedeutung der Bibliothek Hayeks, er brachte aber auch (wirtschafts-)politische Argumente ins Spiel. Demnach wäre die Bibliothek des „berühmten Nationalökonomen" dazu geeignet, deren Benützer „mehr auf die Grundgedanken der Marktwirtschaft als auf die Lehren des Keynesianismus" hinzuweisen.[355] Angesichts der Vorteile, die sich maßgebliche lokale akademische Funktionäre somit von der „Heimholung Hayeks" erwarteten, überraschte es daher kaum, dass die Rechts- und Staatswissenschaftliche Fakultät am 4. Juni 1969 einstimmig beschloss, dem Unterrichtsministerium den „weltberühmten österreichischen Nationalökonomen F. A. (von) Hayek als Honorarprofessor vorzuschlagen". Gleichzeitig beantragte die Fakultät, dass der österreichische Staat die Bibliothek Hayeks ankaufen solle.[356] Ein vom Ministerium eingeholtes Schätzgutachten hatte nämlich zuvor ergeben, dass der von Hayek geforderte Preis von 250.000,- DM „durchaus dem Wert seiner Sammlung" entspreche. Mit dem Gutachten war der Direktor der Bibliothek der Linzer Hochschule für Sozial- und Wirtschaftswissenschaften beauftragt worden. Dieser bezifferte den Umfang der Hayek-Bibliothek mit ca. 6000 Bänden.[357] Darunter seien „sehr viele Erst- und Originalausgaben von Nationalökonomen der Zeit vor 1850 vorhanden [...], die im Antiquariat sehr selten und daher sehr kostspielig sind."[358]

Die Regierung ernannte Hayek zwar nicht wie von den Salzburger Juristen beantragt zum Honorarprofessor, sondern sie bestellte ihn zum Gastprofessor. Hayek verfügte damit aller-

352 Vgl. Klaus Taschwer, „Unser" letzter wissenschaftlicher Laureat, in: Der Standard, 3.9.2014, https://derstandard.at/2000005071553/Unser-letzter-wissenschaftlicher-Laureat (27.5.2019).

353 Tatsächlich interessierte sich auch das deutsche Bundesland Baden-Württemberg für Hayeks Bibliothek. Vgl. Iris Karabelas, Freiheit statt Sozialismus. Rezeption und Bedeutung Friedrich August von Hayeks in der Bundesrepublik, Frankfurt/M. 2010, 156.

354 ÖStA, AdR, BMU, PA Hayek, Friedrich A.; Hayek an Mayer-Maly, 26.11.1968.

355 ÖStA, AdR, BMU, PA Marcic, René; Marcic an Sektionschef Brunner, 27.1.1969.

356 ÖStA, AdR, BMU, PA Hayek, Friedrich A.; Mayer-Maly an Sektionschef Brunner, 10.6.1969.

357 Derzeit befinden sich 6.767 Titel der Hayek-Bibliothek im Bestand der Juridischen Fakultätsbibliothek der Universität Salzburg. Vgl. Peter Mittermayr/Hans Spatzenegger, Die Welt zu Gast in Salzburg. Episoden und Intermezzi, Salzburg 2009, 80.

358 ÖStA, AdR, BMU, Hauptreihe II (1966-1975), Sig. 9, Univ. Salzburg, Kt. 629, Dr. Robert Rehberger an das Dekanat der Rechts- und Staatswissenschaftlichen Fakultät der Universität Salzburg, 28.5.1969.

dings nicht über einen eigenen Lehrstuhl, und seine Lehrbefugnis war bis zum Ablauf jenes Studienjahres begrenzt, in dem er sein 75. Lebensjahr vollendete.[359] Entscheidend war jedoch die erfolgreiche Abwicklung des Ankaufs der Hayek-Bibliothek. Der geforderte Mindestkaufpreis für die Büchersammlung von 250.000,- DM entsprach ca. 1.750.000,- öS. Der Jubiläumsfonds der Österreichischen Nationalbank bestritt davon 750.000,- öS, während das Unterrichtsministerium den größeren Rest der Summe an Hayek bezahlte.[360] Dieser erwarb daraufhin ein Haus im Salzburger Stadtteil Leopoldskron.[361]

Die Voraussetzungen für eine erfolgreiche Lehrtätigkeit Hayeks in Salzburg schienen damit günstig zu sein. Zu Beginn seiner Tätigkeit an der Alma Mater Paridiana dürfte Hayek jedoch nicht bewusst gewesen sein, dass die Volkswirtschaftslehre „an der jungen Universität nur als Nebenfach angeboten" wurde. Dies brachte es mit sich, dass er nur wenige Studierende hatte. Nicht zuletzt verband ihn mit Ministerin Firnberg „eine herzliche Abneigung". Seine Antipathie verbarg er selbst nach dem Ablauf seiner Salzburger Gastprofessur nicht, als er sich scharf gegen Firnbergs Rede anlässlich des hundertsten Geburtstages des sozialdemokratischen Politikers Friedrich Adler wandte, der 1916 den österreichischen Ministerpräsidenten Karl Graf Stürgkh erschossen hatte. Hayek sah in dieser Tat „keinen nennenswerten Unterschied zum Terrorismus der siebziger Jahre". Als „Altösterreicher" brachte er kein Verständnis dafür auf, dass die Ministerin den Mordanschlag als „Opfergang" bezeichnete.[362]

Seine Lehrtätigkeit als Gastprofessor beendete Hayek infolge gesundheitlicher Probleme bereits zum Wintersemester 1973.[363] Die Universität Salzburg würdigte ihn, indem sie ihm am 21. Juni 1974 das Ehrendoktorat der Rechtswissenschaften verlieh.[364] Im selben Jahr erhielt er gemeinsam mit Gunnar Myrdal den Nobelpreis für Wirtschaftswissenschaften. Die Verleihung des Nobelpreises an Hayek wurde international kontrovers aufgenommen. Während die „Anhänger des Keynesianismus [...] die Preisvergabe an Hayek als fatales Signal zugunsten eines längst überwunden geglaubten Laissez-faire-Liberalismus deuteten, interpretierten sie ihre Gegner als erstes Anzeichen einer seit langem ersehnten Trendwende weg vom Keynesianismus."[365] Mit Hayek verbrachte zwar ein Nobelpreisträger seinen Lebensabend in Salzburg. Dieser fühlte sich dort aber weiterhin kaum beachtet und beklagte angesichts des ihn wenig anregenden geistigen Klimas seine „intellektuelle Vereinsamung".[366] Daran änderte auch Hayeks Teilnahme am 6. Salzburger Humanismusgespräch nichts, welches unter maßgeblichem Einfluss des ORF-Generalintendanten Gerd Bacher 1972 zustande kam. Letzterer hatte dafür gesorgt, dass die an sich als progressiv geltenden Humanismusgespräche in diesem

359 ÖStA, AdR, BMU, PA Hayek, Friedrich A.; Bundesministerium für Finanzen an das BMU, 14.10.1969.

360 ÖStA, AdR, BMU, Hauptreihe II (1966-1975), Sig. 9, Univ. Salzburg, Kt. 629, Aktenvermerk, 29.12.1969; Hayek an den Bundesminister für Unterricht, 14.1.1970.

361 Mittermayr/Spatzenegger, Die Welt zu Gast, 78.

362 Hennecke, Friedrich August von Hayek, 308.

363 Ebd.

364 PLUS, Tabula honorum. https://www.uni-salzburg.at/fileadmin/multimedia/Senat/TABULA-HONORUM_02.pdf (27.5.2019).

365 Karabelas, Freiheit statt Sozialismus, 162.

366 Hennecke, Friedrich August von Hayek, 308.

Jahr zu einem Forum für verschiedene Vertreter des alten und neuen Konservativismus wurden, die sich wie Hayek gegen die revolutionäre Linke zu positionieren suchten.[367]

Der endgültige Bruch Hayeks mit der österreichischen Hochschulbürokratie erfolgte erst Anfang 1977. In einem Leserbrief zählte er die Gründe auf, warum er Österreich nach wenigen Jahren bereits wieder verlassen wollte. Er habe nämlich schon wenige Monate, nachdem er nach Salzburg gekommen sei, daran zu zweifeln begonnen, ob er „hier noch recht am Platz" sei. Er habe erkennen müssen, dass die Universität Salzburg nicht zur Verleihung eines Dr. rer. pol. berechtigt sei und es deshalb hier „keine ernsten Studenten der Volkswirtschaftslehre" gebe. Seine Lehrtätigkeit sei „mit dem 75. Jahr terminiert" worden, während er an der Freiburger Universität bis zu seinem Lebensende lehrberechtigt sei. Auch an seiner Bibliothek habe er keine Freude mehr, weil das Ministerium keinen Sachkatalog erstellen habe lassen, so dass die Büchersammlung „praktisch unbenutzt" geblieben sei. Dass er „neuerdings wegen jeder größeren Sendung wissenschaftlicher Bücher aus dem Ausland auf das hiesige Zollamt zitiert" worden sei, „schlug dem Faß den Boden aus".[368]

Hayeks Leserbrief löste ein breites Medienecho aus; so wurde der Gelehrte etwa mit den folgenden Worten zitiert: „Wenn ich hier bin, ist es sehr unereignisreich; in Salzburg ist nicht viel zu tun."[369] Die lokalen akademischen Funktionäre sowie das Wissenschaftsministerium bedauerten zwar, dass Hayek Österreich verlasse, sie versuchten aber nicht, dessen Entscheidung rückgängig zu machen. Zugleich widersprachen sie einigen Vorhaltungen, die der Nobelpreisträger in seinem Leserbrief gemacht hatte. Dieser habe nämlich wissen müssen, dass er nur für eine bestimmte Zeit als Gastprofessor tätig sein werde; auch sei die Stelle eines Studienassistenten, der die Hayek-Bibliothek katalogisieren habe sollen, bereits öffentlich ausgeschrieben worden.[370] Die ÖVP-Opposition hob die „Causa Hayek" auf eine politische Ebene, indem sie eine parlamentarische Anfrage an Ministerin Firnberg richtete.[371] Hayeks Entscheidung, wieder nach Deutschland zu gehen, blieb davon unberührt. Noch 1977 übersiedelte der Nobelpreisträger mit seiner Frau wieder in sein früheres Haus in der Freiburger Urachstraße.[372]

---

367 Vgl. Dachs, Aufklärung, 73–75.

368 Friedrich August Hayek, Warum ein Nobelpreisträger Österreich so bald verlässt, in: Die Presse, 22.1.1977.

369 Vgl. etwa Hayek: Genug von Österreich, in: Kurier, 22.1.1977; Menschen hinter großen Namen, in: Kurier, 22.1.1977 (wörtl. Zit.); Nur Bedauern für Nobelpreisträger Hayek, in: Salzburger Nachrichten, 25.1.1977.

370 ÖStA, AdR, BMU, PA Hayek, Friedrich A.; Walter Brunner, Information an die Frau Bundesminister, 24.1.1977.

371 ÖStA, AdR, BMU, PA Hayek, Friedrich A.; Anfrage der Abgeordneten Dr. Blenk, Dr. Busek und Genossen an den Bundesminister für Wissenschaft und Forschung betreffend die Abwanderung des Nobelpreisträgers Professor Dr. Friedrich A. Hayek aus Österreich, 28.2.1977.

372 Hennecke, Friedrich August von Hayek, 309.

5. „Prunkentfaltung" an der Ordinarienuniversität: Akademische Ehrungen im Widerstreit der Interessen[1]

5.1 „Ehre machen" und „Entehren"

Der Umgang von Universitäten und Lehrenden an den Hochschulen mit der eigenen, häufig belasteten jüngeren Vergangenheit in den Nachkriegsjahrzehnten wiegt umso schwerer, je mehr diese für sich in Anspruch nahmen, gesellschaftliche Orientierung für die unmittelbare Gegenwart wie auch die Zukunft vermitteln zu können. Die grundsätzliche Bereitschaft zur kritischen Auseinandersetzung mit der eigenen Vergangenheit dürfte aber noch in der unmittelbaren Gegenwart möglicherweise dort ihre Grenze haben, wo es um die vermeintliche Entzauberung von „Heroen" der Wissenschaft zu gehen scheint. Dies hat zuletzt etwa der Widerruf der Verleihung des Ehrendoktorats von Konrad Lorenz durch die Universität Salzburg im Dezember 2015 deutlich gemacht. Die durch diesen Beschluss ausgelösten medialen Kontroversen[2] brachten zum Ausdruck, dass NS-spezifische „Erinnerungslandschaften" bis heute in einem hohen Ausmaß als belastet zu betrachten sind. Dies liegt auch daran, dass Künstler und Wissenschaftler, denen eine verdrängte NS-Vergangenheit vorgeworfen wurde oder wird, oftmals ein breit verankertes Bedürfnis nach Identifikation erfüllen. Mit vielen dieser teils bis heute als „vorbildhaft" und „verdienstvoll" geltenden Persönlichkeiten des öffentlichen Lebens geht eine affektive Bindung einher, die die Aufarbeitung kritischer Aspekte ihrer Biographie mit einer häufig geradezu reflexhaften Abwehrhaltung belegt. Der 1989 verstorbene Zoologe und Begründer der Tierpsychologie Konrad Lorenz war zweifellos ein Naturwissenschaftler, der das angesprochene Bedürfnis nach Identifikation in einem hohen Maße erfüllt(e): Der Medizin-Nobelpreisträger des Jahres 1973 gilt bis heute als „Vater der Graugänse" sowie als ein Pionier und „Übervater" der österreichischen Grünbewegung, der

1 Dieser Abschnitt ist die gekürzte Fassung meines folgenden Artikels: Alexander Pinwinkler, Zwischen Kelsen und Karajan. „Ehrregime" und Vergangenheitspolitik an der Universität Salzburg, in: ders./Johannes Koll (Hg.), Zuviel der Ehre? Interdisziplinäre Perspektiven auf akademische Ehrungen in Deutschland und Österreich, Wien-Köln-Weimar 2019, 207–229.

2 So bezeichnete etwa ein Artikel im Feuilleton der Frankfurter Allgemeinen Zeitung (FAZ) den Beschluss der Salzburger Universität als „bodenlos und schäbig": Vgl. Patrick Bahners, Wie verhielt sich der Verhaltensforscher? In: Frankfurter Allgemeine – Feuilleton, 21.12.2015.

sich auch posthum einer hohen Popularität erfreut.[3] Biographischer Werdegang und wissenschaftliche Lehren Lorenz' sind aber nicht erst in den letzten Jahren Gegenstand teils kontroversiell verlaufender Debatten; Lorenz war vielmehr bereits zu Lebzeiten ein umstrittener Wissenschaftler, und zwar nicht nur wegen seiner NSDAP-Mitgliedschaft im „Dritten Reich", sondern auch deshalb, weil er als Professor für Psychologie der Philosophischen Fakultät der Universität Königsberg während des Zweiten Weltkriegs aus heutiger Sicht problematische erbbiologische Studien im besetzten Polen durchführte. Mehr noch: Lorenz vertrat im „Dritten Reich" die Rassenlehre und hob die „Ausmerzung" bzw. „Auslese" als wesentliche Maßnahme für das Überleben der Menschheit hervor. Im Nationalsozialismus verknüpfte er diese mit der vorgeblichen Notwendigkeit, die „nordische Bewegung" zur Grundlage des Staates zu machen.[4] In den Jahrzehnten nach 1945 distanzierte sich Lorenz nie unzweideutig von seinen vom rassehygienischen Denken geprägten Lehren. Aussagen und Stellungnahmen von Lorenz aus der Zeit vor und nach 1945 bildeten aus der Sicht des Akademischen Senats der Universität Salzburg eine wesentliche Grundlage dafür, dass dieser „im Einvernehmen mit dem Rektorat" im Dezember 2015 den Beschluss fasste, Lorenz dessen 1983 verliehenes Salzburger Ehrendoktorat abzuerkennen. Der Zoologe habe „wesentliche Elemente der rassistischen Ideologie des Nationalsozialismus" verbreitet, wie es in der Begründung heißt. Dieser Umstand lasse Lorenz als unwürdig erscheinen, weiterhin als Ehrendoktor der Universität Salzburg geführt zu werden. Lorenz' Name wurde aber nicht aus der „Tabula honorum" gestrichen, sondern er wurde mit einer Erläuterung bezüglich des Widerrufs versehen.[5]

Ähnlich ging die Universität auch im Fall des deutschen Wirtschaftsjuristen Wolfgang Hefermehl vor, dem gleichzeitig mit Lorenz dessen ebenfalls 1983 verliehenes Ehrendoktorat der Rechtswissenschaften aberkannt wurde. Hefermehl gehörte im „Dritten Reich" der SS an und hatte sich als im Reichsjustizministerium tätiger Jurist „führend an der ‚Arisierung' der Wirtschaft"[6] beteiligt. Bereits am 14. Oktober 2014 hatte die Universität Salzburg erstmals ein Ehrendoktorat widerrufen: Dem Begründer und langjährigen Direktor des Salzburger Hauses der Natur Eduard Paul Tratz wurde dessen Ehrendoktorat, das die Universität ihm 1973 verliehen hatte, posthum entzogen. Der vom Akademischen Senat angeführte Grund waren Tratz' Aktivitäten als Museumsleiter im „Dritten Reich" gewesen, zu denen u.a. Kulturraub-Aktionen in Ost- und Mitteleuropa zählten.[7] Die folgenden Ausführungen gelten der „Ordinarienuniversität" der 1960er-Jahre, die sich durch ein hohes Maß an ritualisierter Selbstinszenierung auszeichnete. In diesem Zusammenhang gerät auch das jeweilige akademische „Ehrregime" in

---

3 Vgl. zuletzt u.a. Graue Gänse, braune Schatten, in: Wiener Zeitung, 2.2.2019.

4 Vgl. Klaus Taschwer/Benedikt Föger, Konrad Lorenz. Biographie, München 2009, bes. 78–92.

5 Beschluss vom 15. Dezember 2015 des Senats der Paris-Lodron-Universität Salzburg im Einvernehmen mit dem Rektorat über die Aberkennung von Ehrungen, in: Pinwinkler/Koll (Hg.), Zuviel der Ehre?, 489–492; vgl. PLUS, Tabula honorum, Stand 5.1.2018, 2.

6 Vgl. zu Hefermehl: Jan Thiessen, Schande, wem Ehre gebührt? Das Beispiel Wolfgang Hefermehl, in: Pinwinkler/Koll (Hg.), Zuviel der Ehre?, 231–252; Stephan H. Lindner, „Sich eingereiht"? Wolfgang Hefermehl und der Nationalsozialismus, in: Jahrbuch der Juristischen Zeitgeschichte 17 (2016), 326–362, hier 328.

7 Vgl. zu Tratz Hoffmann, Ein Museum für Himmler.

den Blickpunkt der Forschung. Das „Ehre-Machen" verweist auf die Bedeutung von Akteurinnen und Akteuren, von sozialen Netzwerken und Aushandlungsprozessen. Für das jeweilige „Ehrregime" ist nicht nur „das fertige Resultat der Ehrung" interessant, „sondern vielmehr der komplexe Weg dorthin, die performative Inszenierung des oder der Geehrten und der weitere Umgang mit ihnen."[8] Das „Ehren" ist also ein sozialer Prozess, an welchem die ehrende Institution und die Geehrten wechselseitig voneinander profitieren. Die ritualisierte Zuschreibung und Akkumulation von „Ehre" umfasst die ehrende Institution wie auch die in ein „Ehrregime" involvierten Akteure, zu denen Ehrende und Geehrte gleichermaßen zählten. Rückschlüsse auf Selbstwahrnehmungen und Erinnerungskultur(en) lässt speziell die Auswahl der zu Ehrenden zu: Einerseits erlaubt die akademische „Politik der Ehrungen" Aussagen darüber, welche Personen oder Personenkreise aus der Sicht der Vertreter der „Gründergeneration" der Alma Mater Paridiana – und damit den Repräsentanten der neu etablierten Universität selbst – „Ehre machen" könnten. Andererseits geraten die „Erinnerungslandschaften" der akademischen Eliten in Salzburg in den 1960er- und 1970er-Jahren in den Blick.

5.2 „Ehrregime" und Festkultur der Salzburger „Gründergeneration"

Wie bereits im Kap. 1.2 ausgeführt, war der Salzburger Erzbischof Andreas Rohracher ein maßgeblicher Exponent der in katholischen Kreisen Österreichs und Deutschlands propagierten Idee, in Salzburg eine katholische Universität ins Leben zu rufen.[9] Im Laufe der Jahre 1960/61 reifte aber der Entschluss Rohrachers, angesichts gewandelter politischer und gesellschaftlicher Umstände diesen Plan aufzugeben und fortan die Begründung einer staatlichen Universität in Salzburg zu unterstützen. Die Theologische Fakultät ehrte daher am 20. Mai 1962 den amtierenden Salzburger Erzbischof für dessen hochschulpolitischen Schwenk, indem sie ihm das theologische Doktorat honoris causa verlieh. Dies erfolgte damit bereits einige Monate bevor die Universität Salzburg am 1. Oktober 1962 bundesgesetzlich in Kraft trat. Rohrachers Name nimmt seither ungeachtet dessen die erste Position auf der Liste der Salzburger Ehrendoktorate ein.[10]

Nicht nur Repräsentanten der katholischen Kirche, sondern auch maßgebliche Vertreter der „Gründergeneration" wurden von der Alma Mater Paridiana ausgezeichnet, nachdem die unmittelbare Aufbauarbeit abgeschlossen worden war. Neben Egon Lendl und dem ersten „kommissarischen" Rektor Carl Holböck zählte so etwa auch der Kunsthistoriker Hans Sedlmayr zu jenen „Gründerprofessoren", die die Universität mit akademischen Ehrentiteln belohnte.[11] Der Ehrung Sedlmayrs lag ein Antragsschreiben der Philosophischen Fakultät zu-

8 Lu Seegers, Ehrregime: Akteure, Netzwerke und Praktiken lokaler Ehrungen im 19. und 20. Jahrhundert. Tagungsbericht, in: H-Soz-Kult, 22.10.2014. http://hsozkult.geschichte.hu-berlin.de/tagungsberichte/id=5615&view=pdf (29.3.2018).

9 Vgl. hierzu u.a. Ortner, Die Universität.

10 Vgl. PLUS, Tabula honorum, Stand 5.1.2018.

11 Vgl. ebd. Die Würde eines Ehrensenators wurde 1975 an Holböck, 1977 an Lendl verliehen.

grunde. In diesem wurde nicht allein darauf hingewiesen, dass Sedlmayr das Kunsthistorische Institut aufgebaut habe; vielmehr habe der Name des Kunsthistorikers insgesamt „der jungen Universität Glanz" verliehen.[12] Sedlmayr erhielt den Dr. phil. h. c. schließlich im Rahmen eines akademischen Festakts am 9. November 1972 verliehen.

Zum zeittypischen Kolorit der Vernetzungen der Salzburger „Gründergeneration" und des „Ehrregimes" gehörte wesentlich die „feierliche Form" von Festlichkeiten. Oft pathetisch anmutende Selbstinszenierungen fungierten nicht als bloße Zugaben zu den jeweiligen akademischen Feiern. Vielmehr bildeten sie einen genuinen Bestandteil von „Ehrregimen". Zudem bildeten sie eine Bühne für die Vermittlung von kulturpolitisch begründeten Weltanschauungen. „Kultur" wurde so zu einer glänzenden Fassade, vor deren Hintergrund die jeweiligen staatlichen und akademischen Funktionäre sich selbst zu bespiegeln und gleichzeitig ihren Machtanspruch zu dokumentieren pflegten, selbst wenn dies zu Lasten der tatsächlichen Bedürfnisse der wissenschaftlichen Forschung gehen sollte.

Unterrichtsminister Drimmel formulierte daher kaum zufällig seine Ansichten zu den Beziehungen von Staat, Kultur und Wissenschaft in der „Massendemokratie" wie folgt: „Das materielle Leben des Staates verlangt den repräsentativen Kulturalismus. Das Gepräge der Festwochen, die Marmorfassade der Kulturpaläste wirken in der politischen Willensbildung der Massendemokratie überzeugender als das drängende Verlangen nach Beseitigung des Notstandes der wissenschaftlichen Forschung und der künstlerischen Betätigung."[13] Der konservative Katholik Drimmel war nach Landeshauptmann Lechner und dem Benediktiner P. Thomas Michels der dritte Ehrensenator der Universität Salzburg.[14] Mit seiner oben zitierten Äußerung wandte sich Drimmel gegen den Trend einer „vom Staat inspirierten, dirigierten und kontrollierten Kultur, also den Begriff der Staatskultur", hinter der er kollektivistische und kommunistische Tendenzen witterte. Für den „Sieg über den Kommunismus" sei nicht staatliche Intervention entscheidend, sondern „die Herstellung und Bewahrung des geistigen Klimas", das die schöpferischen Kräfte des Einzelnen zur Entfaltung bringe.[15]

Wenn die „Ordinarienuniversität" der 1960er-Jahre akademische Ehrungen verlieh, wurde dies mit teils manieriert anmutenden sprachlichen Wendungen besonders hervorgehoben: So war z.B. in der Festschrift, welche anlässlich der akademischen Ehrungen der Rechtswissenschaftler Hans Kelsen, Adolf Merkl und Alfred Verdross im Jahr 1967 veröffentlicht wurde, von einer geradezu „internationalen akademischen Prunkentfaltung" in Salzburg die Rede, „wie sie Österreich seit den Jubiläen der Wiener hohen Schulen nicht erlebt" hätte.[16] Zur

---

12 PLUS, Rechtswiss. Fakultät, Fakultätsbüro, Ordner E Ehrungen – Exkursionen, Begründung zum Vorschlag Ehrendoktorat Hon.-Prof. Dr. Hans Sedlmayr (10.4.1972).

13 Heinrich Drimmel, Österreichische Kulturpolitik seit dem Staatsvertrag, in: Österreich in Geschichte und Literatur 6 (1962), 343–351, hier 349.

14 Vgl. PLUS, Tabula honorum, Stand 5.1.2018, 4.

15 Drimmel, Österreichische Kulturpolitik, 349; 351.

16 Mit Letzterem bezogen sich die Autoren der Festschrift auf die Jubiläen der Universität Wien sowie der Wiener Technischen Hochschule, die 1965 gefeiert worden waren: Vgl. Der akademische Festakt, in: Wilhelm Schaup-Weinberg (Hg.), Philosophie huldigt dem Recht. Hans Kelsen, Adolf Merkl, Alfred Verdross. Ehrendoktoren der Universität Salzburg, Wien-Frankfurt-Zürich 1968, 9–12, hier 9.

offen angestrebten „Prunkentfaltung" gehörte es auch, dass die Universität sich als Teil der Barockstadt Salzburg inszenierte, was durch entsprechende musikalische Darbietungen ebenso sinnfällig untermalt werden sollte wie durch salbungsvolle Reden.[17] Kunst und Wissenschaft wurden dabei als eng miteinander verbunden gesehen. So betonte etwa Landeshauptmann Lechner, dass „in Salzburg (...) die hier ansässig beheimatete Kunst immer mehr eine zweite Ehe mit der Wissenschaft" eingehen würde.[18] Der am 4. Juli 1966 zum ersten Ehrensenator der Alma Mater Paridiana ernannte Lechner[19] wollte damit offenbar zum Ausdruck bringen, dass die Pflege der Wissenschaften in Salzburg eine ähnliche Bedeutung gewinnen sollte, wie sie der tradierten Hochkultur in der Festspielstadt schon seit geraumer Zeit zukam.

5.3 „Ein österreichisches Schicksal"? Zur Verleihung des Ehrendoktorats an Hans Kelsen

Inwiefern die akademischen Ehrungen der – oben bereits angedeuteten – ritualisierten Selbstversicherung distinkter akademischer Milieus dienen sollten, lässt sich exemplarisch zeigen, wenn man einen Blick auf die oben bereits angesprochene akademische Ehrungsfeier wirft, welche die Universität Salzburg im Jahr 1967 veranstaltete: Mit Hans Kelsen sollte einer der bedeutendsten Rechtswissenschaftler des 20. Jahrhunderts mit dem Salzburger Ehrendoktorat der Rechtswissenschaften ausgezeichnet werden. Es handelte sich dabei erst um die zweite Feier zur Verleihung von Ehrendoktoraten, seit die Theologische Fakultät fünf Jahre zuvor Erzbischof Andreas Rohracher den Dr. h. c. der Theologie verliehen hatte. Kelsen wurde zusammen mit den beiden Wiener Juristen Adolf Merkl und Alfred Verdross geehrt.[20] Als Begründer der „Reinen Rechtslehre", der 1940 in die USA emigriert war,[21] war Kelsen einer der bedeutendsten Vertreter des Rechtspositivismus; er gilt aber auch als maßgeblicher Architekt der österreichischen Bundesverfassung von 1920. International wie auch in Österreich selbst war Kelsen, der nach 1945 allerdings nie dauerhaft nach Wien zurückkehrte, für seine Leistungen als Rechtswissenschaftler bereits vielfach ausgezeichnet worden: So war er bereits 1947 Honorarprofessor an der Universität Wien geworden, die ihm 1961 auch das Ehrendoktorat

17 Vgl. ebd., 10 f.

18 Hans Lechner, Die Universität, ein geistiger Auftrag Salzburgs. Zur geistig-politischen Bedeutung einiger kultureller Institutionen, in: Gönner (Hg.), Hans Lechner, 63–66, hier 65.

19 Vgl. u.a. Lechner erster Ehrensenator der Universität, in: Salzburger Nachrichten, 6.7.1966, 5.

20 Alfred Verdross war zwar ein Schüler von Kelsen, er wandte sich jedoch später der christlich-katholischen Völkerrechtslehre zu. Vgl. Jürgen Busch/Irmgard Marboe/ Gerhard Luf, Alfred Verdross – Ein Mann des Widerspruchs? In: Franz-Stefan Meissel/Thomas Olechowski u.a. (Hg.), Vertriebenes Recht – Vertreibendes Recht. Zur Geschichte der Wiener Rechts- und Staatswissenschaftlichen Fakultät zwischen 1938 und 1945, Wien 2012, 139–202.

21 Robert Walter verweist darauf, dass „das Verlassen Österreichs durch Kelsen" im Jahr 1930, als dieser einem Ruf an die Universität Köln folgte, keine Emigration im engeren Sinne gewesen sei. Es hätten ihn aber „die Veränderung der politischen Verhältnisse und des geistigen Klimas" dazu bewogen, „Österreich freiwillig zu verlassen". Robert Walter, Hans Kelsens Emigration aus Österreich im Jahre 1930, in: Friedrich Stadler (Hg.), Vertriebene Vernunft. Emigration und Exil österreichischer Wissenschaftler, Wien-München 1988, 463–472, hier 463.

Abb. 15: Professoren in der Großen Aula der Universität Salzburg bei der Ehrenpromotion der Wiener Schule der Rechtswissenschaften am 1. Juni 1967.

der Rechts- und Staatswissenschaften verlieh; 1967 folgte schließlich der Salzburger Dr. h. c. der Philosophischen Fakultät. Die Alma Mater Paridiana gab hierzu eine Festschrift heraus, in der es ausdrücklich hieß: „Mit der akademischen Feier hatte die junge Universität Salzburg nicht nur ihren neuen Ehrendoktoren den längst gebührenden Dank abgestattet, sondern auch sich selbst Ehre gemacht."[22]

Hans Kelsen war bereits 1962 zu einem Forschungsgespräch an das IFZ nach Salzburg gekommen, das sich dem Thema „Das Naturrecht in der politischen Theorie" widmete. Bereits damals war Kelsen mit René Marcic und anderen in Salzburg aktiven Gelehrten ins Gespräch gekommen.[23] Fünf Jahre später nahm stellvertretend für den damals bereits 86-jährigen Kelsen, der in den USA lebte und nicht mehr selbst zum Salzburger Festakt anreiste, dessen Biograph Rudolf A. Métall die Ehrung entgegen. Diesem blieb es vorbehalten, öffentlich darauf hinzuweisen, dass der neue Ehrendoktor noch 1965 an der Wiener Hochschule für Welthandel offen als Jude denunziert worden war. Kelsen habe in einem Brief an den Rektor der Universität Wien, an deren 600-jährigem Bestandsjubiläum er teilnehmen hätte sollen, „die Zusage seines Erscheinens" zurückgezogen, um den akademischen Behörden und sich selbst peinliche Zwischenfälle zu ersparen". Erst eine offizielle Einladung der österreichischen Bundesregierung an Kelsen, als Ehrengast an dem Wiener Universitätsjubiläum teilzunehmen,

22 Schaup-Weinberg (Hg.), Philosophie, 11.
23 Vgl. u.a. Dr. Josef Klaus [Interview], 261.

habe diesen schließlich dazu bewogen, doch noch zu den Feiern nach Wien zu kommen.[24] Die damaligen politischen Auseinandersetzungen um den deutschnational und antisemitisch eingestellten Historiker Taras Borodajkewycz seien als Hintergrund für die Absage Kelsens an dieser Stelle nur kurz angedeutet. Ungeachtet dieser belasteten Vorgeschichte legte Métall seine Salzburger Rede durchwegs versöhnend an: Er deutete Kelsens Biographie als „ein österreichisches Schicksal", das „Widersprüche provoziert, aber auch Widersprüche vereint, überbrückt und versöhnt." Métall sah daher „auch kein[en] Widerspruch im österreichischen Schicksal Hans Kelsens, wenn ihm [...] in der Bischofsstadt Salzburg [...] das Doktorat honoris causa" verliehen und er als „Agnostiker und Ideologiekritiker" von einer „der katholischen Naturrechtslehre verpflichteten Fakultät" geehrt werde.[25]

Métall verwies damit nicht nur auf den Gegensatz zwischen den Anhängern der „Reinen Rechtslehre" und den „Naturrechtlern", sondern er sprach auch damit verknüpfte wissenschafts- und hochschulpolitisch kontroverse Fragen an: Denn Kelsens Ehrung war innerhalb der Salzburger Rechts- und Staatswissenschaftlichen Fakultät keineswegs unumstritten. So wandte sich der Verfassungsrechtler und Rechtshistoriker Ernst C. Hellbling gegen die beabsichtigte akademische Ehrung Kelsens. Seine ablehnende Haltung begründete Hellbling einerseits damit, dass „eine junge Universitätsfakultät" wie die erst 1965 etablierte Salzburger Rechts- und Staatswissenschaftliche Fakultät es sich nicht leisten könne, „gleichsam Ehrendoktorate in Massen zu produzieren", weil dies zu einer Entwertung der Institution des Ehrendoktorats als solchem beitragen könnte. Andererseits deklarierte sich Hellbling offen als Kritiker der von Kelsen, aus seiner Sicht aber auch von Merkl vertretenen Schule der Rechtswissenschaften: Die „Reine Rechtslehre, als deren Begründer Kelsen und Merkl angesehen werden", konnte nach Hellbling nämlich „immerhin zu Bedenken Anlaß geben, da sie ja der Rechtsidee, gelinde gesagt, nicht sehr förderlich ist."[26] Hellbling hatte zwar in den 1920er-Jahren an der Universität Wien auch bei Kelsen und Merkl studiert, und der Rechtspositivismus soll ihn auch „intellektuell zutiefst beeindruckt" haben. Dennoch blieb er „dem Positivismus [...] aus der intuitiven Sorge fern, daß eine wesentlich formale Doktrin praktischer Belastung dann nicht gewachsen sei, wenn ein omnivalenter Staat sich ihrer bedient. [...] Andererseits schien Hellbling das Lehrgebäude des Naturrechts auch nicht unbedenklich beziehbar, weil dieses ihm in seinem Anspruch auf universelle Gültigkeit überzogen vorkam".[27]

Letztlich dürften indes wesentlich hochschulpolitische Überlegungen des damaligen Rektors René Marcic dafür ausschlaggebend gewesen sein, gerade dem Begründer der „Reinen Rechtslehre" ein Ehrendoktorat zu verleihen. Marcic galt zwar selbst als ein prononcierter Vertreter der auch von der katholischen Kirche favorisierten Naturrechtslehre, er war jedoch daran interessiert, der jungen Universität Salzburg eine internationale Reputation zu ver-

24 Rudolf Aladár Métall, Staat als Recht, in: Schaup-Weinberg (Hg.), Philosophie, 55–63, hier 62 f.

25 Ebd., 63.

26 PLUS, Rechtswissenschaftliche Fakultät, Fakultätsbüro, Sitzungen der Fakultät, Ernst C. Hellbling an Dekan Waldstein, 22.8.1966. Vgl. zur ambivalenten Rezeption Kelsens nach 1945 Raphael Gross, Hans Kelsen: Rückkehr unerwünscht, in: Monika Boll/ders. (Hg.), „Ich staune, dass Sie in dieser Luft atmen können". Jüdische Intellektuelle in Deutschland nach 1945, Frankfurt/M. 2013, 299–316.

27 Pichler, Ernst Carl Hellbling, XI.

schaffen. Er selbst hatte ein deutliches Interesse daran, dass das diskursive Motto des „Verzeihens und Versöhnens", das damals Österreich insgesamt und Salzburg im Besondern prägte, nicht angetastet würde.[28] Die Philosophische Fakultät stellte sich jedenfalls einstimmig hinter die von Marcic als Dekan beantragte Ehrung für die drei Vertreter der „Wiener Schule".[29] Die Widerstände, die sich gegen die Ehrung Kelsens hingegen innerhalb der Rechts- und Staatswissenschaftlichen Fakultät artikulierten, blieben angesichts dieser spezifischen hochschul- und vergangenheitspolitischen Konstellation daher ohne erkennbare Resonanz. Kelsen selbst zweifelte nicht daran, dass er Marcic die „außerordentliche Ehrung" der Verleihung des Dr. h. c. zu verdanken habe.[30]

Marcic' Haltung gegenüber Ehrungen seiner eigenen Person ist insofern bemerkenswert, weil sie sich nicht unbedingt mit seinem diesbezüglichen hochschulpolitischen Engagement deckte. Als das Professorenkollegium der Philosophischen Fakultät seinen Beschluss in die Tagesordnung seiner Sitzung aufnehmen wollte, Marcic für die Verleihung des Ehrenkreuzes für Wissenschaft und Kunst I. Klasse vorzuschlagen, wandte sich dieser brieflich an seine Kollegen: Er bat sie darum, diese Mitteilung über ihn zu unterlassen. Marcic begründete dies damit, „daß Richter, Professoren und Publizisten aus prinzipiellen Gründen nicht ausgezeichnet gehören." Was die Professoren angehe, vertrat er die Überzeugung, dass jeder, „wenn er einmal als Professor tätig ist, in seinem Fach gleich Hochwertiges" leiste. Staatliche Auszeichnungen könne er für sich selbst nur deshalb nicht ablehnen, weil dies in der akademischen Jugend, die er als Jurist selbst „in die Welt des Rechtes und des Staates einführe", einen ungünstigen Widerhall hervorrufen würde.[31]

5.4 Akademische Ehrungen und Vergangenheitspolitik

Inwiefern akademische Ehrungen in den 1960er- bis 1980er-Jahren mit individueller und institutioneller „Vergangenheitspolitik" verknüpft waren, wird im Folgenden näher erörtert. Der Begriff der „Vergangenheitspolitik" bezieht sich dabei einerseits auf die offizielle Politik der Ehrungen einer akademischen Institution wie der Universität Salzburg. Neben Wissenschaftlern und Wissenschaftlerinnen wurden auch Repräsentanten aus Kultur, Politik, Wirtschaft und Religion mit den Würden eines Ehrendoktors, eines Ehrensenators oder eines Ehrenbürgers der Universität Salzburg bedacht. Andererseits lässt sich mit Recht von einer „Vergangenheitspolitik" der zu Ehrenden in eigener Sache sprechen: von der individuellen

28 Siehe auch zu den problematischen Aspekten von Marcic' Biographie das Kap. 4.2.2.

29 UAS, Protokolle der Sitzungen des Akademischen Senates, 28.6.1966.

30 Vgl. SLA, Nachlass Marcic, René; Kt. 2, Mappe Glückwünsche zur Inauguration, Kelsen an Marcic, 20.10.1966. Das von Marcic geleitete Institut an der Universität Salzburg nahm für sich selbst in Anspruch, die Ehrungen der drei Wiener Rechtsgelehrten – also auch jene Kelsens – initiiert zu haben. Vgl. Institut für Rechts- und Staatsphilosophie und Politische Wissenschaft, in: Österreichische Hochschulzeitung, 15.11.1966, 13.

31 PLUS, Personalabteilung, PA Marcic, René; Marcic an das Hohe Professoren-Kollegium der Phil. Fakultät der Universität Salzburg, 26.1.1968.

Praxis des Über-Sich-Schreibens oder umgekehrt vom ostentativen Beschweigen, Verdrängen oder Tabuisieren bestimmter Aspekte der eigenen Biographie. Für beide Ebenen gerät jeweils der Akt des Schweigens in den Blick. Die Kulturwissenschaftlerin Aleida Assmann unterscheidet hierbei zwischen dem „defensiven Schweigen" der Täter, welches „das Problem der Schuld" verlängere, und dem „symptomatischen Schweigen der Opfer", welche das Trauma verlängere.[32] Das Erinnern erfolge oftmals selektiv. Besonders die Täter oder NS-belastete Personen neigten dazu, in erster Linie über ihre eigene „Opferrolle" zu sprechen. Dies sei verständlich, denn Menschen würden darüber lieber sprechen als über von ihnen begangene „Schandtaten". Erinnerungen erwiesen sich dabei „häufig als lückenhaft, da wird viel verdeckt und umgedeutet, geschönt oder schlichtweg geleugnet."[33]

Dass das Schweigen als eine implizite „Vergangenheitspolitik" zumindest hypothetisch mit einem „Nicht-Wissen" über als problematisch zu bewertende Biographien erklärt werden könnte, sollte zumindest als Frage formuliert werden. Dass es sich dabei eher um ein „Nicht-Wissen-Wollen" handelte, legt beispielsweise der „Antrag auf Verleihung der Ehrendoktorwürde an Herrn Prof. Dr. Wolfgang Hefermehl" nahe, den vier Salzburger Professoren der Rechtswissenschaft am 11. Mai 1983 dem Kollegium der Rechtswissenschaftlichen Fakultät vorlegten. Demnach zählte Hefermehl „zu den bedeutendsten Wirtschaftsrechtlern im deutschsprachigen Raum". In den „Dreißiger Jahren" sei er „im Reichsjustizministerium maßgebend an der Reform des deutschen Aktiengesetzes beteiligt" gewesen. Seine Aktivitäten als Sachbearbeiter für Wirtschaftsrecht im Reichsjustizministerium, der sich mit rechtlichen Fragen der „Entjudung der deutschen Wirtschaft" beschäftigte,[34] scheinen die Antragsteller jedoch nicht berücksichtigt zu haben. Unklar bleibt ferner in dem Antragstext, welche beruflichen Funktionen Hefermehl nach den „Dreißiger Jahren" ausgeübt hatte, bis er 1956 als ordentlicher Professor an die Wirtschaftshochschule Mannheim berufen wurde, von wo er 1961 nach einer Zwischenstation in Münster auf die deutlich prestigeträchtigere Heidelberger Universität wechseln sollte. Die genauen Umstände seiner Laufbahn als Spitzenjurist im „Dritten Reich", seine SS-Mitgliedschaft, seine Flucht von Berlin nach Hamburg kurz nach Kriegsende unter einem falschen Namen wie auch sein Entnazifizierungsverfahren, für welches er ein lückenhaftes Schriftenverzeichnis vorlegte, blieben unerwähnt – wohl auch deshalb, weil der zu Ehrende selbst sich über die problematischen Aspekte seiner Biographie ausgeschwiegen haben dürfte.[35]

Hinsichtlich des „Ehrregimes" der Salzburger Universität sollten daher nicht nur die tatsächlichen oder potenziellen Unterlassungen der an der Universität für akademische Ehrungen zuständigen Funktionsträger, sondern auch die Handlungs- und Sprechweisen der von

32 Aleida Assmann, Die verwandelnde Kraft des Erinnerns, in: Jürgen Moltmann (Hg.), Das Geheimnis der Vergangenheit. Erinnern – Vergessen – Entschuldigen – Vergeben – Loslassen – Anfangen, Neukirchen-Vluyn 2012, 57–82, hier 76.

33 So der Schriftsteller Martin Pollack, Topografie der Erinnerung. Essays, Salzburg-Wien 2016, 12.

34 Wolfgang Hefermehl, Die Entjudung der deutschen Wirtschaft, in: Deutsche Justiz. Rechtspflege und Rechtspolitik. Amtliches Blatt der deutschen Rechtspflege 100 (1938), 1981–1984.

35 So verschwieg Hefermehl bereits Anfang der 1950er-Jahre, als er den Neustart seiner Karriere in Angriff nahm, die Tatsache seiner Mitgliedschaft bei der SS. Vgl. Lindner, „Sich eingereiht"? (2016), hier 353.

der Universität jeweils Geehrten beleuchtet werden. Einige Nuancen des Schweigens lassen sich hierbei analytisch voneinander unterscheiden: Zum Einen das generelle Nicht-Thematisieren oder Verschweigen von problematischen Aspekten der eigenen Biographie, so etwa in dem Lebenslauf des bekannten Salzburger Galeristen Friedrich Welz, den dieser 1976 der Universität Salzburg anlässlich der Zuerkennung des Titels eines „Senators h. c." vorlegte.[36] In anderen Fällen lag der Universitätsverwaltung offenkundig gar kein Lebenslauf des zu Ehrenden vor. Für Konrad Lorenz ist es nicht auszuschließen, dass die Universität Salzburg sich damals nicht dazu veranlasst sah, vom prominenten Wissenschaftler Lorenz eigens einen Lebenslauf anzufordern. Ehe seine Salzburger Ehrung öffentlich gemacht wurde, übermittelte Lorenz allerdings selbst am 13. April 1983 „Unterlagen zum Ehrendoktorat" an Hans Adam, den Ordinarius für Zoologie an der Universität Salzburg. Ob Lorenz dazu aufgefordert worden war, oder ob er dies aus eigenem Antrieb tat, bleibt unklar. In dem Brief vermerkte Lorenz, dass er „leider" über „keine Kopie von dem Curriculum vitae mehr" verfüge, „in dem der schöne Druckfehler steht, daß ich vom Jahre X bis Y den Lehnstuhl [Hervorhebung i. Orig.] für Psychologie an der Universität Königsberg eingenommen hatte!"[37] Lorenz' Hinweis auf seine damalige Position als Ordinarius an der Albertus-Universität Königsberg, der im „Dritten Reich" die Position einer „Grenzlanduniversität" zugeschrieben wurde, erschöpfte sich hiermit – wenigstens in dem vorliegenden Brief – auf eine humoristische Anekdote, während er die sonstigen Aspekte seiner damaligen Tätigkeit als Ordinarius an dieser preußischen Universität ausblendete.

Das Verschweigen oder zumindest weitgehende Ausblenden von NS-Biographien bildete auch eine gängige Praxis in Nachrufen, die hierin offenbar dem tradierten Grundsatz des „De mortuis nil nisi bene" folgten: So heißt es etwa in einem teils kryptisch formulierten Nachruf auf den 2007 verstorbenen Norbert Zimmer, den einstigen Generaldirektor der Wiener Allianz-Versicherung, dass im Jahr 1939 dessen „Fähigkeiten in der Versorgungswirtschaft eingefordert" worden seien. Der Nekrolog der Wiener Universitäts-Sängerschaft Barden, der Zimmer als „Alter Herr" angehört hatte, geht nicht einmal andeutungsweise auf die SS-Karriere Zimmers[38] während des Zweiten Weltkriegs ein, der nach 1945 nicht nur zu einem

36 PLUS, Aktendepot der Universitätsverwaltung, Senatsakten 14.20, Welz, Friedrich; Lebenslauf (gedr. in: Persönlichkeiten Europas, Luzern 1975, unpag.).

37 Dieser Brief Lorenz' liegt als Scan vor und stammt aus dem Privatarchiv von Dr. Klaus Taschwer, der das Schreiben am 23. November 2016 dem Verfasser mit dem Hinweis übermittelte, dass das originale Schreiben im Altenberger Nachlass von Konrad Lorenz liege, welches derzeit nicht zugänglich sei. Herrn Dr. Taschwer danke ich herzlich für die freundliche Überlassung dieses Briefes sowie eines Antwortschreibens von Prof. Dr. Hans Adam vom 14. Oktober 1983, in welchem dieser den Termin für die akademische Ehrung Lorenz' für den 10. November 1983 ankündigt. Die beiden Briefe liegen weder in den Beständen des UAS, noch im Fakultätsbüro der Naturwissenschaftlichen Fakultät der Universität Salzburg vor.

38 Zimmer trat der NSDAP im Juni 1933 bei, ehe diese in Österreich verboten wurde. In der Zeit des „Dritten Reiches" stieg Zimmer innerhalb der SS-Hierarchie bis zum Hauptsturmführer (15. Juli 1943) auf. Im SS-Hauptamt Volksdeutsche Mittelstelle (Vomi) galt er als Fachmann für die deutsche „Volkstumsarbeit" und fungierte als stellvertretender Amtschef für die wirtschaftspolitische Führung der deutschen Volksgruppen im Ausland. Am 15. September 1944 befahl SS-Obergruppenführer Werner Lorenz, der Leiter

angesehenen Mitglied der Wiener Gesellschaft, sondern auch zum tatkräftigen Förderer der jungen Universität Salzburg wurde.[39]

Zum Zweiten das gezielte Ansprechen der eigenen NS-Vergangenheit bei gleichzeitigem Verschweigen problematischer Aspekte, das in den Salzburger Ehrungsakten nur ausnahmsweise greifbar wird, so etwa im Fall des letzten Rektors der deutschen Universität Breslau, Heinrich Henkel. Dieser äußerte sich hierzu selbst anlässlich der Verleihung des Ehrendoktorats der Rechtswissenschaften an ihn, die im Jahr 1978 erfolgte. In seinem Lebenslauf hob Henkel hervor, dass er „im Frühjahr 1944“ als Breslauer Universitätsrektor „in Konflikt mit der schlesischen Gauleitung der NSDAP geraten [sei], die den Versuch unternahm, auf die bislang während meines Rektorats von politischen Eingriffen verschont gebliebene Universität […] politischen Einfluss zu gewinnen […] Da ich dies ablehnte […], musste ich mit den damals üblichen Repressalien rechnen.“[40] Diese Stellungnahme Henkels erscheint als ein nachträglicher Versuch, die eigene Rolle im Nationalsozialismus in einem milderen Licht erscheinen zu lassen. Henkel war nämlich neben Georg Dahm und Friedrich Schaffstein einer der einflussreichsten Strafrechtler im „Dritten Reich“ gewesen. Bereits im Jahr 1934 veröffentlichte er seine Schrift „Die Unabhängigkeit des Richters im nationalsozialistischen Staat“. Diese war nach Henkel „kein Frei-im-Raum-Schweben, sondern Selbständigkeit in der Bindung an die leitenden Grundsätze des völkischen Führerstaates.“ Henkel bekannte sich damals offen zu einer „politischen Strafrechtswissenschaft“.[41] Seine Aussagen, wonach „Staat und Recht“ nicht „Selbstzweck“ seien, sondern „dem Schutze des Volkslebens“ dienten,[42] soll Adolf Hitler gegenüber dem Reichsjustizminister noch 1942 „nahezu wörtlich“ wiederholt haben[43].

---

der Vomi, dass Zimmer „für die Sicherung unmittelbar kriegswirtschaftlicher Leistung der Wirtschaft der deutschen Volksgruppen im Südosten zum Beauftragten des Hauptamtes Volksdeutsche Mittelstelle und Verbindungsführer beim Höheren SS- und Polizeiführer Ungarn kommandiert“ werde. Zimmer wurde wohl noch Anfang 1945 von der Vomi in Ungarn als stellvertretender Amtschef bei der Abwicklung des Vermögens der „Volksdeutschen“ eingesetzt. Zudem war er im Kommando von SS-Standartenführer Dr. [Hans] Weibgen „bei der Rückführung in Ungarn“ eingesetzt, wobei er vorwiegend in der Batschka und der Schwäbischen Türkei tätig wurde. BArch Berlin, SS-Führerpersonalakten, Zimmer, Norbert, VBS 286 / Sign. 6400051480, W. Lorenz an das SS-Personalhauptamt in Berlin-Charlottenburg vom 23.10.1944; Lorenz an von Herff vom 21.11.1944; SS-Personalhauptamt, Vermerk, vermutlich 6.1.1945 [teils unleserlich].

39 In memoriam DDr. Norbert Zimmer, https://www.google.com/url?sa=t&rct=j&q=&esrc=s&source=web&cd=1&ved=2ahUKEwjK95HF_aXdAhXkC8AKHRwUDa4QFjAAegQICRAC&url=http%3A%2F%2Fs93c07c2806c9bcd6.jimcontent.com%2Fdownload%2Fversion%2F1394039284%2Fmodule%2F9247173121%2Fname%2FIn%2520memoriam%2520DDr.%2520Zimmer.pdf&usg=AOvVaw0f9klkOJlggNtT69I5uV6e (13.8.2015).

40 PLUS, Aktendepot der Universitätsverwaltung, Senatsakten 14.20, Prof. Dr. Heinrich Henkel, eigenhändig unterschriebener Lebenslauf, 8.4.1978. Henkel wurde tatsächlich am 10. Juni 1944 zur Wehrmacht eingezogen. Vgl. BArch Berlin, ehem. BDC, PA Henkel, Heinrich.

41 Zit. n. Thomas Ditt, „Stoßtruppfakultät Breslau“. Rechtswissenschaft im „Grenzland Schlesien“ 1933–1945, Tübingen 2011, 103.

42 Zit. n. Dieter Simon, Waren die NS-Richter „unabhängige Richter“ im Sinne des § 1 des GVG? In: Journal for History of Law 4 (1985), 102–116, hier 106.

43 Ebd., 106.

Zum Dritten das vollständige Umdeuten der eigenen Biographie, das bis zur Erschaffung einer neuen Identität führen konnte. Ein Extrembeispiel für diese Variante des (Ver-)Schweigens bildet zweifellos der Aufsehen erregende Fall des Literaturwissenschaftlers und früheren Rektors der Rheinisch-Westfälischen Technischen Hochschule Aachen (RWTH Aachen) Hans Schwerte, dessen „Enttarnung" als ehemaliger SS-Hauptsturmführer Hans Ernst Schneider Ende April 1995 erfolgte.[44] Im Sommersemester 1994 war Schneider alias Schwerte noch als geachteter Honorarprofessor an der Universität Salzburg tätig gewesen. Bereits damals erlebte der Salzburger Germanist Karl Müller allerdings eine ihn „verstörende Gesprächssituation", deren Bedeutung sich für ihn erst im Nachhinein erschlossen haben dürfte. Müller fiel es nämlich ein, während eines Gesprächs mit Schwerte, das sich um die politischen Verhältnisse in der Weimarer Republik drehte, zu bemerken: „‚Nein, in die SS wäre ich sicher nicht eingetreten.' Schwerte reagierte auf unerhörte Weise. Er fuhr plötzlich seinen Zeigefinger auf mich aus und rief hoch erregt aus: ‚Das, Herr Dr. Müller, sollten Sie nicht sagen! Wie können Sie das sagen!'"[45]

5.5 Zur Verleihung des Dr. phil. h. c. an Herbert von Karajan und das brüchig werdende „Ehrregime"

Am 12. Mai 1978 wurde dem Dirigenten Herbert von Karajan anlässlich seines bevorstehenden 70. Geburtstages das Ehrendoktorat der Philosophie der Salzburger Universität verliehen. Diese Auszeichnung ist deshalb besonders interessant, weil es sich bei Karajan um einen prominenten Künstler mit NS-Vergangenheit handelte.[46] Darüber hinaus verdient sie eine nähere Betrachtung, weil die Debatte um Karajan die unterschiedlichen Interessenslagen der verschiedenen beteiligten Akteursgruppen innerhalb und außerhalb des akademischen Milieus deutlich machte. Aufschlussreich ist zudem die politische Vorgeschichte dieser akademischen Ehrung: Der Präsident der Salzburger Festspiele, Josef Kaut, hatte nämlich bei Landeshauptmann Wilfried Haslauer zugunsten dieser Ehrung brieflich interveniert, der sich seinerseits beim damaligen Rektor Wilhelm J. Revers für die Ehrung Karajans aussprach.[47]

Die Universität Salzburg reagierte positiv auf diesen Vorschlag: Nachdem sich der Akademische Senat auf Antrag der Naturwissenschaftlichen Fakultät dazu entschlossen hatte, Karajan den Titel eines „Doctor philosophiae honoris causa" zu verleihen, schrieb Revers einen

---

44 Vgl. u.a. Claus Leggewie, Von Schneider zu Schwerte. Das ungewöhnliche Leben eines Mannes, der aus der Geschichte lernen wollte, München 1998.

45 Karl Müller, Vier Leben in einem: Hans Schneider/Hans Schwerte. Die Literaturwissenschaft als Selbsterkenntnis- und Zufluchtsraum, in: Aurora, 1.4.2007. http://www.aurora-magazin.at/medien_kultur/mueller_schwert_frm.htm (16.3.2017).

46 Vgl. u.a. Die Stadt Salzburg im Nationalsozialismus, Herbert von Karajan. Lebenslauf. https://www.stadt-salzburg.at/internet/websites/nsprojekt/ns_projekt/themen/strassennamen_439210/herbert_von_karajan_439320/lebenslauf_439324.htm (30.3.2018).

47 Vgl. PLUS, Aktendepot der Universitätsverwaltung, Senatsakten 14.20, Herbert von Karajan, Präsident Josef Kaut an Landeshauptmann Dr. Wilfried Haslauer, 12.1.1977.

Abb. 16: Verleihung der Würde eines Ehrensenators an Herbert von Karajan am 14. August 1968: Herbert von Karajan, Rektor Stefan Rehrl, Eliette von Karajan, Dekan Georg Pfligersdorffer (v. l. n. r.).

Brief an Karajan, um ihm die Annahme der Ehrung anzutragen. Revers' Schreiben an den von ihm so angesprochenen „hochverehrten Meister" war so devot formuliert, dass klar ersichtlich wurde, worum es der Universität eigentlich ging: Sie selbst hoffte sich von der Ehrung Karajans deutlich mehr an symbolischem Kapital zu lukrieren, als es der bereits vielfach ausgezeichnete Maestro selbst von der noch jungen Universität seiner Heimatstadt erwarten konnte: Nach Revers wäre es jedenfalls „für die Universität eine große Ehre", „wenn Sie mir die Mitteilung zukommen ließen, daß Sie bereit sind, die beabsichtigte Ehrung anzunehmen."[48]

Unterwürfig formulierte Huldigungen an „Künstlerstars", wie sie Rektor Revers Karajan zuteilwerden ließ, stießen in den 1970er-Jahren allerdings nicht mehr auf ungeteilte Akzeptanz. Im Vergleich zum Jahr 1967, als die Universität Salzburg anlässlich der Ehrung von Hans Kelsen, Adolf Merkl und Alfred Verdross einen barock anmutenden akademischen Festakt inszeniert hatte, hatte sich das gesellschaftliche Klima 1978 deutlich gewandelt. Zudem war die alte Ordinarienuniversität seit dem UOG '75 einer stärkeren inneruniversitären Mitbestimmung gewichen. Kurzum: Ungeachtet des politisch motivierten Drucks, der von der Festspielleitung und dem Rektorat in der Frage der Ehrung Karajans ausgeübt wurde, waren die Salzburger Studierendenvertreter mehrheitlich dagegen, Karajan neuerlich mit einem aka-

48 PLUS, Aktendepot der Universitätsverwaltung, Senatsakten 14.20, Herbert von Karajan, Revers an Karajan, 5.4.1978.

demischen Ehrentitel auszustatten. Ihr „Sondervotum" begründeten sie wie folgt: Karajan habe für die von ihm am Institut für Psychologie der Universität Salzburg ins Leben gerufene Musikpsychologische Forschungsstelle bereits am 14. August 1968 die Würde eines Ehrensenators der Universität Salzburg verliehen bekommen. Die nunmehr geplante Verleihung eines Ehrendoktorats an Karajan sei rechtswidrig, denn dieses setze eine eigene wissenschaftliche Leistung voraus, was bei Karajan aber nicht der Fall sei.[49]

Karajans Vergangenheit als ehemaliger „Stardirigent" im „Dritten Reich", der am 8. April 1933 in Salzburg der NSDAP beigetreten war,[50] als diese in Österreich – bis zu ihrem Verbot am 19. Juni 1933 – noch legal gewesen war, spielte in dem studentischen „Sondervotum" keine Rolle. Dies überrascht aus heutiger Sicht umso mehr, wenn man den „Lebenslauf des Herrn Dr. h. c. Herbert von Karajan", der den Akten der Universitätsverwaltung beiliegt, in Augenschein nimmt: Zwischen der Information, dass Karajan 1941 Staatskapellmeister an der Staatsoper Berlin wurde, und den Angaben zum Jahr 1955, als der Dirigent zum künstlerischen Leiter des Berliner Philharmonischen Orchesters und der Wiener Staatsoper aufstieg, klafft in dem Text eine unverkennbare zeitliche Lücke, die im Curriculum Vitae Karajans unkommentiert blieb.[51]

Rektor Revers fühlte sich in dieser Situation nicht nur durch selbstbewusste Studierende, sondern auch durch Politik und Hochkultur unter Druck gesetzt. Erschwert wurde seine Lage aber auch dadurch, dass die Universität Salzburg nur zwei Jahre zuvor ihr lange geplantes und viel diskutiertes Campus-Projekt „Groß-Freisaal" aufgeben hatte müssen. Der Druck einer Bürgerinitiative, die Freisaal-Gründe nicht zu verbauen,[52] hatte sich letztlich als zu groß erwiesen. Wenigstens die Ehrung Karajans sollte nach diesem in der ursprünglich angedachten baulichen Dimension gescheiterten Vorhaben daher friktionsfrei über die Bühne gebracht werden. Revers hoffte dadurch das beeinträchtigte Verhältnis zur Stadt Salzburg wiederherzustellen. Er fürchtete, „daß wir in eine äußerst peinliche Situation kommen, wenn wir uns so verhalten, als gehöre unsere Universität nicht zu Stadt und Land Salzburg". Revers bat daher den Dekan der Juridischen Fakultät „händeringend" darum, „zu verhindern, daß die Universität in einen neuen Gegenwind gerät."[53] Das Doktordiplom konnte Karajan dann tatsächlich am 12. Mai 1978 überreicht werden. Bei der Verleihung war von einer öffentlich inszenierten „Prunkentfaltung", wie sie noch die akademische Feier anlässlich der Ehrenpromotionen von

49 PLUS, Naturwissenschaftliche Fakultät, Fakultätsbüro, Beilage zum Fakultätsprotokoll der Sitzung v. 10.3.1978, Sondervotum, 13.3.1978.

50 Die Stadt Salzburg im Nationalsozialismus: Herbert von Karajan, Lebenslauf.

51 PLUS, Rechtswissenschaftliche Fakultät, Fakultätsbüro, Ordner E Ehrungen – Exkursionen, Lebenslauf des Herrn Dr. h.c. Herbert von Karajan (undat.). Karajan gab zwar bereits Anfang 1946 in Wien sein erstes Konzert nach Kriegsende, er wurde jedoch wegen seiner NSDAP-Mitgliedschaft mit einem Dirigierverbot belegt, das erst im Oktober 1947 wieder aufgehoben wurde. Vgl. Die Stadt Salzburg im Nationalsozialismus, Herbert von Karajan, Lebenslauf.

52 Vgl. hierzu Horner, Die Entwicklung der Wissenschaft, 491 f.

53 Nicht zuletzt verwies Revers darauf, dass Karajan erst kürzlich von der University of Oxford ein Ehrendoktorat verliehen worden sei. Er sah Salzburg dadurch unter Zugzwang gesetzt. PLUS, Rechtswissenschaftliche Fakultät, Fakultätsbüro, Ordner E Ehrungen – Exkursionen, Rektor Wilhelm Revers an Dekan Rolf Ostheim, 17.2.1978.

Abb. 17: Verleihung des Ehrendoktorats der Philosophie an Herbert von Karajan unter dem Rektorat von Wilhelm J. Revers am 12. Mai 1978.

Kelsen, Merkl und Verdross gekennzeichnet hatte, allerdings keine Rede mehr. Die Universitätsleitung musste sich diesmal vielmehr damit begnügen, „auf Wunsch des Herrn von Karajan" die akademische Feier „im kleinen Rahmen im Rektorat" stattfinden zu lassen.[54]

Die Befürworter der neuerlichen Ehrung Karajans durch die Universität Salzburg hatten sich im Akademischen Senat mit 30 Jastimmen gegen 10 Neinstimmen letztlich zwar durchgesetzt. Es war aber doch deutlich geworden, dass es dagegen auch erhebliche interne Widerstände gab. Die Kritik richtete sich vor allem gegen das aus der Sicht der Studierendenvertreter in Salzburg herrschende akademische und kulturpolitische Establishment. Bereits Anfang der 1970er-Jahre waren die pathetischen Inszenierungen von akademischen Feiern im Fokus des studentischen Protests gestanden, die als widersprüchlich, überladen und anachronistisch gedeutet wurden. So kritisierten Vertreter der politisch linken Salzburger Studierendenbewegung die Feierlichkeiten um das 350-jährige Jubiläum der alten Benediktineruniversität 1972 als eine „feudale Farce", und auch die „inflationäre" Verleihung von 16 Ehrendoktoraten in diesem Jahr bildete einen Gegenstand prononciert vorgetragener studentischer Vorbehalte.[55]

54 Vgl. PLUS, Aktendepot der Universitätsverwaltung, Senatsakten 14.20, Herbert von Karajan; Rektor Revers an Bürgermeister Heinrich Salfenauer, 10.5.1978; Festfolge beim Akademischen Festakt am Freitag, 12. Mai 1978, 12.15 Uhr, im Zimmer des Rektors.

55 Zit. n. Hiebl, Die Universität Salzburg 1968, 95. Der Akademische Senat beschloss 1979 „zur Vermeidung einer zu großen Zahl von Ehrungen" neue Richtlinien. Demnach sollten pro Jahr „im Regelfall

Das „Ehrregime" der Salzburger „Gründergeneration" der 1960er-Jahre war damit bereits rund eine Dekade später brüchig geworden. Hierbei ist allerdings zu bemerken, dass erst im Zusammenhang mit dem zunehmenden Unbehagen, das sich auf tradierte Formen der Inszenierung akademischer Eliten bezog, auch die Auswahl der zu Ehrenden selbst auf Kritik stieß. So protestierten Studierende 1979 gegen den berüchtigten Psychiater und NS-Kindereuthanasiearzt Heinrich Gross, als dieser gemeinsam mit dem Salzburger Universitätsprofessor für forensische Psychiatrie Gerhart Harrer in Salzburg eine Tagung über „Tötungsdelikte von Geisteskranken" veranstaltete.[56] In der Zeitschrift des VSSTÖ wurde moniert, dass Gross und Harrer, deren „dunkle Vergangenheit immer mehr aufgedeckt" werde, sich „im Mantel des unpolitischen Wissenschaftlers öffentlich reinwaschen", indem sie diese Tagung veranstalteten und dabei „die Tötungsdelikte an Geisteskranken durch NS-Ärzte geschickt zu umgehen versuchten".[57] Das kritische Bewusstsein gegenüber der NS-Vergangenheit und die damit verbundenen Belastungen hatte sich im Jahr 1979, als der Film „Holocaust – Die Geschichte der Familie Weiss" erstmals auch in Österreich ausgestrahlt wurde,[58] im Vergleich zu den 1960er-Jahren offenbar deutlich verstärkt.

„Ehrregime", soziale Netzwerke und „Vergangenheitspolitiken" standen im akademischen Bereich unzweifelhaft in einem wechselseitigen Zusammenhang. Die exemplarisch aufgezeigte implizite Vergangenheitspolitik des weitgehenden Tabuisierens, Verdrängens und Beschweigens individueller Biographien von Trägern akademischer Ehrungen an der Universität Salzburg der 1960er- bis 1980er-Jahre fügte sich in die Befindlichkeit einer Gesellschaft ein, die im Mythos der „Opferthese" (Österreich als erstes Opfer des Nationalsozialismus) einen fragilen Konsens gefunden zu haben schien, ehe dieser im Zuge der Erschütterungen der „Affäre Waldheim" ab Mitte der 1980er-Jahre erstmals nachhaltig in Frage gestellt wurde.

Ebenso nachdrücklich belegen die vorstehenden Untersuchungen, dass die von der Universität Salzburg im Untersuchungszeitraum Geehrten in der Regel nicht befürchten mussten, dass ihre Biographien und ihre Karrierewege hinterfragt oder genauer durchleuchtet werden würden. Nur so ist es erklärbar, dass offenkundig „lückenhafte" Lebensläufe wie jene des Galeristen Welz nicht als solche wahrgenommen wurden oder angebliche Verdienste wie jene des Wirtschaftsrechtlers Hefermehl aus den 1930er-Jahren offenkundig nicht daraufhin geprüft wurden, worin diese genau bestanden haben könnten. Dass nicht wenige der für akademische Ehrungen Verantwortlichen ebenfalls eine mehr oder minder starke NS-Belastung aufwiesen, wurde hier deutlich gemacht. Deren Interessen dürften nicht darin bestanden haben, „dunkle Flecken" in den Biographien der zu Ehrenden ausfindig oder gar zum Gegenstand öffentlicher Erörterungen zu machen. Als Ergebnis ist daher Folgendes festzuhalten: Die damaligen Vergabeverfahren akademischer Ehrungen an der Universität Salzburg blendeten „problema-

---

nicht mehr als drei Ehrendoktorate vergeben" werden. PLUS, Rechtswissenschaftliche Fakultät, Fakultätsbüro, Ordner E, Ehrungen-Exkursionen, Richtlinien betreffend Akademische Ehrungen.

56 Siehe zu Harrer das Kap. 3.4.

57 Gross, Harrer, Revers…, in: Sozialistische Nachrichten. Zeitschrift des VSSTÖ Salzburg, 2–3 (1979), 7; 9.

58 Vgl. „Holocaust". Meilenstein der Erinnerung, in: Science.ORF.at. http://sciencev2.orf.at/stories/1750273/index.html (16.3.2017).

tische" Biographien und Karriereverläufe während der NS-Zeit weitgehend aus. Sie perpetuierten damit zugleich die in Österreich über Jahrzehnte hinweg eingeübte gesellschaftliche Praxis, individuelle NS-Belastungen von Wissenschaftlern, Künstlern und anderen Personen des öffentlichen Lebens zu verdrängen und zu verschweigen.

Resümee

Spätestens Ende der 1950er-Jahre schien die Entnazifizierung nicht nur als bürokratisch-justizieller Vorgang, sondern auch als ein Projekt, das zur Liberalisierung und Öffnung der österreichischen Gesellschaft nach außen hin beitragen hätte können, endgültig abgeschlossen zu sein. Ehemaligen Nationalsozialisten unter den Hochschullehrern, die an österreichischen Universitäten bis dahin oft nur peripher – etwa über Lehraufträge – Fuß gefasst hatten, bot sich seither vermehrt die Chance, an Professorenstellen zu gelangen. Die zunehmende Nachfrage nach tertiären Bildungsmöglichkeiten begünstigte die Hochschulgründungen der 1960er-Jahre, unter denen sich auch die 1962 gesetzlich „wiedererrichtete" Paris-Lodron-Universität Salzburg befand. Deutschnational und/oder „katholisch-national" sozialisierten Wissenschaftlern wie z.B. Egon Lendl, Hans Sedlmayr, Adalbert Schmidt oder Walter Del-Negro, die von der Hochschulpolitik im „Dritten Reich" profitiert hatten und die in der lokalen Salzburger Wissenschaftsszene häufig bereits gut vernetzt waren, verschaffte die Salzburger Universitätsgründung im fortgeschrittenen Lebensalter erstmals oder neuerlich gut dotierte akademische Positionen.

Zu den Repräsentanten und Repräsentantinnen der Salzburger „Gründergeneration" zählten nicht nur die erstberufenen ordentlichen Professoren, sondern auch die Salzburger ÖVP-Politiker Hans Lechner und Josef Klaus. Diese „Gründer" forcierten an politisch maßgeblichen Stellen das Projekt der „Wiedererrichtung" der Universität. Sie konstruierten mit diesem Topos eine institutionelle Kontinuität, die von der 1810 geschlossenen Salzburger Benediktineruniversität über die seit dem späten 19. Jahrhundert laufenden Bemühungen des Katholischen Hochschulvereins, in Salzburg eine katholische „Weltanschauungsuniversität" zu begründen, bis hin zur staatlichen Universität Salzburg führen sollte. Diese Form der historischen Apologetik sollte nicht nur den gegenüber der Bundesregierung erhobenen Anspruch des Landes Salzburg legitimieren, eine vorrangig aus Bundesmitteln zu finanzierende staatliche Universität zu begründen; sie begünstigte unter dem Schirm des „katholischen Geistes", der auch ein verzeihendes Hinwegsehen über politisch problematische Aspekte individueller Biographien beinhaltete, die Rekrutierung von ehemaligen NSDAP-Mitgliedern für die neue Universität. Wie in der vorliegenden Studie ausgeführt wird, bildeten die in der Ära des Unterrichtsministers Heinrich Drimmel bis 1964 erstberufenen Professoren eine Allianz von „Katholisch-Nationalen" und Ex-Nationalsozialisten, die nur von einer kleinen Gruppe von katholischen Remigranten ergänzt wurde.

Widerstände gegen eine verdeckte katholische „Weltanschauungsuniversität", die hinter der 1962/64 neu errichteten Philosophischen Fakultät vermutet wurde, erhoben sich von Beginn an vor allem von sozialdemokratischer Seite. Erst im Laufe der 1960er-Jahre gelang es der SPÖ, durch zielgerichtete Förderung der Habilitationen von Wissenschaftlern, die sie als ihrer Partei nahestehend betrachtete, die bis dahin bestehende konservativ-bürgerliche Hegemonie an den Universitäten aufzubrechen. Die von der SPÖ als ihr gegenüber affin betrachteten Gelehrten bildeten jedoch ebenso wenig eine homogene weltanschauliche Gruppe wie jene Wissenschaftler und Wissenschaftlerinnen, die „bürgerlich" und/oder „katholisch" orientiert waren. Zu Letzteren zählten etwa die Zeithistorikerin Erika Weinzierl, der Germanist Walter Weiss und der Rechtswissenschaftler Theo Mayer-Maly, die sich jeweils zu intellektuell einflussreichen, liberal gesinnten „Aushängeschildern" der Universität Salzburg entwickelten.

Unter den vielfach als SPÖ-nahe qualifizierten Salzburger Universitätsgelehrten befanden sich neben fachlich anerkannten Parteimitgliedern wie den beiden Juristen Hans Floretta und Kurt Ringhofer und dem Politologen Norbert Leser auch Hochschullehrer wie der Historiker Fritz Fellner, der sich ebenso dezidiert als „fortschrittlich" und „progressiv" verstand. Fellner opponierte aber gegen die von der SPÖ-Wissenschaftsministerin Hertha Firnberg durchgesetzte Hochschulreform und trat 1975 aus dem BSA aus. Andere Gelehrte wie etwa der umstrittene Psychiater Gerhart Harrer gehörten ebenfalls dem BSA an. Harrers NS-Vergangenheit war zwar nicht unbekannt geblieben, jedoch wurde sie erst in der zweiten Hälfte der 1970er-Jahre öffentlich kontroversiell diskutiert.

Wie in der Studie zudem verdeutlicht wird, geriet die „Berufungspolitik" der 1960er-Jahre zunehmend ins Fahrwasser des zwischen ÖVP und SPÖ auf Bundesebene ausverhandelten politischen Proporzes. Dieser wurde zusätzlich durch das politische Junktim zwischen der Universität Salzburg und der Linzer Hochschule für Sozial- und Wirtschaftswissenschaften, die dem „roten Lager" zugerechnet wurde, überlagert. Die Regeln des Proporzes zwischen den beiden Großparteien wurden in der Salzburger akademischen Berufungspolitik erstmals systematisch für die Erstberufungen an der Rechts- und Staatswissenschaftlichen Fakultät angewandt, die im Herbst 1965 ihren Lehrbetrieb aufnahm. Hierbei erwies sich der Publizist und Rechtsphilosoph René Marcic, der aufgrund der von ihm selbst nie restlos offengelegten Vergangenheit als Repräsentant des kroatischen Ustascha-Regimes bis heute umstritten ist, als eine einflussreiche Schlüsselfigur. Als rechtspolitischer Berater von Bundeskanzler Josef Klaus gehörte Marcic zwar eindeutig dem konservativen Lager an. Er verfügte jedoch über gute Kontakte zur SPÖ, die er sowohl für den Ausbau seines Institutes an der Universität Salzburg, als auch zur Steigerung seines persönlichen Renommees auszunützen verstand. Die Errichtung des Salzburger Juridicums beeinflusste Marcic gemeinsam mit Hans Floretta in geradezu „großkoalitionärer" Weise; inhaltlich stand der Rechtsphilosoph vor allem für den Anspruch der Alma Mater Paridiana, neue Wege in der interdisziplinären Forschung und interfakultären Kooperation zu gehen.

An der Wende der 1960er- zu den 1970er-Jahren zeichnete sich damit zwar ein Aufbrechen der bisherigen konservativen Dominanz sowie eine begrenzte Verbreiterung der personellen Zusammensetzung der Professorenschaft ab. Der personelle Wandel im Bereich der

Ordinarien sollte aber zumindest für den hier interessierenden Untersuchungszeitraum bis Mitte der 1970er-Jahre nicht überschätzt werden. Dies lag auch an den schwerfälligen und intransparenten ministeriellen Berufungsverfahren, die in Salzburg heftig kritisiert wurden und vor allem Verhandlungen mit Bewerbern um Professorenstellen, die aus der BRD kamen, vielfach erschwerten oder gar scheitern ließen. Die von Landeshauptmann Hans Lechner ausgegebene Losung, „nur Kapazitäten" nach Salzburg zu berufen, konnte damit nicht in dem Maße eingelöst werden, wie es sich die Proponenten der Universität über Parteigrenzen hinweg anfänglich erhofft hatten. Dazu kommt, dass viele der in den 1960er-Jahren erstberufenen, damals noch relativ jungen Professoren – wie etwa der Romanist Rudolf Baehr, der Historiker Heinrich Koller, der Klassische Philologe Georg Pfligersdorffer, der Psychologe Wilhelm J. Revers oder der Jurist Wolfgang Waldstein – der Universität Salzburg zumindest bis in die 1980er-Jahre als Professoren angehörten und diese damit längerfristig maßgeblich prägten.

Ungeachtet der Hochschulreform der 1970er-Jahre, die die tradierte Ordinarienuniversität ablöste, behielten eher konservative Gelehrte wie die oben Genannten ein weitgehend von Distinktion und hierarchischem Denken geprägtes professorales Selbstbild bei. Die akademische Festkultur, wie sie in der barock anmutenden Zelebrierung der akademischen Ehrungen zum Ausdruck kam, geriet zwar zunehmend in die Kritik, die vor allem von Seiten der Studierenden lebhaft geäußert wurde. Sie verfestigte aber das insgesamt konservativ geprägte Erscheinungsbild der Universität Salzburg, wie es noch für die 1970er-Jahre in hohem Maße zu konstatieren ist.

Abkürzungsverzeichnis

AAML	Archiv der Abtei Maria Laach
AÖAW	Archiv der Österreichischen Akademie der Wissenschaften
APr	Archivio Badia Primaziale S. Anselmo, Rom
AWU	Archiv der Wirtschaftsuniversität Wien
AStS	Archiv der Stadt Salzburg
BArch	Bundesarchiv
BAWAG	Bank für Arbeit und Wirtschaft
BKA	Bundeskanzleramt
BMI	Bundesministerium für Inneres
BMU	Bundesministerium für Unterricht
BMWF	Bundesministerium für Wissenschaft und Forschung
BRD	Bundesrepublik Deutschland
BSA	Bund Sozialistischer Akademiker; aktuell: Bund Sozialdemokratischer Akademikerinnen und Akademiker
CSU	Christlich-Soziale Union
CV	Cartellverband (siehe auch ÖCV)
FPÖ	Freiheitliche Partei Österreichs
HHStA	Haus-, Hof- und Staatsarchiv
HJ	Hitlerjugend
IFZ	Internationales Forschungszentrum für Grundfragen der Wissenschaften
IÖG	Institut für Österreichische Geschichtsforschung
KBW	Katholisches Bildungswerk der Erzdiözese Salzburg
KDHA	Katholisch-Deutscher Hochschulausschuss
KHG	Katholische Hochschulgemeinde Salzburg
KHW	Katholisches Hochschulwerk Salzburg
K.Ö.H.V.	Katholische Österreichische Hochschulverbindung
KPÖ	Kommunistische Partei Österreichs
KVI	Karl-von-Vogelsang-Institut
NSDAP	Nationalsozialistische Deutsche Arbeiterpartei
NSDStB	Nationalsozialistischer Deutscher Studentenbund
NSLB	Nationalsozialistischer Lehrerbund

NSV	Nationalsozialistische Volkswohlfahrt
ÖCV	Österreichischer Cartellverband (siehe auch CV)
ÖNB	Österreichische Nationalbibliothek
ORF	Österreichischer Rundfunk
ÖStA	Österreichisches Staatsarchiv
ÖStA, AdR	Österreichisches Staatsarchiv, Archiv der Republik
ÖStA, AVA	Österreichisches Staatsarchiv, Allgemeines Verwaltungsarchiv
ÖVP	Österreichische Volkspartei
PA	Personalakt
PLUS	Paris-Lodron-Universität Salzburg
SA	Sturmabteilung
SLA	Salzburger Landesarchiv
SPÖ	Sozialistische Partei Österreichs (1945–1991) bzw. Sozialdemokratische Partei Österreichs (ab 1991)
SS	Schutzstaffel
UAB	Universitätsarchiv Bonn
UAG	Universitätsarchiv Graz
UAI	Universitätsarchiv Innsbruck
UAS	Universitätsarchiv Salzburg
UAW	Universitätsarchiv Wien
UOG	Universitätsorganisationsgesetz
VdU	Verband der Unabhängigen
VSStÖ	Verband der Sozialistischen Studenten Österreichs
WStLA	Wiener Stadt- und Landesarchiv

Abbildungsnachweis

Cover:	Universitätsarchiv Salzburg, Fotosammlung 13/9.
Abb. 1	Universitätsarchiv Salzburg, Fotosammlung 13/10.
Abb. 2	Dr. Hans Lechner-Forschungsgesellschaft, Bilddatenbank 67-960a.
Abb. 3	Dr. Hans Lechner-Forschungsgesellschaft, Bilddatenbank 67-4375a.
Abb. 4	Universitätsarchiv Salzburg, Fotosammlung 13/24.
Abb. 5	Universitätsarchiv Salzburg, Fotosammlung 30/17.
Abb. 6	Archiv der Erzdiözese Salzburg, Fotosammlung, Sig. AES_A_001106_01_01.
Abb. 7	Universitätsarchiv Salzburg, Fotosammlung.
Abb. 8	Universitätsarchiv Salzburg, Fotosammlung 13/03.
Abb. 9	Privatbesitz em. Univ.-Prof. Dr. Hanns Haas.
Abb. 10	Privatbesitz em. Univ.-Prof. Dr. Hanns Haas.
Abb. 11	Universitätsarchiv Salzburg, Fotosammlung 13/28.
Abb. 12	Universitätsarchiv Salzburg, Fotosammlung 13/22.
Abb. 13	Dr. Hans Lechner-Forschungsgesellschaft, Bilddatenbank 7-951a.
Abb. 14	Dr. Hans Lechner-Forschungsgesellschaft, Bilddatenbank 67-4773a.
Abb. 15	Universitätsarchiv Salzburg, Fotosammlung 13/33.
Abb. 16	Universitätsarchiv Salzburg, Digitales Fotoarchiv.
Abb. 17	Universitätsarchiv Salzburg, Digitales Fotoarchiv.

Kurzbiographien

Vorbemerkungen

Die Angaben in den Kurzbiographien orientieren sich an dem folgenden Muster: Name, Vorname: Geburtsjahr und -ort; (allfällig) Kriegsdienst und -gefangenschaft sowie Mitgliedschaften in der NSDAP sowie in NS-Teil- und Vorfeldorganisationen; Promotion und Habilitation bzw. Neuhabilitierung nach 1945; (allfällig) Angaben zur Entnazifizierung; Dienstort(e), von denen aus die Berufung nach Salzburg erfolgte; Jahr der Berufung und Denomination der Professur an der Universität Salzburg; Jahr der Emeritierung; Todesjahr und -ort.

Adam, Hans: * 1925 in Hirtenberg (Niederösterreich); 1943–47 Kriegsdienst und -gefangenschaft; 1953 Promotion zum Dr. phil. an der Universität Wien, 1958 Habilitation für „Allgemeine Zoologie, Anatomie und Physiologie der Haustiere mit spezieller Berücksichtigung der Histologie"; 1964 ao. Prof., 1968 o. Prof. für Zoologie an der Universität Salzburg; 1974/75 Dekan der Philosophischen Fakultät; 1995 Emeritierung; † 2013 in Salzburg.[1]

Baehr, Rudolf: * 1922 in Bamberg als Sohn eines Prokuristen; September 1940 Beginn des Studiums der romanischen Philologie an der Universität München;[2] 1941–46 Wehrdienst und Kriegsgefangenschaft; Fortsetzung des Studiums an den Universitäten Bamberg und München und 1948 Staatsexamen in Französisch und Italienisch, 1949 in klassischem Latein; 1952 Promotion zum Dr. phil., 1954 Habilitation, 1960 apl. Prof. an der Universität München; 1965 o. Prof. für Romanische Philologie an der Universität Salzburg; 1969/70 Rektor; 1990 Emeritierung; † 2010 in Salzburg.[3]

Croll, Gerhard: * 1927 in Düsseldorf; Studium am Konservatorium in Düsseldorf (Kapellmeisterklasse) und der Musikwissenschaften an der Universität Göttingen; 1954 Promotion

1 ÖStA, AdR, BMU, PA Adam, Hans; Kurz-Curriculum, 23.6.1985; Michael Rössner, Nachruf auf Hans Adam, in: Almanach der Österreichischen Akademie der Wissenschaften 161 (2011), 649–655.

2 Nach Mitteilungen des für den Regierungsbezirk Oberbayern zuständigen Staatsarchivs München vom 17.5.2018 sowie des Staatsarchivs Coburg vom 23.5.2018 an den Vf. finden sich in den dortigen Beständen keine Hinweise auf eine Mitgliedschaft Baehrs in der NSDAP oder einer ihrer Gliederungen.

3 ÖStA, AdR, BMU, PA Baehr, Rudolf; Lebenslauf, undat. [ca. 1968]; Romanisten-Lexikon. Baehr, Rudolf. http://lexikon.romanischestudien.de/index.php?title=Baehr,_Rudolf (14.5.2018).

zum Dr. phil.; 1961 Habilitation an der Universität Münster/Wf.; 1966 o. Prof. für Musikwissenschaften an der Universität Salzburg; 1975–77 Dekan; 1993 Emeritierung; † 2019 in Salzburg.[4]

Del-Negro, Walter: * 1898 in Morzg bei Salzburg (auf Gut Emslieb) als Sohn eines Gutsbesitzers; 1920 Promotion zum Dr. phil.; seit 1921 Lehrer an höheren Schulen Salzburgs; 1925 Professor am Salzburger Mädchenrealgymnasium; 1938 NSDAP-Mitglied; Oktober 1938 Schulungsleiter einer Ortsgruppe in Salzburg; seit 1939 Fachschaftsleiter im Gauamt für Erziehung; 1940 Habilitation für Philosophie an der Universität Innsbruck; 1944/46 Kriegsdienst und -gefangenschaft; 1945 Enthebung vom Hochschuldienst und Entzug der Venia docendi; Entnazifizierung als „Minderbelasteter" und stellenlos; 1949 Wiedereinstellung als Mittelschullehrer in Salzburg; 1950 Mitglied des BSA; 1959 Pensionierung als Lehrer; 1964 Lehrbeauftragter für Geologie an der Universität Salzburg; 1965 Neuhabilitierung für Philosophie an der Universität Salzburg; 1969 tit. ao. Prof. an der Universität Salzburg; † 1984 in Salzburg.[5]

Fellner, Fritz: * 1922 in Wien als Sohn eines Bäckermeisters; 1941–46 Kriegsdienst und -gefangenschaft; 1948 Promotion zum Dr. phil.; 1948–50 ao. Mitglied des Kurses am IÖG; 1960 Habilitation und Dozent an der Universität Wien; 1960/61 Gastprof. University of Austin, 1963 Western Illinois University; 1968–75 Mitglied des BSA; 1964 o. Prof. für allgemeine Geschichte der Neuzeit an der Universität Salzburg; 1993 Emeritierung; † 2012 in Salzburg.[6]

Floretta, Hans: * 1923 in Saalfelden als Sohn eines Eisenbahners; 1941 Reifeprüfung und Einziehung zum Kriegsdienst; 1944 schwere Verwundung als Kompanieführer in Finnland; 1948 Dr. jur., 1949 Dr. rer. pol. an der Universität Innsbruck; 1948–77 bei der Arbeiterkammer Salzburg beschäftigt, seit 1956 als ihr Direktor; Mitglied und 1957–59 Obmann des Salzburger BSA; 1964 ao. Prof. für Arbeits- und Sozialrecht an der Universität Innsbruck; 1965 o. Prof. für Rechts- und Sozialwissenschaften an der Universität Salzburg; 1966/67 Dekan; 1982 Emeritierung; † 2009 in Salzburg.[7]

Haas, Otto: * 1911 in Wien; 1930–34 Studium u.a. der Fächer Vergleichende Sprachwissenschaft und Slawistik an der Universität Wien; 1935 Promotion zum Dr. phil.; 1933–38 und 1941–56 Privatangestellter (Fremdsprachenkorrespondent und Dolmetscher); 1940/41

---

4 PLUS, Univ.-Prof. Dr. Gerhard Croll, Lebenslauf. https://www.uni-salzburg.at/fileadmin/oracle_file_imports/351081.PDF (12.5.2018).

5 Dr. Walter Del-Negro. Dozent an der Universität Salzburg, 166f.; UAI, Lebenslauf W. Del-Negro, 4.6.1940; AStS, BSA, Kt. PA 32,01, Fragebogen Walter Del-Negro, 17.4.1950.

6 Fellner/Corradini, Österreichische Geschichtswissenschaft, 119; AStS, BSA, Kt. PA 32,01, Beitrittserklärung Dr. Fellner Fritz, 22.3.1968; PA 32,02, Fellner an den BSA Salzburg (Austrittserklärung), 9.3.1975.

7 DDr. Hans Floretta. Professor an der Universität Salzburg, 167 f.; Hoffmann, „Bund sozialistischer Anfänger", 260 f.

Wehrdienst; 1956 Habilitation für Indogermanische Sprachwissenschaft; 1963 tit. ao. Prof. an der Universität Wien; 1965 o. Prof. für allgemeine und vergleichende Sprachwissenschaft an der Universität Salzburg; † 1977.[8]

Harrer, Gerhart: * 1917 in Innsbruck als Sohn eines Ministerialrats; 1932 Beitritt zum NS-Schülerbund in Innsbruck; Februar 1935 Mitglied bei der illegalen SS und der SS-Standarte 89 (mit der SS-Nr. 303.067); Februar 1938 SS-Mitglied; 1940 Dr. med. Universität Wien; Juli 1940 Einziehung zur Luftwaffen-Sanitäts-Ersatzabteilung in Baden bei Wien; Assistenzarzt in den neurologisch-neurochirurgischen Sonderlazaretten der Professoren Alfred von Auersperg und Wilhelm Tönnis; 1940 Beitritt zur NSDAP; Mitglied der SS-Studiengemeinschaft an der Universität Wien; nach 1945 als „Minderbelasteter" entnazifiziert; 1951 Habilitation für Neurologie und Psychiatrie an der Universitätsklinik Innsbruck; 1950 Vertragsarzt, 1953 Primarius an den Landeskrankenanstalten Salzburg; 1955 Mitglied des Ärztefachverbands des BSA und Gastmitglied des Fachverbands der Wiener BSA-Hochschullehrer (2000 Austritt aus dem BSA); 1960 ao. Prof. an der Universität Innsbruck; 1962–84 ärztlicher Leiter der Salzburger Landesnervenklinik; 1965/66–69 Beauftragter des akademischen Senates der Universität Salzburg für die Errichtung der Medizinischen Fakultät; 1968/69 Anerkennung seiner Venia docendi auch für die Philosophische Fakultät und erste Lehrveranstaltungen an der Universität Salzburg; 1971 o. Prof. für Forensische Psychiatrie an der Rechts- und Staatswissenschaftlichen Fakultät der Universität Salzburg; 1987 Emeritierung; † 2011 in Salzburg.[9]

Hellbling, Ernst C.: * 1901 in Wien als Sohn eines Kaufmanns; 1924 Dr. jur. an der Universität Wien; 1926 Beamter im Konzeptdienst der Stadt Wien; 28.6.1938 Enthebung von seinem Posten und Versetzung in den Ruhestand, da er nach den Nürnberger Rassengesetzen als „Mischling ersten Grades" galt; 1939–43 Angestellter bei einer Gebäudeverwaltung; 1943–44 dienstverpflichtet als Hilfsarbeiter bei den Siemens-Schuckertwerken in Wien bzw. ab Jänner 1945 bei der Organisation Todt; 1945 provisorischer Leiter des Magistratischen Bezirksamtes für den 11./23. Bezirk; 1948 Obersenatsrat; 1948 Habilitation an der Universität Wien für Deutsche Rechtsgeschichte;[10] 1954 tit. ao. Prof., 1959 tit. o. Prof.; seit 1961 im dauernden Ruhestand; 1965 o. Prof. für Deutsches Recht und Österreichische Verfassungs- und Verwaltungsgeschichte an der Universität Salzburg; 1971 Emeritierung; † 1986 in Salzburg.[11]

---

8 ÖStA, AdR, BMU, PA Haas, Otto; Curriculum Vitae, 14.1.1963; Universitätsdirektion Salzburg an das BMWF, 29.12.1977. Angaben zum Beruf von Haas' Vater fehlen im Personalakt.

9 ÖStA, AdR, BMU, PA Harrer, Gerhart; Lebenslauf, 18.10.1969; Neugebauer/Schwarz, Der Wille zum aufrechten Gang, 241–247.

10 ÖStA, AdR, BMU, PA, Hellbling, Ernst C.; Hellbling an die Magistratsabteilung 2, 2.6.1948.

11 ÖStA, AdR, BMU, PA, Hellbling, Ernst C.; Wiener Magistrat, Magistratsabteilung 2, an die Magistratsabteilung 49, 31.10.1938; Jahrbuch der Universität Salzburg (1969), 106; Pichler, Ernst Carl Hellbling, XI–XV.

Holböck, Carl: * 1905 in Schwanenstadt (Oberösterreich) als ältestes von zwölf Kindern eines Kaufmanns; 1921 Angestellter im Bankhaus Carl Spängler & Co. in Salzburg; 1930 Priesterweihe; Studium der Philosophie und Theologie an der Katholisch-Theologischen Fakultät in Salzburg und des kanonischen Rechts an der Päpstlichen Universität Gregoriana, Rom; Advokatursausbildung an der Sacra Rota Romana (Examen 1941); Vizerektor des Priesterkollegs Santa Maria dell'Anima 1938–41; Promotion Dr. jur. can. 1940; 1942 Sekretär des Erzbischöflichen Ordinariats Salzburg und Richter am Diözesan- und Metropolitangericht in Salzburg; 1945 Supplent für Kirchenrecht an der Theologischen Fakultät Salzburg; 1946 Habilitation, 1947 ao. Prof., 1950 o. Prof. für Kirchenrecht an der Theologischen Fakultät Salzburg; 1950/51, 1956/57, 1962/63 und 1963/64 Dekan der Katholisch-Theologischen Fakultät; 1962/63 Übernahme der Agenden eines Rektors der „wiedererrichteten" Universität Salzburg; 1965 o. Prof. für Kirchenrecht an der Rechts- und Staatswissenschaftlichen Fakultät der Universität Salzburg; 1967/68 und 1968/69 Dekan der Rechts- und Staatswissenschaftlichen Fakultät und im Studienjahr 1965/66 Rektor der Universität Salzburg; 1969–83 Vorsitzender der Stiftungs- und Förderungsgesellschaft der Paris-Lodron-Universität Salzburg; 1975 Emeritierung; † 1984 in Salzburg.[12]

Kieslich, Günter: * 1924 in Breslau als Sohn eines Volksschullehrers[13]; 1942 Reifeprüfung, 1942–44 Militärdienst, 1944–49 in sowjetischer Kriegsgefangenschaft; 1949 Beginn des Studiums mit den Fächern Germanistik, Geschichte und Philosophie; 1954 Promotion zum Dr. phil., 1955 wiss. Assistent an der Universität Münster; 1962 Pressereferent der Ständigen Konferenz der Kultusminister der Länder in der Bundesrepublik Deutschland; 1968 o. Prof. für Publizistik und Kommunikationstheorie an der Universität Salzburg; † 1971 in Salzburg.

Koller, Heinrich: * 1924 in Wien als Sohn eines Bundesbahnangestellten; 1942–45 Kriegsdienst; 1946–48 ao. Mitglied des Kurses des IÖG; 1949 Promotion zum Dr. phil.,1961 Habilitation für Geschichte des Mittelalters und Historische Hilfswissenschaften an der Universität Wien; 1964 ao. Prof., 1965 o. Prof. für Mittelalterliche Geschichte und Historische Hilfswissenschaften an der Universität Salzburg; 1970/71 Dekan; 1991 Emeritierung; † 2013 in Salzburg.[14]

Lendl, Egon: * 1906 in Trient als Sohn eines k. u. k. Oberleutnants; 1931 Promotion zum Dr. phil.; seit 28.10.1932 Mitglied der NSDAP; 1932–34 Gymnasiallehrer; 1934 Assistent, 1944 Habilitation für Geographie an der Universität Wien; wegen seiner NSDAP-Mitgliedschaft am 6. Juni 1945 von seinem Posten als Assistent am Geographischen Institut der Universität Wien entlassen; 1945 Übersiedlung nach Seekirchen/Wallersee und später nach Salzburg; ab 1.9.1945 bis 1948 zunächst freier Mitarbeiter und 1947/48 wissenschaftlicher

12 ÖStA, AdR, BMU, PA Holböck, Carl; Lebenslauf, 14.5.1946; Im Dienst von Kirche und Staat, XI–XVI.

13 ÖStA, AdR, BMU, PA Kieslich, Günter; Tabellarischer Lebenslauf, 23.12.1966.

14 ÖStA, AdR, BMU, PA Koller, Heinrich; Lebenslauf, 27.1.1950; Paul-Joachim Heinig, Heinrich Koller †, in: Mitteilungen des Instituts für Österreichische Geschichtsforschung 123 (2015), 291–292.

Angestellter am Haus der Natur in Salzburg; 1950 Entnazifizierung als „Minderbelasteter“; 1950–55 Sondervertrag bei der Salzburger Landesregierung (zur Herausgabe des *Salzburg Atlas*); 1953 neuerliche Habilitation für Geographie an der Universität Wien; 1953–55 Leiter der kartographischen Abteilung am Otto Müller Verlag Salzburg; 1956–63 Lehrtätigkeit an der Universität Wien sowie an der Hochschule für Bodenkultur; 1963 o. Prof. für Geographie und 1963/64 als Erstberufener erster Dekan der Philosophischen Fakultät der Universität Salzburg; 1964/65 erster gewählter Rektor der Universität Salzburg; 1977 Emeritierung; † 1989 in Salzburg.[15]

Leser, Norbert: * 1933 in Oberwart (Burgenland); 1958 Promotion zum Dr. jur. an der Universität Wien; Studien der Soziologie bei dem Soziologen und katholischen Sozialreformer August Maria Knoll; 1958/59 Stipendiat des British Council bei der London School of Economics; 1960 als Jurist in der Rechtsabteilung des Bundesministeriums für Verkehr und Technik; 1963 Assistent für politische Wissenschaft am IHS; 1969 Habilitation für Rechts- und Staatsphilosophie an der Universität Graz; 1971 Berufung an die Universität Salzburg als erster Ordinarius für Politikwissenschaft in Österreich; 1978 Honorarprofessor für Politikwissenschaften an der Universität Wien; 1980 o. Prof. für Gesellschaftsphilosophie an der Universität Wien; 2001 Emeritierung; † 2014 in Eisenstadt.[16]

Marcic, René: * 1919 in Wien als Sohn des früheren k. u. k. Offiziers und akademischen Malers Rudolf Marcic; 1942 Dr. jur. an der Universität Zagreb; 1943 Kulturreferent im Generalkonsulat des faschistischen „Unabhängigen Staats Kroatien“ in Wien; 1943/44 Präsidialsekretär beim Leiter der Zivilverwaltung in Dalmatien; 1944/45 Presseattaché beim Generalkonsulat in Wien; 1945 in St. Gilgen bei Salzburg; 1946 Mitglied des Redaktionsstabs, 1953 Gerichtsredakteur und von 1959–64 Chefredakteur der „Salzburger Nachrichten“; 1959 Habilitation für Allgemeine Staatslehre und Rechtsphilosophie an der Universität Wien; 1963–71 o. Prof. für Rechts- und Staatsphilosophie an der Universität Salzburg; ab 1965 Zuständigkeit auch für Allgemeine Staatslehre und Verfassungsrecht sowie Politikwissenschaft; 1965/66 Dekan der Philosophischen Fakultät; 1966/67 Rektor; 1967 o. Prof. für Staatslehre, Österreichisches Verfassungsrecht und Rechtsphilosophie an der Rechts- und Staatswissenschaftlichen Fakultät der Universität Salzburg; † 1971 Aarsele (Belgien).[17]

Mayer-Maly, Theo: * 1931 in Wien als Sohn eines Richters und späteren Leiters der Staatsanwaltschaft Wien; 1954 Promotion sub auspiciis praesidentis an der Universität Wien; 1956 Habilitation für Römisches Recht an der Universität Wien; 1957 ao. Prof. für Römisches

15 ÖStA, AdR, BMU, PA Lendl, Egon; Beurteilungsblatt Dr. Egon Lendl, 20.5.1963; Heuberger, Egon Lendl; Stock, Die prägenden Akteure des Geografischen Instituts, 419–423.

16 Erwin Bader (Hg.), Die Macht des Geistes. Festgabe für Norbert Leser zum 70. Geburtstag, Frankfurt/M. u.a. 2003.

17 Göllner, Zwischen „berührender Versöhnlichkeit“ und „Nazi-Propaganda“, 284–287; Neubacher, Die Anfänge der Politikwissenschaft in Salzburg.

Recht und Sozialversicherungsrecht an der Universität Graz; 1959 o. Prof. für Römisches Recht und Arbeits- und Sozialrecht an der Universität Wien; 1962 o. Prof. für Arbeitsrecht, Bürgerliches Recht und Römisches Recht an der Universität Köln; 1966 o. Prof. für Bürgerliches Recht, Römisches Recht und Handelsrecht an der Universität Salzburg; 1969/70 Dekan; † 2007 in Salzburg,[18]

Niedermann, Erwin: * 1911 als Sohn eines Bürstenbinders in Maxglan bei Salzburg; Ende der 1920er-Jahre Mitglied der HJ; 9.5.1933 Beitritt zur NSDAP in Wien IX; Lehrtätigkeit als Turnlehrer an Salzburger Gymnasien; 1.5.1938 NSDAP-Mitglied; Juni 1938 stellvertretender Kreissportführer für Salzburg und HJ-Sportberater; 1939 stellvertretender Leiter des Gausportamtes; 1941/42 Kriegsdienst und Verwundung als Gebirgsjäger an der finnischen Eismeerfront; Anfang 1943 Sportgauführer im Reichsgau Salzburg; Ende Jänner 1945 Einziehung zum Kriegsdienst; 1945 Entlassung aus dem Schuldienst; 1949 nach erfolgter Entnazifizierung als „Minderbelasteter" neuerlich Lehrer in Salzburg; 1965 Betrauung mit der Einrichtung des Universitäts-Turninstituts und schließlich des Instituts für Leibeserziehung an der Universität Salzburg, dessen Direktor er seit 1971 war; 1972 Honorarprofessor; 1974 o. Prof. für Leibeserziehung und Sportwissenschaft an der Universität Salzburg; 1981 Emeritierung; † 2005 in Salzburg.[19]

Pfligersdorffer, Georg: * 1916 in Wiener Neustadt als Sohn eines Übungsschullehrers und Hauptlehrers für Schulpraxis an der dortigen Lehrerbildungsanstalt; 1939 Promotion zum Dr. phil. an der Universität Wien; 1.3.1941 Beitritt zum NSLB Wiener Neustadt mit der Mitgliedsnummer 443.299;[20] 1939 Gymnasiallehrer in Eisenstadt und Wien, dann Kriegsdienst 1940–44; 1945 Lehrer in Wiener Neustadt; 1951–58 Mitarbeit am Thesaurus Linguae Latinae in München; 1956 Habilitation für Klassische Philologie an der Universität München; 1960 ao. Prof. Universität München; 1964/65 Gastprofessor, 1965 o. Prof. für Klassische Philologie an der Universität Salzburg; 1967/68 Dekan; 1986 Emeritierung; † 2005 in Salzburg.[21]

Probst, Josef (Pater Benedikt): * 1898 in Braunau am Inn; Mai 1926 Dr. theol. an der Theologischen Fakultät Salzburg; 1926–28 Studium am Päpstlichen Bibelinstitut in Rom, 1928–30 an der Theologischen Fakultät der Universität Wien; 1930 Habilitation für Bibelstudium des Alten Testamentes in Salzburg; 1930/31 Aufenthalt in Palästina, Ägypten und Irak; 1933 unbesoldeter ao. Prof.; 1941 nach Auflösung der Diözesanlehranstalt in Salzburg zwangsweise Versetzung in den Ruhestand; 1945/46 Wiedereintritt ins Lehramt; 1947 o. Prof. für Bibel-

18 Jahrbuch der Universität Salzburg (1969), 107; Wolfgang Zöllner, Theo Mayer-Maly 16.08.1931–06.12.2007, in: Friedrich Harrer u.a. (Hg.), Gedächtnisschrift für Theo Mayer-Maly, Wien 2011, 1–5.

19 Praher, SportlerInnen für den Krieg, 259–263; UAW, Rigorosenakt PH RA 12253, Niedermann, Erwin, 15.6.1934.

20 BArch Berlin, BDC, NSLB, Karteikarte Dr. Pfligersdorffer, Georg.

21 ÖStA, AdR, BMU, PA Pfligersdorffer, Georg; 14.2.1964; Georg Pfligersdorffer, Bildung als Beheimatung des Menschen, Salzburg-München 1966, hier 19 f.

studium des Alten Testamentes und orientalische Sprachen an der Theologischen Fakultät Salzburg; 1948/50 Dekan; 1960/61 neuerlich Dekan und Vertreter der Theologischen Fakultät im Proponentenkomitee zur Wiedererrichtung der Universität Salzburg; 1970 Emeritierung; † 1973.[22]

Rehrl, Stefan: * 1912 in Obertrum (Salzburg); 1935 Priesterweihe; 1936–42 Kooperator; 1942–45 Kriegsdienst; 1946 Kooperator in Badgastein; 1948 Promotion zum Dr. phil. scholasticae am päpstlichen Institut für scholastische Philosophie in Innsbruck; 1949 Promotion zum Dr. phil. an der Universität Innsbruck; 1952 Promotion zum Dr. theol. an der Universität Wien; 1952/53 Supplierung der Lehrkanzel für Moraltheologie an der Katholisch-Theologischen Fakultät Salzburg; 1955 Habilitation; 1955 ao. Prof., 1963 o. Prof. für Moraltheologie an der Universität Salzburg; 1963–65 Senator; 1965/66 Dekan der Theologischen Fakultät; 1967/68 und 1970/71 Rektor; 1984 Ernennung zum Ehrenprälaten; † 1997 in Kitzbühel (Tirol).[23]

Reiffenstein, Ingo: * 1928 in Salzburg als Sohn eines Volksschullehrers; 1951 Promotion zum Dr. phil., 1958 Habilitation für Deutsche Sprache und Literatur an der Universität Innsbruck; 1958 Generalredaktor am Bayerischen Wörterbuch (Komm. für Mundartforschung) der Bayerischen Akademie der Wissenschaften in München; 1959 Umhabilitierung an die Universität München; 1963/64 Visiting Associate Professor an der University of Kansas (USA); 1964 o. Prof. für Ältere deutsche Sprache und Literatur an der Universität Salzburg; 1969/70 Dekan; 1972/73 Rektor der Universität Salzburg; 1974–80 Vizepräsident des Fonds zur Förderung der wissenschaftlichen Forschung (FWF); 1994 Emeritierung.[24]

Revers, Wilhelm: * 1918 in Mühlheim bei Köln als Sohn eines Schuhmachers[25]; 1941 Promotion zum Dr. phil. an der Universität Bonn; 1940–45 Wehrdienst und Kriegsgefangenschaft; 1946 wissenschaftlicher Assistent, 1948 Habilitation für Psychologie, 1949 Privatdozent an der Universität Würzburg; 1958 apl. Prof.; 1964 o. Prof. an der Universität Würzburg; 1953–1965 Leitung des Psychologischen Beratungsdienstes am Jugendamt der Stadt Würzburg; Mitglied des Stadtrates von Würzburg (CSU); 1965 o. Prof. für Psychologie an der Universität Salzburg; 1972/73 Dekan; 1977–1979 Rektor der Universität Salzburg; † 1987 in Salzburg.[26]

---

22 ÖStA, AdR, BMU, PA Probst, Benedikt; Emeritierung; Tabelle, 21.10.1968; Benedikt Probst, in: Jahrbuch der Universität Salzburg (1973/74–1974/75), 91.

23 ÖStA, AdR, BMU, PA Rehrl, Stefan; Curriculum vitae, 20.7.1955; Tabelle Prof. Dr. Rehrl, undat. [ca. 1968].

24 PLUS, Ingo Reiffenstein. https://www.uni-salzburg.at/index.php?id=23180 (10.5.2018); Hugo Steger, Laudatio auf Ingo Reiffenstein, in: Sprachpflege und Sprachgeschichte. Rede Ingo Reiffensteins anlässlich der Ehrung mit dem Konrad-Duden-Preis der Stadt Mannheim am 11. März 1998, Mannheim 1998, 5–11, hier 5.

25 Freundliche Mitteilung von Univ.-Prof. Dr. Peter Revers an den Vf. vom 12.5.2018.

26 Rüdiger, Wilhelm Josef Revers, 275.

Ringhofer, Kurt: * 1926 in Wien als Sohn eines Tischlergehilfen; 1944/45 zum Kriegsdienst eingezogen und im April 1945 schwer verwundet (Verlust des rechten Armes); 1945–48 Studium der Rechtswissenschaften an der Universität Wien; 1949 Promotion zum Dr. jur.; 1949 Verwaltungsbeamter beim Magistrat der Stadt Wien; 1956 beruflicher Wechsel ins BMI; 1966 Habilitation an der Universität Graz; 1968 o. Prof. für Allgemeine Staatslehre sowie Verfassungs- und Verwaltungsrecht an der Universität Salzburg; 1969 Mitglied, 1976 bis zu seinem Tod Vizepräsident des Verfassungsgerichtshofs; 1992 Emeritierung an der Universität Salzburg; † 1993 in Altenmarkt an der Triesting (Niederösterreich).[27]

Schächer, Josef (Pater Erenbert): * 1900 in Neustadtl (Stráž u Tachova) (Böhmen) als Sohn eines Landwirts; ab März 1918 als Einjährig-Freiwilliger beim 3. Regiment der Tiroler Kaiserschützen; nach Kriegsende Eintritt in den Benediktinerorden in Kremsmünster, 1923 Priesterweihe; 1923–27 Studium der Philosophie und Klassischen Philologie an der Universität Wien; 1926 Promotion zum Dr. phil.; 1927 zu Studien an die Universitäten zu Berlin und Oxford; 1933 Dipl. rer. pol. an der Universität Berlin; 1937 Habilitation für griechische Sprache und Literatur an der Universität Fribourg (Schweiz); 1945 professeur titulaire an der Universität Fribourg; 1946 unbesoldeter ao. Prof.; 1948 o. Prof. für Christliche Philosophie an der Katholisch-Theologischen Fakultät in Salzburg; 1961/62 Dekan der Theologischen Fakultät; 1965 o. Prof. der Klassischen Philologie an der Universität Salzburg; 1971 Emeritierung; † 1974 in Kremsmünster.[28]

Schmidt, Adalbert: * 1906 in Wien als Sohn eines Ministerialrats; 1930 Promotion an der Universität Wien; 1930 Verlagslektor beim Sudetendeutschen Verlag Franz Kraus in Reichenberg (Liberec; ČSR); 7.6.1938 Parteianwärter der NSDAP; Juni 1938 Mitglied der NSV; 1939 Mitglied der Reichsschrifttumskammer; 1939 Habilitation (Dr. phil. habil.) für neuere deutsche Literaturgeschichte an der Universität Wien; 1940–46 Kriegsdienst und -gefangenschaft; 1946–51 Korrektor bei der Druckerei Kiesel in Salzburg; 1948–51 Volkshochschullehrer; 1949–64 Lehrbeauftragter für Sprach- und Sprecherziehung an der Theologischen Fakultät Salzburg; 1951–62 Berufsschullehrer; 1962–66 Landesschulinspektor für Berufsschulen im Land Salzburg; 1964 zweite Habilitation nach österreichischem Recht an der Universität Wien; 1965 Doz. für Neuere deutsche Literaturgeschichte, 1966 o. Prof. für Österreichische Literaturgeschichte an der Universität Salzburg; 1976 Emeritierung; † 1999 Eferding (Oberösterreich).[29]

Schmölz, Franz-Martin: *1927 in Fischen/Allgäu als Sohn eines Postschaffners; 1943–45 bei der Deutschen Wehrmacht; 1947–57 Studien an der Philosophisch-Theologischen Hoch-

27 ÖStA, AdR, BMU, PA Ringhofer, Kurt; Lebenslauf [undat.]. Zur Zeit von Ringhofers Geburt arbeitete dessen Vater als Tischlergehilfe, wohl erst später als Straßenbahnbediensteter: Ebd., Geburtsschein, Abschrift, 5.3.1936.

28 ÖStA, AdR, BMU, PA Schächer, Erenbert; Curriculum vitae, 6.2.1947; Benediktinerabtei Kremsmünster, Parte Dr. P. Erenbert Schächer, 27.12.1974.

29 ÖStA, AdR, BMU, PA Schmidt, Adalbert; Lebenslauf, undat. [ca. 1965].

schule Dillingen/Donau und am Pontificium Athenaeum Angelicum, Rom; 1954 Priesterweihe; 1957 Promotion zum Dr. theol. in Rom; 1959–61 wissenschaftlicher Assistent an der Universität München; 1961 Vorstand des Instituts für Politische Wissenschaft am IFZ in Salzburg; 1962 Habilitation für Philosophische Gesellschaftslehre und Rechtsphilosophie in Salzburg; 1965 ao. Prof., 1967 o. Prof. an der Universität Salzburg; 1970/71 und 1979–83 Dekan der Theologischen Fakultät; 1990 Emeritierung und anschließend Honorarprofessor an der Geisteswissenschaftlichen Fakultät; † 2003 in Salzburg.[30]

Schwarz, Balduin: * 1902 in Hannover als Sohn eines Chemikers; 1927 Promotion zum Dr. phil. an der Universität München; 1931 Habilitation für scholastische Philosophie an der Universität Münster; 1933 Entzug der Lehrbefugnis aufgrund des „Gesetzes zur Wiederherstellung des Beamtentums"; 1934–38 Dozent an der Universität Fribourg (Schweiz); 1938 Lehrer in Limoges (Frankreich); 1941 Flucht in die USA; 1950 Prof. für Philosophie an der Fordham University (New York City); 1964 Honorarprofessor, 1966 o. Prof. für Philosophie an der Philosophischen Fakultät der Universität Salzburg; 1972 Emeritierung; † 1993 Ainring (Oberbayern).[31]

Sedlmayr, Hans: * 1896 in Hornstein als Sohn eines Agrarökonomen und späteren Direktors der gräflich Mailathschen Domäne in Slawonien sowie Professors an der Hochschule für Bodenkultur in Wien; 1930–32 Mitglied der österreichischen NSDAP mit der Mitgliedsnummer 302.489; 1923 Promotion zum Dr. phil., 1933 Habilitation an der Technischen Hochschule Wien für Geschichte des Städtebaus, 1934 an der Universität Wien für mittlere und neuere Kunstgeschichte; nach dem „Anschluss" Wiedereintritt in die NSDAP mit dem Eintrittsdatum 1.1.1938; 1936–45 o. Prof. an der Universität Wien; 1945 enthoben und zwangsemeritiert; 1949 nach dreijährigem Berufsverbot als „minderbelastet" entnazifiziert; 1951–64 o. Prof. für Kunstgeschichte an der Universität München; 1964 Emeritierung; 1964 Gastprofessor, 1965–69 Honorarprofessor an der Universität Salzburg; † 1984 Salzburg.[32]

Seidler, Herbert: * 1905 in Feldkirch als Sohn eines Finanzbeamten[33]; 1927 Promotion zum Dr. phil. an der Universität Innsbruck; ab 1930 Lehrer an höheren Schulen in Innsbruck und Zell am Ziller; 1940 Grundausbildung in der Deutschen Wehrmacht, Eintritt in die NSDAP und Gauschulungsredner, 1941–43 kommissarischer Gauschulungsleiter; 1944 Habilitation an der Universität Innsbruck; Jänner 1945 beim Volkssturm; 1945 Entzug der Venia docendi; 1946 im Zuge des Entnazifizierungsverfahrens Einstufung als „minderbelastet"; 1951 erneute Habilitation und 1951–56 Priv.-Doz. an der Universität Innsbruck; 1956 apl. Prof. Inns-

30 Gertraud Putz, Franz-Martin Schmölz, in: Biographisch-bibliographisches Kirchenlexikon 23 (2004), Sp. 1296-1306; ÖCV, Franz-Martin Schmölz, Lebenslauf. https://www.oecv.at/Biolex/Detail/13100173 (19.3.2019).

31 Gertzen, Kurzbiografie für Balduin Schwarz.

32 ÖStA, AdR, BMU, PA, Sedlmayr, Hans; Curriculum Vitae, undat.

33 Weiss, Herbert Seidler †, 183.

bruck; 1958–63 o. Prof. of German and Head of German Department, Universität Johannesburg; 1964 Prof. für neuere deutsche Philologie an der Universität Salzburg; 1964/65 Dekan; 1965 o. Prof. an der Universität Wien; 1975 Emeritierung; † 1983 in Wien.[34]

Stürzl, Erwin: * 1920 in Göpfritz an der Wild (Niederösterreich) als Sohn eines Gendarmeriebezirksinspektors; 1939/40 Anwärter des NSDStB; 1940–46 Kriegsdienst und Kriegsgefangenschaft; 1949 Promotion zum Dr. phil. an der Universität Wien; Lehrer an der Graphischen Lehr- und Versuchsanstalt in Wien; seit 1952 Vorlesungen an der Wiener Katholischen Akademie; 1964 Habilitation für Anglistik an der Universität Wien; 1964 o. Prof. für Anglistik an der Universität Salzburg; 1965–74 Vorstand des Institutes für Leibeserziehung sowie des Universitäts-Sportinstituts der Universität Salzburg; 1968/69 Dekan; 1984 Emeritierung; † 2001.[35]

Wagner, Hans: * 1921 in Graz als Sohn eines Zahnarztes; 1941–45 Kriegsdienst und -gefangenschaft; 1946–48 ao. Mitglied des Kurses des IÖG; 1949 Promotion zum Dr. phil. an der Universität Wien; 1953 Staatsarchivar am HHStA Wien; 1961 Univ.-Doz. an der Universität Wien; 1964 Mitglied der Wiener Freimaurer-Loge „Libertas" sowie in den 1970er-Jahren Großbeamter in der Großloge von Österreich; 1964 ao., 1966 o. Prof. für Österreichische Geschichte an der Universität Salzburg; 1973/74 Dekan; 1975–77 Rektor; 1982 Emeritierung; † 1990 in Salzburg.[36]

Wagner, Heinrich: * 1916 in Wien als Sohn eines späteren Ministerialrates des Österreichischen Rechnungshofes; 1939 Dr. phil. an der Universität Wien; 1941 Parteianwärter, 1942–45 Mitglied der NSDAP; 1939–45 Kriegsdienst (1941–44 Heeresvermessungsstelle Wien; 1944/45 Forschungsstaffel z. b. V. des Oberkommandos der Wehrmacht (OKW) in Laibach/Ljubljana); 1945/46 Gartenhilfsarbeiter und unbezahlte wissenschaftliche Hilfskraft am Botanischen Institut der Universität Wien; 1947/48 amtlicher Bodenschätzer bei den Finanzlandesdirektionen Wien und Linz; 1948 als „minderbelastet" entnazifiziert; 1949–67 Assistent/Oberassistent an der Hochschule für Bodenkultur Wien; 1950 Habilitation für Pflanzensoziologie an der Universität Wien; 1957 ao. Mitglied der Wiener Katholischen Akademie; 1967 o. Prof. für Systematische Botanik und Geobotanik an der Universität Salzburg; 1971/72 Dekan der Philosophischen Fakultät; 1981–83 Dekan der Naturwissenschaftlichen Fakultät; 1987 Emeritierung; † 1993 in Salzburg.[37]

---

34 UAI, PA Seidler, Herbert; Lebenslauf, 29.4.1943; Weiss, Herbert Seidler †.

35 ÖStA, AdR, BMU, PA, Stürzl, Erwin; Lebenslauf, undat.; NS-Fragebogen, undat.; Rudolf Gönner, Das Bild des Jubilars. Universitätsprofessor Erwin A. Stürzl zum 70. Geburtstag, in: Erwin A. Stürzl, Gaben der Zeit – Fruits of Time, Salzburg 1989, 3–10, hier 3 f.

36 Weinzierl, Hans Wagner; Hanisch, Hans Wagner.

37 ÖStA, AdR, BMU, PA Wagner, Heinrich; Curriculum Vitae, 15.11.1948; Dietrich Fürnkranz, Ein „Mann der ersten Stunde". Heinrich Wagner 1916–1993, in: Plus 2, Februar 1994.

Waldstein, Wolfgang: * 1928 in Hangö (Finnland) als Sohn des Pianisten und späteren Professors für Klavier am Mozarteum Salzburg Ludwig Waldstein; 1956 Promotion zum Dr. phil., 1963 Habilitation an der Universität Innsbruck; 1964 ao. Prof. für Römisches Recht an der Universität Innsbruck; 1965 o. Prof. für Römisches Recht und Rechtsphilosophie an der Universität Salzburg; 1965/66 Gründungsdekan der Rechts- und Staatswissenschaftlichen Fakultät; 1968/69 Rektor der Universität Salzburg; 1992 Emeritierung; 1996–98 Ordinarius an der Zivilrechtlichen Fakultät der Päpstlichen Lateranuniversität.[38]

Walter, Hans: * 1920 in Auerbach (Oberpfalz) als Sohn eines Schmiedemeisters und Landwirts; 1940 im Reichsarbeitsdienst tätig; 1940–45 Kriegseinsatz; Herbst 1945 Beginn des Hochschulstudiums zunächst in Bamberg, später in München; 1951 Assistent an der Archäologischen Sammlung Hamburg; 1952 Promotion zum Dr. phil. an der Universität München; 1953 Forschungsauftrag am Deutschen Archäologischen Institut München; 1954 wissenschaftlicher Assistent am Archäologischen Seminar und Museum München; 1961–66 Konservator und Oberkonservator im Bayerischen Nationalmuseum; 1963 Habilitation an der Universität München; Ausgrabungsleiter Alt-Ägina; 1966 o. Prof. für Archäologie an der Universität Salzburg; 1986 Emeritierung; † 2001 in München.[39]

Weinzierl, Erika: * 1925 in Wien; Tochter eines Lehrerehepaars; 1943/44 beim Reichsarbeitsdienst; 1948 Staatsprüfung am IÖG und Promotion zum Dr. phil. an der Universität Wien; 1948–64 Staatsarchivar am HHStA Wien; 1961 Habilitation an der Universität Wien; 1964 Vorstand des Instituts für kirchliche Zeitgeschichte Salzburg; 1967 ao. Prof., 1969 o. Prof. für österreichische Geschichte mit besonderer Berücksichtigung der Zeitgeschichte an der Universität Salzburg; 1979 o. Prof. für Neuere Geschichte mit besonderer Berücksichtigung der Neuesten Geschichte an der Universität Wien; 1995 Emeritierung; † 2014 in Wien.[40]

Weiss, Walter: * 1927 als Sohn eines Kaufmanns in Landsberg am Lech (Bayern); 1943 Luftwaffenhelfer, 1945 Soldat; 1949–54 Lehrer an Tiroler Höheren Schulen; 1953 Promotion zum Dr. phil., 1962 Habilitation für Neuere deutsche Sprache und Literatur an der Universität Innsbruck; 1954–58 Lektor für Deutsch an der Universität Catania; 1965 o. Prof. für Neuere deutsche Sprache und Literatur an der Universität Salzburg; 1977–79 Dekan; 1993 Emeritierung; † 2004 in Salzburg.[41]

Willvonseder, Kurt: * 1903 in Salzburg als Sohn des Apothekers Franz Willvonseder, des Inhabers der Salzburger Hofapotheke; 1929 Promotion zum Dr. phil., 1937 Habilitation

38 Waldstein, Mein Leben.
39 ÖStA, AdR, BMU, PA Walter, Hans; Vordienstzeiten, 9.12.1966; Fellner/Corradini, Österreichische Geschichtswissenschaft, 438.
40 Hanisch, Erika Weinzierl †, 580; Rathkolb, Erika Weinzierl.
41 ÖStA, AdR, BMU, PA Weiss, Walter; Lebenslauf, 12.6.1961; Jahrbuch der Universität Salzburg (1969), 128.

für Urgeschichte an der Universität Wien; 1939 Mitglied der NSDAP und der SS; 1941 SS-Obersturmführer; 1943 ao. Prof. für Vor- und Frühgeschichte an der Universität Wien; 1943 zur Deutschen Wehrmacht einberufen; 1945 Entlassung aus dem Hochschuldienst; 1945/47 zunächst im „Lager Hallein", später im Camp Marcus W. Orr („Lager Glasenbach") für belastete Nationalsozialisten interniert; 1947 Verzeichnung in den NS-Listen als „belastet" und Untersuchungshaft beim Volksgericht Linz; 1947–49 Hilfsarbeiter; 1951 Forschungen zu Pfahlbauten am Attersee; 1951–54 Mitarbeit am *Salzburg-Atlas*; 1954 Direktor des Salzburger Museums Carolino Augusteum; 1964 Lehrbeauftragter an der Universität Salzburg, dort 1966 neuerlich für Ur- und Frühgeschichte habilitiert; 1967 ao. Prof. an der Universität Salzburg; † 1968 in Salzburg.[42]

Wolf, Karl: * 1910 in Leibnitz, Steiermark als Sohn eines ehemaligen Rittmeisters (Kavallerieoffiziers) und Postoberinspektors; 1933 Promotion zum Dr. phil. an der Universität Graz; 1934–36 Erzieher und Gymnasiallehrer an der Neulandschulsiedlung in Wien; 1936–38 Referent am Volksbildungsheim St. Martin bei Graz; 1938–60 Lehrer an Grazer Mittelschulen; 1940–45 Kriegsdienst; 1950 Habilitation für Systematische Philosophie und Pädagogik an der Universität Graz; 1960 o. Prof. an der Pädagogischen Hochschule Regensburg der Universität München; 1964 o. Prof. an der Universität Salzburg; 1966/67 Dekan; 1970 o. Prof. für angewandte Pädagogik und Schulpädagogik an der Universität Wien; 1979 Emeritierung; anschließend Honorarprofessor für Pädagogik auf Lebenszeit an der Universität Salzburg; † 1995 in Wien.[43]

42 Obermair, Kurt Willvonseder.

43 ÖStA, AdR, BMU, PA Wolf, Karl; Lebenslauf, 5.10.1969; Jahrbuch der Universität Salzburg (1969), 120; Lechner, Ein Leben für die Lebensbildung.

Quellen- und Literaturverzeichnis

1. Archivalien

Österreichische Nationalbibliothek (ÖNB)

Handschriftensammlung

Nachlass Broda, Christian; III 83.I; III.86, 2. Mappe; III.87

Vorlass Leser, Norbert; Mappe Salzburger Fakultät 2

Österreichisches Staatsarchiv (ÖStA), Archiv der Republik (AdR)

Bundeskanzleramt (BKA)/Inneres

Kt. 705, H.T. Porta, Dr. René Marcic, Hillebrand, Redakteure der Salzburger Nachrichten, Information, 14.3.1957.

Bundesministerium für Inneres (BMI), Personalakten

Sedlmayr, Hans

Bundesministerium für Unterricht (BMU), Personalakten

Adam, Hans

Baehr, Rudolf

Caruso, Igor

Domanig, Erwin

Fellner, Fritz

Floretta, Hans

Haas, Otto

Harrer, Gerhart

Hayek, Friedrich A.

Hellbling, Ernst C.

Holböck, Carl

Lendl, Egon

Marcic, René

Michels, Thomas

Pfligersdorffer, Georg

Probst, Benedikt

Rehrl, Stefan

Ringhofer, Kurt
Schächer, Erenbert
Schmidt, Adalbert
Schwarz, Balduin
Sedlmayr, Hans
Stürzl, Erwin
Wagner, Hans
Wagner, Heinrich
Walter, Hans
Weinzierl, Erika
Weiss, Walter
Wölkart, Norbert
Wolf, Karl
Bundesministerium für Unterricht (BMU), Universität Salzburg
Hauptreihe I (1945–1965), Sig. 9, Universität Salzburg, Kt. 671, 672, 673, 674
Hauptreihe II (1966–1975), Sig. 9, Universität Salzburg, Kt. 624, 625, 626, 627, 634
Gaupersonalamt des Reichsgaues Wien („Gauakten")
Lendl, Egon
Schmidt, Adalbert

Österreichisches Staatsarchiv (ÖStA), Allgemeines Verwaltungsarchiv (AVA)
Familienarchive/Nachlässe, Nachlass Drimmel, Heinrich; Korrespondenzen 1961–1963

Österreichisches Staatsarchiv (ÖStA), Haus-, Hof- und Staatsarchiv (HHStA)
Nachlass Fellner, Fritz: Broda, Christian, 3–54; Drimmel, Heinrich 6-2; Marcic, René, 17–32; Korrespondenz mit dem BSA

Republik Österreich, Parlamentsarchiv
XI. Gesetzgebungsperiode, 13/AB-NR/II-75; 65/J-NR/II-121; 47/AB-NR/ II-169 der Beilagen zu den stenographischen Protokollen des Nationalrates, 15.6.1966

Salzburger Landesarchiv (SLA)
Nachlass Lechner, Hans; private Korrespondenz; HS 576
Nachlass Lendl, Egon, Sig. 105, Kt. 7, 12, 338
Nachlass Marcic, René, Kt. 2, 3, 5, 7, 9, 10

Wiener Stadt- und Landesarchiv (WStLA)
Magistratsabteilung 521, A4 – Personalakten, 2. Reihe, Hellbling, Ernst C.

Archiv der Stadt Salzburg (AStS)
BSA, Kt. PA 32,01; PA 32,02; PA 32,03; PA 32,04; PA 32,06

Entnazifizierungsakt Domandl, Sepp
Meldekartei SG: 350.111, Dr. Adalbert Schmidt
Nachlass Sedlmayr, Hans; Kt. PA 1236,01

Archiv der Österreichischen Akademie der Wissenschaften (AÖAW)
Personalakt Seidler, Herbert

Archiv der Wirtschaftsuniversität Wien (AWU)
Studierendenkarte Marcic, René (1941/42)

Paris-Lodron-Universität Salzburg (PLUS)
Universitätsarchiv Salzburg (UAS)
Protokolle der Sitzungen des Akademischen Senates
Protokolle der Sitzungen des Professorenkollegiums der Philosophischen Fakultät
Protokoll der Rektors- und Prorektorswahl der Universität Salzburg für das Studienjahr 1964/65 am 2.6.1964
PLUS, Universitätsverwaltung, Aktendepot
Senatsakten, akademische Ehrungen 14.20; Domandl, Sepp; Karajan, Herbert von; Welz, Friedrich
PLUS, Personalabteilung, Personalakten
Lendl, Egon
Marcic, René
Niedermann, Erwin
Sedlmayr, Hans
PLUS, Katholisch-Theologische Fakultät, Fakultätsbüro
Fakultätsprotokolle 1930–1962
PLUS, Naturwissenschaftliche Fakultät, Fakultätsbüro
Beilage zum Fakultätsprotokoll der Sitzung vom 10.3.1978, Sondervotum, 13.3.1978.
PLUS, Rechtswissenschaftliche Fakultät, Fakultätsbüro
Ordner Sitzungen der Fakultät
Ordner Gast- und Honorarprofessoren A–E
Ordner E Ehrungen – Exkursionen

Universitätsarchiv Graz (UAG)
BMU an Universität Graz, Dekanat der Rechts- und Staatswissenschaftlichen Fakultät, 31.10.1969.

Universitätsarchiv Innsbruck (UAI)
Direktion IP/III, Lehrkanzel für Arbeitsrecht 1955–1970
Jur Habilitationslisten S–W, Habilitationsakt Dr. Wolfgang Waldstein
Personalakt Del-Negro, Walter
Personalakt Seidler, Herbert

Universitätsarchiv Wien (UAW)
J Cur 235a, Errichtung einer Rechts- und Staatswissenschaftlichen Fakultät an der Universität Salzburg, 1965.06.14–1965.07.13
J PA 361 Marcic, René (1957–1965), Schachtel 16
Personalakt PH PA 2448, Lendl, Egon
Personalakt PH PA 3326, Schmidt, Adalbert
Rigorosenakt Nr. 16.625, Fellner, Fritz
Rigorosenakt PH RA 12253, Niedermann, Erwin
Rigorosenakt PH RA 10435, Schmidt, Adalbert

Archiv der K.Ö.H.V. Rheno-Juvavia Salzburg
Mitgliederverzeichnis der K.Ö.H.V. Rheno-Juvavia, Salzburg 1953.

Karl-von-Vogelsang-Institut (KVI), Archiv
Korrespondenz Josef Klaus-René Marcic 1964–1970, Kt. 2538

Katholisches Hochschulwerk Salzburg (KHW), Archiv
Ordner Dekanat, Rektorat
Ordner Bundeskanzler und Minister
Ordner Edmund-Burke-Gesellschaft
Ordner IFZ
Ordner Unterrichtsminister, Landeshauptmann, Bürgermeister

Universitätsklinikum Salzburg, St. Johanns-Spital, Archiv
Personalakt Domanig, Erwin

Bundesarchiv Berlin (BArch)
BDC, PA Henkel, Heinrich
BDC, NSLB, Karteikarte Dr. Pfligersdorffer, Georg
NSDAP-Gaukartei, Dr. Lendl, Egon
NSDAP-Mitgliederkartei, R 9361-VIII Kartei/19380995, Kasten 1938, Karte 995, Schmidt, Adalbert
R 73/14195, Schächer, Erenbert
R 9361-V/35032, Schmidt, Adalbert
SS-Führerpersonalakten, Zimmer, Norbert; VBS 286/Sign. 6400051480

Universitätsarchiv Bonn (UAB)
Michels, Peter Franz; Entzug und Wiederverleihung der Doktorwürde, Sig. PF 77-219

Archiv der Abtei Maria Laach (AAML)
Nachlass Michels, Thomas; „Humanum dico“ [autobiogr. Mskr., undat., um 1972], unpag. [1957/6]; Ordner Korrespondenz A–Z; Ordner Äbte/Mönche

Archivio Badia Primaziale S. Anselmo, Rom (APr)
Congregatio Austriaca, Nr. 1271

Schriftliche Mitteilungen; Interviews
Interview mit Univ.-Prof. Dr. Herbert Dachs, 8.6.2017, Protokoll.
Mitteilung von Univ.-Prof. Dr. Hanns Haas vom 8.5.2018.
Mitteilung von Univ.-Prof. Dr. Robert Hoffmann vom 23.3.2017.
Mitteilung von em. Univ.-Prof. Dr. Ingo Reiffenstein vom 6.3.2018.
Mitteilung von Univ.-Prof. Dr. Peter Revers vom 12.5.2018.
Mitteilung von Dr. Hans Spatzenegger vom 30.7.2019.
Mitteilung von Dr. Stefan Spevak (WStLA) vom 5.4.2016.
Mitteilung des Staatsarchivs Coburg vom 23.5.2018
Mitteilung des Staatsarchivs München vom 17.5.2018
Mitteilung von Dr. Klaus Taschwer vom 23.11.2016.

2. Gedruckte Quellen

A. Zeitungen

Arbeiterzeitung
Demokratisches Volksblatt
Falter
Frankfurter Allgemeine Zeitung
Kurier
Mainpost
Neues Wiener Tagblatt
Österreichische Hochschulzeitung
Die Presse
Reichspost
Salzburger Chronik
Salzburger Nachrichten
Salzburger Tagblatt
Salzburger Volksblatt
Stern
Sudetenpost
Völkischer Beobachter
Westfälische Landeszeitung – Rote Erde
Wiener Zeitung

B. Literatur und Gesetzessammlungen; Memoiren, Würdigungen und Nachrufe

48. Bundesgesetz über die Gründung der Hochschule für Bildungswissenschaften in Klagenfurt, in: Bundesgesetzblatt für die Republik Österreich, 21.1.1970, 13. Stück, § 11 (3). https://www.ris.bka.gv.at/Dokumente/BgblPdf/1970_48_0/1970_48_0.pdf (28.6.2019).

Altlandeshauptmann Dipl.-Ing. DDr. Hans Lechner und der Bund „Neuland“. Interview, in: Salzburg. Geschichte & Politik 3 (1993), 10–18.

Auditorium Academicum 1953–1972: Salzburger Volkshochschule, Salzburg 1972.

Baumann, Eduard (Hg.): Was uns bewegt – was wir bewegen. Festschrift zum 50-Jahr-Jubiläum des Katholischen Bildungswerkes 1946–1996, Salzburg 1996.

Benedikt Probst, in: Jahrbuch der Universität Salzburg (1973/74–1974/75), 91.

Berichte der Länder – Salzburg, in: Der Quell, Sept./Okt. 1964, 21 f.

Beschluss vom 15. Dezember 2015 des Senats der Paris Lodron Universität Salzburg im Einvernehmen mit dem Rektorat über die Aberkennung von Ehrungen, in: Pinwinkler/Koll (Hg.), Zuviel der Ehre?, 489–492.

Beutner, Eduard u.a. (Hg.): Dialog der Epochen. Studien zur Literatur des 19. und 20. Jahrhunderts. Walter Weiss zum 60. Geburtstag, Wien 1987.

Bobek, Hans: Egon Lendl – eine Würdigung, in: Mitteilungen der Österreichischen Geographischen Gesellschaft 109 (1967), 9–18.

Chaimowicz, Thomas: Ein Brief an den österreichischen Justizminister Dr. Christian Broda, 7.6.1963, in: Österreichische Akademische Blätter 5/6, Mai–Juni 1963, 41–43.

Chaimowicz, Thomas: Konservative und Juden, in: Walter Simon/Andreas Mölzer u.a. (Hg.), Juden und Deutsche. Vergangenheit und Zukunft, Graz-Stuttgart 1994, 110–114.

Chaimowicz, Thomas: Mehr als ein Akademiker, in: Walburga Douglas/Stephan Baier (Hg.), Otto von Habsburg. Ein souveräner Europäer. Festschrift zum 85. Geburtstag, Wien-München 1997, 244–255.

Chaimowicz, Thomas: Heimkehr aus dem Exil, in: Salzburg. Geschichte & Politik 10, H. 4 (2000), 259–329.

Deißinger, Hans: Bergmorgen, Abendgebirg, Dorfidyll, Befreites Land, Ruhestunde, Salbeiblüte, Morgengang, Regenorgel, Martersäule am Blumenanger, in: Adalbert Schmidt (Hg.), Sudetendeutsches Lyrikbuch, Reichenberg 1939, 37 f., 50, 92, 129, 131, 157, 166 f.

Diskussion: Briefe zu: M. Siegert, Das Sanfte Gesetz des René Marcic, in: Neue Alternative 4, September–Oktober 1969, 25 f.

DDr. Hans Floretta. Professor an der Universität Salzburg, in: 350 Jahre Akademisches Gymnasium, 167 f.

Dr. Hans Klecatsky [Interview], in: Kriechbaumer (Hg.), Die Ära Josef Klaus, Bd. 2, 189–201.

Dr. Josef Klaus [Interview], in: Robert Kriechbaumer (Hg.), Die Ära Josef Klaus, Bd. 2, 247–273.

Dr. Walter Del-Negro. Dozent an der Universität Salzburg, in: 350 Jahre Akademisches Gymnasium, 166 f.

Domandl, Josef: Zur Lebensanschauung Adalbert Stifters, Wien 1926 (phil. Diss. masch.).
Domandl, Sepp: Goethe hinter Stacheldraht – Erwachsenenbildung in härtester Zeit, in: Salzburger Volkshochschule (Hg.), Wirkende Wissenschaft, 121–126.
Domandl, Sepp: Aus den Dreißigerjahren Horns. Bericht eines Zeitzeugen, in: Erich Rabl/Anton Pontesegger (Hg.), Erinnerungen an Horn. Beiträge zur Geschichte der Stadt Horn im 20. Jahrhundert, Horn 2001, 43–57.
350 Jahre Akademisches Gymnasium Salzburg 1617–1967, Salzburg 1967.
Drimmel, Heinrich: Österreichische Kulturpolitik seit dem Staatsvertrag, in: Österreich in Geschichte und Literatur 6 (1962), 343–351.
Edtstadler, Karl W.: Laudatio auf den Erzbischof anlässlich der Verleihung der Ehrenmitgliedschaft am 22. Jänner 2004, in: Gerhard L. Fasching (Hg.), Festschrift 75 Jahre Katholische Österreichische Hochschulverbindung Rheno-Juvavia zu Salzburg 1932–2007, Salzburg o. J. [2007], 42–45.
„Fall Boro" auch in Salzburg? In: Der Neue Mahnruf, Nr. 4, April 1966, 2.
Fellner, Fritz: Geschichte und Gegenwart. Antrittsvorlesung gehalten am 1. Dezember 1964, Salzburg-München 1966.
Fellner, Fritz: Restauration oder Fortschritt. Hochschulprobleme aus der Sicht des Historikers, in: Heinz Fischer (Hg.), Versäumnisse und Chancen. Beiträge zur Hochschulfrage in Österreich, Wien-Hannover 1967, 11–28.
Fellner, Fritz: Geschichtsstudium in Kriegs- und Nachkriegsjahren, in: Hartmut Lehmann/Otto Gerhard Oexle (Hg.), Erinnerungsstücke. Wege in die Vergangenheit. Rudolf Vierhaus zum 75. Geburtstag gewidmet, Wien-Köln-Weimar 1997, 49–77.
Der akademische Festakt, in: Schaup-Weinberg (Hg.), Philosophie huldigt dem Recht, 9–12.
Firnberg, Hertha [Vorwort]: in: Universität Salzburg 1622–1962–1972, VII–VIII.
Firnberg, Hertha: Für Erika Weinzierl, in: Rudolf G. Ardelt u.a. (Hg.), Unterdrückung und Emanzipation. Festschrift für Erika Weinzierl zum 60. Geburtstag, Wien-Salzburg 1985, 7–9.
Fischer, Heinz: Universität zwischen Tradition und Fortschritt, in: Österreich – geistige Provinz?, Wien-Hannover-Bern 1965, 204–231.
Fischer, Heinz (Hg.): Einer im Vordergrund. Taras Borodajkewycz. Eine Dokumentation, Unveränd. Nachdr. der Ausg. 1966, mit dem letztgültigen Erkenntnis der ministeriellen Disziplinaroberkommission für Hochschullehrer bereichert, Wien 2015.
Fischer, Michael/Raimund Jakob u.a. (Hg.): Dimensionen des Rechts. Gedächtnisschrift für René Marcic. Bde. 1–2, Berlin 1974.
Fischer-Kowalski, Marina/Hermann Strasser: Gesellschaftliche Entwicklung und Hochschulreform in Österreich (I). Eine soziologische Analyse der Veränderungen im Hochschulsektor seit dem Zweiten Weltkrieg, Wien 1974.
Floretta, Hans: Arbeitsrecht und europäische Menschenrechtskonvention, Salzburg-München 1967.
Frauwallner, Erich u.a. (Hg.): Die Weltliteratur. Biographisches, literarhistorisches und bibliographisches Lexikon in Übersichten und Stichwörtern, Wien 1951 ff.

Fürnkranz, Dietrich: Ein „Mann der ersten Stunde". Heinrich Wagner 1916–1993, in: Plus 2, Februar 1994.

Fuhs, Herbert: Doctor Medicinae Habilitatus. Hg. von der Medizinischen Fakultät der Universität Wien, Wien, 31. Januar 1945.

Gauss, A. K.: Eine Rückblende, in: ders., Wege und Irrwege in Rot-Weiß-Rot, Salzburg 1979, 66 f.

Gesamtverzeichnis 1980 der Ehrenmitglieder, Alten Herren und Studierenden des Cartellverbandes der katholischen österreichischen Studentenverbindungen (ÖCV), Wien 1980.

Gönner, Rudolf (Hg.): Hans Lechner. Stimmen zur Zeit. Festschrift für den Altlandeshauptmann von Salzburg zu seinem 65. Geburtstag, Salzburg 1978.

Gönner, Rudolf: Das Bild des Jubilars. Universitätsprofessor Erwin A. Stürzl zum 70. Geburtstag, in: Erwin A. Stürzl, Gaben der Zeit – Fruits of Time, Salzburg 1989, 3–10.

Gross, Harrer, Revers …, in: Sozialistische Nachrichten. Zeitschrift des VSSTÖ Salzburg, 2–3 (1979), 7; 9.

Gürtler, Christa: Im Schein der Leselampe. Über vierzig Jahre lebendige Begegnung und kritische Auseinandersetzung mit Gegenwartsliteratur in Salzburg, in: kulturelemente 99, Dezember 2011, 1 f.

Hanisch, Ernst: Erika Weinzierl †, in: Mitteilungen des Instituts für Österreichische Geschichtsforschung 123,2 (2015), 580–582.

Hans Floretta, in: Jabloner/Mayer (Hg.), Österreichische Rechtswissenschaft, 43–55.

Hausjell, Fritz: „Das waren Sätze, die uns wirklich ins Tiefste erschreckt haben." Ein Gespräch mit der Publizistin Hilde Spiel über das Bedenkjahr 1988 und den umstrittenen René-Marcic-Preis für Publizistik, in: Medien & Zeit 4,1 (1989), 13–26.

Hefermehl, Wolfgang: Die Entjudung der deutschen Wirtschaft, in: Deutsche Justiz. Rechtspflege und Rechtspolitik. Amtliches Blatt der deutschen Rechtspflege 100 (1938), 1981–1984.

Heinig, Paul-Joachim: Heinrich Koller †, in: Mitteilungen des Instituts für Österreichische Geschichtsforschung 123 (2015), 291–292.

Heuberger, Helmut: Egon Lendl, in: Almanach der Österreichischen Akademie der Wissenschaften 139 (1989), 395–398.

Hoffmann, Robert: Interview mit Herrn Direktor Dr. Eberhard Stüber am 1.3.2012 [ungedr. Mskr., im Besitz des Vf.].

188. Bundesgesetz, mit dem das Hochschul-Organisationsgesetz abgeändert wird, in: Bundesgesetzblatt für die Republik Österreich, 17.7.1962, 45. Stück, 920.

https://www.ris.bka.gv.at/Dokumente/BgblPdf/1962_188_0/1962_188_0.pdf (19.6.2019).

Im Dienst von Kirche und Staat, in: Franz Pototschnig/Alfred Rinnerthaler (Hg.), Im Dienst von Kirche und Staat. In memoriam Carl Holböck, Wien 1985, XI–XVI.

Das Interfakultäre Institut für Politikwissenschaft, in: Universität Salzburg 1622–1962–1972, 233–237.

In memoriam Karl Konrad Polheim (23.09.1927–16.03.2004), Bonn 2006.

Institut für Römisches Recht; Institut für Kirchenrecht; Institut für Zivilgerichtliches Verfahren; Institut für gerichtliche Medizin; Institut für Verfassungs- und Verwaltungsrecht; Institut für forensische Psychiatrie; Institut für Wirtschaftswissenschaften, in: Akademischer Senat der Universität Salzburg (Hg.), Universität Salzburg 1622–1962–1972, 275 f.; 277 f.; 289 f.; 292–294; 294 f.; 299–301.

Jabloner, Clemens/Heinz Mayer (Hg.): Österreichische Rechtswissenschaft in Selbstdarstellungen, Wien-New York 2003.

Järvelaid, Peter: Tammelo, Ilmar (1917–1982), in: Michael Stolleis (Hg.), Juristen. Ein biographisches Lexikon von der Antike bis zum 20. Jahrhundert, München 2001, 621 f.

Josef Wysocki, in: Jahrbuch der Universität Salzburg (1973/74–1974/75), 151 f.

Kaindl-Hönig, Max/Karl Heinz Ritschel: Die Salzburger Universität 1622–1964, Salzburg 1964.

Katholische Hochschulgemeinde Salzburg: Semesterprogramm Wintersemester 1967/68; Wintersemester 1968/69; Wintersemester 1969/70; Wintersemester 1971/72; Salzburg 1967; 1968; 1971.

Kath.-theologische Fakultät Salzburg (Hg.): Vorlesungen und Personalstand. Sommer-Halbjahr 1953-Winter-Halbjahr 1961/62; Salzburg 1953–1961.

Kirk, Russell: Preface, in: Thomas Chaimowicz, Antiquity as the Source of Modernity. Freedom and Balance in the Thought of Montesquieu and Burke, New Brunswick-London 2008, XI f.

Klaus, Josef: Macht und Ohnmacht in Österreich. Konfrontationen und Versuche, Wien-München-Zürich 1971.

Koja, Friedrich: René Marcic (1919–1971), in: Jahrbuch der Universität Salzburg 1969/70–1970/71, 12 f.

Koja, Friedrich: Die Universität Salzburg – Stand und Planung, in: Akademischer Senat der Universität Salzburg (Hg.), Universität Salzburg 1622–1962–1972, 371–383.

Koja, Friedrich: René Marcic als Wissenschaftler und Mensch, in: Fischer/Jakob u.a. (Hg.), Dimensionen des Rechts. Bde. 1–2, 1, 109–118.

Koppensteiner, Erhard: Franz Fuhrmann †, in: Mitteilungen des Instituts für Österreichische Geschichtsforschung 125 (2017), 284–286.

Kozlik, Adolf: Wie wird wer Akademiker? Zum österreichischen Schul- und Hochschulwesen, Wien-Frankfurt-Zürich 1965.

Kriechbaumer, Robert (Hg.): Die Ära Josef Klaus. Österreich in den „kurzen“ sechziger Jahren. Bd. 1: Dokumente; Bd. 2: Aus der Sicht von Zeitgenossen und in Karikaturen von Ironimus, Wien-Köln-Weimar 1998.

Kundmachung über die Verlautbarung der Wahlvorschläge, in: Amtsblatt der Stadtgemeinde Salzburg, Folge 4, 25.2.1999, 29 f.

Lebenslauf, in: Gönner (Hg.), Hans Lechner, 13–15.

Lechner, Hans: Die Universität, ein geistiger Auftrag Salzburgs. Zur geistig-politischen Bedeutung einiger kultureller Institutionen, in: Gönner (Hg.), Hans Lechner, 63–66.

Lechner, Hans: Ein Leben für die Lebensbildung, in: Josef Schermaier u.a. (Hg.), Aspekte praxisbezogener Pädagogik. Ambivalenz als methodisches Prinzip pädagogischen Denkens, Salzburg 1980, 9–11.

Lechner, Hans: Der Weg zur Universität Salzburg, in: Salzburg: Geschichte & Politik 2, H. 3/4 (1994), 237–257.

Der Lehrkörper der Universität Salzburg. Rechts- und Staatswissenschaftliche Fakultät, in: Jahrbuch der Universität Salzburg (1969), 103–117.

Lendl, Egon: Bubenschaft, in: Neue Jugend 12 (1930), 83 f.

Lendl, Egon: Das neue Reichsgebiet in der Preßburger Donaupforte, in: Burgenländische Heimatblätter 7 (1938), 59–64.

Lendl, Egon: Der Gebietszuwachs der Ostmark, in: Mitteilungen der Geographischen Gesellschaft Wien 82 (1939), 156-159; 319–323.

Lendl, Egon: Das Deutschtum in der Ilowasenke, Leipzig 1941.

N.N. [=Lendl, Egon]: Salzburg wieder Universitätsstadt. Eine staatliche Teilfakultät in Vorbereitung, in: Berichte und Informationen 16, H. 790 (1961), 13–15.

N.N. [=Lendl, Egon], Die neue Universität: Es wird ernst, in: Berichte und Informationen 18, H. 868 (1963), 14.

Lendl, Egon: Salzburgs Stellung im österreichischen Raum, Salzburg-München 1966.

Lendl, Hubert: Jungvolk, in: Neue Jugend 12 (1930), 85–87.

Leser, Norbert: Zwischen Reformismus und Bolschewismus. Der Austromarxismus als Theorie und Praxis, Wien 1968.

Leser, Norbert: René Marcic, in: ders., Grenzgänger. Österreichische Geistesgeschichte in Totenbeschwörungen. Bd. 1, Wien-Köln-Graz 1981, 75–88.

Leser, Norbert: Skurrile Begegnungen. Mosaike zur österreichischen Geistesgeschichte, Wien-Köln-Graz 2011.

Leser, Norbert: Günther Nenning (1921–2006). Der wandlungsreiche Proteus, in: ders., Skurrile Begegnungen, 231–239.

Leser, Norbert: Hertha Firnberg (1909–1994), in: ders., Skurrile Begegnungen, 190–200.

Mallmann, Wilhelm E.: Das Auditorium Academicum, in: Salzburger Volkshochschule (Hg.), Wirkende Wissenschaft, 17–19.

Marcic, René: Zurück zu den Quellen des Rechtes! Eine Aufgabe der Katholischen Universität, in: Mitteilungen des Katholischen Universitätsvereins Salzburg N. F. 1 (1953), 4–7.

Marcic, René: Vom Gesetzesstaat zum Richterstaat. Recht als Maß der Macht. Gedanken über den demokratischen Rechts- und Sozialstaat, Wien 1957.

Marcic, René: Gottesbild – Rechtsbild – Staatsbild. Kritische Betrachtungen über den Geist der ersten Fassung des Entwurfes zu einem österreichischen Strafgesetz, in: Festschrift für Albert Auer OSB, in: Salzburger Jahrbuch für Philosophie V/VI (1961/62), 425–462.

Marcic, René: Was im Falle Otto Habsburgs rechtens ist, in: Österreichische Akademische Blätter 5/6, Mai–Juni 1963, 38–40.

Marcic, René: Der Staatsmann in der Demokratie. Inaugurationsrede gehalten am 29. Oktober 1966 an der Universität Salzburg, Salzburg-München 1966.

Marcic, René: Erkenntnisse, Bekenntnisse, Wege ins Freie, in: Albert Massiczek (Hg.), Antisemitismus. Die permanente Herausforderung, Wien-Frankfurt-Zürich 1967, 25–64.

Marcic, René: Zum Selbstverständnis des Akademikers, in: 350 Jahre Akademisches Gymnasium, 12–15.

Matscher, Franz: Erinnerung an meine Salzburger Zeit ..., in: Festschrift der K.Ö.H.V. Rheno-Juvavia anlässlich des 70. Stiftungsfestes, Salzburg 2002, 107–109.

Mazohl, Brigitte: Fritz Fellner †, in: Mitteilungen des Instituts für österreichische Geschichtsforschung 121 (2013), 262 f.

Métall, Rudolf Aladár: Staat als Recht, in: Schaup-Weinberg (Hg.), Philosophie, 55–63.

Michels, Thomas: Gedenkworte bei der Eucharistiefeier für P. Albert Auer OSB am 31. März 1973 auf dem Nonnberg. Der Mönch und Priester, in: Für die Freunde von Albert Auer OSB zum Gedächtnis, Salzburg 1973, 3–5.

„Mir ging es immer nur um die Menschen". Gespräch mit Erika Weinzierl am 9. Februar 1994, in: Gespräche zur Zeit, geführt von Hubert Christian Ehalt, Wien 1996, 176–191.

Mitteilungen der Naturwissenschaftlichen Arbeitsgemeinschaft am Haus der Natur in Salzburg. Geologisch-mineralogische Arbeitsgruppe; Botanische Arbeitsgruppe; Zoologische Arbeitsgruppe, Salzburg 1950 ff.

Neumaier, Otto: Leben und Werk von Balduin Schwarz, in: Josef Seifert/Fritz Wenisch/Edgar Morscher (Hg.), Vom Wahren und Guten. Festschrift für Balduin Schwarz zum 80. Geburtstag, Salzburg 1982, 3–6.

Oettinger, Karl/Mohammed Rassem (Hg.): Festschrift für Hans Sedlmayr, München 1962.

Pattscheider, Richard: Rez. Schmidt, Adalbert: Die sudetendeutsche Dichtung der Gegenwart, Sudetendeutscher Verlag Fr.[anz] Kraus, Reichenberg 1938, in: Deutsche Kultur im Leben der Völker. Mitteilungen der Akademie zur wissenschaftlichen Erforschung und zur Pflege des Deutschtums, Sonderheft zur Hauptversammlung 1938, 501–503.

Pfligersdorffer, Georg: Bildung als Beheimatung des Menschen, Salzburg-München 1966.

Pfligersdorffer, Georg: Professor Dr. P. Erenbert Schächer Septuagenarius, in: Salzburger Jahrbuch für Philosophie 14 (1970), 7–10.

Pfligersdorffer, Georg: Univ.-Prof. Dr. P. Erenbert Schächer (1900–1974), in: Jahrbuch der Universität Salzburg (1973/74-1974/75), 145–148.

Pfligersdorffer, Georg: Erinnerungen, in: Salzburg. Geschichte & Politik 8 (1998), 266–268.

Pfligersdorffer, Georg: Humanistische Besinnung, in: Maximilian Fussl (Hg.), Georg Pfligersdorffer. Itinera Salisburgensia. Gesammelte Aufsätze zur Antike und ihrem Nachwirken, Salzburg 1999, 1–15.

Pichler, Johannes W.: Ernst Carl Hellbling zum 80. Geburtstag, in: Aus Österreichs Rechtsleben in Geschichte und Gegenwart. Festschrift für Ernst C. Hellbling zum 80. Geburtstag. Hg. von der Rechtswissenschaftlichen Fakultät der Universität Salzburg, Berlin 1981, XI–XV.

Piffl-Perčević, Theodor: Wagnis und Aufgabe, in: Kaindl-Hönig/Ritschel, Die Salzburger Universität 1622–1964, 7–10.

Pippan, Therese: Bericht über vergleichende geologisch-morphologische Untersuchungen zur Klamm- und Stufenbildung in der Liechtenstein-, Gasteiner- und Kitzlochklamm, in: Mitteilungen der Naturwissenschaftlichen Arbeitsgemeinschaft am Haus der Natur in Salzburg. Geologisch-mineralogische Arbeitsgruppe 5 (1954), 54–66.

Probst, Benedikt/Stefan Rehrl: Die Wiederherstellung der Gesamtuniversität, in: Universität Salzburg 1622–1962–1972, 223–232.

Putz, Gertraud: Franz-Martin Schmölz, in: Biographisch-bibliographisches Kirchenlexikon 23 (2004), Sp. 1296–1306.

Putzer, Peter: Ernst Carl Hellbling †, in: Zeitschrift der Savigny-Stiftung für Rechtsgeschichte. Romanistische Abteilung 103 (1986), 503–507.

Regierungsvorlage; Erläuternde Bemerkungen, in: 693 der Beilagen zu den stenographischen Protokollen des Nationalrates, IX. Gesetzgebungsperiode, 13.6.1962.

Reiffenstein, Ingo: Festrede aus Anlaß des Universitätsjubiläums. Akademischer Festakt am 8.11.1972 in der Großen Aula der Universität, in: Jahrbuch der Universität Salzburg (1971/72–1972/73), 7–15.

Rektor und Akademischer Senat der Universität Salzburg: Idee und Leitbild der Universität Salzburg, in: Universität Salzburg. Gedanke und Gestalt, Salzburg-München 1967, 10–17.

Ringhofer, Kurt/Viktor Heller: Das österreichische Fürsorgerecht. Die geltenden Rechtsgrundlagen mit Anmerkungen und Rechtsprechung, 2., ergänzte Aufl., Wien 1965.

Ringhofer, Kurt: Die österreichische Bundesverfassung, Wien 1977.

Ritschel, Karl-Heinz: Der Salzburger Universitätsverein unter dem Druck des Nationalsozialismus, in: 110 Jahre CV. 90 Jahre Austria-Wien. Eine Festschrift, herausgegeben zum 90. Stiftungsfest der KÖStV Austria-Wien, Wien 1966, 34–57.

Rössner, Michael: Nachruf auf Hans Adam, in: Almanach der Österreichischen Akademie der Wissenschaften 161 (2011), 649–655.

Roth, Erwin, in: Ernst G. Wehner (Hg.), Psychologie in Selbstdarstellungen. Bd. 3, Bern-Göttingen-Toronto 1992, 245–274.

Rothbucher, Monika/Gerhard Zecha (Hg.): Karl Wolf. Biopädagogik. Reden, Aufsätze, Abhandlungen, Wien 2012.

Rüdiger, Dietrich: Wilhelm Josef Revers und das Bild des Menschen in der Psychologie, in: Jahrbuch der Universität Salzburg 1985–1987 (1989), 275–285.

Salzburger Volkshochschule: Arbeitsplan Herbstsemester 1954/55; Herbstsemester 1957/58; Salzburg 1954; 1957.

Salzburger Volkshochschule (Hg.): Wirkende Wissenschaft. Festschrift zum 25jährigen Bestehen des Auditorium Academicum und zum 75. Geburtstag seines Gründers und Leiters Sepp Domandl, Salzburg 1978.

Schächer, Erenbert Josef: Quellen- und problemgeschichtliche Untersuchungen zur Grundlegung der philia-Theorie bei Aristoteles und im frühen Peripatos, Paderborn 1940.

Schaup-Weinberg, Wilhelm (Hg.): Philosophie huldigt dem Recht. Hans Kelsen, Adolf Merkl, Alfred Verdross. Ehrendoktoren der Universität Salzburg, Wien-Frankfurt-Zürich 1968.

Schilcher, Bernd: Hochschulen, in: Erich Weinzierl/Kurt Skalnik (Hg.), Österreich. Die Zweite Republik, Bde. 1–2,2, Graz-Wien-Köln 1972, 347–367.

Schmidt, Adalbert: Deutsche Dichtung in Österreich. Eine Literaturgeschichte der Gegenwart, Wien-Leipzig 1935.

Schmidt, Adalbert: Helferich Peter Sturz. Ein Kapitel aus der Schrifttumsgeschichte zwischen Aufklärung und Sturm und Drang, Reichenberg 1939.

Schmidt, Adalbert: Wege und Wandlungen moderner Dichtung, Salzburg-Stuttgart 1957; 2., erw. Aufl. 1959, 3., umgearb. u. erw. Aufl. 1968.

Schmidt, Adalbert: Das sanfte Gesetz. Vom dichterischen Vermächtnis Adalbert Stifters. Antrittsvorlesung, gehalten am 14. März 1967 an der Universität Salzburg, Salzburg-München 1969.

Schmölz, Franz-Martin: Josef Klaus. Landeshauptmann von Salzburg 1949-1961, in: Dr. Josef Klaus. Salzburger Landeshauptmann der Aufbaujahre nach dem Zweiten Weltkrieg, Salzburg 1978, 17–30.

Schmölz, Franz-Martin: Eine Lanze für die Hochschulwochen, in: Salzburg. Geschichte & Politik 8, H. 3/4 (1998), 322–324.

Schuschnigg, Kurt von: Die christlich-europäische Universität, in: Mitteilungen des Katholischen Universitätsvereins (1957), 3–12.

Schwartze, Herbert von [d. i. Walter Del-Negro]: Geschichte der Gegenwart. Politik und Kultur am Beginn des globalen Zeitalters, Salzburg 1962.

Sedlmayr, Hans: Verlust der Mitte, Salzburg-Wien 1948.

Sedlmayr, Hans: Salzburgs Aufgabe in der Kunstgeschichte, Salzburg-München 1966.

Siegert, Michael: Faschismus und Obskurantismus – das sanfte Gesetz des René Marcic, in: Neue Alternative 4, H. 3/4 (Juni-Juli 1969), 8–12.

Spatzenegger, Hans: „Innerhalb der ÖVP gehörte ich immer zu jenen, die Reformer genannt wurden. Immer inmitten der Durchschnittssorgen, der Durchschnittsfreuden, der Durchschnittsirrtümer meiner Mitbürger, meiner Zeit“ (Hans Lechner), in: Dr. Hans Lechner-Forschungsgesellschaft 3/4-B (1998), 22 f.

Steger, Hugo: Laudatio auf Ingo Reiffenstein, in: Sprachpflege und Sprachgeschichte. Rede Ingo Reiffensteins anlässlich der Ehrung mit dem Konrad-Duden-Preis der Stadt Mannheim am 11. März 1998, Mannheim 1998, 5–11.

Strakosch, Heinrich: Liberalismus und Konservatismus. Gegensatz und Möglichkeit einer Synthese, in: Gerd-Klaus Kaltenbrunner (Hg.), Rekonstruktion des Konservatismus, Freiburg 1972, 489–521.

Strasser, Rudolf: Jurist in bewegten Jahren. Erinnerungen, Wien 2007.

Tammelo, Ilmar: Meine Begegnung mit René Marcic über das Naturrecht, in: Dorothea Mayer-Maly/Peter M. Simon (Hg.), Das Naturrechtsdenken heute und morgen. Gedächtnisschrift für René Marcic, Berlin 1983, 11–13.

Theo Mayer-Maly, in: Jabloner/Mayer (Hg.), Österreichische Rechtswissenschaft, 121–139.

Thonhauser, Josef: Zum Gedenken an o. Univ.-Prof. Dr. Karl Wolf, in: Jahrbuch der Universität Salzburg 1993–1995, 341 f.

Tratz, Eduard Paul: Erfolgs- und Tätigkeitsbericht des Hauses der Natur in Salzburg für das Jahr 1950, Salzburg 1951.

Tuppy, Hans: Bildung als Antrieb des Fortschritts, in: Symbiose von Politik und Gesellschaft. Hg. von der Österreichischen Gesellschaft für Politik, Wien-München 1967, 84–115.

Tuppy, Hans: „... zwischen Wissenschaft und Politik“, in: Jahrbuch des Karl von Vogelsang-Instituts zur Erforschung der Geschichte der christlichen Demokratie in Österreich 4 (2000), 58–78.

Universität Salzburg 1622–1962–1972. Festschrift. Hg. vom Akademischen Senat, Salzburg 1972.

Vodopivec, Alexander: Die Dritte Republik. Machtstrukturen in Österreich, Wien-München-Zürich o. J. [1976].
Wagner, Heinrich: Die Philosophische Fakultät der Universität Salzburg, in: Universität Salzburg 1622–1962–1972, 303–313.
Waldstein, Wolfgang: Akademische Freiheit und humane Ordnung, Salzburg-München 1969.
Waldstein, Wolfgang: Bericht des Rektors über das Studienjahr 1968/69, in: Jahrbuch der Universität Salzburg (1969), 12–22.
Waldstein, Wolfgang: In memoriam Arnold Rudolf Herdlitczka, in: Zeitschrift der Savigny-Stiftung für Rechtsgeschichte. Romanistische Abteilung 102 (1985), 796–803.
Waldstein, Wolfgang: Mein Leben. Erinnerungen, Illertissen 2013.
Wallner, Christian: Zusatzpension für Altachtundsechziger? In: Willi Resetarits/Hans Veigl (Hg.), Beatles, Bond und Blumenkinder. Unser Lebensgefühl in den sechziger Jahren, Wien-Köln-Weimar 2003, 37–41.
Walter, Robert: Kurt Ringhofer zum Gedenken, in: Juristische Blätter, Nr. 10 (1993), 647.
Walter, Robert/Clemens Jabloner: Einleitung, in: dies. (Hg.), Strukturprobleme des öffentlichen Rechts. Gedenkschrift für Kurt Ringhofer, Wien 1995, 7–10.
Weinzierl, Erika: Österreichs Katholiken und der Nationalsozialismus 1918–1945. Erster Teil: 1918–1933. Zweiter Teil: 1933–1945, in: Wort und Wahrheit 18 (1963), 417–439, 493–526.
Weinzierl, Erika: Universität und Politik in Österreich. Antrittsvorlesung gehalten am 11. Juni 1968 an der Universität Salzburg, Salzburg-München 1969.
Weinzierl, Erika: ... Und nur deshalb, weil es Juden sind, in: Fischer/Jakob u.a. (Hg.), Dimensionen des Rechts. Bde. 1–2,2, 1179–1190.
Weinzierl, Erika: Vorwort, in: Emanzipation? Österreichische Frauen im 20. Jahrhundert, Wien-München 1975, 7 f.
Weinzierl, Erika: Hans Wagner zum 60. Geburtstag, in: Salzburg und Österreich. Aufsätze und Vorträge von Hans Wagner, Salzburg 1982, unpag. [11 S.].
Weinzierl, Erika: Erinnerungen, in: Salzburg. Geschichte & Politik 8 (1998), 364 f.
Weiss, Walter: Beobachter und Deserteur, in: Gerlinde Weiss/Klaus Zelewitz (Hg.), Peripherie und Zentrum. Studien zur österreichischen Literatur, Salzburg-Stuttgart-Zürich 1971, 335–346.
Weiss, Walter: Nikolaus Lenau. Poesie und Politik, in: Gerlinde Weiss (Hg.), Festschrift für Adalbert Schmidt zum 70. Geburtstag, Stuttgart 1976, 289–310.
Weiss, Walter/Sigrid Schmid: Zwischenbilanz. Eine Anthologie österreichischer Gegenwartsliteratur, Salzburg 1976.
Weiss, Walter: Herbert Seidler †, in: Vierteljahresschrift des Adalbert-Stifter-Instituts 33 (1984), 183–187.
Weiss, Walter/Ernst Hanisch (Hg.): Vermittlungen. Texte und Kontexte österreichischer Literatur und Geschichte im 20. Jahrhundert, Salzburg-Wien 1990.
Welan, Manfried: Ein Diener der Zweiten Republik, Wien 2012.

Wolf, Karl: Der konkrete Mensch, in: Neue Jugend 12 (1930), 166–170.
Wolf, Karl: Das Bildungsideal einst und jetzt, in: Karl Rudolf/Leopold Lentner (Hg.), Custos Quid de Nocte? Österreichisches Geistesleben seit der Jahrhundertwende, Wien 1961, 101–116.
Zöllner, Wolfgang: Theo Mayer-Maly 16.08.1931–06.12.2007, in: Friedrich Harrer u.a. (Hg.), Gedächtnisschrift für Theo Mayer-Maly, Wien 2011, 1–5.
258. Bundesgesetz vom 11. April 1975 über die Organisation der Universitäten (Universitäts-Organisationsgesetz – UOG), in: Bundesgesetzblatt für die Republik Österreich, 13.5.1975, 79. Stück, 1091–1141. https://www.ris.bka.gv.at/Dokumente/BgblPdf/1975_258_0/1975_258_0.pdf (30.5.2018).

3. Darstellungen

Agard, Olivier: Boucher, Maurice, in: König (Hg.), Internationales Germanistenlexikon, Bd. 1, 247 f.
Allesch, Christian G.: Zur Entwicklung der universitären Psychologie in Österreich zwischen 1945 und 1965 und danach, in: Armin Stock/Horst-Peter Brauns/Uwe Wolfradt (Hg.), Historische Analysen theoretischer und empirischer Psychologie, Frankfurt/M.-Berlin u.a. 2012, 197–206.
Allesch, Christian G.: 50 Jahre Psychologie in Salzburg. Vom „Psychologischen Institut“ zum „Fachbereich Psychologie“. Ein historischer Beitrag zur 50-Jahr-Feier des Fachbereichs am 25. November 2015 [ungedr. Mskr., Salzburg 2015] [1–18].
Allesch, Christian: Caruso, Igor, in: Uwe Wolfradt/Elfriede Billmann-Mahecha u.a. (Hg.), Deutschsprachige Psychologinnen und Psychologen 1933–1945: ein Personenlexikon, Wiesbaden ²2017, 67 f.
Assmann, Aleida: Die verwandelnde Kraft des Erinnerns, in: Jürgen Moltmann (Hg.), Das Geheimnis der Vergangenheit. Erinnern – Vergessen – Entschuldigen – Vergeben – Loslassen – Anfangen, Neukirchen-Vluyn 2012, 57–82.
Aurenhammer, Hans H.: Das Wiener Kunsthistorische Institut nach 1945, in: Margarete Grandner/Gernot Heiss/Oliver Rathkolb (Hg.), Zukunft mit Altlasten. Die Universität Wien 1945 bis 1955, Innsbruck-Wien u.a. 2005, 174–188.
Bader, Erwin: René Marcic und der Richterstaat, in: Anton Pelinka/Alfred Pfabigan u.a. (Hg.), Zwischen Austromarxismus und Katholizismus. Festschrift für Norbert Leser, Wien 1993, 123–136.
Baier, Stephan/Eva Demmerle: Otto von Habsburg. Die Biografie. 6., überarb. u. erw. Aufl., Wien 2012.
Bauer, Kurt W.: Die dunklen Jahre: Politik und Alltag im nationalsozialistischen Österreich, Frankfurt/M. 2017.
Bockhorn, Olaf: Von Ritualen, Mythen und Lebenskreisen: Volkskunde im Umfeld der Universität Wien, in: Wolfgang Jacobeit u.a. (Hg.), Völkische Wissenschaft. Gestalten

und Tendenzen der deutschen und österreichischen Volkskunde in der ersten Hälfte des 20. Jahrhunderts, Wien-Köln-Weimar 1994, 477–526.

Bockhorn, Olaf/Helmut Eberhart: Volkskunde im Reichsgau Salzburg. Institutionen – Personen – Tendenzen. In: Walburga Haas (Hg.), Volkskunde und Brauchtumspflege im Nationalsozialismus in Salzburg, Salzburg 1996, 57–80.

Borowsky, Peter: Geschichtswissenschaft an der Hamburger Universität 1933 bis 1945, in: Hochschulalltag im „Dritten Reich". Die Hamburger Universität 1933–1945, Berlin-Hamburg 1991, 537–588.

Bourdieu, Pierre: Ökonomisches Kapital – Kulturelles Kapital – Soziales Kapital, in: Franzjörg Baumgart (Hg), Theorien der Sozialisation, Bad Heilbronn 1997, 217–231.

Brezinka, Wolfgang: Pädagogik in Österreich. Die Geschichte des Faches an den Universitäten vom 18. bis zum 21. Jahrhundert. Bde 1–3,3: Pädagogik an den Universitäten Czernowitz, Salzburg und Linz, Wien 2008.

Broucek, Peter: Katholisch-nationale Persönlichkeiten, Wien 1979.

Busch, Jürgen/Irmgard Marboe/ Gerhard Luf: Alfred Verdross – Ein Mann des Widerspruchs? In: Franz-Stefan Meissel/Thomas Olechowski u.a. (Hg.), Vertriebenes Recht – Vertreibendes Recht. Zur Geschichte der Wiener Rechts- und Staatswissenschaftlichen Fakultät zwischen 1938 und 1945, Wien 2012, 139–202.

Chaloupek, Eduard (Hg.): Eduard März als Wirtschaftshistoriker und Wirtschaftspolitiker, Wien 2015.

Conze, Vanessa: Das Europa der Deutschen: Ideen von Europa in Deutschland zwischen Reichstradition und Westorientierung (1920–1970), München 2005.

Cornelißen, Christoph: Das Collegium Carolinum im Gründungsjahrzehnt (1955–1965), in: Christiane Brenner, K. Erik Franzen u.a. (Hg.), Geschichtsschreibung zu den böhmischen Ländern im 20. Jahrhundert, München 2006, 345–365.

Cornelißen, Christoph: Karl Dietrich Erdmann: Fortsetzung einer Debatte und offene Fragen, in: Geschichte in Wissenschaft und Unterricht 61 (2010), 692–699.

Dachs, Herbert: Aufklärung und menschliches Maß. 25 Jahre Humanismusgespräche 1965 bis 1990, Salzburg o. J. [1991].

Daniel, Ute: Kompendium Kulturgeschichte. Theorien, Praxis, Schlüsselwörter. 4., verb. u. ergänzte Aufl., Frankfurt/M. 2004.

Danner, Peter: „Weltanschauungsfreie Forschung … nicht einmal wünschenswert". Wissenschaft in Salzburg während der NS-Zeit, in: Veits-Falk/Hanisch (Hg.), Herrschaft und Kultur, 198–267.

Dietz, Burkhard: Eine Hochschule für das Revier – Die Gründung der Ruhr-Universität Bochum, in: Christian Reinicke/Horst Romeyk (Hg.), NRW – ein Land in seiner Geschichte. Aspekte und Konturen, Münster 1996, 400–405.

Dirninger, Christian: Die „Nazifizierung" des regionalen Wirtschaftssystems. Machtstrukturen der Wirtschaft, in: Helga Embacher/Thomas Weidenholzer (Hg.), Machtstrukturen der NS-Herrschaft. NSDAP – Polizei/Gestapo – Militär – Wirtschaft, Salzburg 2014, 418–456.

Ditt, Thomas: „Stoßtruppfakultät Breslau“. Rechtswissenschaft im „Grenzland Schlesien“ 1933–1945, Tübingen 2011.

Eberhart, Helmut: Die Volkskunde an der Universität Salzburg. Ein Beitrag zur Institutionengeschichte, in: Heimat als Erbe und Auftrag. Festschrift für Kurt Conrad, Salzburg 1984, 99–119.

Ehmer, Josef: Generationen in der historischen Forschung: Konzepte und Praktiken, in: Harald Künemund/Marc Szydlik (Hg.), Generationen. Multidisziplinäre Perspektiven, Wiesbaden 2009, 59–80.

Erker, Linda: Erika Weinzierls Salzburger Antrittsvorlesung über Universität und Politik. Vortrag anlässlich des 50. Jubiläums 1968/2018, in: zeitgeschichte 46 (2019), 143–147.

Evers, Hans-Ulrich: Die Rechtswissenschaftliche Fakultät, in: uni-aktuell. Die Zeitschrift der Universität Salzburg (1987), 7–9.

Fellner, Fritz/Doris A. Corradini: Österreichische Geschichtswissenschaft im 20. Jahrhundert. Ein biographisch-bibliographisches Lexikon, Wien-Köln-Weimar 2006.

Fischer, Heinz: Die Kreisky-Jahre 1967–1983. 3. Aufl., Wien 1994.

Fleck, Christian: Auch eine Welt von gestern? In: Christian Brünner u.a. (Hg.), Mensch – Gruppe – Gesellschaft. Von bunten Wiesen und deren Gärtnerinnen und Gärtnern. Festschrift für Manfred Prisching zum 60. Geburtstag, Wien-Graz 2010, 389–400.

Fleck, Christian: Etablierung in der Fremde. Vertriebene Wissenschaftler in den USA nach 1933, Frankfurt/M. 2015.

Gehler, Michael: „… eine grotesk überzogene Dämonisierung eines Mannes …“? Die Waldheim-Affäre 1986-1992, in: ders./Hubert Sickinger (Hg.), Politische Affären und Skandale in Österreich. Von Mayerling bis Waldheim, Wien-München 1996, 614–666.

Göllner, Siegfried: Zwischen „berührender Versöhnlichkeit“ und „Nazi-Propaganda“. Journalismus im Nachkriegs-Salzburg, in: Pinwinkler/Weidenholzer (Hg.), Schweigen und erinnern, 266–311.

Gräser, Marcus: Reformuniversität? Entlastungsuniversität? Eine „Hochschule neuen Stils“! In: Maria Wirth/Andreas Reichl/Marcus Gräser, 50 Jahre Johannes Kepler Universität Linz. Eine „Hochschule neuen Stils“, Wien-Köln-Weimar 2016, 9–24.

Grandner, Margarete: Otto Skrbensky, in: Lucile Dreidemy u.a. (Hg.), Bananen, Cola, zeitgeschichte: Oliver Rathkolb und das lange 20. Jahrhundert, Wien-Köln-Weimar 2015, 519–532.

Grass, Nikolaus: Kirchenrecht und Kirchengeschichte an der Hohen Schule zu Salzburg 1810–1985, in: Franz Pototschnig/Alfred Rinnerthaler (Hg.), Im Dienst von Kirche und Staat. In memoriam Carl Holböck, Wien 1985.

Größing, Stefan: Die Geisteswissenschaftliche Fakultät, in: uni-aktuell. Die Zeitschrift der Universität Salzburg (1987), 14–17.

Gross, Raphael: Hans Kelsen: Rückkehr unerwünscht, in: Monika Boll/ders. (Hg.), „Ich staune, dass Sie in dieser Luft atmen können“. Jüdische Intellektuelle in Deutschland nach 1945, Frankfurt/M. 2013, 299–316.

Großmann, Johannes: Die Internationale der Konservativen. Transnationale Elitenzirkel und private Außenpolitik in Westeuropa seit 1945, München 2014.

Gutbrod, Philipp: Baumeister versus Sedlmayr. Die Kontroverse um Kunst und Religion im ersten Darmstädter Gespräch (1950), in: Kirsten Fitzke/Zita Ágota Pataki (Hg.), Kritische Wege zur Moderne, Stuttgart 2012, 43–65.

Hänel, Michael: Ernst Cassirers Kampf um die Erinnerung – im Exil und zuvor, in: Hartmut Lehmann/Otto Gerhard Oexle (Hg.), Nationalsozialismus in den Kulturwissenschaften, Bde. 1–2,2, Göttingen 2004, 319–350.

Hall, Murray G.: Österreichische Verlagsgeschichte 1918–1938. Bde. 1–2,2: Belletristische Verlage der Ersten Republik, Wien-Köln-Graz 1985.

Hanisch, Ernst: St. Peter in der Zwischenkriegszeit, in: St. Peter in Salzburg. Das älteste Kloster im deutschen Sprachraum. 3. Landesausstellung 15. Mai–26. Oktober 1982, Salzburg 1982, 216–220.

Hanisch, Ernst: Der Politische Katholizismus als ideologischer Träger des „Austrofaschismus", in: Emmerich Tálos/Wolfgang Neugebauer (Hg.), „Austrofaschismus". Beiträge über Politik, Ökonomie und Kultur 1934–1938, Wien 1984, 68–86.

Hanisch, Ernst: Der lange Schatten des Staates. Österreichische Gesellschaftsgeschichte im 20. Jahrhundert, Wien 1994.

Hanisch, Ernst: Die Dominanz des Staates. Österreichische Zeitgeschichte im Drehkreuz von Politik und Wissenschaft, in: Alexander Nützenadel/Wolfgang Schieder (Hg.), Zeitgeschichte als Problem. Nationale Traditionen und Perspektiven in Europa, Göttingen 2004, 54–77.

Hanisch, Ernst: Der politische Katholizismus im 20. Jahrhundert in Österreich. Elitenrekrutierung durch den Cartellverband, in: Heiner Timmermann (Hg.), Die Rolle des politischen Katholizismus in Europa im 20. Jahrhundert. Bd. 1, Berlin 2009, 196–205.

Hanisch, Ernst: Der große Illusionist. Otto Bauer (1881–1938), Wien-Köln-Weimar 2011.

Hanisch, Ernst: Die Wiedererrichtung der Universität 1962 im historischen Kontext, in: Reith (Hg.), Die Paris Lodron Universität Salzburg, 81–89.

Hanisch, Ernst: Hans Wagner und Erika Weinzierl – Zur Frühgeschichte der Institute für Geschichte an der Universität Salzburg, in: Mitteilungen der Gesellschaft für Salzburger Landeskunde 157 (2017), 189–195.

Hartmann, Gerhard: Für Gott und Vaterland. Geschichte und Wirken des CV in Österreich, Kevelaer 2006.

Haslinger, Adolf/Peter Mittermayr (Hg.): Salzburger Kulturlexikon, Salzburg-Wien-Frankfurt/M. 2001.

Haslinger, Peter: Nation und Territorium im tschechischen politischen Diskurs 1880–1938, München 2010.

Hennecke, Hans Jörg: Friedrich August von Hayek. Die Tradition der Freiheit, Düsseldorf 2000.

Herbert, Ulrich: Best. Biographische Studien über Radikalismus, Weltanschauung und Vernunft 1903–1989, Bonn 1996.

Hettling, Manfred: Bürgerlichkeit im Nachkriegsdeutschland, in: ders./Bernd Ulrich (Hg.), Bürgertum nach 1945, Hamburg 2005, 7–37.

Hiebl, Ewald: Zwischen Kirche und Staat – Salzburger Lyceum, Theologische Fakultät und Universitätsbestrebungen 1810–1962, in: Salzburg Archiv 12 (1991), 263–292.

Hiebl, Ewald: Die Universität Salzburg 1968, in: Reith (Hg.), Die Paris Lodron Universität Salzburg, 91–105.

Hintermaier, Ernst (Hg.): Erzbischof Andreas Rohracher: Krieg – Wiederaufbau – Konzil, Salzburg 2010.

Hofer, Thomas M.: Gottes rechte Kirche. Katholische Fundamentalisten auf dem Vormarsch, Wien 1998.

Hoffmann, Robert: „Bund sozialistischer Anfänger". Zur Integration bürgerlicher Intellektueller im Salzburger BSA nach 1945, in: Hanns Haas/ders. u.a. (Hg.), Salzburg. Städtische Lebenswelt(en) seit 1945, Wien-Köln-Weimar 2000, 247–267.

Hoffmann, Robert: Ein Museum für Himmler. Eduard Paul Tratz und die Integration des Salzburger „Hauses der Natur" in das „Ahnenerbe" der SS, in: zeitgeschichte 35, H. 3 (2008), 154–175.

Hofmann, Werner: Sedlmayr, Hans, in: Helmut Reinalter/Peter J. Brenner (Hg.), Lexikon der Geisteswissenschaften. Sachbegriffe – Disziplinen – Personen, Wien-Köln-Weimar 2011, 1321–1324.

Horner, Franz: Die Entwicklung der Wissenschaft, in: Zwink (Hg.), Die Ära Lechner, 481–508.

Jochum, Manfred: Kritische Chronistin Österreichs. Die Zeithistorikerin Erika Weinzierl, in: zeitgeschichte 30, H. 6 (2003), 310–314.

Kaiser, Eva Maria: Hitlers Jünger und Gottes Hirten. Der Einsatz der katholischen Bischöfe Österreichs für ehemalige Nationalsozialisten nach 1945, Wien-Köln-Weimar 2017.

Karabelas, Iris: Freiheit statt Sozialismus. Rezeption und Bedeutung Friedrich August von Hayeks in der Bundesrepublik, Frankfurt/M. 2010.

Keintzel, Brigitta/Ilse Korotin (Hg.): Wissenschafterinnen in und aus Österreich. Leben – Werk – Wirken, Wien-Köln-Weimar 2002.

Kerschbaumer, Gert/Karl Müller: Begnadet für das Schöne. Der rot-weiß-rote Kulturkampf gegen die Moderne, Wien 1992.

Köhler, Theodor W.: Die Theologische Fakultät, in: uni-aktuell. Die Zeitschrift der Universität Salzburg (1987), 3–6.

König, Christoph (Hg.): Internationales Germanistenlexikon 1800-1950, Bde. 1–3, Berlin-New York 2003.

König, Thomas: Irrfahrer und Dulder, Titanen und Halbgötter. Eine empirische Analyse eines Samples von HochschullehrerInnen von 1949 bis 1964, in: zeitgeschichte 38 (2011), 108–124.

König, Thomas: Heinrich Drimmel und die österreichische Hochschulpolitik in der Nachkriegszeit, in: Johannes Feichtinger/Marianne Klemun u.a. (Hg.), Wandlungen und Brüche. Wissenschaftsgeschichte als politische Geschichte, Göttingen 2018, 383–389.

Koll, Johannes (Hg.): „Säuberungen" an österreichischen Hochschulen 1934–1945: Voraussetzungen, Prozesse, Folgen, Wien-Köln-Weimar 2017.

Kolmbauer, Johann: Altlandeshauptmann Dipl.-Ing. DDr. Hans Lechner und der Bund „Neuland“, in: Salzburg. Geschichte & Politik 3 (1993), 7–10.

Kriechbaumer, Robert: Politische Kultur, in: Ernst Hanisch/ders. (Hg.), Salzburg. Zwischen Globalisierung und Goldhaube, Wien-Köln-Weimar 1997, 29–78.

Kriechbaumer, Robert: Die Ära Klaus, in: ders. (Hg.), Die Ära Josef Klaus, 11–97.

Kriechbaumer, Robert (Hg.): Österreichische Nationalgeschichte nach 1945. Die Spiegel der Erinnerung: Die Sicht von innen. Bd. 1, Wien-Köln-Weimar 1998.

Kriechbaumer, Robert: Der lange Weg in die Moderne. Ein mentalitätsgeschichtlicher Essay zur Geschichte der Zweiten Republik, in: ders. (Hg.), Österreichische Nationalgeschichte, Bd. 1, 17–48.

Lappin, Eleonore: Jüdische Lebenserinnerungen. Rekonstruktionen von jüdischer Kindheit und Jugend im Wien der Zwischenkriegszeit, in: Frank Stern/Barbara Eichinger (Hg.), Wien und die jüdische Erfahrung 1900–1938. Akkulturation – Antisemitismus – Zionismus, Wien-Köln-Weimar 2009, 17–38.

Lassnigg, Lorenz: Bildungsreform gescheitert … Gegenreform? 50 Jahre Schul- und Hochschulpolitik in Österreich, in: Reinhard Sieder/Heinz Steinert/Emmerich Tálos (Hg.), Österreich 1945–1995. Gesellschaft, Politik, Kultur, Wien 1995, 458–484.

Leggewie, Claus: Von Schneider zu Schwerte. Das ungewöhnliche Leben eines Mannes, der aus der Geschichte lernen wollte, München 1998.

Lenk, Stefan: Chancen sozialer Mobilität an der Universität Wien im 20. Jahrhundert. Brüche und Kontinuitäten bei der sozialen Herkunft der Studierenden, in: Mitchell G. Ash/Josef Ehmer (Hg.), Universität – Politik – Gesellschaft, Göttingen 2015, 565–618.

Lindner, Stephan H.: „Sich eingereiht“? Wolfgang Hefermehl und der Nationalsozialismus, in: Jahrbuch der Juristischen Zeitgeschichte 17 (2016), 326–362.

List, Eveline: „Warum nicht in Kischniew?“ Zu einem autobiographischen Tondokument Igor Carusos, in: Zeitschrift für Psychoanalytische Theorie und Praxis 23, H. 1/2 (2008), 117–141.

Mälzer, Moritz: Auf der Suche nach der neuen Universität: die Entstehung der „Reformuniversitäten“ Konstanz und Bielefeld in den 1960er Jahren, Göttingen 2016.

Männig, Maria: Hans Sedlmayrs Kunstgeschichte. Eine kritische Studie, Köln-Weimar-Wien 2017.

Marti, Hanspeter: Ausbildung, in: Richard van Dülmen/Sina Rauschenbach, Macht des Wissens. Die Entstehung der modernen Wissensgesellschaft, Köln-Weimar-Wien 2004, 391–416.

Maschl, Heidrun: 20 Jahre Institut für Geschichte. Salzburg 1964–1984, Salzburg 1984.

Melichar, Peter: Metamorphosen eines treuen Dieners. Zum bürgerlichen Offizier der K. (u.) K. Armee im 18. Und 19. Jahrhundert, in: Robert Hoffmann (Hg.), Bürger zwischen Tradition und Modernität, Wien-Köln-Weimar 1997, 105–141.

Mertens, Lothar: Unermüdlicher Kämpfer für Frieden und Menschenrechte. Leben und Wirken von Kurt R. Grossmann, Berlin 1997.

Meysels, Lucian O.: Unheilige Allianzen. Wer ebnet Jörg Haider den Weg?, Wien-Klosterneuburg 1995.

Mittermayr, Peter/Hans Spatzenegger: Die Welt zu Gast in Salzburg. Episoden und Intermezzi, Salzburg 2009.

Mühlberger, Kurt: Dokumentation „Vertriebene Intelligenz 1938". Der Verlust geistiger und menschlicher Potenz an der Universität Wien 1938 bis 1945, Wien 1993.

Müller, Guido: Die Universität Salzburg und die Gesellschaft für Salzburger Landeskunde. Der erste gewählte Rektor Egon Lendl war seit 1950 Landeskundemitglied, in: Gesellschaft für Salzburger Landeskunde – Landeskunde-Info 4 (2014), 4–6.

Müller, Karl: Literatur und Kultur des Judentums in der Literaturwissenschaft der Zweiten Republik, in: Anne Betten/Konstanze Fliedl (Hg.), Judentum und Antisemitismus. Studien zur Literatur und Germanistik in Österreich, Berlin 2003, 167–185.

Müller, Karl: Schmidt, Adalbert Josef Johann, in: König (Hg.), Internationales Germanistenlexikon, Bd. 3, 1616–1618.

Müller, Karl: Die Vernichtung des „undeutschen" Geistes. Theater und Literatur im Dienste des Nationalsozialismus, in: Veits-Falk/Hanisch (Hg.), Herrschaft und Kultur, 400–459.

Müller, Karl H.: Kritische Massen. Vier Etappen in der Entwicklung von Wissenschaft und Gesellschaft in Österreich seit 1918, in: Johann Dvorak (Hg.), Staat, Universität, Forschung und Hochbürokratie in England und Österreich im 19. und 20. Jahrhundert, Frankfurt/M. u.a. 2008, 115–169.

Neubacher, Tobias: Die Anfänge der Politikwissenschaft in Salzburg: René Marcic (1919–1971), Franz-Martin Schmölz (1927–2003) und das Senatsinstitut für Politikwissenschaft, in: Österreichische HochschülerInnenschaft (Hg.), Österreichische Hochschulen, 456–462.

Neugebauer, Wolfgang/Peter Schwarz: Der Wille zum aufrechten Gang. Offenlegung der Rolle des BSA bei der gesellschaftlichen Integration ehemaliger Nationalsozialisten. Hg. vom Bund sozialdemokratischer AkademikerInnen, Intellektueller und KünstlerInnen (BSA), Wien 2005, 241–247.

Obermair, Robert: Vergangenheitsbewältigung am Fachbereich Geschichte, in: Österreichische HochschülerInnenschaft (Hg.), Österreichische Hochschulen, 430–434.

Obermair, Robert: Kurt Willvonseder. Vom SS-Ahnenerbe zum Salzburger Museum Carolino Augusteum, Salzburg-Wien 2016.

Österreichische HochschülerInnenschaft (Hg.), Österreichische Hochschulen im 20. Jahrhundert. Austrofaschismus, Nationalsozialismus und die Folgen, Wien 2013.

Olechowski, Thomas/Tamara Ehs/Kamila Staudigl-Ciechowicz: Die Wiener Rechts- und Staatswissenschaftliche Fakultät 1918–1938, Göttingen 2014.

Ortner, Franz: Die Universität in Salzburg. Die dramatischen Bemühungen um ihre Wiedererrichtung (1810–1962), Salzburg 1987.

Padinger, Franz: Geschichte der Salzburger Hochschulwochen, in: Paulus Gordan (Hg.), Christliche Weltdeutung. Salzburger Hochschulwochen 1931–1981, Graz-Wien-Köln 1981, 23–58.

Pfefferle, Roman/Hans Pfefferle: Glimpflich entnazifiziert. Die Professorenschaft der Universität Wien von 1944 in den Nachkriegsjahren, Göttingen 2014.

Pinwinkler, Alexander: Wilhelm Winkler (1884–1984) – eine Biographie. Zur Geschichte der Statistik und Demographie, Berlin 2003.

Pinwinkler, Alexander: Österreichische Historiker im Nationalsozialismus und in der frühen Zweiten Republik – eine ausgebliebene Debatte? Kritische Überlegungen zu Fritz Fellners Essay „Der Beitrag Österreichs zu Theorie, Methodik und Themen der Geschichte der Neuzeit", in: zeitgeschichte 32 (2005), 35–46.

Pinwinkler, Alexander/Thomas Weidenholzer (Hg.): Schweigen und erinnern. Das Problem Nationalsozialismus nach 1945, Salzburg 2016.

Pinwinkler, Alexander: Remigration als eine Rückkehr zum Status quo ante? P. Thomas Michels OSB (1892–1979) zwischen den Vereinigten Staaten, Österreich und Deutschland, in: Prager/ Straub (Hg.), Bilderbuch-Heimkehr?, 291–301.

Pinwinkler, Alexander/Johannes Koll (Hg.): Zuviel der Ehre? Interdisziplinäre Perspektiven auf akademische Ehrungen in Deutschland und Österreich, Wien-Köln-Weimar 2019.

Pinwinkler, Alexander: Zwischen Kelsen und Karajan. „Ehrregime" und Vergangenheitspolitik an der Universität Salzburg, in: ders./Koll (Hg.), Zuviel der Ehre?, 207–229.

Pollack, Martin: Topografie der Erinnerung. Essays, Salzburg-Wien 2016.

Prager, Katharina/Wolfgang Straub (Hg.), Bilderbuch-Heimkehr? Remigration im Kontext, Wuppertal 2017.

Prager, Katharina/Wolfgang Straub (Hg.): Einleitung, in: dies. (Hg.), Bilderbuch-Heimkehr?, 9–17.

Praher, Andreas: SportlerInnen für den Krieg – KriegerInnen für den Sport, in: Minas Dimitriou/Oskar Dohle u.a. (Hg.), Salzburgs Sport in der NS-Zeit. Zwischen Staat und Diktatur, Salzburg 2018, 255–290.

Preglau-Hämmerle, Susanne: Die politische und soziale Funktion der österreichischen Universität. Von den Anfängen bis zur Gegenwart, Innsbruck 1986.

Pütz-Neuhauser, Gertrud, in: Keintzel/Korotin (Hg.), Wissenschafterinnen, 599–603.

Rathkolb, Oliver: Weinzierl, Erika, geb. Fischer, in: Keintzel/Korotin (Hg.), Wissenschafterinnen, 795–798.

Rathkolb, Oliver: Die paradoxe Republik. Österreich 1945 bis 2015, Wien ^{2}2015.

Rathkolb, Oliver: Erika Weinzierl. Eine Historikerin als kritische Stimme in der späten II. Republik, in: Mitchell G. Ash/Josef Ehmer (Hg.), Universität-Politik-Gesellschaft, Göttingen 2015, 341–347.

Reith, Reinhold (Hg.): Die Paris Lodron Universität Salzburg. Geschichte, Gegenwart, Zukunft, Salzburg-Wien 2012.

Reulecke, Jürgen: Generationalität und die West-/Ostforschung im „Dritten Reich" – ein Interpretationsversuch, in: Rüdiger vom Bruch/Brigitte Kaderas (Hg.), Wissenschaften und Wissenschaftspolitik: Bestandsaufnahmen zu Formationen, Brüchen und Kontinuitäten im Deutschland des 20. Jahrhunderts, Stuttgart 2002, 354–360.

Ringer, Fritz K.: Die Gelehrten. Der Niedergang der deutschen Mandarine 1890–1933, München 1987.

Rinnerthaler, Alfred: Der Universitätsverein und der Traum von einer katholischen Universität in Salzburg, in: Jahrbuch der Universität Salzburg 1983–85, Salzburg 1987, 46–75.

Rinnerthaler, Alfred: Der Salzburger Kirchenhistoriker Norbert Miko – einer der Väter der institutionalisierten Zeitgeschichtsforschung in Österreich, in: Jahrbuch der Universität Salzburg 1995/1997, 101–121.

Rinnerthaler, Alfred: Von der barocken Benediktiner- zur Staatsuniversität. Vom Werden der Salzburger „Alma Mater", in: Heinrich de Wall/Michael Germann (Hg.), Bürgerliche Freiheit und christliche Verantwortung. Festschrift für Christoph Link zum siebzigsten Geburtstag, Tübingen 2003, 787–826.

Rolinek, Susanne: Braune Flecken in der „schönen Stadt". Der Umgang mit „Nazikunst" und Kunstschaffenden der NS-Zeit nach 1945, in: Pinwinkler/Weidenholzer (Hg.), Schweigen und erinnern, 312–348.

Rudloff, Wilfried: Die Gründerjahre des bundesdeutschen Hochschulwesens: Leitbilder neuer Hochschulen zwischen Wissenschaftspolitik, Studienreform und Gesellschaftspolitik, in: Andreas Franzmann/Barbara Wolbring (Hg.), Zwischen Idee und Zweckorientierung. Vorbilder und Motive von Hochschulreformen seit 1945, Berlin 2007, 77–101.

Rüegg, Walter (Hg.): Die Geschichte der Universität in Europa. Bde. 1–4,4: Vom Zweiten Weltkrieg bis zum Ende des 20. Jahrhunderts, München 2010.

Schaber, Wilfried: Bauen und Baugesinnung, in: Zwink (Hg.), Die Ära Lechner, 509–526.

Schausberger, Franz: Wandel der Proporzdemokratie und der politischen Kultur in den Bundesländern, in: Kriechbaumer (Hg.), Österreichische Nationalgeschichte, Bd. 1, 327–342.

Schildt, Axel: Die NS-Vergangenheit westdeutscher Intellektueller. Die Enthüllungskampagne von Kurt Ziesel in der Ära Adenauer, in: Vierteljahrshefte für Zeitgeschichte, H. 1, 64 (2016), 37–68.

Schmolke, Michael: René Marcic: „Gaskammerphilosoph" oder „anima candida"? In: Salzburger Jahrbuch für Politik (2007), 145–169.

Schnaberth, Gernot/ Ruth Koblizek: Die Neurologie in Wien von 1870 bis 2010, Wien 2010.

Schübl, Elmar/Johannes Uray: Auf der Suche nach geeigneten Kräften: Aktivitäten, Strategien und Kriterien in Berufungsverfahren, in: Christian Hesse/Rainer Christoph Schwinges (Hg.), Professorinnen und Professoren gewinnen. Zur Geschichte des Berufungswesens an den Universitäten Mitteleuropas, Basel 2012, 415–440.

Schweiger, Fritz: Die Naturwissenschaftliche Fakultät, in: uni-aktuell. Die Zeitschrift der Universität Salzburg (1987), 14–17.

Siegfried, Klaus-Jörg: Universalismus und Faschismus. Das Gesellschaftsbild Othmars Spanns, Wien 1974.

Simon, Dieter: Waren die NS-Richter „unabhängige Richter" im Sinne des § 1 des GVG? In: Journal for History of Law 4 (1985), 102–116.

Šimůnek, Michal: Ein österreichischer Rassenhygieniker zwischen Wien, München und Prag.

Karl Thums (1904–1976), in: Gerhard Baader/Veronika Hofer/Thomas Mayer (Hg.), Eugenik in Österreich. Biopolitische Strukturen von 1900–1945, Wien 2007, 393–417.

Staudinger, Anton: Heinrich Drimmel, in: Herbert Dachs/Peter Gerlich u.a. (Hg.), Die Politiker: Karrieren und Wirken bedeutender Repräsentanten der Zweiten Republik, Wien 1995, 118–124.

Steiner, Raphael: Der ÖCV in Salzburg, in: Salzburg. Geschichte & Politik 26 (2016), 17–33.

Stiefel, Dieter: Entnazifizierung in Österreich, Wien-München-Zürich 1981.

Stock, Hubert: Die prägenden Akteure des Geografischen Instituts im Lichte ihrer Lebensläufe, in: Österreichische HochschülerInnenschaft (Hg.), Österreichische Hochschulen, 415–429.

Taschwer, Klaus/Benedikt Föger: Konrad Lorenz. Biographie, München 2009.

Taschwer, Klaus: Hochburg des Antisemitismus. Der Niedergang der Universität Wien im 20. Jahrhundert, Wien 2015.

Thiessen, Jan: Schande, wem Ehre gebührt? Das Beispiel Wolfgang Hefermehl, in: Pinwinkler/Koll (Hg.), Zuviel der Ehre?, 231–252.

Thommes, Pit: Neue Tendenzen in der Germanistik, in: Österreichische HochschülerInnenschaft (Hg.), Österreichische Hochschulen, 434–440.

Thonhauser, Josef: Die Entwicklungen im Bildungsbereich, in: Ernst Hanisch/Robert Kriechbaumer (Hg.), Salzburg. Zwischen Globalisierung und Goldhaube, Wien-Köln-Weimar 1997, 554–610.

Urbanitsch, Peter/Ernst Bruckmüller/Hannes Stekl: Regionen, Gruppen, Identitäten, in: dies./Hans Heiss (Hg.), „Durch Arbeit, Besitz, Wissen und Gerechtigkeit", Wien-Köln-Weimar 1992, 11–39.

Veiter, Theodor: Stellungnahme zum Arbeitspapier von Herrn Dr. Richard S. Geer für die Wissenschaftliche Kommission zur Erforschung der österreichischen Geschichte der Jahre 1918–1938, Tagung in Wien vom 11.–13.11.1980 über „Oswald Menghin, ein Vertreter der Katholischen Nationalen" [ungedr. Manuskript, im Besitz des Vf.].

Veits-Falk, Sabine/Ernst Hanisch (Hg.): Herrschaft und Kultur. Instrumentalisierung, Anpassung, Resistenz, Salzburg 2013.

Walter, Robert: Hans Kelsens Emigration aus Österreich im Jahre 1930, in: Friedrich Stadler (Hg.), Vertriebene Vernunft. Emigration und Exil österreichischer Wissenschaftler, Wien-München 1988, 463–472.

Wassermann, Stanley/Katherine Faust: Social Network Analysis. Methods and Applications, Cambridge 1994.

Weber, Max: Wissenschaft als Beruf, in: Max Weber Schriften 1894–1922. Hg. von Dirk Kaesler, Stuttgart 2002, 474–511.

Weinzierl, Erika: Landeshauptmann Hans Lechner und die Universitätsfrage im Salzburger Landtag, in: Gönner (Hg.), Hans Lechner, 257–280.

Weinzierl, Erika: Josef Klaus, in: Wolfgang Huber (Hg.), Landeshauptmann Klaus und der Wiederaufbau Salzburgs, Salzburg 1980, 7–22.

Weinzierl, Erika: Friedrich Engel-Jánosi, in: Friedrich Stadler (Hg.), Vertriebene Vernunft II. Emigration und Exil österreichischer Wissenschaft, Wien-München 1988, 515–518.

Weinzierl, Erika: Zeitgeschichte in der Krise? In: Gerhard Botz/Gerald Sprengnagel (Hg.), Kontroversen um Österreichs Zeitgeschichte. Verdrängte Vergangenheit, Österreich-Identität, Waldheim und die Historiker, Frankfurt-New York 1994, 132–149.

Weiß, Otto: Zwischen Österreichertum und Nationalsozialismus. Katholische Akademikermilieus im Ständestaat, in: Richard Faber/Elmar Locher (Hg.), Italienischer Faschismus und deutschsprachiger Katholizismus, Würzburg 2013, 313–339.

Winkelbauer, Thomas: Das Fach Geschichte an der Universität Wien. Von den Anfängen um 1500 bis etwa 1975, Göttingen 2018.

Wirth, Maria: Christian Broda. Eine politische Biographie, Göttingen 2011.

Wirth, Maria: Ein Fenster zur Welt. Das Europäische Forum Alpbach 1945–2015, Innsbruck 2015.

Wirth, Maria/Andreas Reichl/Marcus Gräser: 50 Jahre Johannes-Kepler-Universität Linz. Eine „Hochschule neuen Stils", Wien-Köln-Weimar 2016.

Zaloscer, Hilde: Kunstgeschichte und Nationalsozialismus, in: Friedrich Stadler (Hg.), Kontinuität und Bruch 1938 – 1945 – 1955. Beiträge zur österreichischen Kultur- und Wissenschaftsgeschichte, Wien-München 1988, 283–297.

Zecha, Gerhard: Vom Traum einer „katholischen" Universität in Salzburg bis zur Errichtung des Internationalen Forschungszentrums für Grundfragen der Wissenschaften Salzburg, in: Ernst Hintermaier et al. (Hg.), Erzbischof Andreas Rohracher, 319–330.

Zippel, Christine: Hugo Hassinger, in: Michael Fahlbusch/Ingo Haar/Alexander Pinwinkler (Hg.), Handbuch der völkischen Wissenschaften. Bde. 1–2,1: Biographien, Berlin 2017, 269–273.

Zwink, Eberhard (Hg.): Die Ära Lechner. Das Land Salzburg in den sechziger und siebziger Jahren, Salzburg 1988.

4. Internet

Aurenhammer, Hans H.: Sedlmayr, Hans, in: Deutsche Biographie. https://www.deutsche-biographie.de/sfz113194.html (5.6.2018).

Bizeps-Info. Verein Bizeps, 25. März 2003. https://www.bizeps.or.at/ns-arzt-verliert-ehrenkreuz-beschloss-der-ministerrat/ (5.4.2015).

Brandstaller, Trautl: Norbert Leser – der SPÖ ungeliebter Historiker, in: Europäische Rundschau 1/2015. https://austria-forum.org/af/Wissenssammlungen/Essays/Geschichte/Leser%2C_Norbert (17.9.2018).

Dipl.-Ing. Dr. phil. Heinrich Franz Maria Karl Wagner (Parte). http://www.zobodat.at/biografien/Wagner_Heinrich_2.PDF (29.10.2018).

Dokumentationsarchiv des Österreichischen Widerstands (DÖW): Ulrichsbergtreffen. Neues von ganz rechts – Oktober 2000. http://www.doew.at/erkennen/rechtsextremismus/neues-von-ganz-rechts/archiv/oktober-2000/ulrichsbergtreffen (20.9.2018).

„Ein Bein fliegt um die Mitternacht, und ist schon ganz verbrennt“, in: Süddeutsche Zeitung, 2.5.2005, https://www.sueddeutsche.de/politik/kriegsende-v-ein-bein-fliegt-um-die-mitternacht-und-ist-schon-ganz-verbrennt-1.429958 (4.2.2019).

Emer. Univ.-Prof. Dr. Erika Weinzierl. Forschung aus Leidenschaft, in: 50 Jahre Internationales Forschungszentrum für soziale und ethische Fragen, o. J. [2011], 64–65. http://www.ifz-salzburg.at/uploads/Festschrift50Jahre.pdf (19.9.2018).

Gertzen, Otto: Kurzbiografie für Balduin Schwarz, 1–12, hier 2. http://www.flurgespraeche.de/wp-content/uploads/2015/10/Kurzbiografie_Schwarz-Balduin1.pdf (26.6.2018).

Härtel, Hermann: Nachruf für Dr. Hubert Lendl. http://www.hermannhaertel.eu/index.php?id=408 (7.6.2018).

Hans-Kelsen-Institut – Bundesstiftung, Das Institut. https://www.univie.ac.at/staatsrecht-kelsen/institut.php (14.9.2018).

„Holocaust“. Meilenstein der Erinnerung, in: Science.ORF.at. http://sciencev2.orf.at/stories/1750273/index.html (16.3.2017).

Honsell, Heinrich: Theo Mayer-Maly †, 1–12. http://www.honsell.at/pdf/MayerMaly.Nachruf.pdf (1.6.2018).

In memoriam DDr. Norbert Zimmer, https://www.google.com/url?sa=t&rct=j&q=&esrc=s&source=web&cd=1&ved=2ahUKEwjK95HF_aXdAhXkC8AKHRwUDa4QFjAAegQICRAC&url=http%3A%2F%2Fs93c07c2806c9bcd6.jimcontent.com%2Fdownload%2Fversion%2F1394039284%2Fmodule%2F9247173121%2Fname%2FIn%2520memoriam%2520DDr.%2520Zimmer.pdf&usg=AOvVaw0f9klkOJlggNtT69I5uV6e (13.8.2015).

Jantsch, Marlene: Hoff, Hans, in: Neue Deutsche Biographie 9 (1972), 383 [Online-Version]. https://www.deutsche-biographie.de/gnd118705806.html#ndbcontent (13.9.2018).

Katholisches Hochschulwerk. http://www.khw.at/ (2.3.2018).

Kolbenheyer, Erwin Guido, in: Neue Deutsche Biographie 12 (1979), 453–455 [Online-Version]. https://www.deutsche-biographie.de/pnd118564803.html#ndbcontent (26.9.2018).

Konrad, Helmut: Von Linz aus, in: Johannes-Kepler-Universität. https://www.jku.at/fileadmin/gruppen/125/Allgemeines/Helmut_Konrad.pdf (26.11.2018).

Kurzbiographie Franz Matscher, in: Österreichische Akademie der Wissenschaften. https://www.oeaw.ac.at/fileadmin/mitglieder/cv/Matscher_Kurzbiographie.pdf (9.5.2019).

Land Salzburg: Landtagswahlen seit 1945. https://www.salzburg.gv.at/stat/wahlen/ltw/index.html#hist.5.0 (5.12.2018).

Lehmann, Hartmut: Erinnerungen an den Historiker Fritz Fellner (1922–2012), in: Kommission für Neuere Geschichte Österreichs. http://www.oesterreichische-geschichte.at/?p=1120 (10.9.2018).

Ludwig-Maximilians-Universität München, Fakultät für Kunst- und Geschichtswissenschaften: Prof. Dr. Klaus Lazarowicz † (22.7.2013), https://www.theaterwissenschaft.uni-muenchen.de/personen2/emeriti/lazarowicz/index.html (11.1.2019).

Lunzer, Heinz: Suchy, Viktor, in: Neue Deutsche Biographie 25 (2013), 667–668 [On-

line-Version]. https://www.deutsche-biographie.de/pnd119481863.html#ndbcontent (12.6.2018).
Marcic und Tomicic auf der Flucht nach St. Gilgen! In: Kronen Zeitung, 3.2.2016. https://www.krone.at/494356 (19.12.2018).
Meyen, Michael: Michael Schmolke, in: ders./Thomas Wiedemann (Hg.), Biografisches Lexikon der Kommunikationswissenschaft, Köln 2014, http://blexkom.halemverlag.de/michael-schmolke/ (1.6.2018).
Müller, Karl: Vier Leben in einem: Hans Schneider/Hans Schwerte. Die Literaturwissenschaft als Selbsterkenntnis- und Zufluchtsraum, in: Aurora, 1.4.2007. http://www.aurora-magazin.at/medien_kultur/mueller_schwert_frm.htm (16.3.2017).
Österreichischer Cartellverband, Lebensläufe (19.3.2019):
Anton Musger, https://www.oecv.at/biolex/Detail/12509635
Franz Hoyer, https://www.oecv.at/Biolex/Detail/11000664
Franz-Martin Schmölz, https://www.oecv.at/Biolex/Detail/13100173
Gerald Grinschgl, https://www.oecv.at/biolex/Detail/11409614
Josef Klaus, https://www.oecv.at/Biolex/Detail/13200254
Kurt von Schuschnigg, https://www.oecv.at/Biolex/Detail/10401146
René Marcic, https://www.oecv.at/biolex/Detail/13100315
Walter Antoniolli, https://www.oecv.at/biolex/Detail/12509213
PLUS, Fachbereich Politikwissenschaft und Soziologie: Geschichte der Abteilung Soziologie. https://www.uni-salzburg.at/index.php?id=49459&L=0 (18.9.2018).
PLUS, Fachbereich Politikwissenschaft und Soziologie: Univ.-Prof. i. R. Dr. Herbert Dachs. https://www.uni-salzburg.at/index.php?id=201175 (8.5.2018).
PLUS, Ingo Reiffenstein. https://www.uni-salzburg.at/index.php?id=23180 (10.5.2018).
PLUS, Univ.-Prof. Dr. Gerhard Croll, Lebenslauf. https://www.uni-salzburg.at/fileadmin/oracle_file_imports/351081.PDF (12.5.2018).
PLUS, Ostheim Rolf, em. o.Univ.-Prof. Dr. (Emeritus) †. https://www.uni-salzburg.at/index.php?id=21065 (9.5.2019).
PLUS, Stiftungs- und Förderungsgesellschaft. https://www.uni-salzburg.at/index.php?id=123 (5.12.2018).
PLUS, Tabula honorum. https://www.uni-salzburg.at/fileadmin/multimedia/Senat/TABULA-HONORUM_02.pdf (5.1.2018).
Rathkolb, Oliver: In memoriam Erika Weinzierl (1925–2014), in: Universität Wien, Medienportal. https://medienportal.univie.ac.at/uniview/uni-intern/detailansicht/artikel/in-memoriam-erika-weinzierl-1925-2014/?no_cache=1 (21.9.2018).
Republik Österreich, Parlament. Dr. Heinz Fischer. https://www.parlament.gv.at/WWER/PAD_00334/ (22.11.2018).
Romanisten-Lexikon. Baehr, Rudolf. http://lexikon.romanischestudien.de/index.php?title=Baehr,_Rudolf (14.5.2018).
Schmolke, Michael: Am Ende war ich selbst ein „Großfürst", in: Michael Meyen/Thomas Wiedemann (Hg.), Biografisches Lexikon der Kommunikationswissenschaft, Köln 2014. http://blexkom.halemverlag.de/grossfuerst/ (7.5.2018).

650 plus – Geschichte der Universität Wien (26.6.2019):
Albert Ehrenzweig jun., Prof. Dr. https://geschichte.univie.ac.at/de/personen/albert-ehrenzweig-jun-prof-dr.
Arthur Marchet, Prof. Dr. http://geschichte.univie.ac.at/de/personen/arthur-marchet-prof-dr-- .
Otto Skrbensky. http://geschichte.univie.ac.at/de/personen/otto-skrbensky.

Seegers, Lu: Ehrregime. Akteure, Netzwerke und Praktiken lokaler Ehrungen im 19. und 20. Jahrhundert. Tagungsbericht, in: H-Soz-Kult, 22.10.2014. http://hsozkult.geschichte.hu-berlin.de/tagungsberichte/id=5615&view=pdf (29.3.2018).

Sozialphilosoph Norbert Leser gestorben, in: Der Standard, 1.1.2015. https://derstandard.at/2000009927889/Sozialphilosoph-Norbert-Leser-gestorben (17.9.2018).

Sperl, Gerfried: Nachruf auf Bernd Schilcher. Querdenker mit Eleganz, in: Der Standard, 31.5.2015, https://derstandard.at/2000016669093/Bernd-Schilcher-ueberraschend-verstorben (10.9.2018).

Stadt Salzburg. Gräbersuche. https://www.stadt-salzburg.at/MagSbg.Web.App.SucheVerstorbene/SucheVerstorbene.aspx (28.6.2018).

Die Stadt Salzburg im Nationalsozialismus: Herbert von Karajan. Lebenslauf. https://www.stadt-salzburg.at/internet/websites/nsprojekt/ns_projekt/themen/strassennamen_439210/herbert_von_karajan_439320/lebenslauf_439324.htm (30.3.2018).

Taschwer, Klaus: „Unser" letzter wissenschaftlicher Laureat, in: Der Standard, 3.9.2014, https://derstandard.at/2000005071553/Unser-letzter-wissenschaftlicher-Laureat (27.5.2019).

Thomas Chaimowicz, ein 14 Jahre alter Gymnasiast in Wien, Eintrag in sein Tagebuch März 1938, in: 24. April – Gedenktag an den Genozid an den Armeniern. Erinnern.at. http://www.erinnern.at/bundeslaender/oesterreich/gedenktage/24.-april-genozid-an-den-armeniern-gedenken (28.6.2018).

Thurner, Erika: Erika Weinzierl – Facetten einer österreichischen Persönlichkeit, 1–2. https://www.uibk.ac.at/gfpa/ablage/2014/weinzierl/ErikaWeinzierlNov2014.pdf (19.9.2018).

Verzeichnis der künstlerischen, wissenschaftlichen und kulturpolitischen Nachlässe in Österreich, Franz Spath. http://data.onb.ac.at/nlv_lex/perslex/S/Spath_Franz.htm (13.9.2018).

Weiss, Gerlinde/Klaus Zelewitz/Karl Müller: Univ.-Prof. Dr. Adalbert Schmidt (1906–1999), in: https://web.archive.org/web/20070929082945/http://www.sbg.ac.at/ger/people/a_schmidt.htm (23.2.2018).

Wien Geschichte Wiki, Hans Domes. https://www.geschichtewiki.wien.gv.at/Hans_Domes?uselayout=mobile (18.9.2018).

Personenregister

Im Folgenden sind alle in der Studie erwähnten Akteure und Akteurinnen verzeichnet. Die kursiven Seitenangaben beziehen sich auf einen Eintrag zu der betreffenden Person in der Liste der Kurzbiographien.

D

E

F

G

H

I

J

K

L

M

N

T

U

V

W

Z